Dietrich Schulze-Marmeling
Ralf Sotscheck

DER LANGE KRIEG
MACHT UND MENSCHEN IN NORDIRLAND

Der lange Krieg

Macht und Menschen in Nordirland

Dietrich Schulze-Marmeling
Ralf Sotscheck

Mit Beiträgen von
Maria Geeh und Mathias Lieske

VERLAG DIE WERKSTATT

Dieses Buch widmen wir Patrick („Pat") Finucane und seiner Familie.
Patrick Finucane wurde am 12. Februar 1989 in seiner Belfaster Wohnung von loyalistischen Paramilitärs ermordet.
Die Umstände seines Todes lassen vermuten, daß die Täter im Auftrag der nordirischen Polizei und der britischen Regierung handelten.

1. Auflage 1989

D-3400 Göttingen, Lotzestr. 24a

Titelfoto: Sean McKernan/Belfast Exposed
Gesamtherstellung: Verlag Die Werkstatt
ISBN 3-923478-34-8

INHALT

Teil II: Macht und Menschen in Nordirland

Teil III: Zu Besuch im Bürgerkriegsland

Anhang

Zu den Autoren

Foto: Jan Oltmanns

Dietrich Schulze-Marmeling

geb. 8.12.1956 in Kamen/Westfalen. Lebt derzeit in Newry/Nordirland, wo er als Publizist arbeitet. Bis März 1988 wissenschaftlicher Mitarbeiter der Grünen im Deutschen Bundestag. Redaktionsmitglied der Zeitschrift „Irland Informationen", Mitarbeiter der Dokumentationsstelle Friedens- und Sicherheitspolitik e.V. sowie Mitglied im wissenschaftlichen Beirat der Informationsstelle Wissenschaft & Frieden. Autor zweier Bücher zum anglo-irischen Konflikt („Republikanismus und Sozialismus", Frankfurt 1986; „Die irische Krise", Wien 1988). Daneben Bücher zur Sicherheitspolitik: „Die NATO. Anatomie eines Militärpaktes", Göttingen 1987; „Null-Lösung", Göttingen 1987; „Kann der Westen abrüsten?", Köln 1988. Außerdem Veröffentlichungen u.a. in Blätter für deutsche und internationale Politik, EG-Magazin, DVZ/Die Tat, Arbeiterkampf etc.

Ralf Sotscheck

geb. 5.4.1954 in Berlin, 1976/77 Deutschlehrer in Belfast. 1982 Dokumentarfilm „Belfast". Seit Januar 1985 freier Korrenspondent der „tageszeitung" in Dublin. Zahlreiche Buch-, Zeitschriften- und Rundfunkbeiträge über Irland. 1988 erschien „Irland – Eine Bibliographie" (mit Jürgen Schneider) im Verlag der Georg-Büchner-Buchhandlung. Mitarbeiter der Zeitschrift „Irland-Informationen".

VORWORT

Der Verlag Die Werkstatt gab uns die Gelegenheit, einen alten Herzenswunsch zu realisieren. Ein Buch zu schreiben, das einen möglichst vollständigen Einblick in den nordirischen Konflikt gewährt. Sicherlich ist uns dies nur zum Teil gelungen: Zum einen schrieben wir unter einem fürchterlichen Zeitdruck, nachdem wir den Herzenswunsch zunächst beinahe verträumt hatten. Zudem bleibt der Einblick manchmal notwendigerweise selektiv, da wir im Konflikt nicht politisch neutral sind (wobei uns allerdings auch kein Nordirland-Buch bekannt ist, das eine neutrale Sichtweise für sich beanspruchen kann).

Wir möchten an dieser Stelle einer Reihe von Personen unseren Dank aussprechen, die in unterschiedlichster Weise – inhaltlich, technisch oder durch persönliche Hilfestellungen – zum Gelingen des Buches beigetragen haben. Unser ganz besonderer Dank gebührt dabei Bernd Beyer (Verlag Die Werkstatt), der viel Zeit für uns aufbrachte und uns bestens beriet, seinen Kollegen Bernd, Gert und Erich, Seamus O'Meara (Dublin), der uns aus einer peinlichen Lage befreite, sowie Áine, Fionn und Ciara Sotscheck und Lisa Degener und Friederike Katrin Schulze-Marmeling für ihre Geduld.

Ferner danken wir: Sabine und Mario Böhne-Di Leo (Münster), Ulrike und Wilfried Bützler-Danielzig (Köln), Friedegund Bürger (Hamburg), Nico Busch (Hamburg), Christiane und Hubert Dahlkamp-Seitz (Münster), Gaby Dutiné (Berlin), Detlef Freienstein (Berlin/Bielefeld), Peter Güpner-Merz (Offenbach), Trutz Haase (Dublin), Ekki Ladner (Ardfert, Co. Kerry), Matti Lieske (Berlin), Franz Hermann und Regina Linzbach-Lammersdorf (Berlin), Christian Ludwig (Moers), Alex Maskey (Belfast), Sean McKernan (Belfast), Danny Morrison (Belfast), Christian Oeser (Dublin), Ellen Olms (Berlin/Bonn), Jan Oltmanns (Freiburg), Catherine Plettendorf (Altenberge), Dörte Plettendorf (Altenberge), Rina Schiller (Belfast), Ursel Schirrmeister (Hamburg), Jürgen Schneider (Darmstadt), Werner Steffen (Dortmund), Hans-Hermann, Kathrin und Anne Teichler (Hamburg), Tiny Tott Creche (Newry), Markus Widera (Karsruhe), Pfarrer Desmond Wilson (Belfast), Prof. Dr. Detlef von Ziegesar (Karlsbad-Auerbach), Margaret von Ziegesar (Karlsbad-Auerbach).

Last but not least: Unseren Eltern, die uns lieber „zu Hause" sehen würden. Und: vielen Freunden vom Daisy Hill Hospital, Newry.

Dietrich Schulze-Marmeling/Ralf Sotscheck
Newry/Dublin, März 1989

LOUNGE

Prolog: Leben im Bürgerkriegsland

Newry ist eine ziemlich trist wirkende Kleinstadt im Grenzgebiet von Nordirland und der südirischen Republik. Schon hier, nur wenige Kilometer nördlich der inneririschen Grenze, erfährt der Besucher unvermittelt eine Realität, die mit den beschaulichen Urlaubsklischees über die „grüne Insel" wenig gemein hat.

Lisa, meine Frau, soll für knapp zwei Jahre im Krankenhaus von Newry arbeiten. Als sie kurz nach unserer Ankunft von einem Pub-Besuch zurückkommt, berichtet sie erstaunt, unterwegs zwei brennende Autos gesehen zu haben – „einfach so". Mittlerweile wissen wir, daß die Bürger die Feuersirene auch „Newry's Nationalhymne" nennen. In den folgenden Tagen soll die Newry-Hymne erheblich öfter gespielt werden als gewöhnlich. Die Spätnachrichten berichten, daß in der britischen Kronkolonie Gibraltar drei IRA-Mitglieder von der englischen „Anti-Terror-Gruppe" SAS erschossen wurden. Schon bald stellt sich heraus, daß das Trio unbewaffnet war. Nordirlands Katholiken sind in Aufruhr.

Für einige Tage kann von einem „normalen Leben" in Newry keine Rede sein. Aufgebrachte katholische Jugendliche kapern LKW's, stellen sie quer über die Straße und stecken sie in Brand. Es vergeht kein Tag, an dem die Armee nicht mit „verdächtigen Paketen" umzugehen hat. Ein weißes Band, quer über die Straße gespannt und flankiert von gepanzerten Polizeiwagen, signalisiert schon von weitem, daß mit einem Einkaufsbummel in der Fußgängerzone nichts wird. Bis zu sieben Stunden benötigen die Experten der Armee, um die Bomben zu entschärfen oder als Attrappen zu entlarven. Hinter jeder Ecke hocken Soldaten, das Gewehr im Anschlag. Für eine ebenso kriegerische Geräuschkulisse sorgen die Beobachtungshubschrauber über der Stadt.

Als sich nach der Beisetzung der „Gibraltar Three" das Leben in der katholischen Kleinstadt normalisiert, wird uns schnell klar, daß der Alltag hier mit bundesdeutschen Verhältnissen wenig zu tun hat. „Normal" ist, daß schwer bewaffnete Soldaten in der Innenstadt und den Wohnvierteln patrouillieren; daß kaum ein Tag vergeht, an dem man nicht in eine Kontrolle der Polizei und Armee gerät; daß regelmäßig Hausdurchsuchun-

Nebenstehendes Foto: Beerdigung des IRA-Mitglieds Lawrence Marley, der am 2. April 1987 von loyalistischen Todeskommandos in seinem Haus erschossen wurde. (Photo: AnPhoblacht/Republican News)

gen durchgeführt werden, bei denen sich die offiziellen Sicherheitskräfte mit Vorschlaghämmern Zutritt verschaffen, Böden aufreißen, Löcher in die Wände schlagen; daß auch schon einmal eine Wiese zwischen zwei Vierteln umgegraben wird, weil dort ein IRA-Waffenversteck vermutet wird; daß man durch niedrig fliegende Armeehelikopter aus der nächtlichen Ruhe gerissen wird.

Mit der Zeit lernt man, mit der Situation umzugehen, ohne sich völlig an sie gewöhnen zu können. Auch nach über einem Jahr schrecke ich zusammen, wenn ich hinter einer Hauswand plötzlich den Lauf eines Armeegewehres sehe. Noch immer empfinde ich es als unangenehm, in eine Straßenkontrolle von Armee und Polizei zu geraten. In der Bundesrepublik ließ ich Führerschein und Wagenpapiere oft zu Hause liegen. In zehn Jahren Fahrpraxis mußte ich vielleicht fünfmal die Papiere vorzeigen. Hier in Newry lege ich den Führerschein stets griffbereit hinter die Windschutzscheibe. Selbst für die 80 Meter bis zum Sportplatz, auf dem ich meine Runden drehe, stecke ich gewissenhaft meinen Ausweis ein. Nur keine blöden Fragen provozieren.... Binnen eines Jahres dürfte ich in etwa 200 Kontrollen geraten sein.

Ich achte stets darauf, daß meine Wagentüren gut verschlossen sind. Die Gefahr, daß das Auto verschwindet, ist erheblich größer als in der BRD. Es könnte als Barrikadenmaterial, zum Deponieren einer Autobombe oder für andere IRA-Aktionen verwendet werden. Außerdem könnte mir die Polizei vorwerfen, terroristische Taten zu begünstigen. Jeder Bürger wird strikt dazu angehalten, alles zu unterlassen, was IRA-Operationen erleichtern könnte.

Du fühlst dich ständig beobachtet: Eines Tages hält mich die Polizei mit der Begründung an, sie hätten diesen Wagen in Newry noch nie gesehen, und sie müßten alle Autofahrer und Fahrzeuge kennen. Der Polizist trägt eine Tätowierung auf dem Unterarm, die einen britischen Löwen zeigt. In solchen Situationen beruhigt es mich spontan, Ausländer zu sein und noch dazu kein Katholik. Ich kann mir vorstellen, wie unangenehm für einen Katholiken aus einem der sogenannten „Konfliktviertel" eine Begegnung mit einem solchen Mann sein muß. Unterdessen stehen zwei weitere Polizisten mit dem Gewehr im Anschlag an einer Hauswand auf der gegenüberliegenden Straßenseite; ein dritter zielt auf mich.

Für Newry, einem Ort von wenig mehr als 20.000 Einwohnern, sowie für die unmittelbare Umgebung sind 250 Polizisten eingeteilt. Dazu kommt noch eine unbekannte Zahl von Soldaten. Keiner der Polizisten wohnt in Newry. Denn Newry ist eine katholische Stadt, und Katholiken arbeiten nicht bei der Polizei. Einige Beamte kommen zum Dienst sogar aus Belfast angereist. Da Alkoholismus unter Nordirlands Polizisten ein weit verbreitetes Phänomen ist, passiert es bisweilen, daß eine Anfahrt im trunkenen Zustand im Straßengraben endet. Der Aufenthalt auf der Unfallstation des örtlichen Krankenhauses wird dann zur mittelgroßen Sicherheitsoperation. Wegen der Gefahr von Anschlägen wird das Krankenhaus von Soldaten und Polizisten umstellt. Die ganze Nacht über wachen zwei mit schußsicheren Westen und Maschinenpistolen ausgerüstete Polizisten vor der Zimmertür des trinkfreudigen Kollegen.

Wie anders die Situation, die ich aus meinem bundesdeutschen Wohnort kenne: Der Ort hat 10.000 Einwohner und einen Polizisten. Der ist ein langjähriger, akzeptierter und in das Gemeindeleben voll integrierter Bürger, der zudem – auch im Dienst – zumeist unbewaffnet herumläuft.

Ich bin ein Kritiker des gesellschaftlichen Systems der Bundesrepublik, aber in Nordirland entdecke ich die Vorzüge „normaler" bürgerlich-demokratischer Verhältnisse. Zu Hause kann ich mir vorstellen, bei bestimmten Problemen die Hilfe der Polizei zu erbitten. Aber hier existiert diese Möglichkeit für ein Drittel der Bevölkerung – die katholische, meist irisch-nationalistisch gesonnene Minderheit – kaum. In den Vierteln der Minderheit üben die staatlichen Sicherheitskräfte eine repressive Willkürherrschaft aus.

☆ ☆ ☆

Zwar ist die Situation für uns hier – verglichen mit unserem Alltag in der BRD – „unnormal", doch kann man sie mit der Situation der einheimischen Bevölkerung überhaupt nicht vergleichen. Nicht nur, weil es uns freisteht, jederzeit wieder abzuhauen. Bei Straßenkontrollen garantieren uns bereits das deutsche Nummernschild und das Lenkrad an der „falschen Seite" eine einigermaßen korrekte Behandlung. Haben wir es dabei mit britischen Soldaten zu tun, so ergibt sich oftmals die folgende Konversation: „Sie kommen aus Deutschland?" – „Ja..." – „In welchem Teil von Deutschland leben Sie?" – „Westdeutschland" (mit der Unterscheidung in Bundesrepublik und Demokratische Republik können sie ohnehin nichts anfangen...) – „Ah. Kennen Sie Lemgo, Bielefeld..." (Stationierungsorte britischer Armee-Einheiten) – „Ja, ja; wir wohnen nicht weit davon entfernt." – „Und wie gefällt es Ihnen in Nordirland, hähä..." – „Och, ganz gut." – „So? Ich würde lieber wieder in Germany sein." Ich erspare es mir, danach zu fragen, weshalb sich britische Soldaten im angeblich britischen Nordirland nicht heimisch fühlen...

Unser schlimmstes Erlebnis war, als ein Soldat in der Stadt mit seinem Gewehr auf den Kopf unserer zweijährigen Tochter zielte. Später hören wir, daß sie „nur" durch ihr Zielfernrohr schauen, um die Passanten besser erkennen zu können. Dies scheint jedoch keineswegs immer so zu sein:

Wenige Monate später richtet ein Soldat in Crossmaglen – ohne das Zielfernrohr zu benutzen – sein Gewehr provokativ auf unseren Kinderwagen. Und auf der Belfaster Falls Road bleibt ein Soldat etwa fünf Meter vor mir stehen, lehnt sich an einen Laternenpfahl und zielt so lange auf meinen Kopf, bis ich vorübergegangen bin.

Überhaupt: Belfast ist weitaus schlimmer als Newry. Insbesondere der katholische Westen der Stadt. Wenn ich mit dem Photoapparat auf Tour bin, rase ich geradezu durch West Belfast. Nach vier, fünf Stunden ende ich dann regelmäßig ziemlich durchgerappelt im „Tudor", dem einzigen Café für die über 100.000 Bürger des Stadtteils. Richtig ruhig werde ich jedoch erst, wenn ich wieder auf dem Motorway Richtung Newry fahre. Die Sicherheitskräfte sind in West Belfast präsenter und aggressiver als anderswo in der Provinz. Von ihrem Posten auf dem höchsten Haus von Divis Flats beobachten sie die belebte Falls Road. Kaum 100 Meter weiter passiert man ihre erste Kaserne. Dann kommt auch schon das Hauptquartier Sinn Féins, des politischen Arms der IRA – ebenfalls noch in Sichtweise des Beobachtungspostens auf Divis Flat. Trotzdem betritt oder verläßt man das Sinn Féin-Gebäude möglichst zu einem Zeitpunkt, wo keine Patrouille in Sichtweite ist. Ansonsten muß man dumme und aggressive Fragen über sich ergehen lassen. Wiederum kaum 100 Meter weiter ist die Kaserne an der Springfield Road, aus der in jedem Moment eine Horde Bewaffneter herausstürzen kann. Und über einem: der Beobachtungshubschrauber, der Tag und Nacht über Belfast kreist.

„Sie können mir ja nichts anhaben. Ich komme ja nicht von hier, bin Ausländer, einfach nur interessiert", sagt man sich zur Beruhigung. Und trotzdem: Man will ihnen nach Möglichkeit aus dem Weg gehen. Doch wenn man sie sieht, ist es oftmals schon zu spät. Man photographiert in irgendeiner Straße, da wippt über einem Gartenzaun die Antenne eines Transistors, den die Soldaten auf ihren Rücken tragen. Man kehrt um – und begegnet einem anderen Teil der Patrouille. Die Armee ist nicht doof: Wenn sie ein Viertel betritt, dann durch alle Zugänge gleichzeitig.

Es kann ein Alptraum sein, das Leben in West Belfast, diesem getto-artigen, sozial heruntergekommenen und städtebaulich zerschlissenen katholischen Stadtteil. Seit meinem ersten Besuch in dieser Hochburg des antibritischen Widerstandes ist mir klar, warum die dortige Bevölkerung westeuropäischer Spitzenreiter im Verbrauch von Beruhigungsmitteln ist.

☆☆☆

Eines Samstags komme ich aus dem „Tudor", da ist ein Seitenfenster meines Wagens eingeschlagen. Ansonsten keine Spur, die auf einen versuchten Autodiebstahl hinweisen könnte. Ich erinnere mich, daß mir zuvor eine

Armeepatrouille entgegengekommen war. Wahrscheinlich hat ein Soldat mit dem Kolben seines Gewehres mal eben zugeschlagen. Um dem neugierigen deutschen Touristen zu zeigen, wo er sich befindet und welche Sitten dort herrschen. Die Soldaten mögen keine Ausländer in West Belfast. Die stören nur bei der Arbeit.

In der Stadt erkundige ich mich bei einem Taxifahrer, wo ich am Samstag nachmittag eine neue Scheiben herbekommen könnte. Als ich ihm meine Story erzähle, grinst er nur, nennt mir aber eine Adresse im Süden Belfasts. Dort angekommen, ist der Laden verriegelt und verrammelt. Einige Kids helfen mir mit der Telefonnummer aus. Die Werkstatt scheint ohnehin nur auf Voranmeldung geöffnet zu werden. Also fahre ich in die ruhige Oase des Universitätsviertels, um eine Telefonzelle aufzusuchen. Am Telefon beginnt ein merkwürdiges Spiel: Man fordert mich auf, die Nummer meiner Zelle zu nennen, damit man mich zurückrufen kann. Man tut dies nicht weniger als fünfmal, mit fünfminütigen Pausen dazwischen. Das Ganze dauert fast eine dreiviertel Stunde. Jedesmal die gleichen Fragen, die mit meinem Anliegen kaum etwas zu tun haben: mein Name, meine Adresse, mein augenblicklicher Standort in Belfast, meine Telefonnummer in Newry, wie man Newry schreiben würde, wo die Sache mit der Scheibe passiert sei, ob ich alleine sei etc. Schließlich dämmert es mir: Ich werde ausgecheckt. Und dies immer wieder, um zu sehen, ob ich mich in Widersprüche verwickele. Der Mann, der im übrigen seine Frau am Telefon vorschickt, die meine Angaben dann stets weitertuschelt, hat Angst, an einem Samstagnachmittag zu seiner Werkstatt 'rauszufahren. Er hat Angst, daß alles eine Falle ist, daß dort andere Leute stehen könnten als der radebrechende Tourist. Die Firma fühlt sich bedroht, aber von welcher Seite? Arbeitet sie für die offiziellen Sicherheitskräfte oder für loyalistische Paramilitärs, wäre sie von der IRA bedroht. Umgekehrt könnte sie aber auch mit der IRA zusammenarbeiten. Später erfahre ich, daß es Autowerkstätten in Nordirland zuweilen tatsächlich „in sich haben". Im Mai 1988 erschießt die IRA drei Leute in einer Werkstatt in Coagh. Die Werkstatt soll ein Treffpunkt loyalistischer Todesschwadrone gewesen sein.

Als ich schließlich grünes Licht erhalte, verläuft alles weiter sehr konspirativ. Der Chef ist nicht selbst gekommen, sondern hat zwei junge Burschen engagiert, die mich mißtrauisch mustern. Die Garagentür zur Werkstatt wird sofort wieder hinter mir geschlossen. Beim Bezahlen muß ich einen halben Personalbogen ausfüllen und diverse Unterschriften leisten. Die Nummern meines Wagens und des Führerscheins werden notiert. Als ich nach einer Erklärung frage, teilen mir die beiden Burschen mit mitleidiger Miene mit, was ich längst weiß: „Es herrscht hier eine besondere Situation. Vor allem in Belfast." Wenn meine kaputte Scheibe etwas mit dieser besonderen Situation zu tun hätte, dann könnte ich die Rechnung beim Nordirlandministerium einreichen. Das würde für alle „troubles-Schäden" aufkommen.

Das stimmt tatsächlich. Wer immer sein veraltetes Auto loswerden will, der möge es am Vorabend eines republikanischen Gedenktages auf der Falls Road abstellen. Um ganz sicher zu gehen, daß es abgefackelt wird, sollte er es vielleicht noch vorher mit einem kleinen Union Jack-Aufkleber versehen.

☆☆☆

Newry, 18. März 1989. Eine fast schon alltägliche Szene auf der belebten Einkaufsstraße: Vor einem Spielzeugladen hält eine achtköpfige Armeepatrouille einen jungen Mann an. Ohne erkennbaren Grund. Er muß seine Jacke ausziehen, seine Hosentaschen leeren, seine Uhr ablegen, seine Schuhe ausziehen. Zwei Soldaten tasten seinen Körper von oben bis unten ab. Ein dritter zielt mit dem Gewehr auf seinen Kopf; ein vierter photographiert das Opfer in provozierender Weise und aus nächster Nähe. Drei weitere Soldaten sind quer über die Straße verteilt, das Maschinengewehr mit dem einen Arm gen Himmel gereckt, den anderen Arm in die Hüfte gestemmt. Ein Bild, wie man es aus südamerikanischen Hauptstädten kennt.

Zeugen, die ihrer Empörung Ausdruck geben, werden mit einem hämischen Grinsen bedacht oder mit dem Maschinengewehr bedroht. Ohnehin eilen die meisten Passanten weiter; sie haben Angst. Bevor die Soldaten den jungen Mann wieder laufen lassen, geben sie ihm noch eine unmißverständliche Drohung mit auf den Weg: „Wir kennen jetzt Dein Gesicht. Wir haben ein Photo von Dir, und wir haben Deine Adresse. Du wirst noch von uns hören."

Der junge Mann ist nun in die Mühlen des Konflikts geraten. Von nun an muß er jeden Tag und jede Stunde damit rechnen, von den Soldaten belästigt zu werden. Möglicherweise geben sie sogar sein Photo an die loyalistischen Todesschwadrone. Es wäre nicht das erste Mal. Ob er etwas mit der IRA zu tun hat oder nicht, tut nichts zur Sache. Die Patrouille hat in der katholischen und nationalistisch geprägten Kleinstadt ein Opfer gefunden und ist sichtlich erfreut darüber. Tatsächlich war der junge Mann bislang darauf bedacht, sich aus den „troubles" herauszuhalten. Ob er will oder nicht, nach dieser Begegnung wird dies nicht mehr länger möglich sein.

Als wir eines Abends bei dem Vater einer Kollegin meiner Frau zum Essen eingeladen sind, schildert dieser – ein angesehener katholischer

„Adler-Patrouille“ der britischen Armee in South Armagh

Arzt am Ort und moderat gesinnt – uns die Situation wie folgt: „Irgendwann werden die jungen Leute von der Armee gestoppt und geschlagen. Sie glauben dann, daß ihnen nur eine Möglichkeit bleibt, dagegen anzugehen, die Schläge zu vergelten: die Provos.“ Provos ist der gebräuchliche Ausdruck für die „Provisional“ IRA.

Nahezu jede Woche kann man in der örtlichen Zeitung, dem „Newry Reporter“, Klagen über das Verhalten der Sicherheitskräfte lesen. Die Artikel enden stets mit dem gleichen Satz: „Die Polizei erklärt zu den Vorwürfen, wer eine Beschwerde habe, möge sie bei ihr offiziell einreichen.“ Nur wenige folgen dieser Aufforderung. Die meisten befürchten, eine offizielle Beschwerde könnte ihre Probleme nur noch vergrößern. Dazu kommt, daß die Erfolgsquote derartiger Beschwerden gegen null tendiert.

☆ ☆ ☆

Im Herbst 1988 habe ich die Möglichkeit, die Philosophie der Sicherheitskräfte aus berufenem Munde zu erfahren. Mit einigen Bekannten aus der BRD fahre ich nach Belfast, zur für unsere Gäste schon obligatorischen Sightseeing-Tour, Photosession mit einbegriffen. Wir starten in Short Strand, einer katholischen Enklave im protestantischen Osten der Stadt. Vor Ausbruch des Konfliktes 1969 lebten hier 6.000 Katholiken.

Heute sind es weniger als 2.000. Die ständigen Attacken der protestantischen Nachbarn haben viele Bürger dazu gezwungen, in den katholischen Westen Belfasts zu ziehen. Die einzige Sehenswürdigkeit in diesem trostlosen Viertel ist die Polizeistation, die einer Festung gleicht und den Eindruck erweckt, als seien von hier aus nicht 2.000, sondern 200.000 Bürger zu überwachen.

Wie üblich, warne ich am Beginn unseres Rundgangs davor, Polizei- und Armee-Einrichtungen sowie Patrouillen zu photographieren. Der optische Reiz, der von der Festung in Short Strand ausgeht, erweist sich jedoch als beeindruckender als meine Warnung. Die Tochter eines meiner Bekannten drückt auf den Auslöser. Kaum 15 Sekunden später sitzt sie in der Polizeistation, wo die wachhabenden Beamten die Herausgabe des Films verlangen. Unser Gezeter hat zur Folge, daß nach einiger Zeit ein höherer Polizeibeamter eintrifft, um sich mit uns zu befassen. Er bittet mich in sein Büro, zu dem ein wahres Labyrinth von Treppen und Fluren führt. An der Wand im Büro ist eine Karte von Belfast, auf der alle Katholikenviertel rot eingekreist sind. Er fragt mich, was passiert sei und was wir hier suchen würden. Ich erkläre ihm wahrheitsgemäß, daß eine meiner Bekannten Journalistin sei und ich selbst an einem Buch über die 20 Jahre des Konfliktes schreiben würde. Zudem würde meine Frau als Ärztin in Newry arbeiten. Sein Ton wird gleich freundlicher: „Was halten Sie vom Konflikt, und wie gefällt es Ihnen in Newry?" Ich antworte ausweichend, kritisiere aber das Verhalten der Sicherheitskräfte als „skandalös". „Sehen Sie", antwortet er, „das hier ist etwas anderes, als Sie es von Deutschland her kennen. Hier sitzen die Terroristen nicht außerhalb der Gesellschaft, sondern mitten drin. Wir haben in Newry ungefähr 50 Kollegen durch IRA-Terroristen verloren. Newry ist eine Stadt mit einer überwiegend katholischen Bevölkerung. Diese Bevölkerung deckt die Terroristen. Und solange sie dies tut, bleibt uns nichts anderes übrig, als uns gegen die gesamte Bevölkerung zu stellen. Es gibt zu viele Leute, die die Terroristen unterstützen."

So erscheint die britische Staatsmacht allgegenwärtig: Beobachtungstürme auf Hochhäusern, an Straßen und auf den Bergen im Grenzgebiet, Beobachtungshubschrauber, Straßensperren, kameraüberwachte Straßenzüge; Fußpatrouillen, die jede Veränderung sofort registrieren und die vom Namen, über den Beruf und Arbeitgeber bis zur Religion und den Freunden alles erfragen; Personalcomputer, in die die Notizen und Erkenntnisse eines jeden Patrouillenganges eingegeben werden.

Doch im nordirischen Alltagsleben wird ebendiese Streitmacht immer wieder unterlaufen. In einem Land, wo über 30.000 Soldaten und Polizisten dazu abgestellt sind, eine 600.000-köpfige Minderheit in Schach zu halten, fährt beispielsweise eines Tages ein zehnjähriger Junge, der gerade übers Lenkrad schauen kann, seinen fahruntüchtigen Vater ins Krankenhaus. Wir erfahren, daß solche Vorkommnisse in der Newry- und South-Armagh-Gegend gang und gäbe sind. Leute fahren seit zehn Jahren und länger ohne Führerschein bzw. mit den Papieren des Bruders herum. In dieser Hinsicht ist der Staat völlig überfordert, denn selbst die Verfolgung von Verkehrsdelikten (soweit sie überhaupt verfolgt werden...) erfordert die Hilfe der Armee. In Newry sieht man zuweilen einen Soldaten Falschparker oder Autos mit abgelaufener Versicherung notieren, während sieben weitere Soldaten mit dem Gewehr im Anschlag die Umgebung sichern. Deutsche Politessen würden nicht schlecht staunen...

Wenn ein Polizist im ruhigen Nachbarort Warrenpoint einen Hamburger kaufen geht, benötigt er dazu drei weitere bewaffnete und mit Panzerwesten ausgestattete Kollegen. Zwei, die mit dem Gewehr im Anschlag rechts und links der Eingangstür McDonalds stehen, während der Dritte von der gegenüberliegenden Straßenseite aus und über das Dach seines Wagens gelehnt auf die Eingangstür zielt. Die Abfahrt ist ebenso ritualisiert: Der Hamburgeresser steigt als erster in den Wagen, danach ziehen die beiden Türsteher ab. Als letzter darf der „Scharfschütze" einsteigen. Soldaten schützen Soldaten, Polizisten schützen Polizisten. Ein nicht unwesentlicher Teil der Arbeit der Sicherheitskräfte.

Beobachtet fühlt man sich jedoch nicht nur durch die staatlichen Sicherheitskräfte. Auch die katholische Bevölkerung registriert recht genau, was man tut. In Newry womöglich mehr als in Belfast, wo die Anwohner politisch interessierte Ausländer gewohnt sind und als solche auch gleich erkennen. Dies bestimmt mein Verhalten: Ich gehe nicht dreimal hintereinander in ein Katholikenviertel, um zu photographieren, selbst wenn die beiden vorherigen Filme nichts geworden sind. Bevor ich meinen Mantel zur Reinigung gebe, untersuche ich seine Taschen gründlich nach Utensilien, die in irgendeiner Weise Verdacht erregen könnten. Möglicherweise ist noch der Zettel mit der Telefonnummer vom Pressereferat der Polizei im Mantel, die mir der Beamte in Short Strand aufgedrängt hat. Was sollen die Leute von mir denken, wenn sie diese Nummer bei mir finden?

Dabei kann ich keineswegs behaupten, die Bevölkerung würde mir verschlossen und argwöhnisch begegnen. Aber es existiert eine verständliche Angst unter Nordirlands Katholiken vor Agenten der Sicherheitskräfte und vor den anonymen staatlichen und protestantischen Todesschwadronen, die nicht nur IRA-Sympathisanten erfaßt.

☆ ☆ ☆

Die Fernsehnachrichten sind ein Kapitel für sich: Zunächst sieht man 25 Minuten lang die „nationalen" Nachrichten, die im gesamten Vereinigten Königreich empfangen werden. Sofern die IRA nicht in England selbst zugeschlagen hat, ein britischer Soldat getötet wurde oder etwas besonders Spektakuläres in der „Provinz" geschah, erfährt der Zuschauer nichts vom Konflikt in Nordirland. Offensichtlich sollen die Bürger in England, Schottland und Wales nicht allzusehr mit dem Bürgerkrieg vor der eigenen Haustür belastet werden. Anschließend folgen die Lokalnachrichten („Ulster News"), die auf der britischen Insel nicht mehr ausgestrahlt werden. Eine typische Ausgabe von „Ulster News" hört sich etwa so an: Nachricht Nr. 1: Ein Polizist wurde erschossen (da nordirische Polizisten aus britischer Sicht lediglich Kanonenfutter sind, ist der Tod eines einzelnen keine Meldung in den nationalen Nachrichten wert). Nachricht Nr. 2: Die Straße X im Ort Y ist zur Zeit gesperrt, da die Sicherheitskräfte hier eine Bombe entschärfen. Nachricht Nr. 3: In Belfast erschienen heute die Personen A, B und C vor Gericht. Ihnen werden terroristische Aktivitäten und Mitgliedschaft in der IRA vorgeworfen. Nachricht Nr. 4: Im Ort Z wurden in den Morgenstunden des heutigen Tages bei Hausdurchsuchungen eine Reihe von Waffen gefunden. Nachricht Nr. 5: Eine Firma in der Grafschaft Antrim gab heute bekannt, daß sie im Zeitraum von fünf Jahren ca. 200 neue Arbeitsplätze schaffen wird (also 40 pro Jahr – in Nordirland ist das eine überregionale Meldung wert). Nachricht Nr. 6: Ein abschließender Hinweis für Bürger, die die Bahnlinie Belfast - Dublin benutzen: Zwischen Newry und Dundalk fällt der Zugverkehr nach wie vor aufgrund eines Bombenanschlags der IRA aus. Die Sicherheitskräfte suchen in der Umgebung des Tatorts nach weiteren Bomben. Die Passagiere werden mit dem Bus befördert. Dadurch ergibt sich eine Verzögerung von ca. 40 Minuten. Northern Rail gibt bekannt, daß es noch einige Tage dauern wird, bis die Bahnlinie wieder eröffnet werden kann. Nachricht Nr. 7: Soeben erhalten wir noch die Meldung, daß auf die Polizeistation XY in West Belfast eine Reihe von Schüssen abgegeben wurden. Ob Personen verletzt wurden, ist bislang noch nicht bekannt. Das Wetter... Kein Zweifel: Die „Ulster News" sind Nachrichten vom Bürgerkrieg.

Es folgt regelmäßig eine Werbung für das sogenannte „confidential telephone" (vertrauliches Telefon) der Polizei: 666 999. Das Video ist nicht schlecht gemacht: Es beginnt mit steinewerfenden Jugendlichen und Bombenexplosionen. Dann: ein junger, sympathischer Mann, offensichtlich aus der katholischen Arbeiterklasse, befindet sich nach dem abendlichen Sport auf dem Nachhauseweg. Seine Stimme läßt die 20 Jahre „troubles" Revue passieren. 20 Jahre des sinnlosen Terrors, ohne daß sich etwas zum Besseren gewendet hätte. Im Gegenteil: das Video zeigt Passanten, die mit erhobenen Händen an einer Hauswand stehen und von Polizisten durchsucht werden. Soldaten patrouillieren die Straßen. Notwendigerweise... Wegen der Terroristen...

In einem Hinterhof, wie er für die Belfaster Konfliktviertel typisch ist, sieht unser sympathischer Freizeitsportler einen Mann gefesselt auf dem Bauch liegen, während IRA-Leute ihm in die Kniekehlen schießen: „Punishment shooting" gegen einen vermeintlichen „Verräter" oder „Kleinkriminellen" aus dem eigenen Katholikenviertel. So also geht die IRA mit einfachen Leuten um, für deren Befreiung sie angeblich kämpft. Müde und deprimiert betritt unser Mann die nächste Kneipe. Was er soeben gesehen hat, will ihm nicht aus dem Kopf. Und während immer wieder das verzweifelte Gesicht des IRA-Opfers vor ihm auftaucht, streckt sich ihm eine harte Faust mit einer Sammelbüchse entgegen. Barsch wird er aufgefordert, Geld zu spenden. Die obligatorische Sammlung für die politischen Gefangenen, die jeden Samstagabend in hunderten von nordirischen Kneipen stattfindet. Unser Mann ist der Einschüchterung überdrüssig. Die Sache muß endlich ein Ende haben. Er kann einen Beitrag dazu leisten. Er geht nach Hause, hebt den Telefonhörer ab und wählt 666 999, um zu berichten, was er an diesem Abend gesehen hat. Anschließend läßt er sich erleichtert neben seiner Frau auf dem Wohnzimmersofa nieder und schließt das kleine Baby in die Arme. Ohne Zweifel: der Mann hat im Sinne einer friedlichen und normalen Zukunft seines Kindes gehandelt.

Im Kopf aller bedeutenderen Tageszeitungen Nordirlands erscheint mehrfach pro Woche eine Anzeige für das „confidential telephone": „Wenn Sie etwas über Sprengstoff und die Vorbereitung terroristischer Taten erfahren haben... Rufen Sie das vertrauliche Telefon an. Der Anruf ist gebührenfrei!" Oder: „Terrorismus. Sie können helfen, ihn jetzt zu beenden. Benutzen Sie das vertrauliche Telefon. 666 999. Gebührenfrei!". Die Tatsache, daß penetrant mit der Gebührenfreiheit des Anrufs geworben wird, läßt darauf schließen, daß die Nummer nicht sonderlich populär ist. In den Katholikengettos findet sich häufig die folgende Warnung an Häuserwänden: „Lockeres Gerede kann Menschenleben kosten und verlängert lediglich den Krieg!".

Außerdem passiert es zuweilen, daß sich der Anrufer verwählt oder aber das Telefon nicht so „confidential" ist, wie die Polizei behauptet. So erzählen Kollegen von Lisa die folgende Episode, die sich vor gar nicht langer Zeit in Crossmaglen zugetragen hat. Crossmaglen liegt ca. 20 Kilometer von Newry entfernt, im sogenannten „Banditenland", wo die IRA den Ton angibt. Nicht alle Bürger des 1000 Seelen zählenden Dorfes sind IRA-Sympathisanten, aber keiner von ihnen arbeitet mit den Sicherheitskräften zusammen, die sich dort in einem Fort verschanzt haben. In diesem Crossmaglen läßt sich ein neuer Arzt nieder, der nicht so recht weiß, wo er gelandet ist und welche Pflichten der Arztberuf in dieser Gegend mit sich bringt. Beispielsweise die Bereitschaft, sich ohne große Fragen die Augen verbinden und zu einer Scheune fahren zu lassen, um einen angeschossenen IRA-Mann zu versorgen. Eines Tages beobachtet nun der neue Doktor einige IRA-Leute in Aktion. Als pflichtbewußter Bürger des nordirischen Staates von britischen Gnaden wählt er eilends 666 999, um das Ungeheuerliche zu berichten. Wenig später klopft die IRA bei ihm an und fordert ihn auf, den Ort zu verlassen. Nun soll er irgendwo in Schottland sitzen, und es ist zu bezweifeln, daß er jemals wieder ein „confidential telephone" strapazieren wird.

☆ ☆ ☆

Im Verhältnis Protestanten - Katholiken muß man völlig umdenken. Ich selbst bin Protestant, und in der BRD wäre es für mich völlig unvorstellbar, der katholischen Kirche beizutreten oder mein Kind auf eine katholische Schule zu schicken. Protestanten, so mein Eindruck, sind in der Regel liberaler und progressiver als Katholiken. In Nordirland verhält es sich umgekehrt: Die „irischen" Katholiken wirken offener, lebenslustiger, in politischen Fragen deutlich liberaler als die „britischen" Protestanten. Von ihrer Mentalität her erinnern sie mich am ehesten noch an die Italiener, während mir bei vielen Protestanten die klassischen Preußen einfallen. Die „Irish News", die größte katholische Tageszeitung im Norden, ist kein "Rheinischer Merkur", sondern – sieht man von der Abtreibungsdiskussion ab – eine „Frankfurter Rundschau". Ganz gleich, ob es um den Ost-West-Konflikt, die Probleme der Dritten Welt oder die Frage der demokratischen Grundrechte im eigenen Land geht. Die protestantischen Gazetten sind hingegen rechts bis strammrechts; ihr intellektuelles Niveau ist miserabel.

Zwischen einer protestantischen Stadt wie Banbridge und einer katholischen wie Newry herrscht ein himmelweiter Unterschied: Banbridge wirkt relativ wohlhabend und unangenehm ordentlich. Die Geschäfte öffnen und schließen stets zur gleichen Zeit. Newry erscheint dagegen arm und sympathisch unordentlich. Gemüsehändler Kelly öffnet montags um 10 Uhr (bereits später als sein Kollege in Banbridge), dienstags gar erst um 11 Uhr. Das heißt jedoch nicht, daß er dies in der folgenden Woche genauso macht.

Selbst etablierten Katholiken fällt es offensichtlich schwer, ihre Herkunft zu leugnen. Betritt man das Haus eines gestandenen katholischen Mittelklässlers, sieht es dort nicht selten so aus wie bei den sprichwörtlichen Hempels „unterm Sofa". Man fühlt sich gleich zu Hause.

John Hume ist Führer der moderaten „Social Democratic and Labour Party", für nordirische Verhältnisse ein etablierter Politiker. Aber irgendetwas unterscheidet ihn von den steifen, stets streng bis verbiestert dreinblickenden Kollegen der protestantischen Parteien. Genau: John Hume hat ständig fettige und schlecht frisierte Haare. Sein Stellvertreter, Seamus Mallon, muß sich beim Reden dauernd die rutschende Hose hochziehen. Mallon's Nase schmückt eine Brille, die in der BRD als abschreckendes Beispiel für Kassengestelle vorgeführt würde.

Kardinal O'Fiaich, Chef des katholischen Bodenpersonals auf der Insel, schlurft bei einem Gaelic Football-Ereignis in Crossmaglen, zu dem er den Pokal gestiftet hat, in einem Aufzug über das Spielfeld, den Kardinal Höffners Haushälterin niemals zugelassen hätte. Bezeichnenderweise waren die irischen Kirchenmänner bei der Vatikan-Hierarchie nie besonders beliebt. O'Fiaich ist ein erklärter IRA-Gegner, aber der anglo-irischen Geschichte kann auch er nicht entrinnen. Ein katholischer Journalist, der es beim BBC in Nordirland zu etwas gebracht hat, erzählt uns später, wie er mit dem Kardinal zu Abend gespeist hätte. Zu seinem Bedauern sei O'Fiaich nicht dazu in der Lage gewesen, über den Nordirland-Konflikt zu diskutieren, ohne die Untaten des englischen Kolonialismus in Irland zu erwähnen.

Lord Justice O'Donnell ist einer der ausgesuchten Katholiken unter Nordirlands Richtern. Obgleich alle Richter an den nordirischen Sondergerichten zu den erklärten Zielen der IRA zählen, dürfte O'Donnell weniger bedroht sein als seine Kollegen. Ein protestantischer Bekannter erklärt mir warum: „Seine Urteile fallen deutlich fairer aus." Nicht, daß O'Donnell nicht ebenfalls IRA-Angehörige ins Gefängnis schicken würde. Aber im Gegensatz zu seinen protestantischen Kollegen urteilt er nicht in sektiererischer Weise entlang der konfessionellen bzw. politischen Trennungslinien. Protestantische Richter verurteilen einen pro-britischen, also „loyalistischen" Protestanten für die gleiche Tat zu zwei Jahren Haft, für die sie einen katholischen Republikaner auf 14 Jahre hinter Gitter stecken.

Anders als andere Katholiken, die im nordirischen Staat von britischen Gnaden es zu etwas gebracht haben, zieht es O'Donnell nicht an die schicke und ruhige Malone Road im Aufsteiger-Viertel von Belfast. O'Donnell bleibt in der „Höhle des Löwen", im republikanischen West Belfast wohnen. Und obwohl er dem britischen Staat dient, ist aus dem katholischen Iren kein „Brit" geworden. Dafür stand er sich wohl selbst zuviel im Wege. Als man ihn zum „Sir" ernennen will, lehnt O'Donnell ab. In seinem Wochenendhaus im Süden sieht es improvisiert bis sympathisch schlampig aus. Während O'Donnell von den großen Zeiten Celtic Belfasts, des heute nicht mehr existierenden Fußballvereins von der republikanischen Falls Road schwärmt, liegen seine Füße ausgestreckt auf dem Tisch. Seine Haare wäscht er sich, so erzählt uns seine Tochter, gewöhnlich mit dem Geschirrspülmittel. Von der konservativen Ordnung und Strenge, die die Atmosphäre in vielen Häusern der traditionellen protestantischen, loyalistischen Mittel- und Oberklasse bestimmt, ist bei den O'Donnells nichts zu spüren.

Ein Ereignis besonderer Art erwartet uns zum Jahresbeginn im benachbarten Rostrevor, einem kleinen, überwiegend katholischen Dorf. „Die Russen kommen", ist bereits Tage zuvor im „Newry Reporter" zu lesen. Auf Einladung von Tommy Sands, einem irischen Folkheroe, gastieren am Freitagabend im Social Club der örtlichen Gaelic Athletic Association nicht nur irische und bretonische Musiker, sondern auch eine Folkloregruppe aus Moskau plus Opernsängerin. Über dem Eingang zum Veranstaltungsraum hängt ein Plakat, auf dem in englischer, irischer und russischer Schrift geschrieben steht: „Ein tausendfaches Willkommen unseren russischen Freunden." Rechts und links davon: Hammer und Sichel. Im Saal ist das halbe Dorf versammelt. Mancher Zuschauer hat sich zu Ehren der russischen Gäste einen roten Pullover angezogen. Wie immer bei solchen Gelegenheiten, sind alle Altersgruppen vertreten. Die Stimmung ist – auch das wie immer – bestens und nähert sich ihrem Höhepunkt, als „die Russen" endlich auftreten. Die Begeisterung kennt keine Grenzen mehr, als der Leiter der russischen Delegation der gut angetrunkenen Gemeinde erklärt, daß Russen und Iren eine Sache gemeinsam hätten: „Beide Völker sind sehr offenherzig."

Zeitweise fühle ich mich an Gerhard Polts „Als der Bürgermeister von Moskau nach Bayern kam" erinnert. Aber das ist eben nur ein Film, dies hier ist Realität, ein realer Akt von Völkerfreundschaft, wie er in der BRD kaum vorstellbar ist. Die Iren haben in ihrer Geschichte niemals ein anderes Volk überfallen. Sie waren nicht Kolonialmacht, sondern Kolonie. Krieg haben sie nur gegen die englische Kolonialherrschaft geführt. Von daher gibt es auch keinen historischen Ballast, der einer unvoreingenommenen Völkerfreundschaft im Wege steht. Die Bürger, die hier den russischen Gästen begeistert zujubeln, sind keineswegs Kommunisten. Einige von ihnen mögen sogar Antikommunisten sein. Aber niemand ist antisowjetisch gesonnen.

☆☆☆

Die Mehrzahl der Kollegen von Lisa sind Katholiken. Man könnte aber auch sagen: Für eine Stadt, deren Bevölkerung zu über 80% katholisch ist, arbeiten erstaunlich viele protestantische Ärzte im örtlichen Krankenhaus. Einige von ihnen betrachten Newry lediglich als Zwischenetappe auf dem Weg zu einer Karriere in einem der „protestantischen" Krankenhäuser in Belfast.

Das Verhältnis zwischen katholischen und protestantischen Kollegen wirkt auf den ersten Blick problemlos. Man feiert gemeinsam, man besucht gemeinsam das Kino und das Pub. Das hängt sicherlich auch damit zusammen, daß es sich hier um Mitglieder der Mittelklasse handelt. Doch auch auf dieser sozialen Ebene gibt es Diskriminierung, wenn auch bei weitem nicht in dem Ausmaß wie gegenüber Angehörigen der katholischen Unterklassen. Einer der Chefs der chirurgischen Abteilung des Krankenhauses gilt als der fähigste in seinem Fach in Nordirland. Da er jedoch Katholik ist, bleibt ihm eine Karriere in Belfast – und nur dort kann man Karriere machen – verweigert. Ein anderer Chef erlebte zunächst einen steilen beruflichen Aufstieg wie kein Kollege vor ihm in der Provinz. Aber plötzlich ging es nicht mehr weiter und er blieb in Newry hängen. Auch er hatte das Handicap, Katholik zu sein.

Eine wesentliche Voraussetzung für das relativ gute Verhältnis zwischen den katholischen und protestantischen Kollegen ist, daß die Unruhen – obgleich sie den nordirischen Alltag bestimmen – völlig ausgeklammert werden. Man unterhält sich über den Beruf, Kollegen, Urlaube, aber niemals über Politik. In der Woche nach Gibraltar, als die Situation in Nordirland so gespannt war wie seit Jahren nicht mehr, saßen protestantische und katholische Kollegen gemeinsam im Aufenthaltsraum vor dem Fernseher – schweigend. Hinter jeder Stirn arbeitete es zweifellos, aber niemand gab seine Gedanken preis.

Katholiken unterhalten sich mit Katholiken über Politik, Protestanten mit Protestanten. Damit hat es sich. Ohne eine Tabuisierung des Konflikts wäre eine Zusammenarbeit überhaupt nicht möglich. Dazu kommt noch ein besonderer ärztlicher Ethos. So erzählt Ian, Protestant, von einem ehemaligen Kollegen des Krankenhauses, der für seine IRA-Sympathien bekannt war, die folgende Episode: Im Sommer 1988 holt die IRA im angrenzenden „Banditenland" von South Armagh erstmals einen Armeehelikopter vom Himmel. Als einer der verletzten Soldaten ins Krankenhaus von Newry eingeliefert wird, hat sich dort bereits eine Horde von

Jugendlichen aus dem benachbarten Katholikenviertel versammelt, die den herauseilenden Krankenschwestern und Ärzten entgegenruft: „Laßt das Schwein doch verrecken." Der diensthabende Arzt ist ausgerechnet der republikanische Kollege. Ohne eine Miene zu verziehen, holt er den Soldaten ins Krankenhaus und gewährt ihm die denkbar beste medizinische Behandlung.

Dennis, der republikanischste unter Lisas gegenwärtigen Kollegen, arbeitet mit Ian und einem weiteren Protestanten, Ken, bestens zusammen. Die drei sind ein hervorragendes Team, in dem einer den anderen fachlich respektiert. Und nicht nur das: Man sucht regelmäßig gemeinsam ein Pub auf, spielt Snooker, gießt sich diverse Gläser hinter die Binde. Sogar für politisch anzügliche und entsprechend makabere Späße ist Platz: Alle drei können einen der Chefs nicht leiden, einen Protestanten. Also schlägt Ian vor, ihn in das „Banditenland" zu locken und der IRA zu stecken, er sei ein britischer Agent. Dennis wehrt ab, da der Verdacht auf ihn, den Republikaner, fallen würde. Trotz allem bleibt Dennis Realist: „Wenn es hier richtig rund geht, wissen die Ians und Kens sehr genau, wo sie zu stehen haben. Nämlich auf der anderen, der unionistischen und protestantischen Seite." Die Freundschaft bleibt also fragil.

Dennoch möchte ich sie nicht unterbewerten. Sie zeigt, was an Entgegenkommen möglich ist, wenn es – wie hier im Krankenhaus – die Verhältnisse erzwingen. Was Ian und Ken tun, ist aus der Sicht der führenden protestantischen Politiker ein Verbrechen: sich mit einem Republikaner zu unterhalten. Schlimmer noch: gut zu verstehen. Auf offizieller Ebene findet ein Dialog zwischen den verfeindeten Lagern in Nordirland nicht statt. Für die etablierten Protestanten gibt es nicht die Notwendigkeit einer Verständigung, solange die britische Regierung ihnen Rückendeckung gewährt.

Als Auswärtige befinden wir uns in einer komfortablen Position. Wir erhalten einen Einblick in katholisches und nationalistisches Denken, von dem Protestanten bestenfalls aus Büchern erfahren. Umgekehrt verhält es sich nicht anders, obwohl Protestanten in der Regel erheblich verschlossener sind als Katholiken. Wenn wir uns über politische Probleme des Landes unterhalten wollen, vermeiden wir es, katholische und protestantische Kollegen gleichzeitig einzuladen. Beide würden lediglich herumtaktieren, und für beide wäre die Situation nur unangenehm. Nicht einmal über Sport wäre eine erquickliche Konversation möglich. Ich interessiere mich für gälischen Fußball, der bei Irlands Katholiken populärsten Sportart. Aber damit würde ich die protestantischen Gäste ausschließen, da der gälische Sport eine irisch-nationalistische Tradition hat und von Protestanten kaum gespielt wird. Ich habe zuweilen bemerkt, daß protestantische

Kollegen skeptisch dreinschauen, wenn ich mich mit einem katholischen Kollegen über gälischen Fußball unterhalte. So, als würden die denken: „Aha, der ist für die andere Seite."

Kieran, ein katholischer Bekannter aus Belfast, erzählt mir, wie er montags bei den Gesprächen seiner protestantischen Kollegen stets „außen vor" ist. Die Themen sind Kricket, Rugby und die nordirische Fußball-Liga, für die sich – aufgrund des protestantisch-sektiererischen Charakters – kaum ein Katholik erwärmen kann. Die gälischen Sportereignisse und die südirische Fußball-Liga hingegen kommen nicht vor. „Es ist nicht so, daß sie mich bewußt diskriminieren wollen. Aber da ich Katholik bin, ist meine Sportwelt eine andere. Zu ihrer habe ich keinen Zutritt und kann nicht mitreden."

Selbst beim Fußball gibt es Probleme, obwohl sich alle dafür interessieren. Als ich dem Sohn einer Bekannten zum Geburtstag eine Karte von Celtic Glasgow schenken will, einem berühmten Fußballclub mit irischer und republikanischer Tradition, erkundige ich mich diskret zuerst nach der Konfession der Familie. Ist sie katholisch, ist das Geschenk eine gelungene Sache: Jedem Katholik ist Celtic Glasgow ein Begriff, schon der Rivalität zu den protestantischen/loyalistischen „Glasgow Rangers" wegen. Ist die Familie dagegen protestantisch, wäre ich gewaltig ins Fettnäpfchen getreten.

Wenn die nordirische Fußballmannschaft verliert, lachen sich viele Katholiken ins Fäustchen, während viele Protestanten Anton Rogan die Schuld zuschieben. Er ist einer der wenigen katholischen Nationalspieler, kommt zum Überdruß protestantischer Fans aus der IRA-Hochburg West Belfast und spielt überdies bei den verpönten Celtics. Wenn die englische Nationalmannschaft gegen die Elf der südirischen Republik spielt, fiebern Nordirlands Protestanten für das englische Team, während ihre katholischen Mitbürger dem Süden die Daumen drücken.

☆ ☆ ☆

Aber auch im Gespräch mit einzelnen Nordiren dauert es oft eine Weile, bis man endlich zur Sache kommt. Nehmen wir einen katholischen Kollegen: Ist er Republikaner, kommt das Gespräch recht schnell in Gang, obwohl auch er vorsichtig ist. Es kann durchaus passieren, daß ein IRA-Sympathisant zunächst den Eindruck zu erwecken sucht, er habe mit der republikanischen Bewegung nichts zu tun. Denn selbst diejenigen, die als Opfer des Bürgerkriegs anzusehen sind, leiden oft unter einem Konfliktkomplex und schämen sich gegenüber Ausländern für die „troubles" in ihrem Land. So fragt man sich zunächst, wer denn überhaupt hier irgendetwas mit dem Konflikt zu tun hat, wo doch alle nur erklären: „Scheiß

Unruhen". Jeder erklärt, daß er die Unruhen leid sei und keine Probleme habe, mit Angehörigen der anderen Bevölkerungsgruppe zusammenzuleben. Das entspricht vermutlich sogar der Wahrheit, da nicht die Menschen sich selbst und gegenseitig im Weg stehen, sondern das System sie spaltet. Auch der IRA kann man einen Willen zum Frieden kaum absprechen. Gerade ihre Basis benötigt einen Frieden mehr als alle anderen Sektoren der nordirischen Gesellschaft. Das Problem ist nur, daß die britische Politik keine Konfliktlösung zuläßt, die auf politischer und sozialer Gleichberechtigung basiert.

Als typisch darf das folgende Gespräch gelten. Connor, ein Kollege meiner Frau, ist ein Katholik und äußerst moderater Nationalist. Von der IRA hält er überhaupt nichts. Das sind für ihn „Terroristen", die überdies daran Schuld seien, daß die Briten noch immer in Nordirland stehen. Und da die Nordiren nicht dazu in der Lage seien, ihren Konflikt selbst zu lösen, bliebe gar nichts anderes übrig, als das Land durch die Briten regieren zu lassen. Das Gespräch nimmt eine Wendung, als ich ihm erkläre, daß ich niemanden in Nordirland – auch nicht die IRA und selbst nicht die protestantischen / loyalistischen Todesschwadrone – für die andauernde Gewalt verantwortlich machen würde. Sie seien für mich allesamt Opfer einer Situation, die nicht sie, sondern die britische Regierung herbeigeführt habe. Aus diesem Grunde würde ich für die Freilassung aller „terroristischen" Gefangenen plädieren, deren hohe Zahl einen Frieden zwischen Protestanten und Katholiken sowie zwischen der irischen und der britischen Insel erschweren würde. Connor antwortet, das mit den vielen Gefangenen sei wirklich schlimm, zumal viele von ihnen zum Zeitpunkt der Verurteilung noch sehr jung gewesen seien. Und plötzlich stellt sich heraus, daß Connor keineswegs so unberührt vom Konflikt ist, wie es zunächst schien. Er hat selbst zwei Vettern, die wegen IRA-Aktivitäten einsitzen, und seine Familie mußte umziehen, nachdem eine IRA-Bombe versehentlich ihr Haus schwer beschädigt hatte.

Mit der Zeit stellt man fest, daß jeder, aber wirklich jeder vom Konflikt in irgendeiner Weise tangiert wurde und wird. Rosemary, eine Krankenschwester, berichtet, daß ihr Bruder, der bei der Polizei diente, von der IRA erschossen wurde. Anne, ebenfalls Krankenschwester, untersagt ihren Brüdern, sie in ihrem Haus aufzusuchen, da sie beide bei der Polizei sind und sie selbst als Protestantin in einem überwiegend katholischen Dorf wohnt. Peadar, ein Arzt aus Crossmaglen, berichtet, wie er als Jugendlicher das klackende Geräusch einer Schußwaffe an seinem Ohr vernahm

Nebenstehendes Bild: Britischer Soldat neben dem Eingang zu einem Einkaufsladen in einem Katholikenviertel von Belfast. (Foto: AnPhoblacht/Republican News)

IRA

und eine Stimme, die ihn aufforderte, um sein Leben zu rennen. Peadar rannte, während britische Soldaten neben seine Füsse schossen. Der einzige Bruder einer anderen Kollegin von Lisa wurde von Loyalisten erschossen, als er die Kirche verließ. Maureen, Krankenschwester, erzählt vergleichsweise Banales: Die Armeepatrouille hat letzte Woche ihren Hund vergiftet. Der Anhalter, den Lisa mit nach Belfast nimmt, entpuppt sich als Sinn Féiner, der bereits zweieinhalb Jahre im Gefängnis gesessen hat. Und so weiter.

Mit der Zeit gerät man selbst in den Sog der innergesellschaftlichen Spaltung. Da ich ein Linker bin, stehe ich den Nationalisten und Republikanern näher. Diese sind in der Regel Katholiken, während die pro-britischen Unionisten und Loyalisten alle Protestanten sind. Also handele ich wie jeder Nordire. Bei jeder neuen Bekanntschaft prüfe ich, ob mein Gegenüber katholischen oder protestantischen Glaubens ist. Denn die Konfessionszugehörigkeit steckt den Rahmen des miteinander Machbaren, den Umfang des Gesprächsstoffes ab. Bei Protestanten wissen wir, daß uns in der Regel eine politische Barriere trennt und mehr als ein „small talk" nicht möglich ist. An der Haustür von Anne, der erwähnten protestantischen Krankenschwester, möchte ich nicht allzuoft gesehen werden, da dies Skepsis im Dorf erregen könnte. Das will ich jedoch tunlichst vermeiden, weil ich gerne in die örtliche republikanische Kneipe gehe.

Aber wie findet man heraus, ob der Gegenüber Protestant oder Katholik ist, ohne gleich mit der Tür ins Haus zu fallen? Ich behaupte, daß ich dies mittlerweile bereits von seinem bloßen Verhalten ablesen kann. Aber es existiert auch ein regelrechter Schlüssel: Zunächst fragt man nach dem Namen. Bei „Kieran", „Seán", „Connor", „Maeve" u.a. ist die Sache klar. Das sind irische Namen, also sind die Betreffenden Katholiken. Bei „John Andrew" ist die Chance groß, daß er Protestant ist, zumal wenn er erzählt, er käme aus Ballymena oder Bandbridge. Aber er könnte auch Katholik sein. Ähnlich verhält es sich mit „Brian" und „Richard", die man ebenfalls auf beiden Seiten findet. Bei „Keith" ist die Sache schon eindeutiger: Protestant. Zusatzfragen erübrigen sich.

Namen allein geben also nur bedingt Auskunft. Das größte Eigentor schossen wir in dieser Frage bei einem Chefarzt meiner Frau, der „Geoffrey" heißt. Das ist ein ziemlich englischer Name. Mir fiel dabei nur Geoffrey Hurst ein, jener englische Fußballspieler, der 1966 im Endspiel gegen die BRD drei Tore schoß. (Nebenbei: Über das legendäre, umstrittene dritte Tor aus diesem Spiel erklärte mir hier noch jeder Katholik, mit dem ich über Fußball sprach, im Brustton der Empörung, dies sei kein Tor gewesen, und „ihr hättet das Spiel niemals verlieren dürfen...") Den Chefarzt jedenfalls hielten wir wegen seines Namens für einen Protestanten, obwohl sein filouhaftes Auftreten eher „unprotestantisch" wirkte. Bei protestantischen Mittel- und Oberklässlern assoziiere ich gewöhnlich farblose, langweilige, humorlose Gestalten. Eines Tages erzählt Geoffrey, sein ehemaliger Chefarzt in Belfast habe ebenfalls geglaubt, er sei Protestant. Aber dann habe der Chef ihn gefragt, auf welche Schule er gegangen sei. Es war eine Schule in West Belfast, der Sinn Féin-Hochburg, woran der Chefarzt, ein überzeugter Unionist, offensichtlich schwer zu schlucken hatte.

Neben Name und Herkunftsort ist die Schule ein weiterer Anhaltspunkt für die Identität eines Gesprächspartners. Denn das Schulsystem in Nordirland ist konfessionell getrennt, wie so vieles.

☆ ☆ ☆

Man läßt sich also sehr schnell auf das sektiererische Spiel ein. Bis zu einem gewissen Grad erscheint dies auch durchaus verständlich und legitim, da es um reale politische Kontroversen geht. Während des Lektorats fragte mich ein Mitarbeiter des Verlages: „Wie geht das eigentlich zusammen: einerseits Katholik, andererseits IRA-Mitglied und Sozialist?" Es ist ja tatsächlich so. Und nicht nur das IRA-Mitglied, auch der Anhänger der trotzkistischen IV. Internationale und der unabhängige sozialistische Republikaner oder gar Anarchist sind in der Regel „gebürtige" Katholiken.

Ein typisches Beispiel dafür ist unser Freund Seamus. Seamus kommt aus West Belfaster Arbeiterverhältnissen und ist überzeugter Republikaner. Im Gegensatz zu vielen anderen seiner Herkunft gelang es ihm, die Universität zu besuchen. In seiner Freizeit betätigt er sich in einer Theatergruppe, die gerade ein Stück über James Larkin, den großen irischen Sozialisten und Streikführer, aufführt. Der selbstverfaßte Stoff ist eine anspruchsvolle Würdigung der irischen Arbeiterklasse und des Sozialismus. Derartige kreative Aktivitäten trifft man im proletarischen West Belfast im übrigen zuhauf an.

An einem Wochenende in der wilden Schönheit Donegals diskutieren Seamus und ich so ziemlich alle „Fragen der Weltrevolution". Zwischen uns herrscht große Übereinstimmung. Kein Zweifel: Nicht nur in Irland, sondern auch in der BRD wäre Seamus auf der linken Seite des politischen Spektrums einzuordnen. Der „Bruch" kommt nach dem sonntäglichen Frühstück. Seamus muß sich beeilen, um noch rechtzeitig zur Kirche zu kommen. Auch hier, fern der West Belfaster Heimat, wo ihn niemand beobachtet, muß der Kirchgang sein. Während Seamus in politischen und ökonomischen Fragen eine streng sozialistische, ja marxistische Position vertritt, sind seine moralischen Ansichten ebenso streng konservativ. Der Kirchgang ist keineswegs aufgesetztes, inhaltsleeres Ritual.

Als ich vor einigen Jahren in Polen weilte, ging mir der dortige moralische Konservativismus fürchterlich gegen den Strich. Hier ist das anders. Der Unterschied besteht wohl darin, daß der moralische Konservativismus in Polen sich mit stockreaktionären politischen Ansichten vermengt. Seamus' Katholizismus kann ich als „private Angelegenheit" akzeptieren. Ich kann zwischen seinen religiösen und politischen Ansichten trennen. Daß dies möglich ist, liegt nicht zuletzt daran, daß seine moralischen Positionen nicht chauvinistisch oder patriarchalisch motiviert sind. Seamus spricht sich mindestens ebenso vehement für die Gleichstellung der Frau aus wie ein bundesdeutscher Linker. Möglicherweise ehrlicher und überzeugter. Mittlerweile ärgere ich mich über die bundesdeutschen Linken, denen in Gesprächen mit irischen Republikanern und Sozialisten als erstes Thema stets die katholische Moral einfällt und diese gar zu einem Hindernis für eine politische Annäherung an den anti-britischen Widerstand erklären. Möglicherweise liegt das daran, daß dies das einzige Feld ist, auf dem sie gegenüber ihren Gesprächspartnern glänzen und Überlegenheit demonstrieren können.

Sicherlich: meine Moralvorstellungen sind andere als die vieler Iren. Anderseits gibt es aber eine Reihe von Themen, bei denen man als Deutscher, insbesondere als linker Deutscher, eine Menge lernen kann. Der unchauvinistische Charakter des irischen Volkes, seine Sensibilität gegenüber Ungerechtigkeit und Unterdrückung – nicht nur im eigenen Land und im anglo-irischen Verhältnis, sondern beispielsweise auch gegenüber der Dritten Welt – sind mir wichtiger als die Tatsache, daß die Mehrheit der Iren in moralischen Fragen hinter einen Teil der bundesdeutschen Öffentlichkeit zurückfällt.

Man muß nicht Katholik sein, um Republikaner und Sozialist zu sein. Gerade Republikaner und Linke agitieren ständig für eine Überwindung der Spaltung. Aber da Republikanismus und Sozialismus Ideologien der Besitzlosen, der Diskriminierten und Entrechteten sind, gedeihen sie naturgemäß innerhalb der katholischen Bevölkerungsgruppe stärker als bei den Protestanten. Es existiert auch beim irischen Nationalismus, Republikanismus und Sozialismus keine innere Verbindung von Religion und Politik, ohne die diese Ideologien zusammenbrechen würden. Eine Verbindung wird aber von außen aufgenötigt, durch ein Herrschaftssystem, das die Gesellschaft entlang der konfessionellen Überzeugung spaltet und das Bürger aufgrund ihrer Religionszugehörigkeit diskriminiert. Lediglich beim protestantischen Loyalismus, der die nordirischen Protestanten als „auserwähltes Volk" begreift, ist ein Sektierertum in der Ideologie selbst angelegt.

Die Problematik und ihre Komplexität werden vielleicht deutlicher, wenn man sie an der eigenen Person durchspielt. Was würden wir tun, wenn wir für immer hierbleiben würden? Obwohl wir bundesdeutsche Protestanten sind, würden wir uns eine Wohnung oder ein Haus in einer katholischen Gegend suchen. Mit katholischen Nachbarn hätten wir vermutlich sehr viel mehr Gemeinsamkeiten. Unsere Tochter würden wir auf eine katholische Schule schicken, auch wenn dies bedeutet, daß sie – wogegen wir eigentlich sind – religiös erzogen würde. Wichtiger wäre es uns, daß sie ein realistisches, korrektes Verständnis der anglo-irischen Geschichte vermittelt bekäme. Zudem finden sich an katholischen Schulen weit mehr politisch progressive Lehrer als an protestantischen. Und wir möchten auch nicht, daß unsere Tochter mit rassistischen, antikatholischen Ausfällen von protestantischen Jugendlichen konfrontiert wird. In der Republik Irland würden wir anders handeln: Dort wäre es uns wichtiger, unsere Tochter dem moralpolitischen Einfluß des Katholizismus zu entziehen, weshalb wir sie auf eine unabhängige Schule schicken würden. Zwar existieren auch in Nordirland einige integrierte Schulen, aber zumeist dienen sie nur dazu, katholischen Jugendlichen die britische Sicht der anglo-irischen Geschichte beizubringen und sie zu „katholischen Unionisten" zu erziehen. Mit der Wahl der Wohngegend und der Schule wären wir kategorisiert und zugleich doch Exoten, da wir an unserer Konfessionszugehörigkeit nichts ändern würden. Es greifen eben nicht nur religiöse, sondern letztlich entscheidend auch politische Gründe: Weil man Nationalist oder Unionist ist, schickt nur eine kleine Minderheit der nordirischen Katholiken und Protestanten ihre Kinder auf die Schule der anderen Konfession. Da wir in diesen Konflikt nicht hineingeboren sind, gilt für uns die konfessionelle Bindung nicht.

☆ ☆ ☆

„Was Du denkst, wo Du politisch stehst, ob Du moderater Nationalist oder Republikaner bist, wird dadurch bestimmt, wo Du aufgewachsen bist", belehrt uns Sean. Die „schlimmsten Protestanten" sind für ihn die Katholiken von der Belfaster Malone Road, die er seit seinem Studium an der Queens University über hat. Ein kleine Schicht Belfaster Katholiken, die es sich leisten konnte, verließ in den 60er und 70er Jahren den proletarischen und republikanischen Westen, um sich im Süden der Stadt an der gediegenen Malone Road niederzulassen. Für einige der dort lebenden Protestanten hieß das: „Die Neger kommen!". Sie wanderten in andere Viertel des Südens ab.

Dabei sind die Malone Road-„Neger" extrem harmlose Zeitgenossen. Gegenüber Protestanten gebärden sie sich zumeist eher unterwürfig und würden am liebsten ihre Herkunft verleugnen. Ein katholischer Bekannter, der aus dieser Ecke kommt, empfiehlt etwa seiner Mutter, die jüngere Schwester doch auf eine protestantische Schule zu schicken: „Wenn sie schon nichts auf dem Kasten hat, soll sie wenigstens einen hübschen Akzent lernen. Dann hat sie später bessere Chancen..."

Damit die Integration der katholischen Mittel- und Oberklässler keinen Schaden erleidet, haben die Sicherheitskräfte in diesem Viertel ihr Fort aus Stahl, Beton und schußsicheren Scheiben mit Bäumchen und einem Holzzaun verkleidet und dem Wachturm ein Zipfelchen aufgesetzt. So sieht das Ganze mehr aus wie das Eintrittsgebäude zu einem botanischen Garten.

☆☆☆

Alex Maskey ist seit 1985 Sinn Féin-Abgeordneter im Belfaster Kommunalparlament. Wie so viele seiner Sinn Féin-Kollegen, hat auch Alex zuvor einige Jahre im Gefängnis bzw. Internierungslager verbracht. Das erste Mal treffen wir ihn im Herbst 1984, als er auf Einladung der westdeutschen Friedensbewegung auf einer Kundgebung gegen die NATO-Manöver spricht. Als wir ihm im Februar 1989 wiedersehen, hat sich zwischenzeitlich einiges ereignet. Eine loyalistische Todesschwadron hatte ein Attentat auf Alex verübt, an dessen Folgen er noch heute laboriert: Der halbe Magen, eine Niere und ein Stück des Darms mußten ihm herausgenommen werden. Dabei hatte Alex noch das Glück, daß die Waffe der Attentäter explodierte. Wie es den Attentätern möglich war, trotz der ständig präsenten staatlichen Sicherheitskräfte in die Tiefe West Belfasts vorzudringen, und warum sein Telefon eine Stunde vor dem Attentat ausfiel, ist bis heute ungeklärt. Vieles deutet darauf hin, daß die Todesschwadron mit den Sicherheitskräften zusammenarbeitete.

Mit gewissem Stolz zeigt uns Alex seinen kugelsicheren PKW, mit dem er mit Freunden von Belfast heruntergekommen ist. Alex erklärt auch den Grund, warum er in Newry ist: Die „Wolfe Tones", eine der bekanntesten Folkgruppen Irlands, die aus ihren Sympathien für die republikanische Bewegung keinen Hehl machen, spielen heute in der Stadthalle. Dies ist seit vielen Jahren wieder der erste Auftritt der Gruppe im Norden, wo sie wahrscheinlich mehr Anhänger hat als im Süden. Alex und seine Freunde haben die Gruppe in Dundalk abgefangen und in ihrem gepanzerten Wagen über die Grenze gefahren. Denn die Tones haben Angst, was verständlich ist. 1975 wurden vor den Toren Newrys drei Mitglieder der „Miami Showband", einer unpolitischen Musikgruppe, von Loyalisten ermordet. Den Attentätern genügte, daß die drei Musiker Katholiken waren. Später stellte sich heraus, daß die Loyalisten zugleich auch Solda-

Alex Maskey von Sinn Féin im Gespräch mit einem Polizeioffizier (Foto: Pacemaker)

ten des „Ulster Defence Regiments", der nordirischen Einheit der britischen Armee waren. Alex und seine Freunde wollen die Tones für das diesjährige West Belfaster Festival gewinnen. Aber vorher müssen sie demonstrieren, daß sie für ihre Sicherheit sorgen können.

Der politische Alltag in Nordirland ist mit dem der BRD nicht zu vergleichen. Wer Partei ergreift, lebt stets mit der Gefahr, erschossen zu werden. Für Katholiken und Republikaner existiert diese Gefahr gleich in doppelter Weise: in der Gestalt protestantischer/loyalistischer Todesschwadrone und der Streitkräfte des britischen Staates. Für ihre Sicherheit können sie nur selbst sorgen.

Bei aller Faszination für das Land, seine Leute, ihr Rebellentum: Wären wir, die es sich noch leisten können, oppositionelle Politik auch als Hobby mit kalkulierbarem und akzeptablem Risiko zu betreiben, für ein nordirisches Leben geschaffen? Ein Großteil von uns würde vermutlich kläglich versagen. Offenbar ist es etwas anderes, ob man mit einem Konflikt aufwächst, oder als zunächst Außenstehender hineingerät. Immer wieder bin ich davon beeindruckt, daß Bekannte, die in ständiger Bedrohung leben, dennoch Humor und Menschlichkeit nicht verloren haben. Im Gegenteil.

Aber je länger man hier ist, je mehr Bekanntschaften man schließt, desto größer ist die Gefahr, eines Tages einem Sarg folgen zu müssen. Erst heute erhielt ich den Brief einer weitläufigen Bekannten aus der BRD, die den Anfang Feburar 1989 von Loyalisten ermordeten engagierten und begabten katholischen Anwalt Pat Finucane gut kannte: „Ich kannte Pat und kenne vor allen Dingen seine Mutter und einen Teil seiner Geschwister sehr gut und habe mehrmals bei ihnen gewohnt. (...) Falls Ihr in den nächsten Tagen Teile der Familie treffen solltet, besonders seine Mutter und seinen Bruder Martin, grüßt und umarmt sie sehr, sehr herzlich von mir. Ich denke, dieser Mord reißt eine große, unersetzliche Lücke, menschlich sowieso, aber auch politisch und von Pat's Erfahrung, Durchsetzungskraft, Konfrontationsbereitschaft usw. her. Deswegen haben sie ihn auch umgebracht, und es bleibt nur zu hoffen, daß der Griff zu solchen Mitteln ein Anzeichen für die Schwäche des Gegners ist?!"

☆☆☆

Während ich diese Zeilen schreibe, neigt sich unser befristeter Aufenthalt in Nordirland fast seinem Ende zu. Ich weiß, daß uns „zu Hause", in der BRD, ersteinmal eine große Leere befallen wird, daß wir nicht nur unsere katholischen Freunde, mit denen uns so vieles verband, aber auch unsere protestantischen Freunde vermissen werden. Wir sind noch nie einer derartigen Hilfsbereitschaft und Gastfreundschaft begegnet wie hier. Wir haben noch nie in einer so kurzen Zeit derartig viele nette und interessante Menschen kennengelernt wie hier. Was unsere protestantischen Freunde angeht, so bin ich manchmal versucht, sie zu packen und kräftig wachzurütteln, damit sie ihre Augen vollständig öffnen und der historische Ballast von ihnen abfällt, der ihr Denken beschränkt.

Dies steht jetzt schon fest: Der Tag unserer Abreise wird ein sehr trauriger sein. Vor die freie Wahl gestellt, in Nordirland oder in der BRD zu leben, würde ich mich für die Konfliktprovinz entscheiden. Nicht des Konflikts, sondern der Menschen wegen, die man hier trifft.

Dietrich Schulze-Marmeling, Newry, März 1989

Sofern im Text Personen erwähnt werden, die nicht ohnehin bekannte Persönlichkeiten des öffentlichen Lebens sind, wurden ihre Namen bewußt geändert.

Die Dame auf der rechten Seite, die uns ein freundliches „Cheerio" zuruft, wurde photographiert von Gerry Casey von der Fotoagentur „Belfast Exposed".

Teil I

20 Jahre Bürgerkrieg

WIE ALLES ANFING: DIE BÜRGERRECHTSBEWEGUNG

1968, als der Bürgerkrieg in Nordirland offen ausbrach, wurde der westeuropäischen Öffentlichkeit schlagartig bewußt, welch anachronistisches Staatsgebilde dort am nordwestlichen Rand Europas existierte: eine Kolonie, deren Ureinwohner offensichtlich in die Minderheit gedrängt und diskriminiert waren; ein Staat, in dem so selbstverständliche demokratische Rechte wie das allgemeine Wahlrecht nicht existierten; ein Land, das sich in einen Religionskrieg zu stürzen schien, wie sie in Europa ansonsten der Vergangenheit angehörten.

Diese Situation war das Produkt jahrhundertelanger britischer Vorherrschaft auf der irischen Insel.

DER ENGLISCHE KOLONIALISMUS IN IRLAND

Die Geschichte der Kolonialisierung Irlands ist in mehrerer Hinsicht einzigartig. Irland war das einzige Land in Europa, also im Zentrum der kapitalistischen Entwicklung, das kolonisiert wurde. Die Insel ist zudem einer von fünf Fällen in der Geschichte des Kolonialismus, in denen die Kolonialmacht das Land nicht nur aneignete, um dessen Bearbeitung dann den einheimischen Bauern zu überlassen, sondern in dem die neue Macht die Ureinwohner zumindest in Teilen des Landes durch eigene Siedler ersetzte. Die anderen vier Fälle waren Kenia, Rhodesien/Zimbabwe, Algerien und Südafrika, wobei die Kolonialisten in Kenia, Zimbabwe und Algerien längst das geraubte Land zurückgeben und den unterdrückten Völkern ihre Souveränität zugestehen mußten. Die Dekolonisation Irlands und Südafrikas hingegen steht noch aus.

Weiterhin ist der Sonderfall Irland dadurch gekennzeichnet, daß das Land die einzige Kolonie war, in der die Religion und weniger die Rasse die Trennung zwischen Kolonialisten und Kolonisierten markierte. Dies lag schlicht daran, daß die Hautfarbe diese Rolle schwerlich übernehmen konnte.

Bild S. 38/39: Britische Armee auf dem katholischen Milltown-Friedhof in West Belfast. (Foto: AnPhoblacht/Republican News)

Die irische Insel lag zu weit vom kontinentalen Europa und dessen ökonomischen und klimatischen Bedingungen entfernt, als daß hier eine eigenständige kapitalistische Entwicklung zeitgleich mit den Metropolen einsetzen konnte. Andererseits war die geographische und strategische Lage Irlands aber auch nicht so abgelegen, daß die Metropolen – und hier insbesondere England – die irische Insel im Zeitalter der Eroberung der Weltmeere und der weltweiten Ausbreitung des Kapitalismus ignorieren konnten. Irlands Schicksal war und ist die unmittelbare Nähe zu einer Metropole.

So gingen im Falle Irlands ökonomische und strategische Überlegungen eine in der Geschichte des Kolonialismus einmalige Verbindung ein. Sowohl der ökonomisch motivierte Wunsch nach zusätzlichem Land als auch strategische Überlegungen bestimmten die englische Kolonialpolitik gegenüber Irland. Ab 1760, mit dem Einsetzen der industriellen Revolution, wurde England zum Nettoimporteur von Getreide. Für 60 Jahre blieb dabei Irland der Hauptlieferant.

Strategisch wollte die englische Macht unter allen Umständen verhindern, daß die irische Insel zur Basis von feindlichen Aktivitäten rivalisierender maritimer Mächte (wie Spanien) oder zum Zufluchtsort für regierungsfeindliche Rebellen avancierte. Daraus entwickelte sich ein sicherheitspolitisches Denken, das die irische und die britische Insel als eine strategische Einheit betrachtet und auch noch heute Gültigkeit hat. Aus der Sicht des britischen Establishment kann die „Sicherheit" der britischen Insel nicht losgelöst von der Entwicklung der irischen Nachbarinsel behandelt werden. Eine außenpolitische Autonomie der gesamten irischen Insel ist von daher nicht vorgesehen.

Zwar hatte Heinrich II. die irische Insel bereits im 12. Jahrhundert erobert, doch war diese Eroberung niemals vollständig, da große Teile des Landes unter der Kontrolle der einheimischen Bevölkerung blieben. Und die ersten Einwanderer, die von der britischen Insel kamen, nahmen die gälische Sprache und gälischen Bräuche an und wurden so selbst zu Iren. Irland blieb ein konstanter Unruheherd und wurde deshalb von Britannien als strategische Bedrohung betrachtet. Vor diesem Hintergrund entstand das sogenannte „Plantation"-Projekt, das das „irische Problem" ein für allemal lösen sollte. Es galt, die irische Insel systematisch mit protestantischen Siedlern zu füllen, die dort eine starke probritische Garnison bilden sollten. Dieser Garnison sollte die Aufgabe zufallen, die rebellische einheimische Bevölkerung niederzuhalten und die britische Herrschaft zu sichern. Als Gegenleistung für ihre probritische Loyalität wurden den Siedlern Land und andere Vorteile sowie der militärische Beistand des Mutterlandes versprochen. Eine große Zahl von katholischen und gälisch sprechenden Ureinwohnern wurde enteignet und mit militärischer Gewalt aus dem Osten und dem Zentrum des Landes vertrieben. Sie mußten sich in den entlegenen und unwirtlicheren Westen zurückziehen.

Allerdings konnte die „Plantation"-Strategie nicht in dem Ausmaß realisiert werden, wie dies ursprünglich beabsichtigt war: Es fanden sich nicht genügend Siedler. In den meisten Teilen des Landes stellten die Neuankömmlinge lediglich die schmale Schicht der Gutsherren und Verwalter, während die große Masse der Arbeiter und Landpächter katholisch war. Eine Ausnahme bildete der Nordosten der Insel, und hier insbesondere die der britischen Insel zugewandten Grafschaften Antrim und Down. Hier nahm die Vertreibung der einheimischen Bevölkerung totalere Formen an, und es gelang, eine neue, vielschichtige, protestantische und gegenüber der Kolonialmacht loyale Gesellschaft zu etablieren. Doch auch hier mangelte es an einer ausreichenden Zahl von Siedlern, so daß Katholiken als Pächter und Landarbeiter benötigt wurden und eine gemischte Bevölkerung entstand.

Das Verhältnis zwischen beiden Bevölkerungsgruppen war von Anfang an durch Rivalität gekennzeichnet. Da die protestantischen Siedler über alle sozialen Klassen verstreut waren, spielte sich die Auseinandersetzung oftmals innerhalb einer sozialen Klasse ab. Katholiken und Protestanten konkurrierten um das gleiche Land und die gleichen Jobs. Im Durchschnitt war die protestantische Bevölkerungsgruppe allerdings sozial besser gestellt, und die Oberschicht bestand nahezu ausnahmslos aus Protestanten.

Während die Zahl der Siedler letztlich beschränkt blieb und die loyalen Protestanten gesamtirisch eine Minderheit bildeten, verlief die Landnahme höchst erfolgreich: Befanden sich um 1600 lediglich 10% des irischen Landes in den Händen protestantischer Siedler, so waren es um 1700 bereits 90%.

Als in den 40er Jahren des letzten Jahrhunderts aufgrund der Kartoffelfäule große Hungerkatastrophen in Irland ausbrachen, sah die britische Regierung die Chance, das Kräfteverhältnis zwischen den protestantischen Siedlern und den gälischen/katholischen Ureinwohnern zugunsten der loyalen Kräfte zu verändern. Die von der Regierung eingesetzte „Devon Commission" sollte erforschen, wie das Verhältnis der Zahl der Gutsherren zu der Zahl der Pächter besser in Einklang gebracht werden konnte. Die Kommission machte den Vorschlag, die Größe der – nach britischer Auffassung zu zahlreichen – kleinen Landwirtschaften bei acht Morgen zu konsolidieren. Das sollte die Vertreibung von 192.386 Familien bzw. über einer Million Menschen bedeuten. Begünstigt durch Hungerkatastrophen, konnte dieses ehrgeizige Ziel binnen vier Jahren mehr als verwirklicht werden: Ungefähr eineinhalb Millionen Menschen starben an den Folgen der Lebensmittelknappheit, etwa die gleiche Zahl sah sich – um des Überlebens willen – gezwungen, das Land zu verlassen. Die Briten steuerten das Ausmaß der Katastrophe, indem sie trotz der Hungersnot unter der gälischen Bevölkerung darauf bestanden, daß das Korn, das die Bauern für die Gutsherren anbauten, weiter nach England exportiert wurde. Es war das erklärte Ziel der britischen Regierung, die katholische Urbevölkerung auf eine regierbare Größe zu reduzieren. 1845 lebten achteinhalb Millionen Menschen auf der irischen Insel. Zehn Jahre später waren es drei Millionen weniger, 1920 schon vier Millionen. Innerhalb von 75 Jahren wurde die Bevölkerung Irlands nahezu halbiert.

Die Anatomie des heutigen Konflikts in Nordirland wurde also bereits vor fast 400 Jahren mit der Aufnahme der Plantation-Strategie durch die englische Kolonialmacht angelegt. Die Entwicklung einer Auseinandersetzung, die oftmals entlang konfessioneller Trennlinien ausgefochten wird, war somit alles andere als schicksalshaft. Die Verantwortung hierfür tragen nicht die katholischen und letztlich auch nicht die protestantischen Bürger der Insel, sondern allein das Establishment der Kolonialmacht. Die Siedler wären niemals in derart großer Zahl auf die irische Insel übergewechselt, hätte das Establishment nicht den protestantischen Besiedlungsprozeß bewußt gefördert und mit dem enteigneten Land der einheimischen Katholiken gelockt. Ein Paket von Apartheidgesetzen („penal laws"), das Katholiken vom politischen, ökonomischen und kulturellen Leben weitgehend ausschloß und protestantische Vorherrschaft garantierte, verstärkte die Spaltung entlang der Konfessionszugehörigkeit noch. Über den anachronistischen, irrationalen und sektiererischen protestantischen „Ulsterman" wird heute viel lamentiert. Vergessen wird jedoch dabei zumeist, daß er eine Kreation britischer Kolonialherrschaft ist.

Den Katholiken wurde mit den penal laws untersagt, ein Parlamentsmandat einzunehmen oder Ämter in Regierung und Verwaltung zu bekleiden. Auch der Zugang zur Armee und den juristischen Berufen blieb ihnen verschlossen. Weitere Bestimmungen verwehrten Katholiken eine höhere Bildung, den Unterhalt eigener Bildungseinrichtungen sowie das Studium im Ausland. Das Entstehen einer politisch gebildeten katholischen Elite sollte im Keim erstickt werden.

Hinzu kamen die ökonomischen Restriktionen. Die Möglichkeiten der katholischen Iren, Land zu erwerben, wurden drastisch beschränkt. Erbvorschriften besagten, daß es für Katholiken nicht möglich war, durch Heirat oder Erbschaft protestantischen Besitz zu übernehmen. Jener Teil des Landes, der sich noch in katholischen Händen befand, mußte im Erbfall unter allen Söhnen aufgeteilt werden, was eine Zersplitterung des ursprünglichen Besitzes in unwirtschaftliche Parzellen zur Folge hatte. Den ökonomischen Abstieg konnte nur der Übertritt des ältesten Sohnes zur anglikanischen Staatskirche bzw. ein Loyalitätsbeweis gegenüber der Krone verhindern. Solche Gesetze trafen insbesondere die Masse der katholischen Kleinbauern.

Die irische Teilung: Ein Staat wird konstruiert

Der mehrheitlich von Protestanten besiedelte irische Nordosten nahm – eingebunden in die industrielle Revolution auf der britischen Nachbarinsel – eine ökonomische und soziale Sonderentwicklung. Das war weder Zufall noch im Fleiß und Unternehmensgeist der Siedlergemeinschaft begründet. Es war das Resultat gezielter britischer Regierungspolitik, die die protestantische Gesellschaft begünstigte. Auf diese Weise sicherte sich London die Loyalität der protestantischen Belfaster Geschäftsleute und Industriellen, die zuvor die Handelsrestriktionen beklagt und sogar zeitweise mit sezessionistischen und republikanischen Ideen sympathisiert hatten. Im 18. und 19. Jahrhundert entstand eine große Leinenindustrie im Nordosten, gefolgt von der Errichtung von Schiffbau- und Maschinenbauanlagen. Um 1900 war der Raum Belfast zu einem der bedeutendsten Industriegebiete der Welt und einer der prosperierendsten Regionen im Vereinigten Königreich avanciert. 1911 war die Hälfte aller industriellen Arbeitsplätze Irlands im Nordosten angesiedelt, allein ein Fünftel in Belfast. Im Gegensatz dazu verharrte der von Katholiken besiedelte Rest der Insel in Unterentwicklung. Die imposanten Angaben können indessen nicht darüber hinwegtäuschen, daß das protestantische Siedlungsgebiet dennoch nicht mehr war als ein Außenposten der englischen Wirtschaftszentren.

Von der Einbindung in eine ökonomische und politische Union mit England profitierten nicht nur die protestantische Bourgeoisie, sondern auch die protestantischen Unterklassen. Durch soziale Vergünstigungen, vor allem bei der Besetzung der Arbeitsplätze, wähnten sich die protestantischen Arbeiter ihrem protestantischen Arbeitgeber politisch näher als den katholischen „Klassenkollegen". Oftmals erfolgte die Arbeitsplatzvergabe über den Orangeisten Orden, eine militant antikatholische und loyalistische Organisation, in der sich Protestanten aller Klassen einfanden und die „protestantische Volksgemeinschaft" verkörperten. Die meisten freien Arbeitsplätze kamen somit erst gar nicht auf den allgemeinen

Arbeitsmarkt. 1911 stellten die Katholiken zwar 30% der Bevölkerung Belfasts, aber nur 5% aller gelernten Arbeiter.

Nachdem sich Belfast zu einer reichen Insel in einem Meer von Armut entwickelt hatte, waren Tausende von katholischen Bauern aus dem Westen in die Stadt geströmt. Die protestantischen Unterklassen betrachteten sie als Konkurrenz. Sektiererische Stimmung griff um sich, was dem protestantischen Establishment nur recht sein konnte. Einige Gewerkschaften, insbesondere im Schiff- und Maschinenbau, verweigerten Katholiken gar die Mitgliedschaft. Sie gaben damit zu verstehen, daß sie sich ausschließlich den Belangen der protestantischen Arbeiterschaft verpflichtet fühlten.

So erlangten die Protestanten im Nordosten in jeder Hinsicht eine privilegierte Position. Sie besetzten die besseren Arbeitsplätze und verfügten über das bessere Land. Als Ende des 19. Jahrhunderts die „Home Rule"-Frage auf der Tagesordnung stand, war es deshalb nicht verwunderlich, daß die Protestanten gegen jede Lockerung der Beziehungen zur britischen Insel heftigst opponierten. „Home Rule" bedeutete eine begrenzte irische Selbstverwaltung im Rahmen des britischen Empire. Irland sollte zwar ein eigenes Parlament erhalten, aber die britische Monarchie als Staatsoberhaupt anerkennen.

Den Protestanten war klar, daß sie in einem irischen Staat, der sich selbst regieren würde, ihre Privilegien nicht aufrechterhalten könnten. Sie waren schließlich in der Minderheit; ihr privilegierter Status beruhte auf britischer Bevorteilung und Protektion. Außerdem befüchteten sie für den Fall gesamtirischer Selbstverwaltung erhebliche ökonomische Einbußen. Der industrielle Sektor im Nordosten produzierte vorrangig für den Export auf die britische Insel und in andere Teile des Empire. Sein Bestand und seine weitere Expansion war somit vom freien Zugang zum britischen Markt und den Empire-Märkten abhängig.

Den Protestanten gelang es, die „Home-Rule"-Option zu verhindern. Möglich war das jedoch nur, weil sie dabei die Unterstützung großer Teile des britischen Establishments – u.a. der konservativen „Tories", der Armeeführung und des Staatsdienstes – erhielten. Zu den verzerrten Sichtweisen vom nordirischen Konflikt zählt die Annahme, die Briten könnten gar nicht anders, als ihre Souveränität über den irischen Nordosten aufrechtzuerhalten, weil die Protestanten sie hierzu nötigen. Die britische Propaganda war und ist selbst an diesem Mythos interessiert, da er sie aus der direkten Verantwortung entläßt. Tatsächlich läßt sich feststellen, daß sich London gegenüber den protestantischen Statthaltern stets anders verhalten hat als etwa de Gaulle in der Algerien-Frage, als er die dortigen Siedler kalt fallenließ und die französischen Truppen aus der Kolonie zurückzog.

Der Grund für das zähe Festhalten an der britischen Souveränität besteht darin, daß es im britischen Establishment keine Mehrheit für die Aufgabe Nordirlands gab und gibt. Die Stärke der Protestanten baut darauf, daß sie in dieser Frage mächtige Verbündete in London haben. Wir werden beispielsweise in der Frage des anglo-irischen Abkommens noch sehen, daß ein Vetorecht der nordirischen Protestanten immer nur dann gilt, wenn ihre Interessen mit denen Londons korrespondieren. Kollidieren die Interessen der Statthalter und der Londoner Zentrale, versteht es diese durchaus, sich durchzusetzen.

Anstelle der Einführung einer gesamtirischen „home rule"-Lösung kam es 1921 zur Teilung der Insel. Sechs nordöstliche Grafschaften, die zusammen eine deutliche protestantische/loyalistische Mehrheit aufwiesen, bildeten den nordirischen Staat, der im Vereinigten Königreich verblieb. Den restlichen 26 Grafschaften wurde der Status eines Dominion im Empire gewährt – ähnlich dem Kanadas, mit dem englischen Monarchen als Staatsoberhaupt. Es verblieb eine Eidpflicht der irischen Parlamentarier auf den König sowie britische Hoheit über die irischen Seehäfen. Diese politischen Einschränkungen seiner Souveränität überwand der irische Teilstaat nach und nach. 1949 erklärte er sich zur Republik Irland und ist heute ein formell souveränes, eigenständiges staatliches Gebilde.

Mit der Teilung der Insel erledigte die britische Regierung gleich zwei Fliegen mit einer Klappe: Sie stellte die protestantischen Statthalter zufrieden, die jede Form gesamtirischer Selbstverwaltung ablehnten, und behielt zugleich einen Brückenkopf auf der irischen Insel, von dem aus sich auf die Entwicklung des südlichen Landesteils Einfluß nehmen ließ. Ohne den industrialisierten Nordosten war der südirische Staat zu schwach, eine eigenständige ökonomische Entwicklung zu vollziehen und aus dem Schatten der ehemaligen Kolonialmacht herauszutreten. Für eine Entwicklung aus eigener Kraft mangelte es an Kapital und der notwendigen Binnenmarktgröße. Für die 26 Grafschaften bedeutete die Teilung den Verlust von 29% der Bevölkerung, 40% der besteuerbaren Kapazitäten des Landes sowie des bedeutendsten industriellen Zentrums in Belfast. Im Hafen dieser damals größten irischen Stadt war vor der Teilung immerhin ein Drittel des nationalen Handels abgewickelt worden. Besonders betroffen wurden von der Teilung die Grenzregionen beiderseits der 300 Meilen langen inneririschen Grenze, die von ihrem jeweiligen natürlichen Hinterland abgetrennt und zu besonders unterentwickelten Gebieten in einer ohnehin unterentwickelten Ökonomie wurden. Diese Entwicklung zeigt sich auch heute noch an der weit über dem Durchschnitt liegenden Arbeitslosigkeit in den mehrheitlich katholischen Grenzstädten Strabane, Newry und Derry.

Noch heute wickelt die Republik Irland über 40% ihres Außenhandels mit Großbritannien ab, wobei die Struktur der ökonomischen Beziehungen die gleiche Asymmetrie aufweist wie die zwischen den nördlichen industriellen Metropolen und den Staaten der Dritten Welt. In vielerlei Hinsicht erweist sich die Souveränität der Republik lediglich als formell. Der südirische Staat ist zu abhängig und zu schwach, als daß er den in seiner Verfassung niedergelegten Anspruch auf irische Wiedervereinigung und Unabhängigkeit gegen London durchsetzen könnte.

Die Republik Irland zählt heute – proportional zur Bevölkerungsgröße – zu den Staaten mit der höchsten Auslandsverschuldung weltweit. Genau genommen müßte die Republik die Weltrangliste der bankrotten Staaten anführen. Daß davon nie die Rede ist, verdankt sie ihrer EG-Integration, die dem Land – im Gegensatz zu den lateinamerikanischen Schuldnerländern – eine nicht vergleichbare Kreditwürdigkeit verleiht.

Der nordirische Separatstaat trug und trägt alle Züge einer künstlichen Staatsbildung. Die Grenzziehung erfolgte in der Absicht, eine deutliche protestantische/probritische Mehrheit zu garantieren und zugleich soviel Territorium und Bevölkerung wie möglich zu sichern. Die Grenzen Nordirlands entsprechen keineswegs denen der historischen Provinz Ulster, wenngleich die Medien Nordirland und Ulster immer wieder gleichsetzen. Die historische Provinz Ulster besteht aus neun Grafschaften, Nordirland hingegen nur aus sechs davon.

Theoretisch standen den Architekten der Staatsgründung folgende Möglichkeiten offen:

1. die Bildung eines protestantischen/probritischen Staates lediglich aus den östlichen Grafschaften Antrim und Down, wo die Plantation-Strategie am erfolgreichsten war und überdurchschnittliche protestantische Mehrheiten von 79,8% und 73,4% existierten.
2. die Bildung eines Staates aus den vier mehrheitlich protestantischen Ulster-Grafschaften, d.h. zusätzlich zu Antrim und Down noch Derry und Armagh, wo der Anteil der Protestanten 54,3% und 55,0% betrug.
3. die Bildung des Staates aus allen neun Ulster-Grafschaften, d.h. zusätzlich noch die fünf mehrheitlich katholischen Grafschaften Fermanagh (55,7% Katholiken), Tyrone (55,6%), Donegal (79,2%), Cavan (81,3%) und Monaghan (85,1%).

Die ersten beiden Möglichkeiten hatten das Manko, das sie zuwenig Territorium und Bevölkerung einschlossen. Die dritte Option kam nicht in Betracht, weil die protestantische/probritische Mehrheit mit 58,3 % zu 41,7% zu gering ausgefallen wäre. Die Architekten des Staates gingen davon aus, daß die Katholiken nordirische Bürger wider Willen sein würden. Um ein Regieren gegen diese disloyale Minderheit zu ermöglichen, durfte sie nicht zu groß werden. Desweiteren war die zukünftige Bevölkerungsentwicklung zu berücksichtigen. Eine deutliche protestantische Mehrheit sollte garantieren, daß für die Katholiken – auch bei einer höheren Geburtenrate – keine Chance bestand, die Protestanten jemals zahlenmäßig zu überflügeln.

So kreierten die Architekten eine vierte Lösung: Sie schlugen den vier mehrheitlich protestantischen Grafschaften exakt so viele mehrheitlich katholische Grafschaften zu, wie sie für die Errichtung eines mit britischer Hilfe überlebensfähigen probritischen Staates für notwendig hielten. Zusätzlich zu den Grafschaften Antrim, Down, Armagh und Derry wurden noch die mehrheitlich katholischen Grafschaften Fermanagh und Tyrone zur Gründung des Separatstaates hinzugezogen. Mit 65,1% zu 34,9% fiel die protestantische/probritische Mehrheit in diesem Staat deutlich genug aus.

NORDIRLAND 1968

Hinter der inneririschen Grenze errichtete die protestantische Führung einen Apartheidstaat, einen „Protestant State for Protestant People". Er schloß Katholiken vom politischen und ökonomischen Leben weitgehend aus. London gewährte den Protestanten eine eigene Regierung, die dann für 50 Jahre von einer einzigen Partei gestellt wurde: der Unionist Party, die von Protestanten aller sozialen Klassen gewählt wurde. Die protestantische/unionistische Regierung verfügte innenpolitisch über nahezu die gleichen Kompetenzen wie die Regierung eines souveränen Staates. Keiner anderen Region im Vereinigten Königreich, nicht Schottland und nicht Wales, gestattete London derart viel Autonomie. Die Protestanten honorierten die Freiheit, in ihrem Staat tun und lassen zu können, was sie wollten, mit unbedingter Loyalität.

Daß Nordirland nicht in gleicher Weise Teil des Vereinigten Königreiches ist wie England, Schottland oder Wales, wird auch aus anderen Beispielen ersichtlich: Das nordirische Parteiensystem unterscheidet sich stark von dem des restlichen Königreichs. Es gibt weder Labour Party noch „Tories". Zudem hat die britische Regierung die Möglichkeit, Nordiren die Einreise auf die britische Insel zu verwehren. Das ist entweder ein eklatanter Verstoß gegen die KSZE-Akte (die die Bewegungsfreiheit innerhalb eines Landes garantieren soll), oder aber eine Anerkennung der Tatsache, daß Nordirland eben nicht britisch, sondern ein „fremdes Land" ist. Zuletzt in seiner Terrorismus-Gesetzgebung vom Dezember 1988 bestä-

Mitglieder des sektiererischen protestantischen Orangeisten Orden beim Umzug durch Belfast. (Foto: Irish Times)

tigte das britische Parlament nochmals ausdrücklich die Möglichkeit der „internen Exilierung".

Die Tatsache, daß die britische Premierministerin Thatcher, wie andere führende britische Politiker oder Mitglieder der Königsfamilie, nur selten und dann ohne vorherige Ankündigung die Provinz besuchen, weist darauf hin, daß die Londoner Zentralgewalt hier nicht anerkannt wird. Solche Besucher wagen sich zudem nur für wenige Stunden und unter massivem Schutz von Polizei und Armee nach Nordirland.

Umgekehrt ist das Ansehen der nordirischen Bevölkerung auch unter britischen „Normalbürgern" außerordentlich schlecht. Ganz gleich ob Protestanten oder Katholiken, für viele Engländer sind sie nicht gleichwertige Briten, sondern „irische Paddies".

Schließlich war London darauf bedacht, sich nicht zu eng an die internen Verhältnisse und Probleme in Nordirland anzukoppeln. Daß die Verhältnisse in Nordirland nicht den Standards auf der britischen Insel und in anderen westeuropäischen Demokratien entsprachen, war dem Establishment durchaus geläufig. Apartheid war der Preis, den man zur Sicherung der britischen Souveränität bereit war zu zahlen. Der antidemokratische protestantische Staat wurde gedeckt, indem man ihn mit Subventionen versah, innenpolitisch nach Belieben schalten und walten ließ und gegenüber der einheimischen wie der internationalen Öffentlichkeit einen Mantel des Schweigens über die skandalösen Verhältnisse ausbreitete. Eine Vereinbarung des Unterhauses besagte, daß Nordirland kein Thema im britischen Parlament sein sollte, sofern es um innernordirische Angelegenheiten ging. Das wurde von Tories und Labour gleichermaßen unterstützt und hatte zur Folge, daß bis zum Ausbruch der Unruhen von 1968 nicht nur der internationalen, sondern auch der britischen Öffentlichkeit die Zustände in der Provinz weitgehend unbekannt waren.

Die Forderungen, mit denen die katholische Minderheit den „Protestant State" und die britische Regierung 1968 konfrontierte, waren Reaktion auf eine für bürgerliche Demokratien kaum glaubliche Diskriminierung:

● **Abschaffung des Mehrfachwahlrechts und Beendigung der manipulativen Ziehung von Wahlkreisgrenzen.** 1920 bedeutete das Verhältniswahlrecht bei kommunalen Wahlen noch, daß 25 der 80 kommunalen Räte auf dem Territorium des späteren nordirischen Separatstaates von Katholiken/Nationalisten kontrolliert wurden. 1922 schaffte die protestantische Regierung Nordirlands das Verhältniswahlrecht ab und zog die Wahlkreisgrenzen neu. Die Folge war, daß nach den Wahlen von 1924 nur noch zwei von nahezu 80 kommunalen Räten in den Händen von Katholiken waren. Dieses Ergebnis stand im eklatanten Widerspruch zum Bevölkerungsverhältnis von 65 zu 35. Die Wahlkreismanipulation machte es möglich, daß selbst in Städten, wo deutlichere katholische Mehrheiten existierten, protestantische Mehrheiten zustande kamen.

Wie „gerrymandering", wie diese Praxis nach dem amerikanischen Gouverneur Gerry genannt wurde, funktionierte, soll das Beispiel der Stadt Derry zeigen. Dort betrug 1966 das Verhältnis der erwachsenen katholischen Bevölkerung zur erwachsenen protestantischen 20.102 zu 10.274. Derry wurde in drei Wahlkreise eingeteilt. Der größte davon war South Ward mit 11.185 Stimmberechtigten, davon 10.047 Katholiken. South Ward konnte acht Abgeordnete in den Stadtrat schicken, die allesamt Katholiken/Nationalisten waren. North Ward hatte zwar nur 6.476 Stimmberechtigte, von denen 3.946 Protestanten waren, schickte indessen ebenfalls acht Abgeordnete in den Stadtrat. Waterside Ward mit 5.549 Stimmberechtigten (davon 3.697 Protestanten) hatte vier Abgeordnete. Aufgrund des Mehrheitswahlrechts wurden in North Ward und Waterside Ward ausschließlich Protestanten/Unionisten gewählt. So kam, obgleich das Verhältnis katholischer zu protestantischer Wähler 14.429 zu 8.871 betrug, im Stadtrat eine protestantische/unionistische Mehrheit von 12 : 8 heraus.

Daß die Zahl der Wahlberechtigten so stark von der der erwachsenen Bevölkerung abweicht, hat seine Ursache in einer weiteren Absonderlichkeit des Wahlrechts: Bis 1969 (nicht etwa 1669!) war bei nordirischen Kommunalwahlen nur stimmberechtigt, wer Steuerzahler war und über Hausbesitz verfügte oder registrierter Pächter war. Geschäftsleute hingegen besaßen bis zu sechs Stimmen. Ein Viertel der erwachsenen Bevölkerung blieb so vom Urnengang ausgeschlossen. Dieses undemokratische Wahlrecht bevorteilte die insgesamt besser gestellte protestantische Bevölkerungsgruppe. 1969 waren 75% der Bürger ohne kommunales Wahlrecht Katholiken. Allein in Belfast mußten 10.000 junge katholische Ehepaare dem Urnengang fernbleiben, da sie – aus finanziellen Gründen – noch bei ihren Eltern lebten.

Garantierte die Art der inneririschen Grenzziehung bereits eine künstliche protestantische Mehrheit im nordirischen Separatstaat, so trugen das Mehrfach- und Klassenwahlrecht wie die Wahlkreismanipulationen dazu bei, daß sich in der politischen Repräsentanz die Kluft zwischen Mehrheit und Minderheit noch erheblich vergrößerte.

● **Abschaffung des Special Power Act**, eines Notstandsgesetzes, das nur in Nordirland Gültigkeit hatte und mit dem der Staat seit seiner Gründung permanent regiert wurde. Das Gesetz verlieh dem Innenminister und den ihm unterstellten Polizeikräften ungemeine Befugnisse und lud zur Willkürherrschaft ein. Es ermöglichte die Verhaftung von „Verdächtigen" ohne Haftbefehl, die Durchsuchung von Häusern ohne Durchsuchungsbefehl, das Verbot von Zeitungen sowie die Beschränkung der Bewegungsfreiheit einzelner Bürger auf bestimmte Gebiete der Provinz. Die Regierung durfte Banknoten beschlagnahmen. Die Weigerung, die Frage eines Polizisten zu beantworten, wurde als Verbrechen behandelt. Desweiteren konnte die Regierung die Internierung, d.h. die Inhaftierung von Verdächtigen ohne richterliches Urteil auf unbestimmte Zeit einführen, was 1920-21, 1922-24, 1938-45, 1956-61, 1969 und 1971 bis 1975 auch geschah. Der damalige südafrikanische Justizminister Vorster zeigte sich 1963 vom Special Power Act so beeindruckt, daß er äußerte, er könne die Notstandsgesetzgebung seines Landes aufgeben, erhielte er dafür im Austausch auch nur eine Klausel aus dem nordirischen Gesetz.

● **Faire Vergabe von kommunalen Wohnungen und Häusern.** Über die von ihnen dominierten kommunalen Verwaltungen sorgten die Protestanten dafür, daß Mitglieder ihrer Bevölkerungsgruppe bei der Belegung freien Wohnraumes bevorzugt wurden, obwohl die Wohnungsnot der Katholiken ungleich größer war. Dies begründete u.a. die Bedeutung der Kommunalwahlen in Nordirland, die mit denen in der BRD überhaupt nicht zu vergleichen war. Die Beherrschung der kommunalen Verwaltungen ermöglichte außerdem, auf das Ausmaß katholischer Wahlberechtigung Einfluß zu nehmen, da ein registrierter Mieter kommunalen Wohnraums, sofern er Steuern zahlte, das Wahlrecht erhielt.

● **Beendigung der Diskriminierung bei der Vergabe von Arbeitsplätzen.** Katholiken wurden im öffentlichen und im privaten Sektor deutlich diskriminiert. In der Grafschaft Fermanagh etwa, wo Katholiken die Bevölkerungsmehrheit stellten, beschäftigte der County Council 338 Protestanten und 32 Katholiken. Von den 319 höheren Verwaltungsposten, die der nordirische Staat zu vergeben hatte, wurden lediglich 23 von Katholiken besetzt. Und auf der Werft Harland & Wolff, dem damals größten industriellen Arbeitgeber Nordirlands, waren 1970 nur 400 der 10.000 Beschäftigten Katholiken. Katholiken waren in deutlich größerer Zahl arbeitslos und übten zumeist, sofern sie Arbeit hatten, die schlechter bezahlten und unqualifizierten Berufe aus.

Die Beschränkung der Job-Möglichkeiten für Katholiken wurde gezielt gesteuert: Die Mehrzahl der Industrien war in protestantischen Gebieten angesiedelt, die für Katholiken schwer zu erreichen waren und wo sie zudem oftmals physischen Bedrohungen durch die protestantischen Konkurrenten ausgesetzt waren. Viele protestantische Arbeitgeber bevorzugten bei der Besetzung von Arbeitsplätzen Mitglieder der eigenen Bevölkerungsgruppe. Bei solchen Firmen verzichteten Katholiken von vornherein auf eine Bewerbung. Einige Gewerkschaften betätigten sich als Einstellungsagenten und errichteten damit eine Barriere gegen die Einstellung von Katholiken. Eine öffentliche Rekrutierungspolitik fand oftmals ohnehin nicht statt. Freie Arbeitsplätze wurden über den Orangeisten Orden bzw. protestantische Familien, die bereits Familienmitglieder im Betrieb untergebracht hatten, vergeben.

Die Diskriminierung der Katholiken bei der Vergabe von öffentlichem Wohnraum und Arbeitsplätzen sollte einerseits den Zusammenhalt der protestantischen Bevölkerungsgruppe sowie die Loyalität der protestantischen Unterklassen gegenüber ihrem Establishment und dem britischen Staat sichern. Zugleich sollte die katholische Emigrationsrate auf einem hohen Niveau gehalten werden. Katholische Emigration sollte deren höhere Geburtenrate neutralisieren, damit die deutliche protestantische Mehrheit gewahrt blieb. Eine Schätzung besagt, daß 43,1% der nordirischen Bevölkerung im Jahre 1981 Katholiken gewesen wären, hätte es zwischen 1926 und 1981 keine Emigration gegeben. Damit wäre die Kluft zwischen den beiden Bevölkerungsgruppen erheblich verringert worden. Die anhaltende Emigration bewirkte stattdessen, daß der Anteil der Katholiken 1981 nur 38,3% betrug.

● **Auflösung der „B-Specials"**, einer Hilfstruppe der Polizei, die mehr einer militanten protestantischen Miliz entsprach. Katholiken waren in ihren Reihen unerwünscht. Eine „normale" Polizei, die sich Protestanten und Katholiken gleichermaßen verpflichtet fühlt und ihre Aufgabe ausschließlich in dem Schutz des Individuums und seines Eigentums sieht, hat in der Geschichte Nordirlands nie existiert. Die Polizei war stets hochgradig politisiert und hatte paramilitärischen Charakter. Den Kern der späteren „Royal Ulster Constabulary" (RUC), der nordirischen Polizei, bildete bei Gründung des protestantischen Staates die „Ulster Volunteer Force", die sich im Kampf gegen „Home Rule" formiert hatte und eine der frühesten faschistischen Organisationen in Europa war. Man geht in Nordirland zur Polizei, um den nordirischen Staat als sektiererischen „Protestant State" gegenüber „disloyalen Elementen" zu verteidigen. Dem entspricht, daß die RUC-Mitgliedschaft oftmals innerhalb von protestantischen/loyalistischen Familien weiter vererbt wird.

Die Bürgerrechtsbewegung

Die Auseinandersetzung in Nordirland begann nicht als Kampf um nationale Souveränität, sondern als Kampf um simple demokratische Grundrechte und eine Anpassung des politischen Systems Nordirlands an die bürgerlich-demokratischen Standards, die im Rest des Vereinigten Königreichs und in anderen westeuropäischen Staaten existierten. Es waren die Briten, die aus einem Kampf für demokratische Rechte einen Krieg um nationale und soziale Befreiung machten. Für die Bürgerrechtsbewegung, die 1968 die Straße betrat, waren irische Unabhängigkeit und Einheit zunächst kein Thema. Man wollte vielmehr „britischer" werden in dem Sinne, daß man die Gleichstellung mit den anderen Bürgern im Vereinigten Königreich einklagte. Ermutigt durch zaghafte Versuche eines Dialogs zwischen den beiden irischen Regierungen und versöhnlichen Tönen protestantischer/unionistischer Führer, waren Nordirlands Katholiken erstmals dazu bereit, aktiv an der Gestaltung des nordirischen Staatswesens mitzuwirken. Die „irische Frage" schien vom Tisch zu sein, die innerirische Grenze erregte nicht mehr länger die Gemüter, und als während einer Bürgerrechtsdemonstration ein Teilnehmer die irische Trikolore entrollte, erntete er ob dieser anachronistischen Darstellung lediglich Gelächter.

Die eindeutige Mehrheit der Bürgerrechtler war nicht auf das gefaßt, was sie mit ihren so simplen wie selbstverständlichen Forderungen auslöste. Noch heute zeigen sich viele Aktivisten von damals erschrocken über das, was sie „angerichtet" haben. Kaum jemand von ihnen ahnte 1968, daß dem Einfordern gesellschaftlicher Gleichstellung ein nun bereits 20 Jahre tobender Bürgerkrieg folgen würde. Die mahnenden Stimmen einiger Veteranen, die das „loyalistische Monster" und das Wesen britischer Herrschaft nur zu gut kannten, blieben in einer Atmosphäre des Aufbruchs und der erfrischenden Naivität ungehört.

Innerhalb der Bürgerrechtsbewegung spielten zunächst Studenten eine bedeutende und avantgardistische Rolle, namentlich die „Peoples Democracy", eine offene, sozialistische Formation, die von Kommilitonen der Belfaster Queens University gegründet wurde. Die mutigen Provokationen von Peoples Democracy nötigten die britische Regierung, den nordirischen Staat und die unionistischen „Reformer" zum Offenbarungseid in Sachen Demokratiesierung, den die reputierlichen Repräsentanten der katholischen Mittelklasse partout vermeiden wollten. Doch schon bald sollte sich die Auseinandersetzung auf die katholischen Arbeiterviertel insbesondere in Belfast und Derry konzentrieren.

Die Bürgerrechtsbewegung wurde in der Vergangenheit oftmals als Ausdruck einer aufstrebenden und expandierenden katholischen Mittelklasse betrachtet, die nun eine ihrem sozialen und ökonomischen Status entsprechende Beteiligung am politischen Leben einklagte. Diese Sichtweise läßt sich statistisch kaum belegen. Im Gegenteil: Der nordirische Zensus von 1971 zählte lediglich 2.721 Katholiken als Angehörige der höchsten sozialen Kategorien A und B. Die Ausweitung der katholischen Mittelklassen erfolgte erst in den 70er Jahren aufgrund einer gezielten britischen Integrations- und Spaltungspolitik. Die Bürgerrechtsbewegung reflektierte vielmehr die Erwartungen der gesamten katholischen/nationalistischen Bevölkerung gegenüber einem britischen Staat, dessen Rolle im ökonomischen Leben erheblich zugenommen hatte. Die sozialstaatlichen Reformen, die in Großbritannien unmittelbar nach dem 2. Weltkrieg eingeführt worden waren und eine Expansion des Erziehungs- und Gesundheitswesens bewirkt hatten, kamen mit zeitlicher Verzögerung auch in Nordirland zum Tragen. Die Minderheit ging davon aus, daß der Staat dabei zugunsten der sozial Benachteiligten intervenieren würde – eine trügerische Hoffnung, wie sich zeigen sollte.

Zwar wurde der Aufbau eines zweiten ökonomischen Zentrums in der Provinz beschlossen, doch anstatt das mehrheitlich katholische Derry, die nach Belfast zweitgröße Stadt, mit entsprechenden staatlichen Mitteln auszustatten, wurde zwischen den beiden mehrheitlich protestantischen

Städten Portadown und Lurgan eine neue Stadt mit dem Namen Craigavon gegründet. Auch die zweite Universität des Landes wurde nicht in Derry eröffnet, sondern in der protestantischen Kleinstadt Coleraine. Und die internationalen Investoren ließen sich nicht im strukturell unterentwikkelten und mehrheitlich katholischen Westen Nordirlands nieder, sondern im mehrheitlich protestantischen Raum Belfast, der schon immer das ökonomische und industrielle Zentrum der Provinz war. Letztlich waren die Briten in der Folgezeit auch gar nicht dazu in der Lage, die politische und soziale Lage der Katholiken zu verbessern und zugleich das traditionelle protestantische Klientel weiter auszuhalten. Im Gegenteil: Die unvermeidbare Verschlechterung der materiellen Situation von Teilen der protestantischen Gesellschaft mußte mit einer noch drastischeren Verschlechterung der Lage der Katholiken einhergehen, um so eine soziale Kluft zu konservieren, die eine Fortsetzung der Loyalität garantierte.

Der Spielraum für moderatere Elemente in der Bürgerrechtsbewegung war von Anfang an eng. Auch die Bedeutung der eher gemäßigten Führung der „Northern Ireland Civil Rights Association" (NICRA), dem Dachverband der Bürgerrechtsbewegung, ist immer wieder überschätzt worden. Tatsächlich spielte die NICRA-Führung bei der Planung und Durchführung der bedeutendsten Märsche lediglich eine nachtrabende und untergeordnete Rolle. Bei der Demonstration am 5. Oktober 1968, die erstmals das Medieninteresse für Nordirland weckte und die von der RUC brutal zusammengeprügelt wurde, war die NICRA überhaupt nicht präsent. Die Initiatoren waren linke Aktivisten des Derry Housing Committee. Gleiches gilt auch für den großen Bürgerrechtsmarsch vom 16. November 1968, der vom Derry Citizens Action Committee organisiert wurde. Im Dezember rief die NICRA-Führung zu einem zeitlich limitierten Verzicht auf Demonstrationen auf, aber der folgende Monat wurde mit 14 Märschen zum geschäftigsten der Bewegung. In diesem Monat ereignete sich auch der Angriff von Polizisten und militanten Loyalisten auf einen Peoples Democracy-Marsch bei Burntollet, ein wichtiger Meilenstein in der Entwicklung der Auseinandersetzung.

Zu den Mythen über die Bürgerrechtsbewegung zählt auch die Rolle von Protestanten im Kampf um demokratische Reformen. Von ihrem Anspruch her war die Bürgerrechtsbewegung eine klar antisektiererische Angelegenheit. Das bewirkte jedoch nicht, daß ihr Protestanten in Massen zuströmten. Die wenigen Protestanten, die sich in der Bewegung engagierten, wurden dort in ähnlicher Weise behandelt wie CDU-Konvertiten durch die bundesdeutsche Friedensbewegung der 80er Jahre. Gerade weil es nur so wenige Protestanten waren, neigte man dazu, ihre Bedeutung zu überhöhen. Die Realität wird schon eher durch eine Umfrage aus dieser Zeit wiedergegeben, die besagt, daß 69% der nordirischen Protestanten gegen ein gesetzliches Verbot der Diskriminierung waren.

Die Beschäftigung mit den Mythen ist deshalb von Bedeutung, weil in der bürgerlichen Betrachtung der vergangenen 20 Jahre – wie sie in Nordirland vor allem von der katholischen Hierarchie und der moderat-nationalistischen „Social Democratic and Labour Party" (SDLP) gefüttert und rezipiert wird – immer wieder zu lesen ist, die Bürgerrechtsbewegung habe als gewaltfreie und überkonfessionelle Bewegung begonnen, sei dann jedoch von der „Irish Republican Army" (IRA) übernommen und in ein sektiererisches und gewalttätiges Fahrwasser gebracht worden. Diese Behauptung ist allein schon deshalb falsch, weil die damalige Basis der Bürgerrechtsbewegung sich heute viel eher bei der IRA und ihrem politischen Flügel, der „Sinn Féin" wiederfindet als bei der SDLP.

Daß auch noch die wenigen „Vorzeigeprotestanten" der Bewegung den Rücken zuwandten, hatte folgende Gründe: Zum einen hatte ihr Engagement für die Bürgerrechtsbewegung in der Regel kaum Einfluß auf ihre unionistische Position. Sie sahen sich aber der loyalistischen Reaktion ausgesetzt, die die Trennlinien innerhalb der nordirischen Gesellschaft wieder entlang der Konfessionszugehörigkeit und der Frage Unionismus/Loyalismus versus Nationalismus/Republikanismus zog. Die Rebellion bigotter Loyalistenführer wie Ian Paisley war keineswegs eine Antwort auf die IRA. Paisley betrat bereits die Bühne, als die Bürgerrechtsbewegung noch eine strikt konstitutionelle Orientierung verfolgte und von der IRA weit und breit nichts zu sehen war. Paisley erfand seinerzeit eine IRA-Verschwörung, indem er die reaktivierte faschistische UVF dazu animierte, Bomben zu legen, die dann der republikanischen Guerilla in die Schuhe geschoben wurden. Auf diese Weise sollten liberalere und konzessionsbereite Elemente im protestantischen Lager unter Druck gesetzt und eine Infiltration der „protestantischen Volksgemeinschaft" mit dem Gedankengut der Bürgerrechtsbewegung verhindert werden. Die Auflösung dieser Volksgemeinschaft mußte nach Auffassung der Loyalisten unbedingt vereitelt werden.

Das Auftreten Paisleys dokumentierte die Existenz von Widersprüchen im bis dahin weitgehend monolithischen protestantischen/unionistischen Lager. Die Kontroverse zwischen Paisley und dem damaligen nordirischen Premierminister, Terence O'Neill, dem etwas voreilig das Etikett „liberal" angeheftet wurde, war keineswegs, daß O'Neill etwa die sektiererischen Strukturen und die protestantische Mehrheitsherrschaft auflösen wollte. O'Neill argumentierte, daß die katholische Geburtenrate gesenkt werden könnte, indem man die materielle Situation der Katholiken verbessere. Denn wie alle Untersuchungen über die Bevölkerungsentwicklung in modernen westlichen Ländern in dieser Zeit zeigten, fiel die Zahl der Kinder einer Familie umso geringer aus, je höher ihr sozialer Status war. Kinderreichtum erwies sich vor allem als ein Unterklassenphänomen. O'Neill wollte deshalb die protestantische/probritische Mehrheit durch eine gewisse materielle Integration der Minderheit konservieren. Hingegen argumentierten die protestantischen/loyalistischen Hardliner, daß der höheren katholischen Geburtenrate auch fortan nur dadurch begegnet werden könnte, daß man Katholiken durch soziale Diskriminierung zur Emigration trieb. Denn jede Verbesserung der materiellen Situation der Minderheit würde diese lediglich ermutigen.

In mancherlei Hinsicht war die Situation im Nordirland der späten 60er Jahre der heutigen Situation in Südafrika gleich: Eine Regierung versucht, den Protest der ausgesperrten Bevölkerungsgruppe zu kontrollieren, indem sie einige moderatere, liberalere und integrationistische Töne anschlägt. Damit setzt sie sich von den krudesten Formen des Apartheidsdenkens ab, ohne jedoch an den Grundfesten des Systems zu rütteln. Dennoch provoziert dies den Widerstand von Teilen der eigenen Bevölkerungsgruppe, die bereits von minimalen Zugeständnissen eine Aufweichung der eigenen „Volksgemeinschaft" und eine Relativierung der sektiererischen – d.h. rassischen bzw. konfessionellen – Schranken befürchtet. Auf der anderen Seite ist die Regierung nicht dazu in der Lage, der Rebellion der unterdrückten Bevölkerungsgruppe Einhalt zu gebieten, da sie die Grundstruktur der Apartheid unangetastet läßt und lassen muß, da ihre Auflösung der Überwindung des gesamten existierenden Herrschaftsapparates gleichkäme.

In Nordirland tummelten sich dazwischen noch einige liberal-unionistische Kräfte, die den notwendigen Zusammenhang zwischen britischer Herrschaft und Apartheid in Nordirland nicht akzeptieren konnten und von daher – als die Situation eskalierte und die Frage der inneririschen Grenze aktuell wurde – zwischen allen Stühlen saßen.

Der Bürgerrechtsbewegung – und schon gar nicht ihrem radikalsozialistischen Flügel um Aktivisten wie die legendäre Bernadette Devlin-Mc Aliskey – ist nicht vorzuwerfen, sie habe sich nicht genügend um die protestantische Arbeiterklasse gekümmert. Im Gegenteil: Im Nachhinein erscheinen viele der Bemühungen, die in diese Richtung unternommen wurden, als geradezu naiv. Kaum eine Gelegenheit wurde ausgelassen, um die protestantischen Unterklassen von den Vorteilen einer „workers republic" und interkonfessioneller Arbeitereinheit zu überzeugen. Die richtigen Argumente, so der naive Glaube, würden nicht nur den Weg zu Bürgerrechten, sondern auch zu den Ausgebeuteten und Erniedrigten der anderen Bevölkerungsgruppe bahnen. „Tories out, North and South!" –

dieses Motto stand für die Absicht, den Establishments in beiden Teilen Irlands den Kampf anzusagen, und sollte unterstreichen, daß man keineswegs daran dachte, die protestantischen Unterklassen in einen katholischen Staat zu führen. Doch die oftmals nur minimalen oder gar lediglich angenommenen Privilegien, die die Union den protestantischen Unterklassen gegenüber ihren katholischen „Klassenkollegen" garantierten oder suggerierten, waren diesen näher als die ferne Vision einer „workers republic". Von großen Teilen der protestantischen Arbeiterklasse und der traditionellen protestantischen Mittelklasse wurde die Forderung nach Gleichstellung der Minderheit vielmehr als bedrohliche soziale Herausforderung begriffen.

Es war ein oftmals schmerzhafter Prozeß, bis die Linken einsahen, daß das Rühren der sektiererischen Trommel durch loyalistische Agitatoren noch immer genügte, um auch nur den kleinsten Ansatz von interkonfessioneller Unterklassensolidarität zu torpedieren – selbst wenn die gemeinsamen Interessen lediglich in einem Gehweg oder einer Fußgängerampel bestanden. Der bigotte, rechtsradikale Pfaffe Ian Paisley verstand es allemal besser, an die Ängste und Bedürfnisse der protestantischen Unterklassen zu appellieren. Sympathiebekundungen gegenüber dem Anliegen der Bürgerrechtsbewegung kamen eher aus den modernen Sektoren der protestantischen Mittelschichten.

Es bleibt das Dilemma Sinn Féins und unabhängiger sozialistischer Republikaner, daß sie zwar „objektiv" nicht nur die Klasseninteressen der katholischen, sondern auch der protestantischen Unterschichten vertreten, jedoch nicht deren politische Interessen. Das Festhalten an der Union mit Großbritannien überlagert alle gemeinsamen sozialen Anliegen. Solange die britische Stütze des Sektierertums in Nordirland nicht restlos beseitigt wird, dürfte sich hieran kaum etwas ändern.

Die Briten kommen

Die »Battle of the Bogside« und die Folgen

Der Sommer 1969 wurde in Nordirland von schweren gewaltsamen Auseinandersetzungen bestimmt, deren Höhepunkt die Ereignisse vom 12. August und der folgenden Tage war. Am 12. August zelebrierten die loyalistischen „Apprentice Boys" den 280. Jahrestag der Befreiung der Stadt Derry von der Belagerung König James' und seiner katholischen Truppen. Für die Bewohner des katholischen Bogside-Gettos war dies eine Provokation: Während seit einem Jahr jede Bürgerrechtsdemonstration in Derry verboten wurde, marschierten die 15.000 Loyalisten mit offizieller Genehmigung und unter dem Schutz der RUC, der nordirischen Polizei.

Es kam, wie es nicht anders kommen konnte: Als katholische Jugendliche mit Steinen auf den provokativen Marsch warfen, versuchte die RUC, in das Bogside-Getto einzudringen, das zu Füßen des Stadtzentrums und der loyalistischen Marschroute lag. Doch diesmal waren die Bogsider besser vorbereitet als bei ähnlichen Anlässen in den Monaten zuvor. Sie errichteten Barrikaden und eine „no go area" für den nordirischen Staat und seinen Gewaltapparat. Mit Steinen und Benzinbomben wurden die Polizeieinheiten auf Distanz gehalten. Hinter den Barrikaden hatten nicht mehr die moderaten Mittelklässler der Bürgerrechtsbewegung das Sagen, sondern die Getto-Bewohner selbst, die sich mit radikalen Republikanern und linken Aktivisten verbanden. Auf einem Hochhaus im Getto flatterten die irische Trikolore und das Sternenpflugbanner, das Symbol der irisch-sozialistischen Republik.

Die Unfähigkeit und der Unwillen der unionistischen „Modernisierer", den Forderungen der Bürgerrechtsbewegung Rechnung zu tragen, und die unverändert sektiererische Realität des protestantischen Staates hatte die alte Frage erneut auf die Tagesordnung gesetzt. Immer mehr Katholiken dämmerte es, daß sie die innerirische Grenze und das künstliche nordirische Staatsgebilde von britischen Gnaden überwinden mußten, um Demokratie zu erlangen. In einem Staat, in dem eine protestantische/unionistische Mehrheit das Sagen hatte, konnte es keine Gleichstellung geben.

Die Belagerung des Gettos durch die Polizei und loyalistische Marschierer dauerte den ganzen Tag und die ganze Nacht. Anstatt die RUC von der Bogside zurückzuziehen und dadurch die Situation zu entspannen, mobilisierte die nordirische Regierung am nächsten Tag die berüchtigten

August 1969: Barrikaden im Bogside-Viertel von Derry. (Foto: Colman Doyle)

„B-Specials", eine Entscheidung, die die Minderheit erschreckte und zugleich noch zusätzlich aufbrachte. Niemand konnte nunmehr daran glauben, daß dieser Staat und diese Regierung dazu in der Lage und bereit waren, das Staatswesen über kosmetische Reformen hinaus grundlegend zu reformieren. Die Realität hieß weiterhin Diskriminierung und Unterdrückung.

In Dublin trat derweil das südirische Kabinett zu einer Sondersitzung zusammen. Drei Minister, Neil Blaney, Kevin Boland und Charles Haughey – heute Premierminister in der Republik – forderten den Einsatz der südirischen Armee in Derry, Newry (wie Derry eine Grenzstadt, allerdings mit noch deutlicherer katholischer Mehrheit) und in den mehrheitlich von Katholiken bewohnten ländlichen Gebieten westlich des Flusses Bann. Doch das Kabinett verwarf diesen Gedanken. Das Dubliner Establishment hatte keinerlei Ambitionen, sich mit dem überlegenen britischen Nachbarn und ehemaligen Kolonialherrn zu überwerfen. Stattdessen begnügte sich Dublin damit, entlang der Grenze durch die Armee Feldhospitäler zwecks Aufnahme und Versorgung verwundeter Flüchtlinge aus dem Norden zu errichten. Darüber hinaus wurde der Einsatz von UN-Friedenstruppen in Nordirland gefordert. Die britische Regierung wurde aufgefordert, in Verhandlungen über die Zukunft Nordirlands zu treten und anzuerkennen, daß die Wiedervereinigung des irischen Territoriums die einzig dauerhafte Lösung des Problems darstellen würde. Ganz gleich, wie ernst das gemeint war: Für die rebellierende Minderheit im Norden war dieses Statement eine Ermutigung, ihren Widerstand fortzusetzen. Die allgemeine Stimmung lautete: Je länger man aushalten würde, desto näher käme man der Überwindung des sektiererischen Separatstaates und der Wiedervereinigung.

Am Nachmittag des 14. August trafen schließlich britische Truppen im Zentrum von Derry ein. Die Bogsider hatten in einer 48 Stunden langen Schlacht, die als „Battle of the Bogside" in die jüngere irische Geschichte eingegangen ist, dem Ansturm der Polizeikräfte erfolgreich widerstanden. Die RUC und die „B-Specials" wurden hinter die britischen Truppen zurückgezogen, die nun die erste Linie bildeten, jedoch den Bogsidern zusagten, das Getto nicht zu betreten.

Eine beliebte und sich hartnäckig haltende Mär behauptet, die militärische Intervention Londons sei in der Absicht erfolgt, den bedrängten Katholiken beizustehen und dem repressiven, sektiererischen Regiment der nordirischen Statthalter ein Ende zu bereiten. Tatsache ist aber, daß bereits am 8. August der nordirische Innenminister bei der britischen Regierung mit der Bitte vorstellig geworden war, Truppen zur Unterstützung der RUC in die Provinz zu entsenden, da sich die Statthalter mit der Rebellion der katholischen Minderheit überfordert sahen.

Die Intervention Londons erfolgte zugunsten des probritischen Status Quo, der durch die Rebellion der Minderheit und die Unfähigkeit der Statthalter zusehends gefährdet schien. In einem ersten Stadium mußte es darum gehen, eine weitere Eskalation zu unterbinden und die Situation zu entspannen. Damit sollte Zeit gewonnen werden, um dann in einem zweiten Stadium den Staat in kontrollierter Weise – also ohne den probritischen Status zur Disposition zu stellen – zu modernisieren und Ruhe und Ordnung wiederherzustellen. Der Beistand Londons für das protestantische Establishment erfolgte dabei – im eigenen Interesse – nicht bedingungslos. Doch fielen die Bedingungen deutlich geringer aus, als die Statthalter dies zunächst befürchtet hatten: Die „B-Specials", die den Widerstand der Katholiken/Nationalisten provoziert hatten, ohne ihn niederschlagen zu können, wurden aufgelöst. Allerdings fanden sie schon bald in dem „Ulster Defence Regiment" (UDR) einen gleichwertigen Nachfolger.

Gleichzeitig wurde zwischen London und Belfast vereinbart, die Modernisierung des anachronistischen Staatswesens zu forcieren. Diese Modernisierung stand bereits seit längerem auf dem Programm und sollte das nordirische Staatswesen seiner abstoßendsten Züge entledigen. Es ging dabei mehr um Imageverbesserung als um reale und tiefgreifende Reformen. Die Öffnung des Staates gegenüber dem internationalen Markt bzw. die Absicht, internationale Investoren anzuziehen, die die marode traditionelle Industriestruktur (Schiffbau, Leinen) sukzessive ersetzen sollten, ließ eine Imageverbesserung geboten erscheinen. Hierzu zählte neben moderateren und integrationistischen Tönen gegenüber der Minderheit auch die Aufnahme eines Dialogs mit dem Dubliner Establishment (erst 1965 kam es erstmals zu einem Treffen zwischen den südirischen und nordirischen Premiers!). Im gewissen Sinne waren die Modernisierungsversuche mit ein Auslöser des Konfliktes: Bei der Minderheit schürten sie Erwartungen, die die nordirischen Modernisierer nicht erfüllen konnten. Zugleich provozierten sie existentielle Ängste innerhalb der traditionellen protestantischen Mittel- und Unterklassen, die bei einer Auflösung des Systems protestantischer Bevorteilung und Aufhebung konfessioneller Schranken eine Verschlechterung ihres Status' befürchteten.

Die Bogsider hatten gleich in zweierlei Hinsicht einen historischen Erfolg errungen, der für die gesamte katholische/nationalistische Bevölkerungsgruppe in Nordirland von Bedeutung war. Zum einen widerstanden sie der RUC und deren Hilfstruppen und entzogen ihr Gebiet dem Zugriff des Staates. Die Bogside und das angrenzende Creggan-Gebiet bildeten nun einen Staat im Staate. Zum anderen nötigten sie die britische Regierung, die sich nahezu 50 Jahre lang hinsichtlich der politischen Verantwortung für die Zustände in der Provinz hinter ihren Statthaltern verschanzen konnte, selbst Flagge zu zeigen. London war nun in die Ereignisse in der Provinz direkt involviert, und die Frage nach der Fähigkeit und dem Willen zur Reform des sektiererischen Staatswesens richtete sich nun an die britische Regierung selbst.

Die Wiedergeburt der IRA

Während die Bogsider aufatmen und ihren Sieg feiern konnten, wurde die katholische Bevölkerung in Belfast zum Opfer eines loyalistischen Rachefeldzuges. In der Nacht zum 15. August stürmten loyalistische Horden aus der Shankill-Gegend in das benachbarte katholische Falls-Viertel. Unterstützung erhielten sie von der RUC, die mit Maschinengewehren auf alles schoß, was sich bewegte. Fünf Katholiken und ein Protestant starben in dieser Nacht.

Als die loyalistischen Angreifer sich schließlich zurückzogen, hinterließen sie nahezu 200 niedergebrannte katholische Häuser. Insgesamt mußten in den Monaten Juli, August und September 1.820 Familien ihre Häuser in Belfast aufgrund solcher Attacken verlassen. 1.502 bzw. 82,7% waren Katholiken, was 5,3% aller katholischen Haushalte in der Stadt entsprach, während 0,4% der protestantischen Familien betroffen waren. Die Vertreibung von Katholiken aus mehrheitlich protestantischen Wohnbezirken verstärkte die ohnehin schon vorhandene konfessionelle Trennung der Wohnkultur.

Am Nachmittag des 15. August bezogen britische Truppen Position zwischen der Falls und Shankill. Wie in Derry machten sie keine Anstalten, die Barrikaden, die die katholische Bevölkerung gegen den loyalistischen Mob und die RUC mittlerweile errichtet hatte, zu beseitigen. Aber sie intervenierten auch nicht, als Loyalisten die gesamte katholische Bombay Street niederbrannten.

In diesem Milieu vollzog sich die Wiedergeburt der IRA, der wohl ältesten Guerillaorganisation der Welt. Bei Ausbruch des Konfliktes existierte sie zwar noch formell, war jedoch in weitgehende Bedeutungslosigkeit versunken. Die Ereignisse seit dem August 1968 hatten überdeutlich gezeigt, daß es sich bei der katholischen Minderheit um eine völlig schutzlose Bevölkerungsgruppe handelte. Sie war einer Polizeistreitmacht ausgeliefert, die sich nahezu ausschließlich aus Protestanten rekrutierte und sich allein den Interessen „ihrer" Bevölkerungsgruppe verpflichtet fühlte.

Als die Serie protestantischer/loyalistischer Attacken begann, mußten sich die wenigen IRA-Aktivisten, die noch existierten, gefallen lassen, daß die Gettobewohner die drei Buchstaben IRA mit „I Run Away" übersetzten. Jetzt, wo die katholische Gettobevölkerung dringend eine militärische Selbstverteidigung brauchte, war von der republikanischen Guerilla kaum etwas zu sehen.

Tatsächlich hatten die sich überstürzenden Ereignisse im Norden die IRA-Führung auf dem falschen Fuß erwischt. Sie befand sich gerade auf dem Weg der Abkehr vom militärischen Inhalt des Republikanismus zugunsten der Annahme einer „Stufentheorie". Die Mehrheit der damaligen republikanischen Führung war der Auffassung, mit dieser Theorie eine Antwort auf die Krise der Bewegung, die diese nach dem Scheitern ihrer letzten militärischen Kampagne („Border Campaign", 1956-62) durchlitt, gefunden zu haben. Zugleich wurde die Hinwendung zu einer sozialistischen Orientierung betrieben. Nach der „Stufentheorie" hatte die Etablierung des Sozialismus in Irland in drei Etappen zu erfolgen: Zunächst müsse durch Agitation für Bürgerrechte eine „kapitalistische Demokratie" in Nordirland erkämpft werden. Im Rahmen dieser Etappe würde sich eine Einheit der konfessionell gespaltenen Arbeiterklasse herstellen lassen, zumal die „Grenzfrage" nicht auf der Tagesordnung stehen würde. In einer zweiten Etappe würden sich die Arbeiterklassen Nordirlands und der Republik Irland zusammenfinden, da zum einen die nordirische Arbeiterklasse im Rahmen des Kampfes für Bürgerrechte und Demokratie ihr sektiererisches Bewußtsein abgelegt hätte, und zum anderen die südirische Arbeiterklasse sich – unter Anleitung von Sinn Féin, der politischen Partei der IRA – einem Politisierungsprozeß unterzogen hätte. Als Resultat dieser ersten beiden Etappen wäre dann Klassenkampf angesagt, d.h. die Abschaffung des Kapitalismus auf der gesamten Insel und der Übergang zum Sozialismus.

In der Praxis mußte diese Theorie kläglich scheitern, da bereits die Annahmen für die Formulierung der ersten beiden Etappen mit der Realität nicht übereinstimmten. Die Bürgerrechtsbewegung thematisierte zunächst die Grenzfrage nicht, dennoch sahen die protestantischen Unterklassen überhaupt keinen Anlaß, in den Bürgerrechtschor einzustimmen. Im Gegenteil: Sie sahen sich durch die Bürgerrechtskampagne bedroht und reagierten mit antikatholischen Pogromen. Es lag somit in der Logik ihrer verqueren, idealistischen Theorie, daß die IRA-Führung auf die Ereignisse des Sommers 1969 nicht im geringsten vorbereitet war. Es mag das Verdienst der IRA-Modernisierer gewesen sein, auf bestimmte theoretische und praktische Defizite der republikanischen Bewegung hingewiesen zu haben. Aber ihre Schlußfolgerungen ignorierten die fundamentalen Besonderheiten des nordirischen Staatswesens.

Vor dem Hintergrund der Eskalation im Norden erfolgte im Januar 1970 die Spaltung der damaligen republikanischen Bewegung in einen „offiziellen" Flügel (Official IRA und Sinn Féin), der der Stufentheorie anhing, und einen eher traditionalistischen „provisorischen" Flügel (Provisional IRA und Sinn Féin). Der aktuelle Anlaß war ein Disput über die Frage, ob Sinn Féin in Zukunft gewonnene Sitze in den Parlamenten von Dublin, Belfast und London einnehmen sollte, wogegen die späteren „Provisionals" heftigst opponierten. Auf dem Parteitag vom Januar 1970 votierte die Mehrheit der Delegierten für eine Aufgabe des Prinzips des „abstentionism" (= Nichteinnahme von Parlamentssitzen), nachdem bereits zuvor der IRA-Armeerat so entschieden hatte. Daß die „Provos" dann jedoch die „Officials" in der Gunst der katholischen/nationalistischen Bevölkerung des Nordens bald überflügelten, lag weniger in dieser Debatte begründet als darin, daß sie – im Gegensatz zu den unentschlossenen „Officials" – der bedrängten Minderheit das gaben, was diese so dringend benötigte: militärische Verteidigung.

Der Aufstieg der Provos vollzog sich in einem atemberaubenden Tempo. Wenn bald an den Häuserwänden der katholischen Gettos zu lesen war „The Provos are the People and the People are the Provos", so wurde hier keineswegs übertrieben. Auch wer die militärischen Aktionen der Provos nicht unterstützte, respektierte dennoch die Organisation und deren Mitglieder. Nahezu jeder Katholik kannte in seiner näheren Umgebung einen Provo: den hilfsbereiten Nachbarsjungen, den Sohn des Kolonialwarenhändlers, einen Verwandten etc. Zum Zeitpunkt der Spaltung nur ein kleiner Kreis von Leuten, die sich in den 40er und 50er Jahren als republikanische Aktivisten einen Namen gemacht hatten und im Besitz von nur wenigen Gewehren waren, avancierten die Provos binnen weniger Monate zu einer schlagkräftigen „People's Army", die bereits zwei Jahre später das nordirische Regierungssystem zerstören sollte. Geld und Waffen erhielten sie insbesondere von der irischstämmigen Bevölkerungsgruppe in der nordamerikanischen Diaspora.

In ideologischer Hinsicht sollten die Provos noch einige Zeit das eher konservative und traditionalistische Gesicht des irischen Republikanismus repräsentieren, während die Officials scheinbar für dessen ideologische Modernisierung unter sozialistischem Vorzeichen standen. In der Staatsfrage waren die Provos allerdings deutlich „leninistischer" als die Officials. Sie analysierten den nordirischen Staat als unreformierbar und propagierten – wie die radikalen Linken in der Bürgerrechtsbewegung um „Peoples Democracy" – den Sturz des reaktionären nordirischen Regimes.

Die Provos gingen davon aus, daß man loyalistische Horden, die auf ein katholisches Getto zumarschieren, kaum mit dem Verlesen des Kommunistischen Manifestes und einem Appell zugunsten interkonfessioneller Arbeitereinheit aufhalten könne. Ein Umdenken der protestantischen Unterklassen wurde erst für die Zeit nach der Beseitigung der inneririschen Grenze und einem britischen Rückzug erwartet. Dann nämlich wäre dem reaktionären loyalistischen Überlegenheitsdenken die materielle Grundlage und die britische Rückendeckung entzogen. Beim jetzigen Status quo gäbe es für die Protestanten keinen Anlaß, über ein gleichberechtigtes Auskommen mit der katholischen Minderheit nachzudenken. Von daher galt der Angriff der Provos auch dem loyalistischen Veto-Recht, demzufolge eine Veränderung des völkerrechtlichen Status Nordirlands solange nicht in Betracht kommt, wie die protestantische Mehrheit dagegen votiert.

Die Entwicklung seit der Spaltung der republikanischen Bewegung gab den Provos recht. Das Unterfangen der Officials mußte scheitern, da es die materiellen und strukturellen Grundlagen des loyalistischen Denkens ignorierte. Doch die Logik ihres Ansatzes zwang die Officials zu immer weiteren und groteskeren Konzessionen an das reaktionäre loyalistische Bewußtsein, bis hin zum Verlust jeglichen republikanischen Profils und zum Versinken im biederen Reformismus. Die Officials verloren den Bezug zu den katholischen/nationalistischen Unterklassen, ohne deshalb relevante Einbrüche in die protestantischen/loyalistischen Unterklassen erzielen zu können.

Als militärischer Faktor sollten sich die Officials schon bald von der nordirischen Bühne verabschieden. Ohnehin wurde die offizielle IRA nur sporadisch aktiv. Ihre Führung befürwortete militärische Operationen höchst widerwillig und nur deshalb, weil militantere Teile ihrer nordirischen Mitgliedschaft danach drängten. Im Mai 1972 erklärten die Officials einen einseitigen und bedingungslosen Waffenstillstand. Ihr politischer Arm, Official Sinn Féin, nannte sich zunächst in „Sinn Féin - The Workers Party" um. 1982 symbolisierte dann die Streichung des Etiketts „Sinn Féin" aus dem Parteinamen die endgültige Abkehr von republikanischen Traditionen. Was ihren militärischen Arm anbelangt, so gibt es immer wieder Hinweise darauf, daß er noch existiert: als Geldbeschaffungsunternehmen für eine Partei, die der Agitation gegen den „kriminellen Terrorismus" nicht müde wird. Auch sollen mehrfach Terrorakte gegen radikale Republikaner durchgeführt worden sein.

Wenn heute in den Medien von der „IRA" die Rede ist, so sind damit also die Provos gemeint. Deren Bataillone und Brigaden füllten sich nach 1970 keineswegs nur mit Traditionalisten. Vielmehr waren es vor allem junge

Menschen, aufgewachsen in den Gettos von Belfast, Derry und anderen nordirischen Städten. Ihre politische Sozialisation bestimmte sich weniger durch die Überlieferung von republikanischen Traditionalismen als durch die unmittelbare Konfrontation mit der Realität des sektiererischen nordirischen Staatswesens. Der Streit, ob gewonnene Parlamentssitze einzunehmen seien oder nicht, war für sie von geringerer Bedeutung als die Tatsache, daß die Führung der Provos in der Staatsfrage richtig lag und die Verteidigung der Gettos in die Hände nahm.

Zwei typische Beispiele für diese junge Generation und ihre Motive sind Gerry Adams und Martin McGuinness, heute zwei führende Köpfe der Republikanischen Bewegung. Adams ist seit 1983 Präsident von Sinn Féin und wurde im gleichen Jahr erstmals in das britische Unterhaus gewählt. McGuinness bekleidet das Amt des Vizepräsidenten bei Sinn Féin. Als die IRA sich spaltete, waren viele Beobachter erstaunt, daß es den als radikalen Linken bekannten und in sozialer Agitation engagierten Adams zu den Provos zog. Man hatte erwartet, daß er sich bei den „sozialistischen" Officials einfinden würde. Doch Adams war von Beginn an in die Verteidigung der Gettos engagiert und avancierte in den 70er Jahren zu einer führenden Persönlichkeit in der Belfaster IRA.

McGuinness war zunächst einige Monate in den Reihen der Officials tätig, bevor er zu den Provos konvertierte, von deren Verpflichtung zur Verteidigung der bedrängten Minderheit er beeindruckt war. McGuinness wurde bald Kommandeur der Provisional IRA in Derry, um dessen militärische Fähigkeiten sich noch heute Legenden ranken. Mit seiner Guerillastreitmacht trieb der junge Metzgergeselle die zahlenmäßig und von der Ausrüstung her weit überlegene britische Armee schier zur Verzweiflung. Für sein hohes politisches Bewußtsein sprach, daß er seine Leute anwies, eine Bombenmission abzubrechen, sofern Zivilisten davon gefährdet würden. Die IRA-Aktivisten hatten dann mit ihrem Sprengstoff das Stadtzentrum durch die Sperren von Armee und Polizei zu verlassen, auch auf das Risiko hin, dabei festgenommen zu werden und für Jahre ins Gefängnis zu wandern. McGuinness, dessen militärische Fähigkeiten selbst britischen Offizieren höchsten Respekt abnötigten („hervorragendes Offiziersmaterial"), gelang es, das Stadtzentrum von Derry wie nach einem Luftangriff aussehen zu lassen und zugleich zivile Opfer weitestgehend zu vermeiden.

Genau betrachtet war die Art, in der die Spaltung der republikanischen Bewegung erfolgte, eine verquere Angelegenheit und politische Tragik. Der unglückliche Umstand, daß im Spaltungsprozeß „Politisierung, Sozialismus, Reformismus" einerseits und „Traditionalismus, bewaffneter und revolutionärer Kampf" andererseits zusammenfielen, sollte die ideologische und theoretische Entwicklung der Provos noch auf Jahre hemmen. Die Überlegung, Parlamentssitze in Zukunft einzunehmen, war ja zumindest bezüglich der Republik Irland eine vernünftige Absicht. Dasselbe gilt für die Absicht, sich stärker sozialen Fragen sowie spezifisch südirischen Problemen zuzuwenden. Die Provos kranken noch heute daran, daß sie sich im Süden des Landes auf einen puren Solidaritätsverein mit dem Kampf im Norden reduzierten, der mit den alltäglichen Problemen der dortigen Bevölkerung wenig zu tun hatte.

Die »Social Democratic and Labour Party«

Von der Gründung des nordirischen Staates an hatte die katholische Bevölkerung – erzwungenermaßen – ein Eigenleben geführt. Ihre interne Hierarchie wurde von der katholischen Kirche bestimmt, die mehr die eigene Bevölkerung kontrollierte, als daß sie den nordirischen Apartheidstaat und dessen britische Rückendeckung herausforderte. Ihre politische Repräsentation in den Parlamenten übernahm in der Regel die harmlose, moderat-nationalistische „Nationalist Party", die unter dem Einfluß der katholischen Hierarchie stand.

Dies alles änderte sich mit dem Entstehen der Bürgerrechtsbewegung und dem Ausbruch der Unruhen. Symbolisiert wurde die neue Entwicklung durch das Verschwinden der Nationalist Party Anfang der 70er Jahre. Größere Teile der katholischen Bevölkerungsgruppe folgten nun nicht mehr treuherzig der unantastbaren katholischen Hierarchie und ihren traditionellen politischen Führern, sondern nahmen ihr Schicksal selbst in die Hand. Das gesamte traditionelle Vertretungssystem der Katholiken in Nordirland geriet somit ins Wanken. In diesem Sinne verhielten sich viele Katholiken nicht nur ungehorsam gegenüber dem „Protestant State", sondern auch gegenüber dem eigenen Establishment.

Die katholischen Mittelklassen, insbesondere ihre neueren Sektoren, waren zunächst selbst ein Teil der Bürgerrechtsbewegung. Aber die Eskalation der Ereignisse und die politische Radikalisierung der katholischen Unterklassen drohten sie nun zu überrollen. Heute fragt mancher katholische Mittelklässler laut, ob es überhaupt richtig gewesen sei, seinerzeit die Straße als politisches Forum zu benutzen, wo einem schon bald das Heft aus der Hand genommen wurde; ob es nicht besser gewesen wäre, die Bewegung in den Konferenzsälen zu lassen und dem Staat das Bürgerrechtsanliegen durch dessen eigene Kanäle zu souffl ieren; ob es nicht Möglichkeiten gegeben hätte, jedes öffentliche Aufsehen und die Konfrontation mit dem Staat zu vermeiden.

Während größere Teile der Mittelklassen den Konflikt lieber schnell beendet sehen wollten, auch um den Preis der Nichterfüllung vieler eigener Forderungen, gaben die urbane katholische Arbeiterschaft und die ärmere katholische Landbevölkerung keine Ruhe.

Vor diesem Hintergrund erfolgte die Gründung der „Social Democratic and Labour Party" (SDLP), von der britischen Regierung ermuntert und vom südirischen Establishment finanziert. London wie Dublin waren daran interessiert, daß dem radikalen Republikanismus der IRA und Sinn Féins nicht innerhalb der katholischen Bevölkerungsgruppe das Feld überlassen wurde. Die moderaten katholischen Mittelklassen sollten eine eigene politische Ausdrucksform erhalten, die als Ansprechpartner für eine interne und gemäßigte Lösung des Konfliktes fungieren konnte. Dublin befürchtete die Etablierung einer starken politischen Avantgarde im Norden, deren Ausstrahlungskraft sich auch auf den Süden erstrecken und die Regierung gegenüber London unter Druck setzen könnte. Der Konflikt mußte auf dem Territorium Nordirlands eingedämmt werden, bevor er die Republik erreichte und die dortigen Verhältnisse ebenfalls destabilisierte. Von daher hegte man in Dublin ein existentielles Interesse daran, auf die Gestaltung der politischen Landschaft im Norden Einfluß zu erlangen.

Die SDLP war als Wahl- und Honoratiorenpartei konzipiert, die an den Wahlurnen einen katholischen Mehrheitswillen für konstitutionelle Politik und gemäßigte Lösungen demonstrieren sollte. Ihre Gründung, an der einige führende und für ihre moderaten Positionen bekannte unabhängige Bürgerrechtler beteiligt waren, erfolgte somit in direkter Konkurrenz zur IRA und deren politischer Partei Sinn Féin. Sie entwickelte ein enges Verhältnis zur katholischen Hierarchie, wenngleich diese nicht die gleiche Dominanz über die Partei erlangte wie über die alte Nationalist Party. Obwohl sie sich mit dem Etikett einer „sozialdemokratischen Arbeiterpartei" ausstattete, war und blieb sie primär eine Mittelklassenformation.

Die katholischen Unterklassen entwickelten eine eigene politische Führung und ein eigenes Vertretungssystem. „Provisionalism" ist heute eine fest verankerte Subkultur in der nordirischen Gesellschaft und die dominante Ideologie innerhalb der urbanen katholischen Arbeiterklasse sowie der ärmeren katholischen Landbevölkerung. Die Auseinandersetzung zwischen Sinn Féin/IRA und der SDLP trägt somit bereits heute Züge eines Klassendisputs. Im gewissen Sinne kommt diese Klassenkampfkomponente, zu der die britische Regierung mit einer bewußten Politik der Ausweitung der katholischen Mittelklassen und deren materieller Zufriedenstellung beigetragen hat, jedoch zu früh: Sie erschwert das Zustandekommen eines nationalistischen Zweckbündnisses, das als gemeinsames Ziel die Beendigung britischer Herrschaft und die Aufhebung der Teilung verfolgt.

Die SDLP gibt sich nationalistisch, doch unterscheidet sie von Sinn Féin nicht nur ein anderes Verhältnis zur Gewalt, die sie als Mittel zur Durchsetzung eines britischen Rückzuges und einer Aufhebung der Teilung ablehnt. Sie ist außerdem der Auffassung, daß es zu einer Wiedervereinigung nicht nur der Zustimmung einer gesamtirischen Mehrheit, sondern auch eines breiten Konsenses innerhalb der heute im Staat Nordirland lebenden Bevölkerung bedürfe. Die SDLP weigert sich allerdings wohlweislich, genauer zu definieren, was unter einem derartigen „breiten Konsens" exakt zu verstehen ist: eine Mehrheit unter der Gesamtbevölkerung Nordirlands oder eine Mehrheit unter den Protestanten. Faktisch läuft die SDLP-Position auf eine Anerkennung des loyalistischen Vetorechts hinaus, wie es die britische Regierung garantiert.

Bevor es zur Gründung der SDLP gekommen war, hatten Teile des südirischen Establishments bereits in anderer Weise im Norden interveniert. Anfang 1969, also noch vor der Spaltung der IRA, offerierten einige Mitglieder des südirischen Kabinetts nordirischen IRA-Aktivisten 200.000 irische Pfund zum Kauf von Waffen. Die Spende war allerdings an die Bedingung geknüpft, sich von der (von späteren Officials dominierten) Dubliner IRA-Führung loszusagen, ein eigenes nordirisches Kommando zu etablieren und gegenüber dem Süden politische Enthaltsamkeit zu üben. Die Kontakte erfolgten insbesondere über John Kelly, einen nordirischen Republikaner, der die „Citizens Defence Committees" anführte – Selbstverteidigungskomitees, die zu Keimzellen der Provos wurden.

Die Minister, die in diese Operation involviert waren, hießen Blaney, Boland und Haughey. Es waren höchst ungewöhnliche Verbündete, die sich den angehenden Provos anboten: Bolands Vater war während des zweiten Weltkriegs Justizminister und somit verantwortlich für die Internierung und Exekution von IRA-Mitgliedern. Blaney saß im südirischen Kabinett, das 1957 wieder die Internierung von IRA-Mitgliedern anordnete. Und Haughey führte 1961 als Justizminister erneut Militärgerichte für den Umgang mit Republikanern ein.

Als die Operation aufflog, traten alle drei Minister, nicht zuletzt auf Drängen der britischen Regierung und des damaligen südirischen Premiers Lynch, zurück. Haughey blieb in der Regierungspartei mit dem Namen Fianna Fail, einer bürgerlich-nationalistischen Formation, an deren Basis viele Mitglieder mit der IRA sympathisierten. Er wurde später deren Vorsitzender und sogar Premierminister. Blaney und Boland verließen hingegen Fianna Fail enttäuscht darüber, daß sich die Parteiführung von ihrem Unternehmen distanzierte. Blaney gründete eine eigene radikalnationalistische Formation mit dem Namen „Independent Fianna Fail". Er ist heute noch Mitglied des südirischen Parlaments und des Europaparlaments und engagiert sich für eine Verbesserung der Haftbedingungen von Republikanern im Norden. Er ist ein typischer südirischer „traditionalistischer Nationalist", weniger ein Republikaner, weshalb er auch nicht zu Sinn Féin finden kann. In Fragen wie Abtreibung und Scheidung bezieht er eine konservative Position.

Über die exakten Absichten der „Dreierbande" ist seither viel spekuliert worden. Offensichtlich betrachtete das Dubliner Establishment damals die „Linksentwicklung" der späteren Officials und ihr zunehmendes politisches Engagement im Süden mit großer Sorge. Ihr Interesse war es, die Auseinandersetzung auf den Norden zu begrenzen. Die Ausstattung der späteren Provos sollte Dublin ermöglichen, auf deren weitere Entwicklung Einfluß auszuüben. Zudem erschien dies als Alternative gegenüber dem Verlangen, die südirische Armee zugunsten der bedrängten Katholiken in den Norden zu entsenden. Allerdings war das Vorgehen der Dreierbande ganz offensichtlich höchst umstritten und wurde von der Mehrheit des Kabinetts als gefährlicher „Ritt auf dem Tiger" abgelehnt. Die sogenannte „arms crisis" blieb nur eine Episode. Die Bemühungen Dublins galten fortan vor allem dem Aufbau und der Unterstützung der SDLP.

Die Neuordnung des protestantischen Lagers

Im protestantischen Lager bewirkte die Systemkrise das Auseinanderfallen der alten unionistischen Einheitspartei sowie das Entstehen paramilitärischer Formationen neben den offiziellen Sicherheitskräften. Eine zentrale Rolle spielte bei der Neuordnung Ian Paisley. Er verstand es wie kein anderer protestantischer Führer, die Ängste der traditionellen protestantischen Mittelklassen und der protestantischen Unterklassen vor einer Gleichstellung der katholischen Minderheit anzusprechen. Paisley repräsentierte zudem die typische Mentalität des kolonialistischen Siedlers, der sich mit seinem Territorium überidentifiziert und es unverrückbar als das seine begreift, sich daher aber auch im Zustand permanenter Belagerung durch die Enteigneten wähnt und ständig um seine Verteidigung besorgt ist.

Paisley unterhält eine eigene religiöse Sekte, deren Ansichten stark von rechtsradikalen religiösen Fundamentalisten in den USA beeinflußt werden. Sie propagiert einen rabiaten Antikatholizismus und tritt gegen jede Form der Ökumene auf. Paisley betrachtet die Protestanten Ulsters als ein „von Gott auserwähltes Volk", dem – aufgrund der Opfer, mit dem es in

Irland den Sieg „des Protestantismus der Bibel über die Ekelhaftigkeit päpstlicher Greuel" bezahlt habe – Vorrechte gegenüber den Katholiken gebührten. Diese Vorrechte seien jedoch durch die Liberalisierungstendenzen innerhalb der unionistischen Führung bedroht. Nordirland solle nach Paisley solange Mitglied im Vereinigten Königreich bleiben, wie dies von einer protestantischen Monarchie regiert werde. Die Loyalität Paisleys und seiner Gefolgschaft gilt somit nicht den demokratischen Institutionen des britischen Staates, sondern explizit und ausschließlich der britischen Krone.

Paisleys religiöses Sektierertum wird gewöhnlich nicht nur auf dem Kontinent, sondern auch in England selbst belächelt. Tatsächlich handelt es sich bei ihm um mehr als nur eine skurrile provinzielle Erscheinung, die ansonsten nichts mit der britischen Realität zu tun hat. Vielmehr ist Paisleys Bezugnahme auf die britische Monarchie durchaus legitim: Die englische „Glorious Revolution" von 1688 war vor allem eine protestantische Revolution für protestantische Bürger, der in Irland 1690 die Schlacht am Boyne folgte, in der der protestantische Wilhelm von Oranien über seinen katholischen Widersacher James II. siegte und damit den Prozeß der protestantischen Besiedelung Ulsters militärisch abschloß. Der katholischen Ureinwohnerschaft Irlands brachte diese Schlacht sowenig religiöse Toleranz und Demokratie wie die vorausgegangene Glorious Revolution in England eine bürgerlich-demokratische war. Seither hat der britische Monarch ein Protestant zu sein. Und noch immer brauchen Mitglieder der königlichen Familie, die einen Angehörigen der katholischen Kirche heiraten wollen, das Einverständnis der Familienspitze. Als 1988 ein Mitglied der königlichen Familie sich erdreistete, einen Katholiken zu ehelichen, wurde es gezwungen, auf seinen Platz in der Thronfolge zu verzichten (obwohl es in dieser Hierarchie ohnehin ganz unten angesiedelt war). In den 300 Jahren seit der Revolution bekleidete niemals ein Katholik das Amt des Premierministers.

In Irland bedeuteten der britische Protestantismus und die Glorious Revolution extreme religiöse Intoleranz, religiöses Sektierertum sowie eine enge Verquickung von Politik und Religion. Paisleys Rhetorik weist viele Übereinstimmungen mit der faschistischen Propaganda auf. Rassistische Ausfälle gegen die „Papisten" und protestantisches Überlegenheitsdenken verband er geschickt mit Forderungen nach einer Verbesserung der sozialen Lebensbedingungen der protestantischen Unterklassen. Das sicherte ihm eine starke Stellung innerhalb der protestantischen Industriearbeiterschaft im Osten Belfasts, die bald zur reaktionären Vorhut des unionistischen Lagers avancierte. Außerdem garnierte er seine Propaganda mit abstrusen Verschwörungstheorien, die Moskau, Rom, Dublin und die IRA gemeinsam gegen die auserwählten „Protestant People" konspirieren ließen. In kultureller und moralischer Hinsicht überholte Paisley die katholische Hierarchie noch deutlich rechts: So konnte eine von ihm angeführte Kampagne „Save Ulster from Sodomie" (engl. für Homosexualität) verhindern, daß die Liberalisierung des Sexualstrafrechts, wie sie auf der britischen Insel erfolgt war, auf die Provinz übertragen wurde.

Im September 1971 gründete Paisley die „Democratic Unionist Party" (DUP), die sich in konstitutionellen Fragen rechts von der offiziellen unionistischen Partei definierte, in sozialen Fragen hingegen – sofern diese das Wohl der protestantischen Bevölkerungsgruppe betrafen – eher „links" von ihr stand. Ihre Vision einer protestantischen Volksgemeinschaft hatte zur Folge, daß sie sich die Interessen der protestantischen Arbeiterschaft und traditionellen Mittelklassen zu eigen machte. Über soziale Belange der katholischen Minderheit verlor sie hingegen kein Wort. Seinen politischen Einfluß hatte Paisley schon vor der Parteigründung im April 1970 bewiesen, als er bei Nachwahlen zum nordirischen Parlament den vakanten Sitz des ehemaligen Premiers und Anführers der Modernisiererfraktion in der alten unionistischen Einheitspartei, Terence O'Neill, gewann.

Paisleyismus ist auch heute noch alles andere als eine Randerscheinung in Nordirland. Für Katholiken bleibt er eine spürbare Realität ihres Alltagslebens. An der Wahlurne ist die DUP hinter der „Official Unionist Party" (OUP) die stärkste politische Partei des protestantischen Lagers. Die OUP ist die Fortsetzung der alten unionistischen Einheitspartei, allerdings ohne deren liberalen Flügel.

Am entgegengesetzten Ende des protestantischen Lagers formierte sich im April 1970 die „Alliance Party", deren Gründer nach dem erzwungenen Rücktritt des Modernisierers O'Neill vom Amt des nordirischen Premiers und dem Nachwahlsieg Paisleys befürchteten, daß rückständige bigotte Elemente die unionistische Partei übernehmen würden. Die moderaten Unionisten betrachteten eine derartige Entwicklung als Gefahr für die weitere Existenz des nordirischen Separatstaates und dessen Einbindung in das Vereinigte Königreich. Im Gegensatz zur DUP und OUP vermied die Alliance Party Verbindungen zum Orangeisten Orden. Die Gründer gaben stattdessen ihr Projekt als integrationistisch bzw. interkonfessionell aus, jenseits der sektiererischen Spaltung angesiedelt, das somit Protestanten und Katholiken gleichermaßen offenstünde. Zugleich ließen sie jedoch keinen Zweifel an ihrem unionistischen Standpunkt aufkommen. Der Unterschied zu den anderen unionistischen Parteien bestand also primär darin, daß sie den Unionismus aus seiner protestantischen Exklusivität herauslösen wollten.

Bedeutende Einbrüche in das katholische Lager konnte die Alliance

Party indessen bis heute nicht erzielen. Ihr Dilemma besteht darin, daß die Grenze – aufgrund der unverändert sektiererischen Strukturen in Nordirland – nach wie vor die entscheidende Frage in der nordirischen Politik geblieben ist. Die Alliance Party ist heute vor allem eine Partei der moderaten protestantischen Mittelklassen und kann bei Wahlen in der Regel bestenfalls ein Sechstel der protestantischen Stimmen auf sich verbuchen. Gegenüber der katholischen Minderheit erinnert ihre Haltung an eine arrogante Gönnerhaftigkeit.

Neben den neuen politischen Parteien betraten auch paramilitärische Formationen die politische Bühne des protestantischen Lagers: 1971 wurde die „Ulster Defence Association" (UDA) gegründet, die bis heute bedeutendste paramilitärische Organisation der Protestanten. Sie erfreut sich – im Gegensatz zur IRA und der bereits zuvor wiederbelebten rechtsradikalen „Ulster Volunteer Force" (UVF) – eines legalen Status'. Die UDA war von Beginn an weit mehr als nur das protestantische Gegenstück zu den Verteidigungskomitees in den katholischen Gettos, wie sie selbst suggerierte. Ihre „Verteidigung" bestand in einer aggressiven „Vorwärtsverteidigung" des „Protestant State". Die UDA hielt die protestantischen Viertel „katholikenfrei", indem sie die dort lebenden Katholiken durch Terror vertrieb. Desweiteren verfolgte sie eine Strategie der Einschüchterung der Minderheit und des „Terrorisierens der Terroristen". Es gibt genügend Beispiele, wo sie ihr Vorgehen mit den offiziellen Sicherheitskräften abstimmte, die sich der UDA immer wieder zur Erledigung von „schmutzigen Aufgaben" bedienten. Todesschwadrone schwirrten aus, um nicht nur bekannte Republikaner zu liquidieren, sondern auch um katholische Zivilisten, die mit der IRA nichts zu tun hatten, zu ermorden.

Die politische Philosophie der loyalistischen Paramilitärs ist bis heute die gleiche geblieben: Eine Anerkennung der anderen Bevölkerungsgruppe wird an die Bedingung geknüpft, daß diese zuvor jeglichen nationalistischen Aspirationen abschwört und sich mit ihrem derzeitigen Status zufriedengibt. Und solange die Katholiken die republikanische Guerilla nicht selbst zum Abschuß freigeben, müssen sie mit wahllosen Terroraktionen rechnen.

Die loyalistischen Paramilitärs UDA und UVF erlangten zu keinem Zeitpunkt die gleiche Popularität in ihrer Bevölkerungsgruppe wie die IRA bei den Katholiken. Mit ihrem brutalen Vorgehen – etwa die Ermordung von katholischen Zivilisten nur wegen deren Konfessionszugehörigkeit – konnte man sich kaum offen solidarisieren. Das muß allerdings nicht bedeuten, daß man sie definitiv ablehnte. Loyalistische Politiker zeigten sich nach besonders brutalen Aktionen von Paramilitärs oftmals lediglich pikiert, um gleich darauf die IRA und die angeblich lasche Haltung der britischen Regierung für die Situation verantwortlich zu machen. Zudem war das paramilitärische Feld bereits weitgehend mit offiziellen Einheiten abgedeckt: Mit der nordirischen Polizei RUC und insbesondere der Sondereinheit UDR verfügten die Protestanten bereits über zuverlässige loyalistische Streitkräfte.

Bürgerkrieg statt Reformen

Ihre erste große Schlacht schlug die Provisional IRA am 27. Juni 1970. Ort des Geschehens war Short Strand, eine von 6000 Katholiken besiedelte Enklave im mehrheitlich protestantischen Osten Belfasts. Aufgrund seiner verletzlichen Lage reduzierte sich die Bewohnerschaft des Gettos später um zwei Drittel. An jenem 27. Juni 1970 schossen plötzlich Loyalisten in das Getto und bewarfen die katholische St. Matthew-Kirche mit Benzinbomben. Doch einer aus vier oder fünf Personen bestehenden Einheit der Provos gelang es, die loyalistischen Angreifer zu stoppen. Zwei Protestanten und ein IRA-Mann wurden im Verlauf einer längeren Schießerei getötet.

Für die weitere Entwicklung des Konfliktes war jedoch vor allem von Bedeutung, daß die britische Armee der belagerten Enklave nicht zu Hilfe geeilt war. Von der RUC hatte man dies ohnehin nicht erwartet. Aber die Armee war ja vorgeblich als „Friedenstruppe" in die Provinz entsandt worden, was nach Lage der Dinge heißen mußte: um Katholiken vor den Angriffen der Loyalisten zu schützen. Ohne den mutigen Einsatz einer Handvoll IRA-Leuten wäre es den katholischen Bewohnern Short Strands kaum gelungen, die angreifende loyalistische Übermacht abzuwehren. Mit der Schlacht von Short Strand etablierten sich die Provos als anerkannte Verteidiger der belagerten Minderheit. Wenn die Briten nicht dazu bereit waren, die Katholiken zu schützen, mußten diese sich halt an den Provos orientieren.

Bereits im März ereignete sich die erste größere Konfrontation zwischen Katholiken und Armee. Als eine pompöse Organgeisten-Parade in Belfast die katholischen Bezirke Clonard und Ballymurphy passierte, kam es erwartungsgemäß zu Auseinandersetzungen. Die britischen Soldaten intervenierten zugunsten der orangeistischen Marschierer; Ballymurphy wurde in brutalster Weise mit CS-Gas eingedeckt und anschließend von der Armee besetzt. General Freeland, der damalige Oberkommandeur der Truppen in Nordirland, trat mit der Erklärung vor die Fernsehkameras, wer Benzinbomben werfe, müsse von nun an damit rechnen, erschossen zu werden. Und obwohl klar war, daß die Märsche der Orangeisten, die protestantische Überlegenheit demonstrieren und die Minderheit provozieren sollten, zwangsläufig zu Auseinandersetzungen führen mußten, wurden sie auch weiterhin gestattet. In den Augen der Katholiken verlor die Armee damit an Unschuld und Neutralität: Wie zuvor die RUC, sah sie ihre Rolle offenbar nun ebenfalls darin, den Orangeisten die Straße frei zu machen.

Der vorläufige Höhepunkt dieser Entwicklung war schließlich die Besetzung des katholischen Lower-Falls-Gebietes in Belfast durch die britische Armee. Am 3. Juli 1970 fielen 3000 Soldaten in die Lower Falls ein, nachdem Hausdurchsuchungen nach Waffen auf den Widerstand der Bewohner getroffen waren. Landrover der Armee fuhren nun mit hoher Geschwindigkeit durch die engen Straßen, während Helikopter über den Häusern ratterten. General Freeland verhängte eine Ausgangssperre über das gesamte Gebiet, die 35 Stunden dauerte. Den Bewohnern wurde bei Zuwiderhandlung mit Erschießung gedroht. Die Soldaten verschufen sich mit Äxten und Gewehrkolben Einlaß in die Häuser, rissen Fußböden auf, schlugen Löcher in die Wände und zerstörten Mobiliar. Kruzifixe wurden von den Wänden genommen und von Soldatenstiefeln zertreten. Britische Gewehrkugeln töteten drei Zivilisten und verletzten zwei weitere. Ein anderer Zivilist wurde von einem Landrover erfaßt und getötet. Während der zweitägigen Militäraktion verschoß die britische Armee 1500 Schuß scharfer Munition und 1600 Kanister Tränengas. Über 300 Bürger wurden verhaftet.

Für die katholische Minderheit war die Absicht der Armeeführung unmißverständlich: Die Minderheit sollte einseitig entwaffnet werden, um den Status quo ante wiederherzustellen. Denn gleichzeitig unternahm London keine ernsthaften Anstalten, die Protestanten zu entwaffnen – schon gar nicht bei den offiziellen Sicherheitskräften. Die Transformation der RUC in eine zivile Polizeieinheit, ähnlich der Polizei auf der britischen Insel, galt nur für kurze Zeit. Danach wurde sie wieder paramilitärisch aufgerüstet. Die bei den Katholiken verhaßten „B-Specials" wurden zwar aufgelöst, doch trat mit dem 1. April 1970 an ihre Stelle das „Ulster Defence Regiment" (UDR), eine aus Teilzeitsoldaten bestehende Einheit der britischen Armee. Viele ehemalige B-Specials füllten die Reihen des neuen Regiments, dessen konfessionelle Zusammensetzung und politische Ausrichtung bald kaum weniger sektiererisch war als die der B-Specials. Bezeichnenderweise ist das UDR heute die bei extremen Loyalisten beliebteste offizielle Sicherheitskraft, während Katholiken seine Auflösung verlangen.

Die britische Regierung versuchte nicht nur, die Selbstverteidigung in den katholischen Gettos zu unterbinden. Sie unternahm auch keinen ernsthaften Versuch, eine für die Katholiken akzeptable Polizeitruppe aufzustellen. Dazu hätte die historisch belastete und daher unreformierbare RUC aufgelöst werden müssen. Von keinem RUC'ler konnte verlangt werden, seine politische Sozialisation zu vergessen und über seinen sektiererischen Schatten zu springen, um ein neuer, die katholischen Mitbürger liebender Mensch zu werden. Struktur und Verständnis der RUC wurden nur insoweit modernisiert, wie dies aus Gründen der Effizienz der Streitmacht angemessen schien. Die eigentlichen Wurzeln aber blieben unangetastet. Statt beispielsweise ein Drittel der Stellen bei RUC und UDR für Katholiken zu reservieren, ergingen bloße Appelle an die Minderheit, den Sicherheitskräften ihr Vertrauen zu schenken. London war es wichtiger, eine Entfremdung zwischen dem traditionellen protestantischen Klientel und der Polizei zu verhindern und gegenüber der aufbegehrenden Minderheit über eine geschlossene, schlagkräftige Ordnungsmacht zu verfügen.

Vor dem Hintergrund der nationalistischen Herausforderung betrieb London einen rapiden und massiven Ausbau der nordirischen Sicherheitskräfte: Im März 1970 betrug die Zahl der RUC-Mitglieder 3500. Noch im gleichen Jahr stieg ihre Zahl auf 4940. 1985 zählte die RUC bereits 12.800 Mitglieder, ohne daß sich ihre religiöse Zusammensetzung nennenswert zugunsten der Katholiken verschoben hätte. Dazu gesellten sich noch 6400 UDR-Soldaten. RUC und UDR sind heute zudem deutlich besser ausgerüstet als die „alte" RUC und die B-Specials.

Die RUC wurde zwar mit der Bildung der „Police Authority" einem Kontrollkörper unterstellt, indessen spricht schon deren Zusammensetzung dem Kontrollanspruch Hohn. Die Police Authority wird von Mitgliedern des Regierungsapparates und der Polizei dominiert und befindet sich zudem fest in protestantischen/unionistischen Händen. Eine unabhängige Kontrolle der RUC existiert somit nicht. Zwar besteht seither die Möglichkeit der Beschwerde gegen das Verhalten von RUC und anderen Sicherheitskräften. Doch da diese Beschwerden in aller Regel ergebnislos verlaufen, sehen viele betroffene Bürger keinen Sinn darin, ihre Klagen auf dem offiziellen Weg zu artikulieren.

Auch auf der politischen und sozialen Ebene ließ es die britische Regierung an Reformwillen fehlen. Am auffälligsten und entlarvendsten war, daß die diskreditierte protestantische Provinzregierung und deren Parlament unangetastet blieben. Das Projekt einer politischen und sozialen Demokratie – soweit sie überhaupt beabsichtigt war – blieb damit in den Händen einer Regierung, in deren Verantwortung ein halbes Jahrhundert brutalster katholischer Diskriminierung fiel. Erst die Bombenkampagne der IRA bewirkte später den Sturz der Provinzregierung.

Hinsichtlich der sozialen Diskriminierung blieb London bis 1973 völlig untätig. Erst dann wurde die „Standing Advisory Commission on Human Rights" ins Leben gerufen, deren Aufgabe jedoch lediglich darin bestand, Diskriminierungen zu beobachten und Vorschläge zu ihrer Verhinderung zu unterbreiten. Die Kommission besaß keinerlei exekutive Kompetenzen. Die etwas kompetenzreichere „Fair Employment Agency" (FEA) wurde nicht vor 1976 eingerichtet. Auch der „Special Powers Act", einer der wesentlichen Kritikpunkte der Bürgerrechtsbewegung, blieb noch einige Jahre in Kraft, bevor er 1973 durch ein neues Notstandsgesetz abgelöst wurde. Dieser neue „Emergency Provisions Act" (EPA) war lediglich eine modernisierte Fassung der verhaßten alten Notstandsgesetze.

Die bedeutendsten politischen Reformen bestanden noch in der Einrichtung einer „Housing Executive", die die Vergabe kommunalen Wohnraumes aus der Verantwortung der von Loyalisten dominierten lokalen Verwaltungen nahm. Und 1973 kam es zu den ersten Kommunalwahlen nach dem Prinzip „one man, one vote", also zur Einführung des allgemeinen Wahlrechts. Auch die diskriminierende Wahlkreisaufteilung wurde modifiziert. Das änderte freilich nichts daran, daß die entschiedendste Form des „gerrymandering" bestehen blieb: die innerirische Grenze, die ohnehin eine künstliche regionale protestantische und probritische Mehrheit garantierte.

Sofern also überhaupt Reformen eingeführt wurden, kamen sie spät und waren unzulänglich, meist sogar rein kosmetischen Charakters. Einige Reformen erfolgten überhaupt erst als Antwort auf die militärische Offensive der IRA. Die republikanische Guerilla ging von der Defensive zur Vergeltung und schließlich zur Offensive über, als deutlich wurde, daß das britische Eingreifen an der nordirischen Realität nichts ändern würde. Der Offensive lag die Erkenntnis zugrunde, daß die notwendigen politischen Veränderungen nicht mit, sondern nur gegen die britische Regierung durchzusetzen seien. Diese Erkenntnis wurde zweifelsohne von einem Großteil der katholischen Unterklassen geteilt.

Die gewaltsame Eskalation des Konfliktes hatte indessen schon begonnen, bevor die IRA erneut den Schauplatz betrat. Die IRA war nicht Ursache der Eskalation, sondern lediglich ihr Produkt. Bevor die IRA am 6. Februar 1971 den ersten britischen Soldaten in Nordirland erschoß, hatte die britische Armee bereits mehrere katholische Zivilisten getötet.

Hätte die britische Regierung den simplen wie selbstverständlichen Forderungen der Bürgerrechtsbewegung stattgegeben und die physische Integrität der Minderheit garantiert, wäre es wahrscheinlich niemals zum Wiedererstarken der IRA gekommen.

Internierung und Folterung

Nach der Erschießung des ersten britischen Soldaten erklärte der nordirische Premier Chichester Clark gegenüber der Öffentlichkeit: „Nordirland befindet sich im Krieg mit der Provisional IRA." Die Provos nahmen ihn beim Wort. Der Konflikt war nun von allen Verzerrungen und Undeutlichkeiten gereinigt, wofür weniger die IRA als die britische Regierung und ihre nordirischen Statthalter gesorgt hatten. Die IRA befand sich nun in einem offenen Krieg mit dem UDR, der RUC und der britischen Armee, und sie wußte diesbezüglich einen erheblichen Teil der katholischen Bevölkerung hinter sich.

Die britische Regierung hatte längst aufgegeben, die nordirischen Statthalter zu einer kontrollierten Reform ihres Staatswesens zu drängen. Andererseits konnte sie sich noch nicht zu der von diesen angestrebten Alternative durchringen: der brutalsten Repression der rebellierenden Minderheit. Während die IRA-Kampagne ins Rollen kam, wurde im protestantischen Lager der Ruf nach der Einführung der Internierung – der Einsperrung von Menschen, die als radikale Republikaner verdächtig waren, ohne Gerichtsverhandlung und auf unbestimmte Zeit – immer lauter. Ende Februar 1971 marschierten 4000 protestantische Arbeiter der Belfaster Werft Harland & Wolff zum Hauptquartier der unionistischen Partei, um die Internierung zu fordern. Einen Monat später wurde Brian Faulkner zum neuen Vorsitzenden der Partei gewählt.

Wie schwach die liberalen Elemente im unionistischen Lager waren, wird allein schon daraus ersichtlich, daß die einzige personelle Alternative zu Faulkner (der selbst rechts vom Modernisierer O'Neill stand) der rechtsradikale William Craig war. Faulkner war ein ausdrücklicher Befürworter der Internierung, deren Einführung nun von allen Sektionen der unionistischen Partei gefordert wurde. Schließlich gab das britische Innenministerium nach: Nachdem monatelang Daten über angebliche IRA-Mitglieder gesammelt worden waren, schlug die britische Armee in den frühen Morgenstunden des 9. August 1971 zu. 342 Menschen wurden verhaftet und verschleppt.

Die Aktion betraf nur die katholischen Gettos; die protestantischen/loyalistischen Paramilitärs waren für die Regierungen in Belfast und London kein Thema. Von den 342 Internierten der ersten 24 Stunden waren lediglich zwei Protestanten: ein IRA-Sympathisant und ein Mitglied der radikalsozialistischen Peoples Democracy. Die Belfaster Regierung verstand die Internierung als letzte Möglichkeit, in Belfast und in anderen Regionen des Landes die „neue IRA" zu zerschlagen, bevor sie sich etabliert hatte. Tatsächlich war jedoch der Zeitpunkt der „Operation Demetrius" dafür bereits zu spät. Und in Wahrheit hatte nur ein kleiner Teil der Internierten etwas mit der IRA zu tun. Séan MacStiofain, der damalige Stabschef der Provos, schrieb in seiner Autobiographie über den 9. August 1971: „Als wir das erste Mal die Namen der Festgenommenen hörten, konnten wir es bei einer Mehrzahl gar nicht fassen. Da waren Mitglieder der Bürgerrechtsbewegung dabei, die herumgelaufen waren und gegen die Gewalt gepredigt hatten, Mitglieder von Peoples Democracy, des gälischen Sportverbandes, Leute, die kurzerhand anstelle ihrer Verwandten mitgenommen worden waren und Leute, von denen wir noch nie etwas gehört hatten. Von 342 Leuten, die an jenem Montag mitgenommen worden waren, hatten weniger als 60 etwas mit der IRA zu tun."

Die IRA hatte zuvor durch einen Informanten von der bevorstehenden Aktion erfahren und ihre Mitglieder entsprechend vorbereitet. Zahlreiche IRA-Schlüsselfiguren setzten sich rechtzeitig in den Süden ab oder verbrachten die Nacht vor der Internierung bei Verwandten und Freunden. Die Organisationsstruktur der IRA blieb, entgegen ersten Verlautbarungen Faulkners und des britischen Innenministers, von der „Operation Demetrius" unberührt.

Auch beendete die Internierung nicht die politische Eskalation und die zunehmende Gewalttätigkeit in der Auseinandersetzung. Im Gegenteil: Im Verlauf des 9. August wurden zwei britische Soldaten und zehn Zivilisten getötet, von denen sieben Katholiken waren. Wurden vom 1. Januar bis zum 8. August 34 Menschen getötet, so betrug im Zeitraum 9. August bis 31. Dezember 1971 die Zahl der Todesopfer 146. Davon waren 47 Mitglieder der Sicherheitskräfte (30 Soldaten der britischen Armee) und 99 Zivilisten. Im gleichen Zeitraum kam es zu 729 Explosionen und 1437 Zwischenfällen mit Schußwaffen. In Belfast wurden zudem über 200 Häuser niedergebrannt.

Der 9. August wurde zum Trauma der katholischen Gettobevölkerung, die sich nun in eine Totalopposition zum britischen Staat begab. Selbst die reputierlichen katholischen Mittelklassen wurden von dieser Entwicklung mitgerissen: Gemäßigte Nationalisten und SDLP-Abgeordnete verließen das nordirische Parlament. Die SDLP gab bekannt, daß sie nicht eher wieder Gespräche mit London führen würde, bis die Internierung beendet und der letzte Internierte befreit sei. Die katholische Bevölkerung praktizierte massenhaft „zivilen Ungehorsam", indem sie die Zahlung von Steuern und Mieten verweigerte. Schon bald beteiligten sich über 26.000 Haushalte an dem „Rent and Rates Strike", der auch die Unterstützung der SDLP fand. Die nordirische Regierung reagierte mit dem „Payments for Debt Act", der gestattete, die Außenstände direkt von den „Wohlfahrtsleistungen" (Arbeitslosen- und Krankengeld, Sozialhilfe) abzuziehen und einzubehalten. Der britische Soziologe Peter Townsend nannte dieses Gesetz später „das schlimmste Stück Sozialgesetzgebung, das in diesem Jahrhundert im Vereinigten Königreich erlassen wurde."

In Belfast, Derry und Newry herrschte offener Krieg. Die IRA ging zu einem Generalangriff über. In den katholischen Gettos wurden erneut Barrikaden errichtet. Aber dieses Mal nicht nur, um den loyalistischen Mob und die Polizei am Betreten des Gettos zu hindern, sondern auch die britische Armee. Das Belfaster Falls-Gebiet und vor allem die Bezirke Bogside und Creggan in Derry wurden zu republikanischen Ministaaten im loyalistischen „Protestant State", kontrolliert von der IRA. Hinter den Barrikaden rekrutierte die IRA neue Freiwillige, legte umfangreiche Waffenlager an, errichtete Bombenwerkstätten und etablierte Kommandozentralen. Die IRA konnte sich hier in aller Öffentlichkeit zeigen, bewegte sich wie ein Fisch im Wasser.

Aber auch der Süden blieb von den Folgen der Internierung nicht unberührt: Etwa 5000 Katholiken flohen vor der Internierung und der Eskalation der Gewalt in die Republik, wo sie vor allem in den Grenzregionen Aufnahme fanden. Die an Nordirland angrenzenden südirischen Grafschaften wurden zu einem wichtigen logistischen Hinterland für die IRA. Schon bald konnte sie hier auf ein großes und engmaschiges Netz von „sicheren Häusern" bauen, in denen sie Waffen verbarg, Operationspläne schmiedete und in die ihre Freiwilligen nach militärischen Aktionen auf der anderen Seite der Grenze zurückkehrten. Die britische Armee reagierte, indem sie entlang der Grenze Krater in die zahllosen, oft Feldwegen ähnelnden Straßen grub oder sprengte und Hindernisse aus Beton und Stahl errichtete. Bauern, die auf diese Wege angewiesen waren, und Sympathisanten der republikanischen Sache schütteten diese Krater allerdings in vielen Fällen wieder zu. Die IRA, die im Gegensatz zu der britischen Armee in den Grenzregionen zu Hause war und deren Geographie weit besser beherrschte, sah ihre Bewegungsfreiheit jedenfalls kaum eingeschränkt.

Von den am 9. August 1971 Verhafteten wurden 104 nach 48 Stunden wieder auf freien Fuß gesetzt. Ihren Höhepunkt erreichte die Zahl der Internierten im März 1972, als 942 Menschen in den Lagern einsaßen. Mitte August 1972, ein Jahr nach der Einführung der Internierung, waren es noch immer 243. Insgesamt 2158 Internierungsanordnungen wurden unterzeichnet.

Bereits die ersten Freigelassenen berichteten von brutalen Folterungen: Nahezu jeder von ihnen war zusammengeschlagen worden. Viele wurden mit einer Kapuze auf dem Kopf aus einem Hubschrauber geworfen, der dicht über dem Erdboden flog, was sie jedoch nicht wissen konnten. Andere wurden gezwungen, barfuß über Stacheldraht und Glasscherben zu laufen. Eine ausgewählte Zahl von Internierten wurde Experimenten psychologischer Folter und hier insbesondere der sensorischen Deprivation ausgesetzt. Sensorische Deprivation beruht auf der Erkenntnis, daß das menschliche Gehirn nur solange normal arbeitet, wie es mit genügend Sauerstoff und Zucker versorgt wird. Erhält das Gehirn jedoch nicht die gewohnten alltäglichen sensorischen Impulse, so wird seine Versorgung mit diesen Stoffen blockiert. Ist die Versorgung blockiert, so hat dies schwere psychische Störungen zur Folge. Sensorische Deprivation bedeutet, das Gehirn in seiner Arbeit bewußt zu blockieren. Es diente nun der Vorbereitung von Verhören. Die Gefangenen wurden für einige Wochen in dunkle, geräuschisolierte Zellen verfrachtet und bei Wasser und Brot gehalten. So wurde ihren Gehirnen Zucker entzogen. Die Sinne hatten nichts mehr, worauf sie reagieren konnten. Durch das Verbot, sich hinzulegen, wurde zudem die Blutzufuhr zum Gehirn verringert. Die Desorientierung wurde noch dadurch gesteigert, daß man den Internierten verschwieg, wo sie gefangengehalten wurden. Derart zermürbt, wurden sie dann den Verhören durch Polizei und Armee ausgesetzt.

Eine weitere Foltermethode bestand darin, Gefangenen eine Kapuze überzustülpen, so daß sie kaum noch atmen konnten, um sie dann stundenlang mit gespreizten Beinen, auf Zehenspitzen und mit gestreckten Armen an einer Wand stehen zu lassen. Diese Foltermethode spielte – wie das Hinauswerfen aus Helikoptern – mit der Furcht der Gefangenen, das Kriegsrecht sei mittlerweile verhängt worden und ihre Exekution stehe unmittelbar bevor. Neben diesen eher subtilen Methoden, die in den Bereich der psychologischen Folter gehören, kam es auch immer wieder zu direkten körperlichen Mißhandlungen von Gefangenen durch Gefängniswärter, Polizisten und Soldaten.

Die Mehrzahl der Internierten wurde in das acht Meilen von Belfast entfernte Lager Long Kesh eingesperrt, errichtet auf einem ehemaligen Flugfeld der Royal Airforce aus dem Zweiten Weltkrieg. Es bestand zunächst aus einer Ansammlung von unbeheizten Wellblechhütten, umgeben von Stacheldraht, Flutlicht und Wachtürmen mit britischen Soldaten. In der Weltöffentlichkeit erweckten die Bilder von Long Kesh Assoziationen an Kriegsgefangenen- und Konzentrationslager, weshalb die britische Regierung das Lager später umbenannte und neu errichtete, nicht nur um es sicherer zu gestalten, sondern auch um ihm stärker das Aussehen eines „normalen" Gefängnisses zu verleihen.

Ende 1971 hatte sich die „britische Demokratie" als brutaler Folterstaat entpuppt, der, ernsthaft herausgefordert, mit seinen Oppositionellen kaum anders verfuhr als er es osteuropäischen Staaten oder irgendeiner lateinamerikanischen Diktatur vorwarf. Der Unterschied bestand lediglich darin, daß er subtiler und kontrollierter vorging und das anders geartete westeuropäische Umfeld beachtete. Dennoch ist es nicht übertrieben, von einer „Lateinamerikanisierung" der britischen Nordirlandpolitik zu sprechen. Sie erlebte ihren Höhepunkt Ende Januar 1972 mit dem „Bloody Sunday" von Derry.

»*Bloody Sunday*«

Nationalistische Massenproteste wurden im Herbst 1971 zu einer nahezu alltäglichen Angelegenheit. Allerdings spaltete sich die Bürgerrechtsbewegung entlang der Frage, wie mit dem „Stormont-System" – d.h. dem von den Unionisten beherrschten Provinzparlament und der unionistischen Alleinregierung – zu verfahren sei. Während die Officials auf eine Reform des Systems orientierten, plädierten die Provos, die Peoples Democracy und andere Radikale für den Sturz dieser Institutionen. Letztere formierten das „Northern Resistance Movement" (NRM).

Premier Faulkner hatte mit dem 9. August ein einjähriges allgemeines Demonstrationsverbot über Nordirland verhängt, von dem sich die NRM und die nationalistische Bevölkerung jedoch kaum beeindruckt zeigten. Faulkners Bann drohte zusehends bedeutungslos zu werden. Die britische Regierung befand sich in einer mißlichen Lage: Die katholische Bevölkerung hatte bislang „nur" für Bürgerrechte agitiert, verbunden mit einer eher vage gehaltenen Aussicht auf einen schrittweisen Prozeß irischer Wiedervereinigung. Doch mittlerweile war die Mehrheit der Katholiken zu der Erkenntnis gelangt, daß dieser Staat nicht reformierbar war und folglich beseitigt gehörte. Dies war jedoch gleichbedeutend mit der Beendigung der britischen Herrschaft auf der irischen Insel, was für niemanden im britischen Establishment akzeptabel war. Andererseits wurde die Bürgerrechtsbewegung immer mehr zu einem Ärgernis von internationalen Ausmaßen.

In dieser Situation riefen fast alle Fraktionen der Bürgerrechtsbewegung zu einer großen Kundgebung gegen die Internierungspolitik auf. Unter den fast 30.000, die sich am 30. Juni 1972 in der Bogside von Derry versammelten, befanden sich u.a. die nordirischen Unterhausabgeordneten Bernadette Devlin, Frank McManus (ein unabhängiger Republikaner, der der NRM vorstand), John Hume (heute Vorsitzender der SDLP) und Ivan Cooper. Die Armee hatte Barrieren errichtet, um die Bürgerrechtler am Verlassen des Gettos und am Betreten der Innenstadt zu hindern. Der Protest sollte auf die Bogside begrenzt bleiben.

Als es nach einiger Zeit an den Barrieren die – bei derartigen Anlässen schon üblichen – kleineren Scharmützel zwischen Soldaten und Demonstranten gab, eröffnete die Armee ohne jede Vorwarnung das Feuer auf die Menge. Die Kundgebungsteilnehmer warfen sich auf die Straße oder suchten hinter Autos und Haustüren Deckung. Doch die Armee schoß weiter. Als sie das Feuer schließlich einstellte, lagen 13 Katholiken tot auf dem Pflaster der Bogside. Sieben von ihnen waren Teenager. Ein weiterer Katholik starb einige Zeit später an den Folgen seiner Verletzungen.

Der „Bloody Sunday", wie dieser Tag fortan genannt wurde, war keineswegs Resultat einer Überreaktion einzelner, überforderter Soldaten. Auch war er keine Antwort auf einen IRA-Angriff, wie die britische Regierung zunächst zu suggerieren versuchte. Wie eine Untersuchungskommission später feststellte, wurde nicht ein einziger Schuß aus der Kundgebung heraus abgegeben.

Vielmehr handelte es sich bei dem „Bloody Sunday" um eine wohlvorbereitete und bewußt herbeigeführte Counterinsurgency-Operation, deren Kommandeur Derek Wilford später für seine Arbeit am 30. Januar mit einem Orden ausgezeichnet wurde. Einige Tage vor dem „Bloody Sunday" informierte Peter McMullen – ein irischer Katholik, der bei dem Regiment diente, das an diesem Tag in Derry zum Einsatz kommen sollte – die Provos davon, daß die Armee eine größere militärische Abrechnung mit den Bürgerrechtlern plane. McMullen bat die Provos um Sprengstoff, um den Fahrzeugpark des Regiments in die Luft zu jagen und so das Vorhaben zu torpedieren.

Doch die IRA nahm McMullens Warnungen nicht ernst. Gerade hatte sie ihre Einheiten in Derry angewiesen, am 30. Januar auf alle militärischen Aktivitäten zu verzichten. Die IRA hatte ein politisches Interesse daran, daß Marsch und Kundgebung friedlich verliefen. Nichts sollte den Eindruck einer friedlichen Massendemonstration schmälern. Und das letzte, was ihr in den Sinn kam, war ein offenes Feuergefecht mit der britischen Armee im Beisein von Tausenden von Zivilisten.

Am 30. Januar 1972 hatten die britische Regierung und die Armeeführung die Flucht nach vorne angetreten. Das Massaker von Derry sollte die Bürgerrechtsbewegung als sichtbare Massenbewegung von der Straße schießen. Fortan hatte jeder, der die Straße betrat, um seine politische Meinung kundzutun, mit dem Schlimmsten zu rechnen. Die Schwelle zur Gewaltanwendung wurde von London bewußt extrem heruntergesetzt. Tatsächlich sollte es fast zehn Jahre dauern, bis sich auf Nordirlands Straßen wieder eine vergleichbare Massenbewegung formierte.

Bild oben: „Bloody Sunday". Bürgerrechtler tragen einen erschossenen Demonstranten fort. (Foto: L. Doherty)
Bild unten: Nach dem „Bloody Sunday" stürmen in Dublin 30.000 Demonstranten die britische Botschaft.

John Lennon: Sunday Bloody Sunday

Well it was Sunday Bloody Sunday
When they shot the people there
The cries of thirteen martyrs
Filled the Free Derry air
Is there anyone amongst you
Dare to blame it on the kids?
Not a soldier boy was bleeding
When they nailed the coffin lids

Sunday Bloody Sunday
Bloody Sunday's the day!

You claim to be majority
Well you know that it's a lie
You're really a minority
On the sweet Emerald Isle
When Stormont bans our marches
They've got a lot to learn
Internment is no answer
It's those mothers turn to burn

You Anglo pigs and Scotties
Sent to colonise the North
You wave your bloody Union Jacks
And you know what it's worth
How dare you hold to ransom
A people proud and free
Keep Ireland for the Irish
Put the English back to sea

Yes it's always bloody Sunday
In the concentration camps
Keep the Falls Road free forever
From the bloody English hands
Repatriate to Britain
All of you who call it home
Leave Ireland to the Irish
Not for London or for Rome

Doch zunächst explodierte das nationalistische Irland: Zehntausende von Arbeitern legten in den südirischen Städten Dundalk, Cork, Galway, Limerick und Dublin die Arbeit nieder. Premier Lynch sah sich genötigt, den 2. Februar, das Datum der Beisetzung der Opfer, zu einem Tag nationaler Trauer zu erklären. 30.000 Bürger marschierten zur britischen Botschaft in Dublin und brannten sie nieder, während die Polizei weitgehend tatenlos zuschaute.

Im Norden trat die katholische Bevölkerung für einen Tag in den Generalstreik. In Derry wurde erst am Tag nach der Beisetzung die Arbeit wiederaufgenommen. Am 6. Februar, dem Samstag nach dem Blutsonntag, demonstrierten über 60.000 in der nordirischen Grenzstadt Newry – die größte Bürgerrechtsdemonstration, die Nordirland jemals gesehen hatte. Das örtliche Daisy Hill-Krankenhaus hatte sich auf das Schlimmste vorbereitet: Ein eigener Flügel wurde für eventuelle Verletzte bereitgestellt und ein großer Stab von Chirurgen und Krankenschwestern in Rufbereitschaft gehalten. An der Grenze wartete ein Sonderzug, um Verletzte in südirische Krankenhäuser zu transportieren. Die südirische Regierung traf politische wie militärische Vorbereitungen für den Fall eines völligen Zusammenbruchs von „law and order" in den Grenzgrafschaften. Tatsächlich schien sich eine Wiederholung der Ereignisse von Derry anzubahnen. Am Ende der Camlough Road, die vom republikanischen Derrybeg-Viertel in die Innenstadt führte, erwarteten britische Soldaten mit scharfer Munition und Bajonetten die Bürgerrechtler. Ein Augenzeuge schrieb später, daß der Anblick der mit Militärfahrzeugen und Soldaten gefüllten Innenstadt ihn an die Normandielandung erinnert habe. Daß es nicht zu einem zweiten Massaker kam, war allein der Besonnenheit der Demonstranten zu verdanken, die an den Sperren der Armee abbogen, um am Rande der Innenstadt ihre Kundgebung abzuhalten.

Die allgemeine Stimmung, die damals unter Nordirlands Katholiken herrschte, dokumentiert vielleicht am besten ein Satz des SDLP-Politikers John Hume: „Ein vereinigtes Irland jetzt – oder gar nichts!" Die Entfremdung der Minderheit war nun vollständig. Die moderaten katholischen Mittelklässler hatten alle Mühe, den politischen Kontakt zur Basis nicht völlig zu verlieren.

Am 24. März hatten die radikalen Bürgerrechtler und die Provos ihr erstes Ziel erreicht: Der britische Premier Heath verkündete den Rücktritt des Faulkner-Kabinetts und die Aufhebung des Stormont-Systems. Alle Macht sollte fortan in London bzw. bei einem Nordirlandminister im britischen Kabinett liegen. Die Loyalisten waren erbost, aber letztlich blieb ihnen nichts anderes übrig, als die Suspendierung ihrer Autonomie und die Einführung der Direktherrschaft („Direct Rule") hinzunehmen. Auf sich allein gestellt, waren sie ganz offensichtlich weder politisch noch militärisch in der Lage, der Rebellion der Minderheit Einhalt zu gebieten. „Direct Rule" war lediglich eine logische Konsequenz der Tatsache, daß London den Statthaltern mit immer stärkeren Kräften zur Seite stehen mußte.

Die Einführung von „Direct Rule" war ein Lehrstück in Sachen „loyalistisches Veto", das bewies, daß London durchaus dazu in der Lage war, sich gegen essentielle Interessen der protestantischen Statthalter durchzusetzen. Das war einzig und allein eine Frage des Willens: Da das „Stormont System" nicht mehr länger für Stabilität garantieren konnte, lag es im herrschaftspolitischen Interesse Londons, es auch gegen den erklärten Willen der Loyalisten zu suspendieren.

Für die IRA zeichnete sich bald ein Dilemma ab, mit dem sie auch heute noch konfrontiert ist: Sie war dazu in der Lage, das Stormont System zu stürzen. Wie sich in den kommenden Jahren zeigen sollte, besaß sie jedoch nicht die Fähigkeit, ihre eigenen Vorstellungen für eine Lösung des Konfliktes durchzusetzen.

IRA-Wandbild in Andersonstown, West Belfast. (Foto: Schulze-Marmeling)

REFORM UND STAGNATION

Mit der Suspendierung des Stormont-Systems, das der Situation nicht länger gewachsen war, wurde eine neue Phase des Nordirlandkonflikts eröffnet. Für die südirische Regierung war die Einführung der britischen Direktherrschaft ein willkommener Anlaß, schärfer gegen die IRA in der Republik Irland durchzugreifen. War man bisher gezwungen, aufgrund der nach Internierungen und „Bloody Sunday" emotional aufgeladenen Stimmung die IRA relativ ungestört zu lassen, so konnte die Dubliner Regierung den Sturz der Stormont-Regierung als Sieg der katholischen Minderheit verkaufen, der nun durch die Bombenkampagne der IRA gefährdet wäre. In Dubliner Regierungskreisen ging die Angst um, daß die Revolte auf die Republik Irland überschwappen könnte. Ein Warnzeichen war die Massendemonstration in Dublin aus Protest gegen den „Bloody Sunday", die mit dem Niederbrennen der britischen Botschaft geendet hatte. Zahlreiche Demonstranten hatten darüberhinaus Waffen gefordert, um der katholischen Bevölkerungsminderheit in Nordirland beizustehen. Allerdings hatten es IRA und Sinn Féin versäumt, diese Stimmung auszunutzen und im Süden eine politische Basis aufzubauen. So stießen die Maßnahmen der Dubliner Regierung nach der Suspendierung des Stormont-Systems auf wenig Widerstand: Die politischen Gefangenen wurden in das Militärlager im Curragh südwestlich von Dublin verlegt. Außerdem wurden Sondergerichte ohne Geschworene eingerichtet, die serienweise IRA-Mitglieder aburteilten. Da auch in den katholischen Gettos Nordirlands eine gewissen Kriegsmüdigkeit einsetzte, verstärkte sich bei der IRA die Bereitschaft, mit Nordirlandminister Whitelaw und der britischen Regierung zu verhandeln.

Oppositionsführer Harold Wilson hatte bereits im November 1971 dem britischen Unterhaus einen 15-Punkte-Plan zur Lösung des Konfliktes vorgelegt. Er war der erste britische Spitzenpolitiker, der vorsichtig eine Lösung durch eine von London kontrollierte Vereinigung der beiden Teile Irlands andeutete. Die Voraussetzungen für diese Vereinigung sollten in einer 15jährigen Übergangsphase geschaffen werden. Um die SDLP zur Mitarbeit zu gewinnen, hatte Wilson vorgeschlagen, die Internierungspolitik zu beenden und die Katholiken an einer nordirischen Regierung zu beteiligen. Die konservative Regierung war jedoch nicht auf Wilsons Vorschläge eingegangen, sondern hatte einseitig auf eine militärische Lösung des Konflikts gesetzt. Doch nach dem „Bloody Sunday" eskalierte die Situation, und eine militärische Lösung rückte in weite Ferne. Die IRA hatte im März 1972 zwar einen Friedensplan vorgelegt, der jedoch von der britischen Regierung abgelehnt wurde. Daraufhin forcierte sie ihre Bombenkampagne: am 13. und 14. April verübten Einheiten der IRA 40 Bombenanschläge, und am 1. Mai wurde der Belfaster Co-Op, das größte Warenhaus der Stadt, in die Luft gesprengt.

Beim Amtsantritt Whitelaws waren 900 Personen interniert. Über die Hälfte von ihnen wurde auf Anweisung des Nordirlandministers bis Mitte Juni entlassen, das Internierungslager Magilligan wurde geschlossen. Die katholische Bevölkerung nahm diese Maßnahmen positiv auf, und der Druck auf die IRA wuchs. Im Juni bot die IRA schließlich Friedensverhandlungen an, falls vorher zwei Bedingungen erfüllt würden: Gerry Adams, eine Schlüsselfigur der Belfaster IRA-Brigade, sollte aus der Internierungshaft entlassen werden, und die republikanischen Gefangenen sollten einen politischen Status erhalten. Whitelaw ging zwar nicht direkt auf das Angebot ein, verhandelte aber mit der IRA durch John Hume und Paddy Devlin von der SDLP. Um die Kampagne für den politischen Status zu stärken, begannen 40 IRA-Gefangene am 6. Juni im Belfaster Crumlin-Road-Gefängnis einen unbefristeten Hungerstreik. Ihr Sprecher Billy McKee war davon überzeugt, daß der Krieg in den Gefängnissen Irlands entschieden würde. Die britische Regierung zögerte zunächst, die IRA vor aller Welt als „kriegführende Partei" anzuerkennen, doch Whitelaw war angesichts der Pattsituation und der Gewalt schließlich bereit, auf die Forderungen der IRA einzugehen. Am 20. Juni gab er bekannt, daß sowohl den republikanischen, als auch den loyalistischen Gefangenen ab sofort ein Sonderstatus („Special Category Status") gewährt würde. Die Gefangenen wurden nach politischer Zugehörigkeit getrennt, durften ihren eigenen Tagesablauf organisieren und mußten keine Gefängnisuniform tragen. Zwei Tage später gab die IRA in Dublin bekannt, daß sie ab 26. Juni ihre Waffen ruhen lassen würde, falls die Briten ihrerseits alle offensiven Aktionen einstellen würden. Damit der Waffenstillstand nicht als Zeichen der Schwäche ausgelegt würde, kämpfte die IRA bis zum letzten Moment – noch eine Minute vor Mitternacht des 26. Juni wurde in Belfast ein britischer Soldat erschossen. Dennoch trat der Waffenstillstand in Kraft. Am 7. Juli flogen die führenden IRA-Mitglieder Seán McStiofain, Daithi O'Connaill, Seamus Twomey, Martin McGuinness, Gerry Adams und Ivor Bell zu Verhandlungen mit Nordirland-Minister Whitelaw nach London. Wahrscheinlich ging es bei diesem Gespräch in erster Linie um die Freilassung der Internierten. Der genaue Inhalt wurde nie veröffentlicht, doch die Verhandlungen in London wurden ohnehin schon zwei Tage später von den Ereignissen in Belfast überholt.

Schon vor der Suspendierung des Stormont-Systems hatten verschiedene protestantische Organisationen, die sich im September 1971 zur Ulster Defence Association (UDA) zusammenschlossen, sektiererische Morde an Katholiken verübt. Als London die Direktregierung verkündete, kam es innerhalb der UDA zu Auseinandersetzungen über die zukünftige Strategie. Das Gremium, das im Mai 1972 die Führung übernahm, entschied sich für einen harten Kurs gegenüber der britischen Regierung. Nach eigenen Angaben verfügte die UDA über nahezu 60.000 Mitglieder. Die Organisation forderte von der britischen Armee, daß sie gegen die katholischen „no go areas" vorging. Im Mai errichtete die UDA schließlich ihre erste eigene „no go area", der weitere folgten. Als die britische Armee versuchte, die Barrikaden zu räumen, kam es zu gewalttätigen Auseinandersetzungen, und die Armee zog sich wieder zurück. Danach griff die britische Armee nicht mehr gegen die UDA ein – im Gegenteil: verschiedenen UDA-Führern wurden freigiebig Waffenscheine ausgestellt. Ein britischer Offizier gab später zu, daß die Armee einen Zweifrontenkrieg gegen IRA und UDA vermeiden wollte. Hinter den protestantischen Barrikaden ging der Terror gegen die wenigen noch dort verbliebenen Katholiken unvermindert weiter. Nach dem Waffenstillstand zwischen britischer Armee und der IRA intensivierte die UDA ihre Mordkampagne. Während im Mai 10 Personen ermordet worden waren, stieg die Zahl im Juli auf 36 Menschen. Nicht alle diese Morde können der UDA zur Last gelegt werden, da die IRA zum ersten Mal zurückschlug, doch die meisten der 121 Opfer im Jahr 1972 waren Katholiken, die in protestantischen Vierteln lebten oder arbeiteten. Die UDA erweiterte ihre Kampagne auch auf Protestanten, die katholische Frauen oder Freundinnen hatten. Die Folge davon war, daß die Viertel nun fast vollständig nach Religionszugehörigkeit getrennt waren. Die britische Armee blieb untätig, selbst als die UDA versuchte, eine „katholische Straße" ihrem Herrschaftsbereich einzuverleiben. Später stellte sich heraus, daß die Armee während des IRA-Waffenstillstandes geheime Verhandlungen mit der UDA geführt und man sich darauf geeinigt hatte, einige protestantische Viertel gemeinsam zu patrouillieren.

Ein Zwischenfall in Lenadoon, einem hauptsächlich katholischen Stadtteil im äußersten Westen Belfasts, führte schließlich zum Ende des fragilen Waffenstillstandes zwischen IRA und britischer Armee. In Lenadoon hatten mehrere protestantische Familien ihre Wohnungen und Häuser aufgegeben und waren in protestantische Viertel umgezogen. Das nordirische

Wohnamt vergab diese leerstehenden Häuser an katholische Familien, wogegen die UDA protestierte. Als die katholischen Familien einziehen wollten, wurden sie von der britischen Armee daran gehindert. Es kam zu einer zweitägigen Straßenschlacht zwischen Armee und demonstrierenden Katholiken, in deren Verlauf die Armee auf die Demonstranten schoß. Am 9. Juli erklärte der Stabschef der Belfaster IRA-Brigade, Seamus Twomey, den Waffenstillstand für beendet. Er scheiterte, weil die britische Armee sich geweigert hatte, gegen die loyalistischen Organisationen vorzugehen. Hinzu kam, daß es sowohl innerhalb der IRA, als auch innerhalb der britischen Regierung Stimmen gab, die sich von vornherein gegen einen Waffenstillstand ausgesprochen hatten.

Der Zusammenbruch des Waffenstillstands führte zu einer Intensivierung militärischer Aktivitäten auf beiden Seiten. In den folgenden drei Tagen tötete die IRA acht britische Soldaten und einen RUC-Polizisten. Am 21. Juli verübten Einheiten der Belfaster IRA-Brigade binnen 75 Minuten 21 Bombenanschläge. Neun Personen wurden getötet, über 130 verletzt. Dieser Tag ist als „Bloody Friday" (Blutfreitag) in die irische Geschichte eingegangen. Die IRA gab später bekannt, daß die britische Armee die Bombenwarnungen ignoriert habe. Diese Version wurde von der halbstaatlichen „Public Protection Agency", an die die Warnungen durchgegeben worden waren, bestätigt. Dennoch war der Schaden für die IRA immens. Man hatte der Londoner Regierung eine einmalige Propaganda-Waffe in die Hand gegeben, die diese nicht ungenutzt ließ. Die britische Armee verteilte 250.000 Flugblätter in Belfast, in denen das Massaker detailliert beschrieben wurde. In Großbritannien, im Ausland, selbst in ihren eigenen Vierteln war die IRA heftiger Kritik ausgesetzt.

Darüberhinaus gab der „Bloody Friday" der britischen Regierung endlich einen Vorwand, gegen die „no go areas" vorzugehen. Weitere 4.000 Soldaten wurden nach Nordirland entsandt, so daß die Truppenstärke schließlich eine Rekordmarke von 21.000 Mann erreichte. In den folgenden Tagen wurden schwere Panzer und Bulldozer gelandet. Am 31. Juli attackierten 5.000 Soldaten die Barrikaden in der Bogside und in Creggan, den beiden katholischen Vierteln von Derry. Die Vorbereitungen für den Angriff waren recht offensichtlich, und weil es die IRA nicht auf eine offene Konfrontation ankommen lassen wollte, hatte sie ihre Einheiten aus den beiden Vierteln abgezogen. Da die Moral der Getto-Bevölkerung seit dem „Bloody Friday" ohnehin angeknackst war, konnte die „Operation Motorman" ohne große Zwischenfälle durchgeführt werden – die Barrikaden, die „Free Derry" und „Free Belfast" fast ein Jahr lang gesichert hatten, fielen. Doch die IRA war bei weitem nicht geschlagen. Die bewaffneten Konflikte mit der britischen Arme und die Bombenanschläge in den Stadtzentren gingen weiter, einige mit katastrophalen Folgen. In den sechs Wochen nach Zusammenbruch des Waffenstillstandes wurden 25 Zivilisten bei fehlgeschlagenen IRA-Anschlägen getötet. Die loyalistischen Organisationen antworteten mit einer Mordkampagne: Im August 1972 starben dreimal soviel Katholiken wie Protestanten.

Die britische Armee nutzte die Gelegenheit, die sich ihr nach der erfolgreichen „Operation Motorman" bot. In den katholischen Gettos von Derry und Belfast wurden Forts errichtet, damit es der Bevölkerung nicht noch einmal gelänge, ihre Viertel zu „no go areas" zu machen. Noch in derselben Nacht, als die Barrikaden fielen, besetzte die Armee Schulen, Wohnblöcke, öffentliche Hallen und das größte gälische Fußballstadion Nordirlands, den Casement Park in Belfast. Die besetzten Gebäude wurden zu befestigten Armeestützpunkten ausgebaut. Alleine in Andersonstown und Umgebung, einem republikanischen Viertel in West-Belfast, gab es bald 16 Armeestützpunkte. Da diese Stützpunkte in öffentlichen Gebäuden lagen, konnten sie von der IRA nicht angegriffen werden, ohne daß Zivilisten gefährdet wurden. Darüber hinaus baute die Armee vier gewaltige Forts, die von hohen Wellblechzäunen, Wachtürmen und Stacheldrahtnetzen eingefaßt waren. Die Armee hatte sich im Herzen der republikanischen Viertel festgesetzt, und die unübersehbaren, häßlichen Stützpunkte und Forts sind auch heute noch eine ständige Erinnerung an die britische Unterdrückung der Bevölkerungsminderheit in Nordirland. Von ihren Stützpunkten aus überwacht die Armee die umliegenden Viertel rund um die Uhr. Auf den Wachtürmen in den Forts sind Kameras, hochempfindliche Mikrophone und Laser-Detektoren angebracht. Die gewonnenen Informationen werden in ein Computer-System eingespeist, in dem nahezu jeder Katholik und jede Katholikin Nordirlands erfaßt sind.

Die Suche nach einer Lösung

Trotz der Stützpunkte und Forts hatte die Armee die Situation keineswegs unter Kontrolle. Noch immer war das „akzeptable Maß an Gewalt", das sich Innenminister Maudling erhofft hatte, bei weitem überschritten. Der britischen Regierung war klar, daß die IRA mit militärischen Aktionen alleine nicht zu besiegen war. Whitelaw versuchte daher, die gemäßigten politischen Kräfte zu einer Einigung zu bewegen, die wenigstens den Anschein politischer Stabilität erwecken sollte. Der erste Schritt in diese Richtung war die von Whitelaw arrangierte „Allparteienkonferenz" in

Darlington. Doch scheiterte die Konferenz daran, daß lediglich Vertreter der Unionist Party, der bedeutungslosen nordirischen Labour-Party sowie der Alliance-Party teilnahmen. Auch die SDLP hatte sich nicht an der Konferenz beteiligt. Sie hatte jedoch Kompromißbereitschaft signalisiert, indem sie ihre Vorschläge schriftlich eingereicht hatte. Die SDLP war um die Anerkennung durch die britischen und irischen Regierungen bemüht. Durch eine Machtbeteiligung sollten die verschiedenen Strömungen innerhalb der SDLP – der gemäßigte bürgerliche Nationalismus, die Sozialdemokratie und liberale katholische Elemente – vereint werden. So griff die SDLP nach der Möglichkeit einer Kooperation in einer von London und Dublin gestützten Regierung und warf ihre Prinzipien in Bezug auf Internierung und Wiedervereinigung über Bord.

Whitelaws nächster Schritt war die Veröffentlichung eines „Grünbuchs" im Oktober 1972. Die verschiedenen Möglichkeiten einer Konfliktlösung waren im Grünbuch sehr vage formuliert, um keine Partei von vornherein zu verprellen. Die britische Regierung umriß jedoch zwei Prinzipien, nach denen sie ihre Politik ausrichten wollte: die Beteiligung der Minderheit an der Regierungsgewalt („power sharing") und die Anerkennung der „irischen Dimension", d.h. eine Lösung mußte für die Dubliner Regierung akzeptabel sein. Der südirische Regierungschef Lynch zeigte seine Genugtuung über diesen Ansatz, und auch die SDLP war an den Vorschlägen im Grünbuch interessiert. Whitelaw hatte geringfügige Zugeständnisse gemacht und mehrmals kleinere Gruppen von Internierten entlassen. Andererseits wurden auch weiterhin neue Personen interniert, so daß immer noch über 500 Menschen in den Lagern saßen. Da jedoch im Dezember in der Republik Irland eine Gesetzeserweiterung verabschiedet wurde, die den Sicherheitskräften außerordentliche Vollmachten übertrug und auch hier Internierungen ermöglichte, ließ der Widerstand der SDLP gegen die britische Internierungspolitik weiter nach. Die Unionisten befürworteten die im Grünbuch angedeutete Möglichkeit einer Wiedereinsetzung des Stormont-Systems, aber sie lehnten die „irische Dimension" rundweg ab. Eine kleine, aber einflußreiche Minderheit im unionistischen Lager kritisierte das Grünbuch, weil es nicht die Option einer vollen Integration Nordirlands in das Vereinigte Königreich einschloß. Für Premierminister Heath kam diese Möglichkeit nicht in Betracht, da Nordirland dann eine größere Zahl an Unterhaussitzen zugestanden hätte, und die britische Regierung von einer stärkeren unionistischen Vertretung in Westminster Schwierigkeiten erwartete. Da auch Paisleys DUP das Grünbuch ablehnte, war Großbritannien Ende 1972 bei seinen Bemühungen um Stabilität in Nordirland nicht sehr viel weitergekommen.

Gleichzeitig mit den politischen Initiativen hatte Großbritannien begonnen, Sondergesetze und Sondervollmachten für Armee und Polizei zu verabschieden, die Verurteilungen von „mutmaßlichen IRA-Terroristen" erleichtern sollten. Zwar waren diese Maßnahmen begrenzt erfolgreich, doch der IRA wurden nach wie vor beträchtliche Sympathien in den republikanischen Vierteln entgegengebracht. Diese Sympathien galt es, durch verdeckte Aktionen der britischen Armee zu unterminieren.

Erste Anzeichen für diese Taktik gab es bereits im Juni 1972, als die IRA ihren Waffenstillstand verkündete. Vier Katholiken wurden in West-Belfast aus einem vorbeifahrenden Auto unter Feuer genommen und verwundet. Zunächst schien es sich bei diesem Attentat um einen weiteren sektiererischen Anschlag zu handeln. Erst als die Polizei die beiden Attentäter nach einer Verfolgungsjagd festnahm, stellte sich heraus, daß sie Angehörige der britischen Armee waren. Sie hatten eine Thompson-Maschinenpistole benutzt, die als typische IRA-Waffe galt. Offenbar wollte man diesen Anschlag der IRA in die Schuhe schieben, um die Bevölkerung gegen sie aufzubringen. Einer der beiden Soldaten gab später zu, daß er einer geheimen Spezialeinheit, der „Military Reconnaissance Force (MRF)" angehörte. Später stellte sich heraus, daß weitere MRF-Angehörige im Mai und September 1972 zwei Katholiken ermordet hatten. Im Oktober ging die IRA gegen diese britische Spezialeinheit vor. Eine IRA-Einheit überfiel einen Wäscherei-Lieferwagen in West-Belfast und erschoß den Fahrer. Am selben Tag zerstörte eine andere Einheit einen Massagesalon in Nord-Belfast. Die IRA erklärte zu diesen Aktionen, daß sowohl die Wäscherei als auch der Massagesalon Fassaden für die MRF gewesen seien.

Die britische Armee hatte in den Vierteln, die als IRA-Hochburgen galten, Wäschereien eröffnet, um leichter an Informationen heranzukommen. Zwar wurde die Wäsche der Gettobewohner auch tatsächlich gewaschen, doch wurde sie zuvor in Armee-Laboratorien geschickt, wo sie auf Spuren von Sprengstoff oder Schießpulver untersucht wurde. Die Lieferwagen, die die saubere Wäsche dann zu ihren Besitzern zurückbrachten, waren vermutlich mit Kameras und hochempfindlichen Mikrophonen ausgerüstet. Der Nutzen eines Massagesalons – der in Wirklichkeit ein Bordell war – liegt auf der Hand: die britische Armee hoffte, daß die Kunden durch die entspannte Atmosphäre gesprächig gemacht würden.

Wieviele Aktionen auf das Konto der MRF gehen, läßt sich nicht feststellen, da nur die mißlungenen Operationen bekannt wurden. Mit Sicherheit war die MRF auch noch Anfang 1974 aktiv, als eine Polizisten-Patrouille versehentlich zwei MRF-Männer erschoß, weil sie sich „verdächtig benommen" hatten. Angeblich bestand die MRF aus zehn zivilgekleideten britischen Soldaten, die mit einigen IRA-Verrätern zusammenarbeiteten. Die MRF setzte auch Frauen ein, die als Kosmetik-Vertreterinnen in den republikanischen Vierteln von Tür zu Tür gingen.

Auch in der Republik Irland setzte die britische Armee ihre Agenten ein. Im Oktober 1972 überfielen zwei Brüder eine Bank in der Dubliner Innenstadt, wobei sie jedoch festgenommen wurden. Bei ihrer Vernehmung gaben Keith und Kenneth Littlejohn an, daß sie britische Spezialagenten wären. Sie wurden in der Republik Irland als „agents provocateurs" eingesetzt, um die Dubliner Regierung zu schärferen Maßnahmen gegen IRA und Sinn Féin zu bewegen. Den Littlejohns gelang im März 1974 die Flucht aus dem Dubliner Mountjoy-Gefängnis, wo sie ihre Strafe für den Banküberfall absaßen. Während Keith sofort wieder gefaßt wurde, konnte sein Bruder nach England fliehen. Dort gab er mehrere Interviews, in denen er die britische Armee beschuldigte, mindestens 16 Banküberfälle in beiden Teilen Irlands sanktioniert zu haben. Kenneth Littlejohn wurde schließlich in England verhaftet und nach Dublin ausgeliefert, doch schon 1981 wurden die beiden Brüder aus der Haft entlassen – lange bevor ihre Haftstrafen abgelaufen waren.

Es gibt eindeutige Indizien, die auf eine Beteiligung britischer Undercover-Einheiten an den beiden Bombenanschlägen in Dublin im Dezember 1972 hindeuten. Die Bomben, die am Abend der Parlamentsdebatte über die Sondergesetze zur Bekämpfung der IRA explodierten, töteten zwei Menschen und verletzten 127. Die Gesetzesinitiative war selbst innerhalb der Regierungspartei Fianna Fail auf Widerstand gestoßen und mußte deshalb mehrere Wochen auf Eis gelegt werden. Wenige Stunden nach den beiden Bombenanschlägen wurden die Sondergesetze mit Zweidrittelmehrheit verabschiedet. Die IRA wies darauf hin, daß sie nicht den geringsten Grund hätte, Zivilisten in der Republik Irland zu töten, und auch Premierminister Lynch vermutete später, daß der britische Geheimdienst seine Finger bei den Anschlägen im Spiel gehabt hatte. Dennoch war das Ziel erreicht: Die irische Regierung war endgültig in die Bekämpfung der IRA eingebunden. Zwar versuchte Lynch weiterhin, aus wahltaktischen Gründen und auch um ein Überschwappen des Krieges in die Republik zu verhindern, seine Sympathien für die Republikaner herauszukehren. Doch die Taten sprachen für sich: Die IRA wurde auch in der Republik Irland mit aller Härte verfolgt.

EIN NEUER VERSUCH: DAS WEISSBUCH

Das Jahr 1973 begann, wie das alte Jahr geendet hatte. Die sektiererischen Morde an Katholiken gingen unvermindert weiter, ohne daß die UDA verboten worden wäre. In Belfast waren inzwischen 40.000 Menschen durch Drohungen und Gewalt gezwungen worden, ihre Wohnungen und Häuser zu räumen. 83 Prozent davon waren Katholiken. Die Spaltung zwischen den Konfessionen wurde durch ein Referendum vertieft, bei dem Whitelaw am 8. März über die Frage abstimmen ließ, ob die Bevölkerung im Vereinigten Königreich bleiben wolle oder den Anschluß an die Republik wünsche. Sämtliche nationalistische Organisationen riefen zu einem Boykott dieser Abstimmung auf, so daß die Beteiligung nur bei 57 Prozent lag. Das Ergebnis war vorhersehbar: Die überwältigende Mehrheit entschied sich zugunsten der Union. Da die britische Regierung das Ergebnis der Volksabstimmung dazu benutzen wollte, um vor aller Welt den „demokratischen Willen" der Mehrheit zu demonstrieren, verhinderte sie die statistische Aufsplitterung der abgegebenen Stimmen nach Wahlkreisen. Diese Statistik hätte nämlich die Entfremdung weiter Bevölkerungsteile von „ihrem" Staat deutlich gemacht, weil in den meisten katholischen Vierteln fast niemand zur Wahlurne gegangen war. Aber auch bei einer katholischen Beteiligung hätte ein Mehrheitsvotum für die Beibehaltung der Union von vornherein festgestanden: Denn der Sinn der inneririschen Grenzziehung bestand ja darin, eine sichere probritische Mehrheit zu garantieren. Ein demokratischer Abstimmungsakt hätte von daher die gesamte Bevölkerung der irischen Insel einbeziehen müssen. Auf die sechs Grafschaften Nordirlands beschränkt, verkam die Abstimmung zu einem Stück „Fassadendemokratie".

Da weder die Darlington-Konferenz, noch das Grünbuch zu einer Annäherung der Parteien in Nordirland geführt hatten, unternahm die britische Regierung einen neuen Versuch, Unionisten, Loyalisten und Nationalisten an den Verhandlungstisch zu bringen. Am 20. März legte sie ein Weißbuch vor, das Vorschläge für eine künftige Verfassung Nordirlands enthielt. Aus einer 78köpfigen „nordirischen Versammlung (Assembly)", die nach dem Proportional-Wahlrecht zu wählen war, sollte eine Exekutive gebildet werden, die eine bestimmte Anzahl von Mitgliedern der größten Oppositionspartei enthalten mußte. Vanguard und die DUP lehnten eine katholische Machtbeteiligung strikt ab und bildeten zu den Assembly-Wahlen am 28. Juni eine Koalition, um ein „power-sharing" zu verhindern. Der Wahlkampf wurde mit aller Härte geführt, wobei die eigentlichen Auseinandersetzungen im unionistischen Lager stattfanden.

Die Gegner des Verfassungsvorschlags konnten 27 Mandate erringen, während die gemäßigten Unionisten nur 22 Abgeordnete durchbrachten. Mit den Mandaten der SDLP und der Alliance Party verfügten die Parteien, die auf der Grundlage des Weißbuches arbeiten wollten, jedoch über eine Zweidrittelmehrheit.

„Eire Nua" – Das neue Irland

Sinn Féin war nicht zu den Wahlen zugelassen worden. Stattdessen begann die Partei im Frühjahr eine Propagandakampagne, in der sie ihre eigenen Pläne für ein „Neues Irland" den britischen Bemühungen um Stabilität unter britischer Herrschaft entgegenstellte. Das Programm „Eire Nua" (Das neue Irland) war bereits im Juni 1971 erschienen. Zwei Jahre später – im Sommer 1973 – veröffentlichte Sinn Féin eine ergänzte Fassung. Das Programm sah die Einrichtung einer irischen Bundesregierung und eines Parlaments mit 150 Abgeordneten vor. Die Hälfte davon sollte direkt nach dem Proportional-Wahlrecht gewählt werden, während der Rest aus Vertretern der vier Provinz-Parlamente bestehen sollte. Die vier historischen Provinzen Leinster, Munster, Connaught und Ulster sollten eigene Parlamente mit beträchtlichen Befugnissen erhalten. Zwar umfaßt Ulster neun Grafschaften, also drei Grafschaften mehr als Nordirland, aber dennoch würden die Protestanten weiterhin über eine – allerdings schmalere – Mehrheit verfügen. Mit diesem Vorschlag wollte Sinn Féin den Protestanten die Angst vor einem vereinigten katholischen Irland nehmen, in dem ihre kulturelle und religiöse Identität mißachtet würde. Darüber hinaus verlangte Sinn Féin die vollständige Trennung von Kirche und Staat. Im zweiten Teil ihres Programms umriß Sinn Féin die wirtschaftliche und soziale Neuordnung Irlands. Banken, Versicherungen und große Industrieunternehmen sollten staatlicher Kontrolle unterstellt werden. Des weiteren wollte Sinn Féin Landbesitz beschränken und auf Personen mit festem Wohnsitz in Irland begrenzen. Die im Sommer 1973 hinzugefügte Erklärung behandelte Fragen des Umweltschutzes und der Lebensqualität. Mit ihrem „Eire Nua"–Programm wollte Sinn Féin von dem Ruf loskommen, lediglich eine Sympathisantenorganisation für den bewaffneten Kampf der IRA zu sein.

Die Unterstützung für die IRA hatte seit der Beendigung des Waffenstillstandes merklich abgenommen. Zum einen herrschte allgemeine Kriegsmüdigkeit, die durch verschiedene IRA-Aktionen, bei denen versehentlich Zivilisten getötet wurden, noch verstärkt wurde; zum anderen ging die Internierungspolitik weiter, und nach der „Operation Motorman" demonstrierte die britische Armee ihre Kontrolle der Gettos durch ständige Hausdurchsuchungen und Straßensperren. Der von der IRA versprochene Sieg über die britische Armee schien nach der Veröffentlichung des Weißbuches in weite Ferne gerückt. Außerdem gab es Zweifel an der Effektivität der Bombenkampagne gegen wirtschaftliche Ziele. Die IRA hatte 1973 verstärkt Büroblocks und Geschäftszentren in Nordirland angegriffen. Der Schadensersatz, den die britische Regierung zahlen mußte, sollte die englischen Steuerzahler gegen eine Fortsetzung des Krieges in Nordirland einnehmen und schließlich für einen Abzug der Truppen sorgen.

In Großbritannien machte die IRA-Bombenkampagne jedoch wenig Eindruck. Zwar lag dieser Krieg vor der eigenen Haustür, aber ansonsten unterschied er sich in den Augen vieler Briten nicht von anderen Konflikten in den Kolonien, an die man sich in den letzten 25 Jahren gewöhnt hatte. 300 Jahre Kolonialismus hatte im Denken der Engländer ihre Spuren hinterlassen. Die Iren waren aus der Sicht des englischen Establishments notorische Unruhestifter, die man keinesfalls mit ihren eigenen Angelegenheiten betrauen konnte. Die radikale Linke in Großbritannien war mit dem Krieg der USA in Vietnam beschäftigt und kümmerte sich kaum um die Aktivitäten britischer Truppen in Nordirland – im Gegenteil: Verschiedene sozialistische Organisationen lagen auf der gleichen Linie wie die Massenmedien und politischen Parteien in ihrer Verurteilung des „IRA-Terrorismus".

Im Sommer 1973 unternahmen Sinn Féin und People's Democracy einen weiteren Versuch, eine Massenbewegung gegen die Internierungspolitik aufzubauen. Nach anfänglichen Erfolgen – Whitelaw entließ 100 Internierte, darunter zwei Hungerstreikende der People's Democracy – scheiterte die Bewegung jedoch an der Frage des bewaffneten Kampfes, der von den Provos als zentraler Punkt ihrer Kampagne angesehen wurde. Nachdem die nordirische Exekutive auf der Grundlage des Weißbuchs ihre Arbeit aufgenommen hatte, begann die IRA im Herbst 1973 eine spektakuläre Bombenkampagne in Großbritannien und Nordirland, die britische Behauptungen über die bevorstehende Niederlage der IRA ad absurdum führte. Am 31. Oktober gelang der IRA schließlich ein Propaganda-Coup, der ihr zu neuem Ansehen in den katholischen Vierteln Nordirlands verhalf. Eine Gruppe IRA-Freiwilliger hatte einen Hubschrauber entführt und war damit im Gefängnishof des Dubliner Mountjoy-Gefängnisses gelandet. Ehe das Wachpersonal eingreifen konnte, entschwebte der Hubschrauber mit den drei führenden IRA-Mitgliedern Seamus Twomey, Kevin Mallon und J.B. O'Hagan an Bord. Der Ausruf eines Gefängniswärters, als der Hubschrauber davonflog, ist in die Geschichtsbücher eingegangen: „Schließt die Tore!"

Nach dem britischen und irischen Beitritt zur Europäischen Gemeinschaft (EG) lag es nun auch im Interesse des westeuropäischen und US-amerikanischen Establishments, die Macht in Nordirland einer leistungsfähigen, EG-orientierten Bourgeoisie zu übertragen. Für die Kapitalbesitzer in Nordirland ging es um die neokoloniale Anbindung ganz Irlands an Großbritannien und die EG. Voraussetzung dafür war jedoch die Zerschlagung der IRA und die Überwindung des Widerstands der durch die EG bedrohten Großfarmer und der nordirischen Kleinindustrie, die von Paisley und Craig mobilisiert wurden. Whitelaws geschickte Verhandlungstaktik hatte dazu geführt, daß im November 1973 eine Exekutive für Nordirland designiert werden konnte, an der Faulkners Unionisten, die SDLP und die Alliance Party beteiligt waren. SDLP-Führer Gerry Fitt hatte alle Hände voll zu tun, um seiner Parteibasis das Verhandlungsergebnis schmackhaft zu machen. Fitt hatte nicht nur das Prinzip verraten, in keine Verhandlungen einzutreten, solange die Internierungspolitik fortbestünde; er wollte jetzt sogar in eine Regierung unter Brian Faulkner eintreten, der die Internierungen als Premierminister im Stormont überhaupt veranlaßt hatte.

Doch Faulkner selbst stand vor noch größeren Schwierigkeiten. Viele seiner Parteifreunde sahen die Machtbeteiligung von Katholiken als Ausverkauf ihrer Interessen und Gefährdung der „protestantischen Herrschaft über einen protestantischen Staat". Schlimmer noch: Die im Weißbuch vorgesehene Einsetzung eines „Gesamtirischen Rats" erschien ihnen als erster Schritt in Richtung auf ein wiedervereinigtes Irland.

Um Einzelheiten des Gesamtirischen Rats festzulegen, trafen sich vom 6.-9. Dezember Vertreter der britischen und irischen Regierung mit der designierten nordirischen Exekutive im englischen Sunningdale. Man einigte sich darauf, daß dieser Rat aus je sieben Ministern der irischen Regierung und der nordirischen Exekutive bestehen sollte. Neben diesem Ministerrat wollte man eine beratende Versammlung schaffen, die mit 60 Mitgliedern paritätisch besetzt werden sollte. Um Faulkners Position im eigenen Lager nicht von vornherein unhaltbar zu machen, hatte die irische Regierung eine Erklärung abgegeben, in der sie zum ersten Mal Nordirlands Stellung im Vereinigten Königreich anerkannte. Außerdem versprach Dublin, noch größere Anstrengungen im Kampf gegen die IRA zu unternehmen. So endete die Sunningdale-Konferenz mit einem zweideutigen Ergebnis: Die SDLP konnte ihren Anhängern den Gesamtirischen Rat als Meilenstein auf dem Weg zur Wiedervereinigung verkau-

Nach einem Anschlag: Armeefort mit Beobachtungsturm im Katholikenviertel West Belfast. (Foto: AnPhoblacht/Republican News)

fen, während Faulkner die konstitutionelle Stellung Nordirlands durch die Anerkennung Dublins gestärkt sah. Beide Behauptungen schlossen sich gegenseitig aus.

Faulkners Unterstützung im protestantischen Lager schwand nach Sunningdale immer mehr. Nur drei Tage, nachdem die nordirische Exekutive am Neujahrstag 1974 ihren Amtseid geleistet hatte, stimmte der Kontrollrat von Faulkners Unionistischer Partei gegen Sunningdale. Faulkner blieb nichts anderes übrig, als den Parteivorsitz abzugeben. Sein Nachfolger wurde Harry West, ein entschiedener Gegner des „power-sharing". Faulkners Gegner in der eigenen Partei hatten bereits am Tag, als die Sunningdale-Konferenz begann, eine Koalition mit der DUP, Vanguard und den Orangeisten-Orden gebildet, die unter dem Namen „United Ulster Unionist Council (UUUC)" gegen katholische Machtbeteilung und den Gesamtirischen Rat agitierte. Der entscheidende Schlag gegen das Sunningdale-Abkommen wurde jedoch von der britischen Regierung selbst eingeleitet.

Premierminister Heath sah sich in Großbritannien scharfen Angriffen der Gewerkschaften ausgesetzt. Deshalb rief er für den 28. Februar 1974 zu Neuwahlen zum britischen Unterhaus auf. Diese Wahlen hatten für die nordirische Exekutive katastrophale Folgen, weil sie sich indirekt dem Urteil der Bevölkerung stellen mußte, ohne eine Gelegenheit gehabt zu haben, ihre politische Wirksamkeit unter Beweis zu stellen. Faulkner und seine Anhänger trafen die Wahlen völlig unvorbereitet. Sie hatten keinen Parteiapparat, auf den sie im Wahlkampf zurückgreifen konnten. Die drei in der Exekutive vertretenen Parteien machten sich darüberhinaus in allen Wahlkreisen gegenseitig Konkurrenz, während die im UUUC zusammengefaßten Sunningdale-Gegner nur jeweils einen Kandidaten pro Wahlkreis aufstellten. Das Wahlergebnis bedeutete eine schwere Niederlage für die Exekutive: Der UUUC gewann elf von zwölf Sitzen, während Faulkner leer ausging. Den einzigen Sitz für die in der Exekutive vertretenen Parteien gewann Gerry Fitt von der SDLP. Frank McManus und Bernadette Devlin verloren ihre Unterhaussitze, weil die SDLP Gegenkandidaten aufgestellt hatte und dadurch die anti-unionistischen Stimmen gesplittet wurden. Zwar verfügten die Befürworter des Sunningdale-Abkommens nach wie vor über eine Mehrheit in der nordirischen Versammlung, aber die Unterhauswahlen hatten gezeigt, daß sie keinen Rückhalt in der Bevölkerung hatten.

Das Scheitern der britischen Politik

Nach dem knappen Sieg der Labour Party wurde Harold Wilson neuer britischer Regierungschef. Er berief Merlyn Rees als Nordirland-Minister. Die neue britische Regierung unternahm einige Versuche, das Sunningdale-Abkommen zu retten. Im April kündigte Rees an, daß er das Verbot von Sinn Féin aufheben und die Internierungspolitik beenden werde. Damit erhoffte er sich, daß die IRA ihre Bombenkampagne gegen das Abkommen zumindest drosseln würde. Diese Taktik ging zum Teil auf. Die IRA stellte ihre Kampagne zwar nicht ein, führte aber auch keine spektakulären Aktionen durch. Die Loyalisten sollten zum Teil zum Einlenken bewegt werden, indem einerseits die Ulster Volunteer Force (UVF) legalisiert, andererseits mit dem Abzug der britischen Truppen aus Nordirland gedroht wurde, falls die Loyalisten nicht „zur Vernunft" kämen.

Die Loyalisten blieben von der Drohung des Truppenabzugs, die niemals ernst gemeint war, unbeeindruckt. Am 23. Mai begann eine dreitätige Konferenz des UUUC, auf der die zukünftige Strategie ausgearbeitet wurde. An der Konferenz nahmen Vertreter der UDA und der Erzreaktionär Enoch Powell teil. Powell hatte 1973 mit den britischen Konservativen gebrochen und war den Offiziellen Unionisten beigetreten, für die er 1974 den Unterhaussitz in der Grafschaft Down gewann. Seine Teilnahme an der Konferenz sorgte dafür, daß weite Teile der Konservativen, bei denen Powell noch immer hohes Ansehen genoß, dem UUUC positiv gegenüberstanden. Die Konferenz endete mit der Forderung nach Neuwahlen zur nordirischen Versammlung und der Rücknahme des Sunningdale-Abkommens. Am 14. Mai mußte die nordirische Versammlung über den Anti-Sunningdale-Antrag des UUUC abstimmen. Faulkners Anhänger, die SDLP und die Alliance Party stimmten den Antrag mit 44 zu 28 Stimmen nieder.

Am selben Abend begann der Generalstreik, den der loyalistische „Ulster Workers' Council (UWC)" bereits für den Fall einer Abstimmungsniederlage angekündigt hatte. Der UWC war Ende 1973 als Nachfolgeorganisation für die „Loyalist Association of Workers (LAW)" gegründet worden. Anders als die LAW, die in dunkle Geschäfte und die Erpressung von Schutzgeldern verwickelt war, konzentrierte sich der UWC darauf, Betriebsratsmitglieder und Facharbeiter in Schlüsselpositionen zu rekrutieren. Der Streikaufruf des UWC wurde von loyalistischen paramilitärischen Organisationen unterstützt. Die Paramilitärs sorgten durch Einschüchterung und Gewalt dafür, daß der Streikaufruf, der zunächst auf wenig Begeisterung bei der Bevölkerung gestoßen war, befolgt wurde. Britische Armee und die RUC sahen tatenlos zu. Doch die stärkste Waffe waren die Elektrizitätswerke, die vom UWC kontrolliert wurden. Der Strom wurde täglich für einige Stunden abgeschaltet, so daß auch Arbeitswillige wieder nach Hause geschickt werden mußten. Darüberhinaus begrenzte der UWC die Benzinabgabe auf „lebenswichtige Dienste", denen vom UWC Berechtigungsscheine ausgestellt wurden. Da der zunächst zögernde UUUC inzwischen auch den Generalstreik unterstützte und mit dem UWC ein Koordinations-Komitee gebildet hatte, wuchs die Machtposition der Loyalisten von Tag zu Tag. Der Generalstreik wurde von einer bisher beispiellosen Welle der Gewalt begleitet. Am 1. Mai explodierten drei Autobomben in Dublin und eine in Monaghan, die die südirische Regierung dazu bewegen sollten, sich aus „nordirischen Angelegenheiten" herauszuhalten und vom Sunningdale-Prozeß Abstand zu nehmen. Es hatte keine Warnungen gegeben. 33 Menschen starben bei den Anschlägen, für die die UVF verantwortlich war.

Die ums Überleben kämpfende Exekutive forderte Rees auf, mit den Loyalisten zu verhandeln und die Armee als Streikbrecher einzusetzen.

Rees tat nichts dergleichen. Er stellte sich zwar verbal hinter die Exekutive, vermied es aber, die Loyalisten durch ein Eingreifen noch mehr zu reizen. Die katholische Bevölkerungsminderheit mußte ständig mit Angriffen auf ihre Viertel rechnen, während die britische Armee offen mit den loyalistischen Paramilitärs kollaborierte. Der Bürgerkrieg schien unabwendbar. Die SDLP saß zwischen allen Stühlen. Ihr Einfluß in den katholischen Gettos war auf den Nullpunkt gesunken, nachdem der ehemalige Bürgerrechtler Austin Currie, der inzwischen in der Exekutive für Wohnungsfragen zuständig war, den „Payments for Debt Act" verschärft und eine Geldstrafe für Mietstreikende eingeführt hatte – bis vor kurzem hatte die SDLP den Mietstreik gegen die Internierungspolitik noch bedingungslos unterstützt. Faulkner forderte schließlich Rees am 28. Mai auf, mit dem UWC zu verhandeln. Als dieser ablehnte, trat die Exekutive zurück. Am nächsten Tag wurde der Generalstreik beendet. Der UWC hatte gesiegt und konnte die Glückwünsche der faschistischen britischen „National Front" entgegennehmen.

Doch möglich war dieser Sieg nur, weil große Teile des britischen Establishments, insbesondere die Konservativen und die Armeeführung, mit den Loyalisten kollaborierten. Selbstverständlich verfügte London über die Streitkräfte, die notwendig gewesen wären, das „power sharing"-Modell auch gegen den Widerstand der Loyalisten durchzusetzen. Doch bestand im britischen Establishment selbst kein großer Enthusiasmus bezüglich des Sunningdale-Abkommens. Das Abkommen war im gewissen Sinne nur ein Testballon: In dem Moment, wo es auf Einspruch stieß und nicht funktionierte, wurde es suspendiert, um sich wieder auf die Direktherrschaft zurückzuziehen. Daß die britische Regierung durchaus dazu in der Lage ist, ihre Vorstellungen gegen den Willen der Mehrheit der Protestanten durchzusetzen, sollte sie mehr als zehn Jahre später mit dem anglo-irischen Abkommen demonstrieren.

„Ulsterisierung“ und Kriminalisierung

Nachdem die Versuche mit „power-sharing“ und der Einbindung Dublins in die britische Sicherheitsstrategie für Nordirland gescheitert waren, änderte die Londoner Regierung ihre Politik grundlegend. Ein Rückzug aus Nordirland, der ökonomisch sinnvoll schien, kam aus politischen Gründen nicht infrage. Westminster fürchtete die Möglichkeit eines „europäischen Kuba“ vor der eigenen Haustür, solange die IRA ungeschlagen war. Nach dem Zusammenbruch der politischen Initiativen versuchte die Labour-Regierung daher, den Krieg in Nordirland zu entpolitisieren und ihn zu einem „law and order“-Problem herunterzuspielen. Bereits im April 1974 hatte der neue Nordirlandminister Rees angekündigt, er wolle die Verantwortung für den „Sicherheitsbereich“ wieder der Polizei übertragen. Zu diesem Zweck sollten in verschiedenen Wohnvierteln neue Polizeireviere für die RUC-Reserve errichtet werden. Ebenso wollte Rees das der britischen Armee unterstellte nordirische „Ulster Defence Regiment (UDR)“ verstärken, während die britische Armee mehr in den Hintergrund treten sollte. Diese „Ulsterisierungs-Strategie“ läßt sich an Zahlen ablesen: Während die Zahl der UDR-Soldaten und RUC-Polizisten 1973 noch bei 14.500 lag, stieg sie bis 1980 auf 19.500. Im gleichen Zeitraum sank die Zahl der in Nordirland stationierten britischen Soldaten von 15.500 auf 11.000. Außerdem wurde aus der unbewaffneten Polizei wieder ein paramilitärischer Verband. Die RUC wurde mit Pistolen, Karabinern, Maschinenpistolen und Schnellfeuergewehren ausgerüstet. Darüberhinaus wurden ihre Rechte und Kompetenzen erweitert. So wurden mehrere Sondergesetze verabschiedet („Emergency Provisions Act“ und „Prevention of Terrorism Act“), die es der RUC gestatteten, Verdächtige zu verhaften und bis zu sieben Tage festzuhalten.

Das britische Anti-Terrorismusgesetz ist in Europa einmalig. Neben der Möglichkeit, Personen für eine Woche ohne Anklage festzuhalten, ist die Polizei außerdem berechtigt, beliebigen Personen aus beiden Teilen Irlands die Einreise nach Großbritannien zu untersagen. Bei der Verabschiedung dieses Willkürgesetzes kam der britischen Regierung ein Ereignis zu Hilfe, das seitdem in regelmäßigen Abständen für Schlagzeilen und Spannungen zwischen London und Dublin sorgt. Die IRA hatte Ende 1974 ihre Bombenkampagne in England intensiviert. Bei verschiedenen

Anschlägen auf Gaststätten, die von britischen Soldaten besucht wurden, kamen vier Soldaten und drei Zivilisten ums Leben. Am Abend des 21. November explodierten zwei Bomben in Birminghamer Kneipen. 21 Menschen starben, über 150 wurden verletzt. Es hatte zwar eine Warnung gegeben, doch die war irreführend. Nach dem Birminghamer Massaker breitete sich in Großbritannien eine antiirische Pogromstimmung aus, die sich in Angriffen auf irische Emigranten und ihre Läden und Kneipen entlud.

Schon wenige Stunden nach den Anschlägen waren sechs Iren festgenommen worden, die sich auf dem Weg nach Belfast befanden. Die Beweise gegen die „Birminghamer Six" waren äußerst dürftig. Dennoch wurden sie schuldig gesprochen und zu lebenslänglichen Haftstrafen verurteilt. Die Urteile basierten hauptsächlich auf Geständnissen, die nach Angabe der Verurteilten aus ihnen herausgeprügelt worden waren. Bei der Voruntersuchung zur Wiederaufnahme des Verfahrens 13 Jahre später brach die Anklage praktisch in sich zusammen. Doch das Urteil wurde unter Protesten aus dem In- und Ausland – darunter auch aus Dubliner Regierungskreisen – im Januar 1988 bestätigt. Die IRA hatte sich sofort von den Anschlägen in Birmingham distanziert. In Anbetracht der Aktionen britischer „Spezialtruppen" in der Vergangenheit ist der Verdacht nicht ganz abwegig, daß auch hier britische Undercover-Einheiten ihre Hände im Spiel hatten. Schließlich lag der umstrittene „Prevention of Terrorism Act" bereits fertig in der Schublade, als die Bomben explodierten. Das Gesetz, dessen Gültigkeit ursprünglich auf ein Jahr begrenzt war, ist im Januar 1988 unbefristet verlängert worden.

Die RUC ist nicht nur zahlenmäßig vergrößert, sondern auch strukturell verbessert worden. Der wichtigste Aspekt dieser Verbesserung betraf die Informationsbeschaffung. Das wurde durch eine Reihe von Maßnahmen erreicht: Die Zahl der „vertraulichen Telefone" wurde erhöht; Informanten wurden in die illegalen Organisationen eingeschleust; die Überwachungstechniken wurden perfektioniert; und schließlich wurden neue Verhörzentren gebaut, in denen durch Folter Aussagen erzwungen wurden. Außerdem erhielt die RUC – wie auch die britische Armee – ein Mitspracherecht in der Stadtplanung. In einigen Vierteln wurden die Gehwege verstärkt, damit Panzerfahrzeuge darauf fahren konnten. Zwischen verschiedenen Vierteln in West-Belfast wurden hohe „Sicherheitsmauern" gebaut, und neue Wohnsiedlungen durften nur zwei Zugänge haben, damit sie leichter kontrollierbar waren. Fabriken, Lagerhallen und Autobahnen wurden so konstruiert, daß sie Barrieren formten. Auf diese Weise sollte verhindert werden, daß Katholiken ungehindert von einem Viertel ins andere gelangen konnten. Nun mußten sie bestimmte Hauptstraßen benutzen, die besser überwacht werden konnten. Mit diesen Methoden sollten Unruhen auf bestimmte Viertel beschränkt werden.

DER SAS IM EINSATZ

Mit der „Ulsterisierung" und der damit verbundenen stärkeren Rolle der RUC sank die Präsenz der britischen Armee in den katholischen Gettos. Zwar führte die Armee noch immer Überwachungsaufgaben durch, doch die Zahl ihrer aktiven Einsätze sank beträchtlich. Diese Verschiebung der Aufgabenbereiche stieß in der Armeespitze auf wenig Begeisterung und führte zu Spannungen mit der RUC. Schon bald wurde deutlich, daß die Armee ihre eigene Strategie im Umgang mit „mutmaßlichen Terroristen" entwickelt hatte. Schon die Bürgerrechtsbewegung hatte im Jahr 1973 vor der britischen Elitetruppe SAS (Spezial Air Service) gewarnt, bei deren Einsätzen nie Gefangene gemacht werden. Offiziell wurde der SAS erst 1976 nach Nordirland entsandt, als der britische Premierminister Wilson eine Serie sektiererischer Morde unter Kontrolle bringen wollte. Nach Ansicht des SDLP-Führers Paddy Devlin war das jedoch nur eine kosmetische Übung, der SAS sei schon seit Ausbruch des Krieges in Nordirland gewesen. Möglicherweise gehen die Aktionen, die der „Military Reconnaissance Force" zugeschrieben wurden, tatsächlich auf das Konto des SAS. Der SAS wurde 1941 gegründet, um das Nachrichtensystem im Nazi-Deutschland zu zerstören. Nach dem Zweiten Weltkrieg wurde die Truppe in den britischen Kolonien eingesetzt, wo sie ihre „Anti-Guerilla-Taktik" perfektionierte. In Nordirland kam der SAS zunächst im Grenzgebiet der Grafschaft Armagh zu Einsatz, wo er verschiedene Bombenanschläge entlang der Grenze durchführte, um Verwirrung zu stiften. Darüberhinaus fielen der Einheit seit April 1976 zahlreiche IRA-Mitglieder zum Opfer.

Die rücksichtslose Killer-Mentalität des SAS wurde der irischen Bevölkerung 1978 klar: Der SAS hatte auf einem Friedhof eine Falle gestellt, nachdem ein 16jähriger die Polizei über einen Waffenfund informiert hatte. Allerdings hatte der SAS „vergessen", den Jugendlichen davon in Kenntnis zu setzen. Als er aus Neugier den Friedhof betrat, wurde er vom SAS erschossen. Zwei Entenjägern ging es 1985 ebenso. Der SAS tötete sie sicherheitshalber, bevor er Fragen stellte. Im Mai 1987 lauerten 20 SAS-Männer im nordirischen Loughgall einer IRA-Einheit auf, die schon seit Wochen beobachtet worden war. Keiner der acht IRA-Leute, die sich zum Teil schon ergeben hatten, überlebte. Obendrein wurde bei der Aktion ein Passant in seinem Auto getötet. Ein „Elitesoldat" war zu dem Auto gerannt und hatte sein Magazin aus nächster Nähe auf den Passanten abgefeuert, weil er annahm, es handle sich um einen IRA-Mann. Keiner der SAS-Leute ist jemals angeklagt worden. Der eindeutigste Fall der SAS-Mordpolitik ereignete sich im März 1988, als eine SAS-Einheit drei unbewaffnete IRA-Mitglieder in der britischen Kronkolonie Gibraltar erschoß, obwohl die Möglichkeit bestanden hätte, sie ohne Risiko festzunehmen. Die öffentliche Untersuchung des Falles kam trotz belastender Zeugenaussagen zu dem Ergebnis, daß die SAS-Soldaten „rechtmäßig" gehandelt hätten. Da die Untersuchung in der britischen Kronkolonie stattfand, war dies auch nicht weiter verwunderlich.

Der SAS scheute auch nicht davor zurück, in der Republik Irland zu operieren, wenn es galt, Verdächtige zu kidnappen und über die Grenze zu verschleppen. 1977 wurden acht SAS-Männer auf südirischem Gebiet gestellt. Das Dubliner Gericht sprach sie frei: Sie hätten die Landkarte falsch gelesen...

Im selben Jahr gelang der IRA ein Gegenschlag. In einer Kneipe in South Armagh enttarnte sie den SAS-Offizier Robert Nairac und entführte ihn. Allerdings hatte Nairac es der IRA sehr leicht gemacht und sich extrem auffällig benommen. Er wurde nie wieder gesehen.

Die Kriminalisierungs-Strategie

Gleichzeitig mit der „Ulsterisierung" begann die britische Regierung ihre Strategie der Kriminalisierung, die sich vor allem gegen IRA-Mitglieder richtete. Nordirland-Minister Rees hatte die Internierungspolitik Weihnachten 1975 ausgesetzt. Zwar wurde das als Erfolg der Republikanischen Bewegung gewertet, aber an die Stelle der Internierungen setzte London ein viel effektiveres System. Dieses System hatte noch dazu den Vorteil, daß es vor den Augen der Weltöffentlichkeit „demokratischer" schien, da niemand mehr ohne Anklage festgehalten wurde. Außerdem verschwanden die häßlichen Nissen-Hütten, die doch allzusehr an faschistische Konzentrationslager erinnerten. Im September 1976 wurde der ehemalige Verteidigungsminister Roy Mason zum neuen Nordirland-Minister ernannt. Er führte die von Rees eingeleitete Strategie der „Normalisierung" konsequent fort.

Zentraler Punkt der Kriminalisierungspolitik war das „Conveyor belt system", das Fließbandsystem. Verdächtige wurden nun nach einem der Sondergesetze, die lediglich in Nordirland galten, verhaftet und in das neue RUC-Verhörzentrum Castlereagh gebracht. Dort wurden sie von einer Polizei verhört, die nach wie vor fast ausschließlich loyalistisch war. Die RUC-Verhörmethoden drangen schon bald an die Öffentlichkeit.

Gefangene wurden systematisch bedroht, verprügelt und gefoltert, um sie zu Aussagen und Geständnissen zu zwingen. Die katholischen Pfarrer Denis Faul und Raymond Murray, denen keineswegs IRA-Sympathien nachgesagt werden konnten, legten 1978 einen 200-seitigen Untersuchungsbericht vor, in dem sie 1612 Fälle von Polizeibrutalität zwischen 1972 und 1978 darstellten. Im selben Jahr veröffentlichte amnesty international einen Bericht über Castlereagh, worin 78 Fälle von Übergriffen gegen Gefangene nachgewiesen wurden. Fernsehberichte über das Folterzentrum wurden von der britischen Regierung unterdrückt. Doch im März 1979 sagte der Polizeiarzt Robert Irwin in einem Interview mit dem unabhängigen Nachrichtenmagazin ITN, daß ihm persönlich 150 Gefangene bekannt seien, denen von der RUC ernsthafte Verletzungen beigebracht worden waren. Daraufhin veröffentlichte die britische Regierung sofort ihren eigenen Untersuchungsbericht, den der Richter Harry Bennett zusammengestellt hatte. Zwar war der Ton des Bennett-Berichts durchweg unkritisch, doch auch er mußte eingestehen, daß die RUC Gefangene folterte. Bennett empfahl, die Verhöre durch Fernsehkameras von uniformierten RUC-Beamten überwachen zu lassen. Nach der Veröffentlichung dieses Berichts traten zahlreiche Polizei-Mediziner an die Öffentlichkeit und gaben ihre Augenzeugenberichte über die Brutalität der RUC zu Protokoll.

Die nächste Station des „Conveyor-belts" waren die Gerichte. Bereits 1973 hatte Lord Diplock, ein bekannter englischer Jurist, Empfehlungen für eine Justizreform in Nordirland gegeben. Diplock behauptete, daß wegen der „terroristischen Bedingungen" in Nordirland Geschworene eingeschüchtert und erpresst werden könnten. Er empfahl daher, Prozesse gegen „Terroristen" nur noch mit einem Richter und ohne Geschworene abzuhalten. Darüberhinaus sollte bei unerlaubtem Waffenbesitz die Beweislast auf die Angeklagten abgewälzt werden. Geständnisse, die während der Polizeihaft abgelegt worden waren, sollten zugelassen werden – auch wenn sie vor Gericht widerrufen wurden. Diplocks Empfehlungen wurden ab Mitte der siebziger Jahre in die Tat umgesetzt. Diese Sondergerichte, die inzwischen im In- und Ausland in Verruf geraten sind, erhielten gerechterweise den Namen „Diplock-Courts" und haben ihrem Erfinder somit ein unrühmliches Denkmal gesetzt.

Die letzte Station des Fließbands war Long Kesh, oder – wie es in der Amtssprache hieß – „Her Majesty's Prison, The Maze". Die Wilson-Regierung hatte beschlossen, den politischen Status für Gefangene abzuschaffen, wenn sie ihre Taten nach dem 1. März 1976 begangen hatten. Schon 1975 hatte eine britische Kommission unter Lord Gardiner dafür plädiert, den Sonderstatus abzuschaffen, da er zur Unterminierung von Disziplin und Autorität in den Gefängnissen geführt habe. Der ehemalige Nordirland-Minister Whitelaw bezichtigte sich selbst, mit der Einführung des „special category status" den größten Fehler seiner politischen Laufbahn begangen zu haben. Da Long Kesh so gebaut war, daß die Gefangenen ihren Tagesablauf selbst organisieren konnten und relativ ungestört blieben, war das Gefangenenlager für die neuen „rechtmäßig verurteilten Kriminellen" ungeeignet. Die britische Regierung errichtete daher auf demselben Gelände ein Hochsicherheitsgefängnis, das wegen der Anordnung der einzelnen Blöcke bald die „H-Blocks of Long Kesh" genannt wurde. Das neue Gefängnis wurde rasch gefüllt. Dank der Kombination aus erfolterten Geständnissen und Diplock-Gerichten lag die Verurteilungsrate bei 94 Prozent – von einer fairen Behandlung der Angeklagten konnte bei einer derart hohen Rate keine Rede mehr sein. Zwischen 70 und 90 Prozent der Verurteilungen beruhten auf Geständnissen der Beschuldigten während der vorhergegangenen RUC-Verhöre, an denen Rechtsanwälte nicht teilnehmen durften. Die „älteste Demokratie der Welt" hatte – zumindest in Nordirland – ihre Maske abgelegt.

Die »Peace People«

Anfang November 1976 veröffentlichte die Europäische Menschenrechtskommission einen Bericht, aus dem hervorging, daß sich die britische Regierung in mehreren Fällen der Folter schuldig gemacht hatte. Der Bericht der Kommission, die bis zum Ende ihrer Untersuchung fünf Jahre benötigte, bezog sich auf die frühen siebziger Jahre. Damals hatte die irische Regierung den Fall zur Verhandlung vor den Straßburger Gerichtshof gebracht – ein Schritt, den sie angesichts ihrer eigenen neuen Internierungslager und Verhörmethoden zum Zeitpunkt der Veröffentlichung des Berichts sicher längst bereute. Doch die Verurteilung in Straßburg machte keine Schlagzeilen. Ein anderes Ereignis hatte ihr gerade rechtzeitig den Rang abgelaufen.

Am 10. August 1976 flüchtete der IRA-Mann Danny Lennon in einem Ford Cortina vor der britischen Armee. Auf der belebten Finaghy Road in Belfast eröffnete die britische Armee aus ihrem Landrover das Feuer auf Lennon und erschoß ihn am Steuer des Fluchtwagens, der dann außer Kontrolle geriet. Das Auto raste in eine Menschengruppe. Drei Kinder starben, ihre Mutter wurde schwer verletzt. Bis heute ist nicht bekannt, ob die Kinder durch den Fluchtwagen oder durch die Kugeln der britischen Armee getötet worden sind. Der Autopsiebericht ist nie veröffentlicht worden. Die von der Armee und RUC verbreitete Version wurde von den

Medien ungeprüft übernommen: „IRA-Fluchtwagen tötete drei Kinder."

Der Tod der drei Kinder veranlaßte Betty Williams und Mairead Corrigan, die Tante der Kinder, das „Women's Peace Movement" (Frauenfriedensbewegung) ins Leben zu rufen. Ihre Appelle fielen zunächst auf fruchtbaren Boden. Nach sieben Jahren Krieg, der ja vor allem zu Lasten der Bevölkerung in den katholischen Gettos gegangen war, sehnten sich dort alle nach Frieden. So zogen die Friedensmärsche der Frauen große Mengen an. Vier Tage nach dem Tod der Kinder demonstrierten 10.000 Menschen in Belfast. Eine Woche später waren es schon doppelt so viele. Auf den Spruchbändern stand meist nur ein Wort: „Peace". Fotografen und Kameraleute stürzten sich auf die Bilder von katholischen und protestantischen Frauen, die an der „Friedenslinie" zusammentrafen und sich weinend um den Hals fielen.

In den katholischen Gettos gab es jedoch zahlreiche Menschen, die den Initiatorinnen der Friedensbewegung ihre politische Neutralität nicht abnahmen. Indizien dafür gab es recht bald. Am Tag der ersten großen Friedensdemonstration, am 14. August, erschoß die britische Armee in South Armagh Majella O'Hare, ein 12jähriges Mädchen. Corrigan und Williams verurteilten diese Tat nicht, und vielen Getto-Bewohnern dämmerte damals schon, daß die „Peace People", wie sie sich später nannten, einseitig gegen die IRA agitierten. Die Peace People schwiegen auch zwei Monate später, als die britische Armee den 14jährigen Brian Stewart „versehentlich" erschoß. Corrigan und Williams trugen viel dazu bei, daß ihre Popularität in den katholischen Gettos rapide abnahm. Während dort die Diskriminierungen, die Arbeitslosigkeit und Armut weiter anhielten, flogen Williams und Corrigan um die Welt und sammelten Preise ein – verbunden mit üppigen Banketts und teurer Kleidung. Als die Peace People dann eine Demonstration auf der protestantischen Shankill-Road organisierten, auf dem sie Plakate mit dem Wort „Sorry" trugen, war der Bruch mit der katholischen Gettobevölkerung perfekt. Die Katholiken hatten tatsächlich nicht den geringsten Grund, sich bei der protestantischen Bevölkerung zu entschuldigen. Als die Peace People dann sogar die Getto-Bewohner aufforderten, Polizei und Armee mit Informationen über IRA-Mitglieder zu versorgen, verprellte sie dort auch die letzten Anhänger. Die Friedensbewegung hatte sich als einseitige Kampagne entpuppt, die objektiv die Interessen der Unionisten/Loyalisten und der britischen Regierung vertrat. Deshalb wurde sie von den britischen Medien und unionistischen Politikern unterstützt und von der UDA unter deren Schutz gestellt. Als Corrigan und Williams im Oktober 1977 der Friedensnobelpreis verliehen wurde, waren die Peace People bereits in der Bedeutungslosigkeit versunken. Die Entscheidung der beiden Frauen, das Preisgeld für sich zu behalten, desillusionierte obendrein auch noch die wenigen verbliebenen Optimisten.

EIN NEUER »WAFFENSTILLSTAND«

Die Provos machten in der Phase nach dem Scheitern der britischen politischen Lösungsversuche eine starke Wandlung durch. Noch während die von vornherein aussichtslose „Constitutional Convention" vor sich hin tagte, war die IRA im Februar 1975 einen Waffenstillstand eingegangen. Als Gegenleistung stimmte die britische Regierung der Einrichtung von sieben „Incident Centres" in katholischen Vierteln zu. Diese Centres wurden von Sinn Féin geleitet und hatten eine direkte Telefonverbindung mit dem Nordirlandministerium. Ihre Aufgabe bestand darin, daß die Getto-Bewohner dort Übergriffe der „Sicherheitskräfte" melden konnten, die dann von Sinn Féin an das Ministerium oder an die IRA weitergeleitet wurden. Die IRA übernahm während des Waffenstillstands die Rolle einer „Getto-Polizei". Dadurch sollte vermieden werden, daß der Waffenstillstand durch kleinere Zwischenfälle zum Scheitern gebracht wurde. Die „Incident-Centres" erhöhten das Ansehen und die Bedeutung Sinn Féins in den katholischen Gettos beträchtlich. Doch London war durchaus bereit, diesen Preis zu zahlen, wenn sich dadurch die Gewalt begrenzen ließ und die „Normalisierung" vorangetrieben werden konnte. Für die IRA war der Waffenstillstand eine willkommene Gelegenheit, sich zu reorganisieren, nachdem ihr durch britische Unterwanderung erheblicher Schaden zugefügt worden war. Darüberhinaus war die aktive Unterstützung aus der Bevölkerung besonders nach den Anschlägen von Birmingham merklich zurückgegangen, obwohl die IRA die Verantwortung für die Bomben abstritt.

Das Waffenstillstandsabkommen wurde von vielen Seiten heftig kritisiert. Die britische Armee war strikt dagegen. Der Kommandeur der Truppen in Nordirland, Frank King, erklärte öffentlich, daß die IRA besiegt worden wäre, wenn sich die Politiker nicht eingemischt hätten. Die SDLP war über die „Incident Centres" entsetzt, weil sie ihre eigenen Felle in den katholischen Gettos noch weiter davonschwimmen sah. Die Loyalisten sahen in dem Waffenstillstand eine Kapitulation Londons vor der IRA. Loyalistische Mordkommandos verstärkten daher ihre sektiererischen Anschläge gegen Katholiken, wobei sie oft genug von UDR, RUC und britischer Armee unterstützt wurden. So gehörte der UDR-Soldat James McIlwaine einer bestialischen Killergruppe an, die unter dem Namen „Shankill Butchers" berüchtigt wurde. Diese loyalistischen „Schlächter" töteten zwischen November 1975 und Februar 1977 mindestens 19 Katholiken, wobei sie ihre Opfer zuerst folterten und dann schließlich zerstückelten. Die IRA sah den loyalistischen Anschlägen nicht tatenlos zu, sondern antwortete mit Vergeltungsaktionen gegen Protestanten. Darüberhinaus begann sie eine Fehde mit den Überresten der Offiziellen IRA, um die „kriminellen Elemente" in dieser Organisation ein für alle Mal auszuschalten. Das rücksichtslose Vorgehen der IRA empörte die Getto-Bevölkerung und spielte der britischen Kriminalisierungspolitik in die Hände. Doch erst als der Vorsitzende der „Falls Taxi Association", einer Kooperative in West Belfast, erschossen wurde und seine Taxi-Kollegen daraufhin die Falls Road blokkierten, wurden die Feindseligkeiten eingestellt. Zehn Menschen waren im Verlauf der Fehde getötet worden, davon mindestens sieben von den Provos.

Die „Officials" hatten bereits auf ihrem Parteitag im Dezember 1974 eine weitere Spaltung zu verkraften gehabt. Eine große Anzahl von Delegierten forderte, daß die nationale Frage gleichberechtigt neben der Klassenfrage stehen sollte, und daß die Offizielle IRA ihren Kampf gegen die britische Besatzung wieder aufnehmen sollte. Die Einheit der nordirischen Arbeiterklasse müsse solange ein Wunschtraum bleiben, wie die Verbindungen mit Großbritannien bestünden. Als sie sich mit ihrer Auffassung auf dem Parteitag nicht durchsetzen konnten, verließen 80 Delegierte die Partei und gründeten die „Irisch-Republikanische Sozialistische Partei (IRSP)". Ihr Führer wurde Seamus Costello, gewählter Vertreter im Bezirksrat der Grafschaft Wicklow in der Republik Irland. Costello und seine Anhänger traten nach der Spaltung nicht den Provos bei, weil sie deren Bombenkampagne gegen wirtschaftliche Ziele ablehnten. Auch hielten sie ein föderatives Irland für eine Fortsetzung der irischen Teilung mit anderen Mitteln. Dennoch stand die IRSP den Provos weitaus näher als den Officials. Bernadette Devlin trat der neuen Partei bei, verließ sie jedoch schon bald wieder mit elf anderen Mitgliedern, weil die IRSP – genau wie die Provos – fast ausschließlich mit der nationalen Frage beschäftigt gewesen sei. Ein beträchtlicher Teil der Offiziellen IRA war ebenfalls zur IRSP übergelaufen und hatte die Waffen mitgenommen. Über diesen Waffenraub waren die Officials dermaßen aufgebracht, daß sie eine Mordkampagne gegen IRSP-Mitglieder begannen. Die IRSP leugnete zwar, daß sie einen militärischen Flügel besaß, doch gründete sich während der Angriffe der Officials eine „Schutzarmee", die sich später „Irische Nationale Befreiungsarmee (INLA)" nannte. Die Anschläge der Officials wurden erst eingestellt, als die IRSP die Forderung erfüllte, sich weitgehend aufzulösen. IRSP-Führer Costello wurde zwei Jahre später, im Oktober 1977, in seinem Auto in Dublin erschossen. Wer für die Tat verantwortlich war, ist bis heute nicht geklärt. Die IRSP überlebte diesen schweren Verlust jedoch zunächst und spielte bis in die späten 80er Jahre eine wichtige Rolle in der republikanischen Bewegung.

Mit der Anordnung, die Incident Centres zu schließen, beendete die britische Regierung den Waffenstillstand am 12. November 1975. Die Gründe dafür lagen nicht in der Fehde zwischen Provos und Officials, in die sich die Sicherheitskräfte nicht einmischten. Vielmehr war die britische Regierung zu der Überzeugung gekommen, daß eine Fortsetzung des Waffenstillstands ihr keine weiteren politischen Vorteile bringen würde. Die IRA nahm daraufhin ihre Bombenkampagne in England wieder auf, der auch einige Zivilisten zum Opfer fielen. Die IRA-Einheit wurde im Dezember 1975 in London festgenommen und gab später zu, für verschiedene Anschläge in England im Jahr 1974 verantwortlich gewesen zu sein. Dennoch wurden die zuvor für diese Anschläge Verurteilten nicht freigelassen.

Für die IRA hatte der Waffenstillstand keinen Vorteil gebracht. Vor allem war es nicht gelungen, eine neue Massenbewegung zu initiieren. In dieser Richtung hatte es eine wichtige Initiative der Gefangenen gegeben. Eine Gruppe von IRA-Gefangenen in Long Kesh hatte ein Papier veröffentlicht, in dem die Etablierung von Volksräten gefordert wurde, um die Getto-Bevölkerung stärker in die republikanische Bewegung einzubinden. Außerdem wollten die Gefangenen Teile des „Eire Nua"-Programms sofort verwirklicht sehen, z.B. den Aufbau von Kooperativen und politischen Gremien in den Gettos. Sie argumentierten, daß eine radikale Änderung der irischen Gesellschaft nicht erst begonnen werden könne, wenn der Krieg gewonnen sei, sondern daß die Stärke der Republikanischen Bewegung in den Gettos und in der Unterstützung ihrer Operationen durch die Basis liege. Daher hänge der Erfolg von der Erhaltung und Verstärkung dieser Verbindung ab. Das Konzept der Gefangenen wurde zwar kritisch, aber insgesamt positiv aufgenommen. Umgesetzt wurde es jedoch nicht. Das Koop-Projekt in Millionenhöhe, das die Gettos mit autonomen und billigen Geschäften und Dienstleistungsbetrieben vernetzen sollte, wurde wieder eingestellt.

Die Provos unter Druck

Die repressiven Maßnahmen des Nordirlandministers Mason schienen Anfang 1977 Erfolg zu haben. Das Fließbandsystem sorgte für die Verurteilung von immer mehr IRA-Mitgliedern, und der Nachschub an Waffen und Sprengstoff konnte erfolgreich behindert werden. Die Sicherheits-

IRA-Patrouille in West Belfast. (Foto: AnPhoblacht/Republican News)

kräfte waren in den Gettos so präsent wie nie zuvor, und ihre Infiltrationspolitik war eine ernsthafte Bedrohung für die IRA. Den Loyalisten war das jedoch nicht genug. Paisley wollte seinen Sunningdale-Erfolg wiederholen und gründete den „Ulster Action Council". Erklärtes Ziel dieser Organisation war es, Mason zum erbarmungslosen Vorgehen gegen alle rebellischen Elemente in den katholischen Gettos zu bewegen und das Stormont-System zurückzuerkämpfen. Um seinen Forderungen Nachdruck zu verleihen, rief Paisley im Mai 1977 einen erneuten Generalstreik aus. Doch diesmal fehlte ihm die Unterstützung der protestantischen Mehrheit, so daß Mason nicht in Schwierigkeiten geriet. Der Streik, dem nur wenige gefolgt waren, wurde am 13. Mai abgebrochen. Paisleys Alleingang führte zu einer weiteren Spaltung im protestantischen Lager. Die UDA und die Unionisten, die mit Masons Politik durchaus nicht unzufrieden waren und ihm den Willen zugestanden, die IRA zu zerschlagen, warfen Paisley vor, mit dem mißlungenen Streik leichtfertig Kredit verspielt zu haben. Der Streik hatte die Grenzen des loyalistischen Vetos aufgezeigt und mußte den Sunningdale-Erfolg als einmaligen Akt erscheinen lassen. Die Tage des UUUC waren gezählt, zwischen Paisleys DUP und der gemäßigteren

Offiziellen Unionistischen Partei (OUP) herrschte von nun an ein Konkurrenzkampf um die Vorherrschaft im protestantischen Lager.

Zwei Wochen nach dem Zusammenbruch des Streiks kündigte Nordirlandminister Mason eine Reihe von Maßnahmen an, die vielen von Paisleys Forderungen entsprachen. So wurde die RUC um 1000 Beamte aufgestockt und mit M1-Gewehren ausgerüstet. Die RUC-Reserve und die UDR wurden ebenfalls personell aufgestockt. Außerdem versprach Mason verstärkte SAS-Einsätze, die Erhöhung der Höchststrafe für falsche Bombenwarnungen auf fünf Jahre und die radikale Sezierung der katholischen Gettos. Im November wurde Generalmajor Timothy Creasey zum Kommandeur der britischen Truppen in Nordirland ernannt. Creasey war Spezialist für Anti-Guerilla-Kriegführung und hatte das eindrucksvoll bei der britischen Einmischung in den Oman-Krieg nachgewiesen. Seine Ernennung kam der loyalistischen Forderung entgegen, endlich die Armee auf die IRA loszulassen. Doch der Schuß ging nach hinten los. In den Gettos lebte der Geist des Widerstands auf, und man bereitete sich auf die Angriffe der Sicherheitskräfte vor.Die IRA erhielt neuen Zulauf, weil nur sie den erwarteten Angriffen etwas entgegensetzen konnte. Bis zur Wiedererstarkung der IRA war es jedoch noch ein weiter Weg.

Der IRA-Freiwillige Kieran Nugent war der erste Angeklagte, der nach der neuen Kriminalisierungspolitik angeklagt worden war. Bei seiner Ankunft im Gefängnis weigerte er sich, die Gefangenen-Uniform anzuziehen. Seine eigene Kleidung wurde ihm abgenommen. So saß er fast 24 Stunden täglich in seiner Zelle, nur mit einer Decke bekleidet. Die „Blanket-Men" (Deckenstreikenden) waren geboren.

Wie wichtig der politische Status für die Provos war, zeigte sich an dem Einfluß der Gefangenen auf die Bewegung nach ihrer Freilassung. Viele ehemalige Gefangene, die durch die „Schule von Long Kesh" gegangen waren, nahmen nach ihrer Entlassung Schlüsselpositionen in Sinn Féin und IRA ein. Da sie in Long Kesh unter dem Sonderstatus ihren eigenen Tagesablauf organisieren konnten, hatten sie Schulungs- und Diskussionskurse eingerichtet und sich theoretische Kenntnisse angeeignet, wozu sie „draußen" vermutlich keine Zeit gehabt hätten. Diese neuen – durchaus selbstkritischen – Erkenntnisse brachten sie nun in die Republikanische Bewegung ein. Dieser jungen Generation in Sinn Féin und IRA war klar, daß der Krieg nur gewonnen werden könnte, wenn den Aktivisten und Sympathisanten bewußt war, warum und gegen wen sie kämpften. Die Tradition des Widerstands reichte als Motivation allein nicht aus, sondern das Schlagwort vom „britischen Imperialismus" mußte durch tiefergehende Analysen transparent gemacht werden. Gleichzeitig bemühte sich Sinn Féin um den Aufbau einer neuen Koalition des Widerstands. Im Februar

1977 wurde die „Irische Front“ ins Leben gerufen. Neben Sinn Féin bestand sie aus der IRSP und der – längst unbedeutenden – Nationalistischen Partei. Die vorbehaltlose Unterstützung der militärischen Kampagne der IRA war nicht mehr länger Voraussetzung für das Eingehen von politischen Bündnissen mit anderen Organisationen. Das Ziel der Front war es, die Kriminalisierungsstrategie zu Fall zu bringen, den politischen Status zurückzuerkämpfen und die Verlegung der republikanischen Gefangenen in England nach Nordirland durchzusetzen.

Die Forderung nach Repatriierung der Gefangenen hatte bereits im Februar 1976 für Schlagzeilen gesorgt. Damals war der IRA-Gefangene Proinsias Stagg nach 60-tägigem Hungerstreik im englischen Wakefield-Gefängnis gestorben. Stagg hatte für den politischen Status und seine Verlegung in ein nordirisches Gefängnis gekämpft. Sein Widerstand stieß auf große Sympathien in ganz Irland. Um diese Stimmung auszunutzen, versuchten die Provos, aus Staggs Beerdigung eine große Demonstration gegen die britische Nordirland-Politik zu machen. Staggs Leiche sollte nach Dublin geflogen werden. Der irische Premierminister Cosgrave war jedoch entschlossen, eine anti-britische Demonstration in der Republik Irland zu verhindern. Das Flugzeug mit dem Sarg wurde nach Shannon an der irischen Westküste umgeleitet. Dort wurde der Sarg von der Polizei in Empfang genommen und mit einem Hubschrauber in Staggs Heimatort Ballina (Grafschaft Mayo) geflogen, wo Polizeibeamte in der Nacht bereits ein Grab geschaufelt hatten. An der Beerdigung durften nur wenige Verwandte teilnehmen. Das Grab wurde schließlich mit einer Betonplatte versiegelt. Zwei Tage später schwor Sinn-Féin-Präsident O'Bradaigh während einer Gedenkfeier, an der 1000 Menschen teilnahmen, daß Stagg eines Tages eine traditionelle IRA-Beerdigung im republikanischen Teil des Friedhofs erhalten würde. Acht Monate später wurde das Versprechen eingelöst: Eine IRA-Einheit grub den Sarg aus, feuerte Salutschüsse ab und beerdigte Stagg im „Republican Plot“.

Die Irische Front, die für die Repatriierung der Gefangenen eingetreten war, fiel zwar im Herbst 1977 auseinander, nachdem Sinn Féin die Koalition verlassen hatte, aber in der Politik von Sinn Féin und IRA hatte sich ein grundlegender Wandel vollzogen. Hatte man bisher ständig behauptet, der Sieg über die britische Armee sei nur eine Frage von Wochen oder Monaten, so setzte sich 1977 der radikale Flügel durch, der eine ehrlichere und realistischere Einschätzung der Situation forderte. Andernfalls, so glaubte man, würde der Widerstand in kürzester Zeit zusammenbrechen, zumal die Stimmung in den Gettos seit den Birmingham-Bomben und dem Waffenstillstand noch immer gedrückt war. Die neue Politik wurde bei einer traditionellen republikanischen Gedenkfeier im Juni 1977 deutlich gemacht. Bei der Gedenkfeier hielt Jimmy Drumm eine bemerkenswerte Rede, in der er vor der Isolierung der Republikaner in der Frage des bewaffneten Kampfes warnte und darauf hinwies, daß Großbritannien keineswegs vorhabe, sich aus Nordirland zurückzuziehen. Im Gegenteil: Die britische Regierung pumpe große Geldmengen nach Nordirland, um sich die Unterstützung der Loyalisten für den Kampf gegen die IRA zu sichern. Sinn Féin hatte Jimmy Drumm, dessen Frau und ehemalige Sinn-Féin-Vizepräsidentin Maire ein halbes Jahr zuvor von einem loyalistischen Kommando ermordet worden war, für diese wichtige Rede ausgewählt, um die Einheit zwischen älteren Republikanern und der neuen Generation zu demonstrieren.

Für die Provos war es höchste Zeit, ihre Strategie zu ändern, da Roy Mason seine „nordirische Normalisierung" nach wie vor in aller Welt verkündete – vor allem aber in den USA und den EG-Staaten, die dadurch bewegt werden sollten, in Nordirland zu investieren. Durch die Verbesserung der wirtschaftlichen Situation in den Gettos, so hoffte Mason, würde der IRA der Boden entzogen. US-Präsident Carter, der im Hinblick auf die irisch-stämmigen Wähler und Wählerinnen während des Wahlkampfes den Rückzug der Briten aus Nordirland gefordert hatte, versprach bedeutende Investitionen unter der Voraussetzung, daß die Gewalt eingedämmt und eine politische Einigung erzielt werden könnte. Mason unternahm eine achttägige Reise durch die USA, um die Öffentlichkeit, aber vor allem potentielle Investoren davon zu überzeugen, daß die IRA lediglich eine kriminelle Vereinigung sei, die weitgehend kontrollierbar war. Tatsächlich waren US-Firmen trotz der Bombenkampagne der Provos gar nicht abgeneigt, in Nordirland zu investieren, weil die niedrigen Lohnkosten und die Investitionszuschüsse verlockender waren, als daß sie durch mögliche Anschläge abgeschreckt werden konnten. Bis Ende 1978 hatten US-Firmen 100 Millionen Dollar in neue Projekte in Nordirland investiert, wodurch die Zahl der bei US-Gesellschaften Beschäftigten auf 18.000 anstieg. Das waren immerhin 12 Prozent aller Arbeitsplätze in Nordirland. Doch diese Politik, den Krieg gegen die IRA durch verbesserte wirtschaftliche Bedingungen zu gewinnen, hatte langfristig keinen Erfolg, weil sie an der diskriminierenden Einstellungspraxis, der Arbeitslosigkeit und der sozialen Misere in den Gettos nichts änderte.

Masons größter Coup, mit dem er den Erfolg seiner Normalisierungspolitik demonstrieren wollte, ging gründlich daneben. 1977 war das Jahr des silbernen Thronjubiläums der britischen Königin Elisabeth. Mason lud sie nach Nordirland ein und garantierte für ihre Sicherheit. So ganz vertraute er seinem eigenen Optimismus jedoch nicht. Kurz vor der Ankunft der Queen ließ er 300 Menschen – fast ausschließlich Katholiken – kurzfristig internieren. Während des Besuchs der Königin kamen 500 weitere dazu. Die Sicherheitsvorkehrungen waren enorm. Insgesamt waren 32.336 Soldaten und Polizisten damit beschäftigt, Unheil von dem hohen Besuch abzuwehren, obwohl Elisabeth ohnehin nur die unionistischen Hochburgen Coleraine und Hillsborough besuchte. Von Normalisierung konnte keine Rede sein. Der Besuch der Königin und die massive Präsenz der Sicherheitskräfte waren eine Provokation für die IRA. Es gelang der Organisation, einige Tage vor der Ankunft Elisabeths eine Bombe in einem Blumenbeet auf dem Gelände der Universität von Coleraine zu verstecken, wo eine Gartenparty für die Monarchin stattfinden sollte. Da jedoch über den Zeitplan der Königin nichts bekanntgegeben worden war, explodierte die Zeitzünderbombe erst einige Stunden nach dem königlichen Besuch. Dennoch waren der Propagandaerfolg für die IRA und die Blamage für Mason gewaltig.

DAS SCHEITERN DER „NORMALISIERUNGSPOLITIK"

1977 war das Jahr mit den wenigsten Todesopfern seit Ausbruch des Konflikts, was zum Teil aber auch daran lag, daß die Zahl der sektiererischen Morde stark zurückgegangen war. Es gehörte zu Masons Normalisierungspolitik, diese Morde an Katholiken zu unterbinden, und so waren zahlreiche loyalistische Paramilitärs den gleichen Weg auf dem „conveyor belt" nach Long Kesh gegangen, wie viele Provos. Ende 1977 sah es so aus, als ob Mason und Creasey die IRA in die Knie zwingen könnten. Mason war so zuversichtlich, daß er ankündigte, die IRA werde „ausgequetscht wie eine Zahnpastatube". Die Situation zwang die Provos zu handeln und ihre Taktik zu ändern.

Die neue Richtung, die schon durch Jimmy Drumms Rede im Frühjahr angekündigt worden war, setzte sich auf dem Sinn-Féin-Parteitag im Oktober 1977 fort. Die Partei beschloß, sich um Bündnisse entlang bestimmter politischer Fragen zu bemühen. Am geeignetsten für eine breite Bewegung unter republikanischer Führung schien Sinn Féin der Widerstand gegen die Kriminalisierungspolitik und die inhumanen Zustände in den H-Blocks von Long Kesh. Die „Relative's Action Committees", die sich nach der Abschaffung des „politischen Status" zur Unterstützung der Gefangenen gebildet hatten, hatten bereits einige Veranstaltungen organisiert, die gut besucht waren. Diese Komitees enthielten zwar eine starke Provo-Komponente, bestanden aber bei weitem nicht nur aus Sinn-Féin-Mitgliedern. Zudem hatte sich in Dublin ein „Gewerkschaftskomitee gegen Repression" gegründet, das zwar von den Gewerkschaften nicht anerkannt war, jedoch den Vorteil hatte, daß es auch Leute anzog, die mit Sinn Féin nichts zu tun haben wollten. Das Gewerkschaftskomitee nahm deutlich Stellung gegen die repressiven Gesetze in der Republik Irland. Die Linke innerhalb Sinn Féins befand sich seit dem Parteitag deutlich auf dem Vormarsch, und bei mehreren Konferenzen, an denen zahlreiche anti-unionistische Organisationen teilnahmen, konnten die Bedingungen für ein breites Bündnis geklärt werden. Dieser Prozeß wurde jedoch im Februar 1978 durch einen katastrophalen Anschlag der IRA abrupt unterbrochen.

Parallel zu der Linksentwicklung der Provos hatte die IRA eine Umstrukturierung vorgenommen. Die alte Struktur war den Sicherheitskräften wohlbekannt. Die Unterwanderung von IRA-Einheiten durch britische Agenten drohte die IRA von innen zu zerstören. Darüberhinaus erhielten Polizei und Armee Informationen von IRA-Mitgliedern, die den Folterungen in den Verhörzentren nicht standhielten. Die IRA begann nun, Schulungskurse durchzuführen, um ihre Leute auf die Verhöre in Castlereagh und anderen Folterzentren vorzubereiten. Außerdem ging man jetzt verstärkt gegen Verräter in den eigenen Reihen vor. Gleichzeitig wurden die Mitglieder in Zellen mit höchstens vier Leuten aufgeteilt, die sich auf bestimmte Aufgabenbereiche spezialisierten. Nur jeweils eine Person jeder Zelle stand in Verbindung mit einer anderen Zelle. Zwar konnten diese Maßnahmen nicht immer strikt durchgehalten werden, doch zumindest sicherten sie das Überleben der IRA.

Da die IRA wegen des Drucks der Sicherheitskräfte Schwierigkeiten hatte, Sprengstoff zu beschaffen, hatten IRA-Techniker Bomben entwikkelt, die aus frei erhältlichen Bestandteilen zusammengesetzt waren, aber eine ähnliche Wirkung wie Napalm hatten. Mit diesen Bomben begannen IRA-Einheiten im Dezember 1977 eine Kampagne, die sich vor allem gegen Hotels – und damit gegen den „normalisierten Tourismus" – richtete und über drei Millionen Pfund Schaden verursachte. Da es immer rechtzeitig Warnungen gegeben hatte, wurden keine Menschen verletzt. Doch am 17. Februar 1978 brachte eine IRA-Einheit eine Bombe an einem Fenster des La-Mon-Hotels in der Grafschaft Down an. Die Warnung kam diesmal viel zu spät. Zwölf Menschen starben in dem Feuersturm, Dutzende wurden schwer verletzt. Das Eingeständnis des katastrophalen Fehlers seitens der IRA änderte nichts an der Empörung in den katholischen Gettos über diese Tat. Sinn Féins Bündnispolitik mußte für eine Weile auf Eis gelegt werden.

Da der britische Repressionsapparat jedoch weiter auf Hochtouren lief, hatte La Mon langfristig keine negative Wirkung auf die Unterstützung der republikanischen Bewegung. Die politischen und sozialen Bedingungen, die den Krieg ausgelöst hatten, bestanden nach wie vor, und London unternahm keine ernsthaften Versuche, das zu ändern. So waren die Provos schon bald nicht nur in der politischen, sondern auch wieder in der militärischen Offensive. Ein Untersuchungsbericht, der den Provos im Mai 1979 in die Hände fiel, belegte das Scheitern der Mason'schen Politik. Der Bericht war von J.M. Glover erstellt worden. Glover gehörte einer nachrichtendienstlichen Einheit der britischen Armee an. Sein Bericht war ein Versuch, die Entwicklung des „Terrorismus in Nordirland" bis Ende des Jahres 1983 zu skizzieren. Gleichzeitig charakterisierte er die militärischen Fähigkeiten der IRA. Glover kam zu dem Schluß, daß die IRA immer noch über eine starke Basis in den Gettos verfügte. Zwar war die aktive Unterstützung nicht mehr in dem Maße wie zu Beginn des Konfliktes gegeben, andererseits war die IRA mit ihrer neuen Zellenstruktur auch nicht mehr so stark darauf angewiesen. Glover erkannte auch, daß die IRA-Mitglieder sowohl theoretisch als auch praktisch besser ausgebildet waren als je zuvor. Abschließend betonte der Bericht, daß ein Ende der militärischen Kampagne der Provos nicht absehbar sei, sondern daß sie im Gegenteil noch professioneller geführt werden würde. Nur wenige Monate später bestätigte die IRA diese Einschätzung zweifelsfrei.

Lord Mountbatton war ein Cousin der britischen Königin. Als ehemaliger Vizekönig von Indien war er mehrfach für seinen Einsatz in den Kolonialkriegen ausgezeichnet worden. Seit Jahren verbrachte er seinen Urlaub in einem gotischen Schloß im Westen der Republik Irland. Am 27. August 1979 wollte Mountbatten dort mit seiner Yacht in See stechen. Als das Boot auslief, zündete die IRA eine Bombe, die auf dem Schiff versteckt war. Mountbatten, sein Enkel, die Baronin von Brabourne und der 15jährige Bootsführer starben bei der Explosion. Die britische Öffentlichkeit und die Medien waren von der Tat geschockt und übertrafen sich in Schmähungen der IRA. Doch es sollte noch schlimmer kommen. Nur wenige Stunden nach Mountbattens Tod legte eine andere IRA-Einheit eine 500-Kilo-Bombe bei Narrow Water an der Grenze zur Republik Irland. Als eine britische Patrouille vorbeikam, wurde die Bombe ferngezündet. Mehrere Soldaten kamen dabei ums Leben. Die Verstärkung, die kurz darauf eintraf, verschanzte sich in einer nahegelegenen Ruine. Das hatte die IRA offenbar vorhergesehen. In der Ruine war eine zweite Bombe versteckt, die nun von der IRA-Einheit gezündet wurde. Insgesamt starben 18 Soldaten bei Narrow Water. Die meisten gehörten demselben Fallschirmjäger-Regiment an, das fünf Jahre vorher beim „Bloody Sunday" in Derry ein Blutbad angerichtet hatte. Der Anschlag von Narrow Water war der schwerste seit fast 60 Jahren. Der Traum von der Normalisierung in Nordirland war ausgeträumt.

DER GROSSE HUNGERSTREIK

Im Mai 1979 gewannen die Konservativen die britischen Unterhauswahlen und stellten nun die Regierung. Die neue Premierministerin Margaret Thatcher ernannte Humphrey Atkins zu ihrem Nordirlandminister, der in seiner Antrittsrede zugab, daß es sich bei der IRA um einen „höchst professionellen Feind" handele. Der von Thatcher für den Posten des Nordirlandministers eigentlich vorgesehene Airey Neave erlebte den Wahlsieg der Tories nicht mehr. Fünf Wochen vorher hatte die „Irish National Liberation Army (INLA)" einen zwei Pfund schweren Sprengsatz unter seinem Auto angebracht. Als Neave aus der Tiefgarage des Londoner Unterhauses fuhr, explodierte die Bombe und tötete ihn auf der Stelle. Die Explosion war ausgerechnet durch eine Bodenwelle ausgelöst worden, die Schutz gegen „terroristische Anschläge" bieten sollte. Neave, ein enger Vertrauter Thatchers, hatte nach dem Zweiten Weltkrieg in einer Militärspionage-Einheit gearbeitet, die später im SAS aufging. In den siebziger Jahren hatte er wiederholt das „Power-Sharing"-Modell als unpraktikabel kritisiert. Seine Vorstellungen von einer „Lösung" des Nordirland-Konflikts gingen eher in eine militärische Richtung.

Thatchers Wahlsieg brachte zunächst keine Veränderungen in der britischen Nordirland-Politik. Für Thatcher war Nordirland kein Thema, das oben auf der Tagesordnung stand, und der profillose Atkins führte die von seinem Vorgänger Mason initiierte Politik der Kriminalisierung und „Normalisierung" fort. Lediglich im ökonomischen Bereich machte sich der Regierungswechsel bemerkbar – dort allerdings drastisch. Thatchers extrem rechte Monetarismus-Philosophie stürzte zwar auch in Großbritannien einen Großteil der Bevölkerung in wirtschaftliche Not, doch in Nordirland hatte diese Politik geradezu katastrophale Folgen. Die öffentlichen Ausgaben für die ärmste Region in Westeuropa wurden erheblich gekürzt, und innerhalb von drei Jahren stieg die Arbeitslosigkeit von 13 auf 20 Prozent im Durchschnitt. Die katholischen Gettos waren jedoch weitaus stärker von den Kürzungen betroffen als andere Viertel. Hier stieg die Arbeitslosigkeit auf bis zu 80 Prozent. Vorbei waren die Zeiten des „Zuckerbrots", mit dem die Labour-Regierung versucht hatte, Hoffnungen auf eine Verbesserung der Situation zu wecken.

Die beiden Anschläge von Sligo und Narrow Water zwangen Thatcher, in Sachen Nordirland etwas zu unternehmen. Die Attentate hatten verdeutlicht, daß die IRA keineswegs vor der „endgültigen Niederlage" stand und an einen Abzug der britischen Truppen deshalb nicht zu denken war.

Seit der Ulsterisierung war die Situation für die Soldaten und besonders für die Offiziere höchst unerfreulich, weil die RUC ihnen jetzt offiziell übergeordnet war. Ein Ende des Engagements in Nordirland war nun nicht mehr abzusehen, und der Unmut in Armeekreisen wuchs. Zudem glaubte man, daß die irische Regierung eine gewisse Mitschuld an den Anschlägen vom August 1979 treffe, da sie in der Vergangenheit nicht scharf genug gegen die IRA durchgegriffen habe. Thatcher reagierte umgehend, bevor die Kritik ihrer Truppen an die Öffentlichkeit dringen konnte. Sie beorderte den irischen Premierminister Lynch nach London und hielt ihm einen Vortrag über Dublins Pflichten bei der Bekämpfung der Provos. Lynch beteuerte vergeblich, daß die irische Regierung bereits seit Anfang der siebziger Jahre unbarmherzig gegen die IRA vorgegangen sei. Thatcher machte die „irische Dimension" der Nordirlandfrage von Dublins Bereitschaft zu verstärkter Kooperation im „Sicherheitsbereich" abhängig. Sie forderte von Lynch, endlich das Gesetz anzuwenden, wonach „Terroristen" im Süden für Taten verurteilt werden können, die sie in Großbritannien oder Nordirland begangen haben. Die irische Verfassung untersagte ihre Auslieferung, wenn sie politische Motive geltend machen konnten. Lynch willigte schließlich ein, die Zusammenarbeit mit den nordirischen Sicherheitskräften und Nachrichtendiensten weiter zu verbessern. Außerdem gab er den britischen Armeehubschraubern die Genehmigung, das Gebiet der Republik Irland zu überfliegen. Dieses Zugeständnis enthüllte er aber erst Jahre später.

Die Kritik der britischen Öffentlichkeit und der Medien an der Nordirland-Politik konnte Thatcher jedoch nicht dadurch zum Verstummen bringen, daß sie Lynch wie einen Kronvasallen behandelte. In Großbritannien war man weniger entsetzt über den Tod der 18 Soldaten als vielmehr darüber, daß ein Mitglied der königlichen Familie durch die Hand der IRA ums Leben gekommen war – derselben IRA, die laut Regierungspropaganda schon so gut wie besiegt war. Thatcher stockte die RUC nun um weitere 1.000 Mitglieder auf, so daß die Zahl der Sicherungskräfte im Jahr 1980 bei 31.500 lag. Das waren immerhin 500 mehr als sieben Jahre zuvor. Von Normalisierung konnte also keine Rede sein. Es hatte lediglich eine Umschichtung stattgefunden: Die Zahl der in Nordirland stationierten britischen Soldaten war gesunken, während RUC und UDR verstärkt rekrutierten. Darüberhinaus wurden die SAS-Einsätze in Nordirland erweitert und die nachrichtendienstliche Koordination zwischen Armee, RUC und UDR verbessert. Diese Aufgabe wurde Sir Maurice Oldfield übertragen, dem ehemaligen Chef des britischen Geheimdienstes MI-6. Oldfield gab seinen Posten jedoch schon nach wenigen Monaten wieder auf, ohne große Erfolge vorweisen zu können.

Der IRA-Anschlag von Narrow Water hatte dem Sicherheitsgefühl der Loyalisten schweren Schaden zugefügt. Schließlich war die britische Armee die letzte Bastion gegen die Provos. Zu der Verunsicherung kam jedoch die Wut über das Attentat auf den Cousin der Königin, Lord Mountbatten, das keinesfalls ungerächt bleiben durfte. Wie schon so oft in der Vergangenheit begannen loyalistische Paramilitärs eine Mordkampagne gegen Katholiken. Bis zum Herbst 1979 hatten die „Ulster Freedom Fighters (UFF)", hinter denen sich die bis heute legale UDA verbarg, sieben Katholiken ermordet, von denen keiner Verbindungen zu republikanischen Organisationen hatte. Diesmal ließ sich die IRA jedoch nicht in eine sektiererische Auseinandersetzung hineinziehen. Sie warnte ihre Mitglieder vor Rachefeldzügen, die lediglich „in die Hände der britischen Regierung spielen" würden. Da die IRA inzwischen sehr selektiv bei der Rekrutierung neuer Mitglieder vorging und jeder Freiwillige sich einer theoretischen Ausbildung unterziehen mußte, wurde der Aufruf diszipliniert befolgt. Stattdessen begannen die Provos, Anschläge gegen das Gefängnispersonal zu führen, die im März 1980 vorübergehend eingestellt wurden, als der irische Primas, Kardinal O'Fiach, mit Nordirland-Minister Atkins Gespräche über die Situation in Long Kesh und im Frauengefängnis Armagh führte. O'Fiach hatte den H-Blocks von Long Kesh einen Besuch abgestattet und war von den Zuständen entsetzt. Er sagte, daß man nicht einmal Tiere unter diesen Bedingungen einsperren dürfe, geschweige denn Menschen. „Am ehesten vergleichbar ist die Situation der Gefangenen mit den Hunderten von Obdachlosen, die in der Kanalisation der Slums in Kalkutta leben", sagte der Kardinal. Doch die britische Regierung blieb von O'Fiachs Fürsprache unbeeindruckt und änderte ihre Politik keinen Deut. Im Juni nahm die IRA daher ihre Kampagne gegen das Gefängnispersonal wieder auf.

Die republikanischen Gefangenen in den H-Blocks und in Armagh hatten 1978 ihre Protestaktionen gegen die Kriminalisierungspolitik ausgeweitet. Seit Kieran Nugent sich als erster Gefangener geweigert hatte, die Gefängnisuniform zu tragen, hatten es ihm 350 Gefangene der IRA und INLA nachgetan. Diese Gefangenen begannen nun einen „Waschstreik". Sie wuschen und rasierten sich nicht mehr und weigerten sich, ihre Toilettenkübel auszuleeren. Stattdessen schmierten sie die Exkremente an die Wände und gossen ihren Urin unter den Zellentüren hindurch. Dieser Protest war durch die Gefängniswärter ausgelöst worden, die die Gefangenen auf dem Weg zur Latrine schikanierten und ständig die Kübel in den

Zellen umstießen, so daß sich der Inhalt über die Matratzen und Decken – das einzige „Kleidungsstück" der Gefangenen – ergoß. So saßen die Gefangenen nun täglich 24 Stunden inmitten des Drecks und Gestanks, lediglich mit einer schmutzigen Decke bekleidet.

Viele Gefangene standen im Herbst 1979 vor dem physischen und psychischen Zusammenbruch. Da sich „draußen" offenbar nicht viel zur Unterstützung ihrer Forderungen tat, begannen einige von ihnen, laut über einen Hungerstreik nachzudenken. Sinn Féin war gegen einen solchen Schritt, weil die Glaubwürdigkeit und politische Richtung der gesamten Bewegung dann von einem Individuum abhängig gewesen wäre. Darüberhinaus war die Gefahr groß, daß ein Hungerstreik ebenso erfolglos bleiben würde. Sinn Féin setzte ihre Hoffnungen auf eine breite Bewegung, die schließlich im Oktober 1979 zustandekam. Das Relatives Action Committee hatte eine Konferenz im Green-Briar-Hotel in West-Belfast organisiert, an der neben Sinn Féin auch die IRSP, People's Democracy, das Gewerkschaftskomitee gegen Unterdrückung, Woman Against Imperialism und eine Reihe kleinerer Gruppen teilnahmen. Die Organisationen kamen überein, daß sie gemeinsam eine Kampagne für den politischen Status der Gefangenen führen würden. Zu diesem Zweck gründeten sie das „National H-Block/Armagh Committee". Für die Provos war die Teilnahme an diesem Komitee ein wichtiger Schritt. Sinn Féin forderte nicht mehr, daß die Koalitionspartner den bewaffneten Kampf der IRA unterstützen mußten, sondern war nunmehr bereit, selbst mit IRA-Gegnern zusammenzuarbeiten, um den politischen Status durchzusetzen.

Die berüchtigten H-Blocks von Long Kesh (heute Maze Prison). Die Zahl der Gefangenen dort beträgt heute über 1.300.

Die Kampagne des H-Block/Armagh-Komitees war äußerst erfolgreich. Der Kampf der Gefangenen bestimmte nicht nur die politischen Diskussionen in Irland, sondern Nordirland war auch international wieder in die Schlagzeilen gerückt. Die Londoner Regierung wurde weltweit für die Zustände in den Gefängnissen und für die Diskriminierung der katholischen Minderheit in Nordirland kritisiert. Die Angriffe kamen keineswegs nur von der politischen Linken, sondern viele Liberale und selbst Konservative, die die IRA strikt ablehnten, unterstützten die Forderungen der Gefangenen aus humanitären Gründen. Ohnehin war der Standpunkt der britischen Regierung wenig einleuchtend, wenn sie IRA-Mitglieder nach Sondergesetzen verhaftete, in besonderen Verhörzentren festhielt, von Sondergerichten verurteilen ließ und sie in Sondergefängnisse steckte, um sie dann als „normale Kriminelle" zu behandeln. Der Druck, der durch die internationale Anteilnahme am Schicksal der Gefangenen ausgeübt wurde, beschwor im loyalistischen Lager die alten Ängste herauf. Nordirlands Protestanten waren schon immer eine Mehrheit mit der Mentalität einer Minderheit. Sie befürchteten nun, daß die wachsende internationale Isolierung zu einer Änderung der britischen Nordirland-Politik und des Status quo führen würde. Die Loyalisten reagierten – wie schon so oft – mit einer Mordkampagne.

Diesmal richteten sich die Attentate allerdings nicht wahllos gegen Katholiken, sondern man ging selektiver vor. Die Opfer waren allesamt führende Mitglieder des H-Blocks/Armagh-Komitees oder prominente Fürsprecher der Forderung nach dem politischen Status. Im Juni 1980 wurde John Turnley, ein Protestant, von der UDA erschossen. Turnley war Mitglied der bürgerlich-nationalistischen „Irish Independence Party" und ausgesprochener Gegner der britischen Kriminalisierungspolitik. Eines der UDA-Mitglieder, die 1982 für den Mord verurteilt wurden, sagte vor Gericht aus, er habe zur Zeit des Turnley-Mordes für den SAS gearbeitet. Kurz nach dem Mord an Turnley wurde die ehemalige IRSP-Vorsitzende, die Universitätsprofessorin Miriam Daly, in West-Belfast erschossen. Zwei weitere IRSP-Mitglieder starben wenige Wochen später.

Die Attentäter hatten um vier Uhr morgens die Haustür der Familie Bunting mit einem Vorschlaghammer eingeschlagen. Ronnie Bunting war der Sohn des britischen Offiziers und engen Vertrauten Paisleys, Major Ralph Bunting. Als „abtrünniger Protestant" war er den Loyalisten besonders verhaßt. Offenbar kannten sich die Attentäter gut im Haus der Buntings aus, denn sie waren an der Schlafzimmertür im ersten Stock, bevor Ronnie und seine Frau Suzanne die Tür von innen verriegeln konnten. Nach einem kurzen Kampf feuerte einer der beiden Attentäter 16 Kugeln auf Ronnie ab, während der andere den IRSP-Mann Noel Lyttle erschoß, der im Nebenzimmer schlief. Bevor sie den Rückzug antraten, versuchten die Mörder, auch Suzanne Bunting zu erschießen. Suzanne überlebte die Schüsse in Mund und Schulter jedoch. Der Doppelmord an Bunting und Lyttle überzeugte viele Gettobewohner davon, daß die staatlichen Sicherheitskräfte bei der loyalistischen Mordkampagne ihre Finger im Spiel haben mußten. Das Haus der Familie Bunting war in den Wochen vor den Morden mehrmals von RUC und britischer Armee durchsucht worden und es war offensichtlich, daß die Attentäter über genaue Kenntnis der Räumlichkeiten verfügten. Darüberhinaus ist es sehr unwahrscheinlich, daß ein loyalistisches Kommando nachts um vier in ein republikanisches Viertel eindringen, über 20 Schüsse abfeuern und dann entkommen kann, ohne von den Sicherheitskräften entdeckt zu werden, die das Viertel rund um die Uhr überwachen.

Nachdem Bernadette Devlin-McAliskey und ihr Mann Michael bei einem Anschlag im Januar 1981 schwer verletzt wurden, gab die IRA ihre Bedenken gegen eine „Auge um Auge"-Politik auf, obwohl sie nach wie vor nicht in eine sektiererische Auseinandersetzung mit den Loyalisten hineingezogen werden wollte. Eine Woche nach dem Anschlag auf die McAliskeys tötete eine zehn Mann starke IRA-Einheit die beiden unionistischen Politiker Sir James Stronge und seinen Sohn Norman. Dann zündete die Einheit den Landsitz der Stronges an und entkam nach einer Schießerei mit der RUC. Die IRA warnte die Loyalisten vor einer Fortsetzung ihrer Mordkampagne gegen H-Block/Armagh-Aktivisten, weil sie unweigerlich Attentate auf unionistische Politiker nach sich ziehen würde. Die Loyalisten stellen daraufhin ihre Kampagne ein.

Der erste Hungerstreik

Während des Jahres 1980 verschärfte sich die Situation in den Gefängnissen dramatisch. Die Frauen in Armagh begannen im Februar den Waschstreik, nachdem die Wärter bei einer Durchsuchung der Zellen die wenigen Habseligkeiten zerstört und die Frauen verprügelt hatten. Die weiblichen Gefangenen hatten nicht an dem „Deckenstreik" teilgenommen, weil es ihnen gestattet war, ihre eigene Kleidung im Gefängnis zu tragen. Allerdings weigerten auch sie sich, Gefangenenarbeit zu leisten und verloren dadurch das Recht auf Strafnachlaß. Nordirlandminister Atkins wich von der Kriminalisierungs-Strategie jedoch nicht ab – im

Gegenteil: Im März gab er bekannt, daß Verurteilten, die ihre Taten vor dem 1. März 1976 begangen hatten, von nun ab ebenfalls der politische Status verweigert werden würde. Atkins bot den Gefangenen an, daß sie während des Hofgangs Trainingsanzüge tragen dürften, doch die Gefangenen empfanden dieses Angebot als zynisch und lehnten es ab. Im Juni 1980 veröffentlichte die Europäische Menschenrechts-Kommission einen Bericht zur Situation in den H-Blocks. Vier Gefangene, darunter Kieran Nugent, hatten den Fall vor die Kommission gebracht. Abgesehen von einer milden Rüge für die britische Regierung wegen ihrer starren Haltung sprach der Bericht London von „inhumaner und erniedrigender Behandlung der Gefangenen" frei. Die Männer in den H-Blocks hätten ihre Lage selbst zu verantworten.

Damit waren fast alle Möglichkeiten ausgeschöpft, durch Druck von außen eine Verbesserung der Situation in den Gefängnissen zu erreichen. Zwar hatte Atkins den Gefangenen im Oktober „Zivilkleidung" – die allerdings von der Gefängnisbehörde gestellt würde – angeboten, doch blieb das weit hinter den Forderungen der Gefangenen zurück. Am 27. Oktober begannen sieben IRA-Gefangene einen Hungerstreik, den sie als letzte Möglichkeit sahen, die Zustände in den Gefängnissen zu verändern. Der Hungerstreik erregte international große Aufmerksamkeit, doch die Thatcher-Regierung ließ sich davon nicht beeindrucken. Im November schlossen sich drei Frauen im Armagh-Gefängnis dem unbefristeten Hungerstreik an, und ab Dezember 1980 verweigerten 30 weitere H-Block-Insassen die Nahrungsaufnahme.

Die südirische Regierung unternahm Mitte Dezember einen halbherzigen Versuch, London zum Einlenken zu bewegen und appellierte an Thatcher, Verhandlungen mit den Gefangenen aufzunehmen. Premierminister Haughey bezeichnete die Krise im Norden als das wichtigste politische Thema für seine Regierung. Haughey hatte ein Jahr zuvor Jack Lynch als Partei- und Regierungschef abgelöst. Lynch war über die Talfahrt der südirischen Wirtschaft gestürzt. Hinzu kam die Enthüllung, daß er britischen Armeehubschraubern die Genehmigung zum Überfliegen südirischen Territoriums gegeben hatte, was ein großer Teil der Bevölkerung als Einschränkung der nationalen Souveränität ansah.

Während die Republikaner vergeblich auf die Unterstützung Haugheys warteten, hatten die ersten sieben Hungerstreikenden inzwischen ein kritisches Stadium erreicht. Einer von ihnen, der 27jährige Sean McKenna, war erblindet und dem Koma nahe. In dieser Situation zeigte sich das Nordirlandministerium scheinbar zum Einlenken bereit. Den Gefangenen wurde ein 34seitiges Papier vorgelegt, das einige Vorschläge zur Verbesserung der Situation in den Gefängnissen enthielt, die zum Teil den Forde-

Unterstützungsaktion für den Decken-Streik. (Foto: AnPhoblacht/Republican News)

rungen der Gefangenen entsprachen. Die britische Regierung machte jedoch die Beendigung des Hungerstreiks zur Bedingung, bevor über die Verbesserungen verhandelt werden könnte. Es zeigte sich jetzt, daß der Hungerstreik nicht besonders gut vorbereitet war: Da von den sieben Männern, die den Hungerstreik begonnen hatten, einer in Lebensgefahr schwebte, mußten die anderen sechs nun entscheiden, ob sie Sean McKenna sterben lassen oder der britischen Konzessionsbereitschaft vertrauen sollten. Nach Beratungen mit dem Kommandanten der IRA-Gefangenen, Bobby Sands, brachen die Gefangenen am 18. Dezember den Hungerstreik nach 53 Tagen ab.

Die britische Regierung ließ nach Beendigung des Hungerstreiks verbreiten, daß ihre unnachgiebige Haltung die Provos in die Knie gezwungen hätte. Zwar behauptete auch Sinn Féin, daß der Hungerstreik das Nordirlandministerium zu Zugeständnissen genötigt hätte, doch der Text der Vereinbarung wurde nie veröffentlicht. Offenbar war das Papier so allgemein formuliert, daß es auf verschiedene Weise interpretiert werden konnte. Die Gefangenen gingen davon aus, daß London die Forderungen schrittweise erfüllen würde, bis ein „quasi-politischer Status" bestehen würde, ohne ihn explizit beim Namen zu nennen. Im Gegenzug wollten die Gefangenen mit den Gefängnisbehörden kooperieren. Um die britische Konzessionsbereitschaft zu testen, brachen 20 Gefangene den Waschstreik ab und erwarteten nun, daß sie die Genehmigung erhalten würden, ihre eigene Kleidung zu tragen. Als ihre Verwandten am 20. Januar die Kleidung nach Long Kesh brachten, weigerte sich die Gefängnisleitung, sie den Gefangenen auszuhändigen. Jetzt war den Gefangenen klar, daß die britische Regierung sie hintergangen hatte und keine Absicht bestand, die Kriminalisierungspolitik zu beenden. Die Vorbereitungen für einen zweiten Hungerstreik begannen.

Der zweite Hungerstreik beginnt

Der Hungerstreik hatte bei den Loyalisten zwiespältige Gefühle ausgelöst. Einerseits lehnte man die weltweite Aufmerksamkeit und Sympathie für die Provos ab, da man zunehmend in Isolation geriet; andererseits hätten auch die loyalisitischen Gefangenen in Long Kesh von der Erfüllung der Forderung nach dem politischen Status profitiert. Tatsächlich waren gegen Ende des Hungerstreiks einige UVF- und UDA-Gefangene kurzzeitig in den Hungerstreik getreten, um der Forderung nach dem politischen Status für loyalistische Gefangene Nachdruck zu verleihen.

Der zweite republikanische Hungerstreik sollte am 1. März 1981 beginnen, dem fünften Jahrestag der Beendigung des politischen Status. Diesmal verlangten die Gefangenen jedoch nicht einfach die Wiedereinführung des politischen Status, sondern präzisierten ihre Forderungen in fünf Punkten:

- das Recht, jederzeit die eigene Kleidung tragen zu dürfen;
- keine Form von Zwangsarbeit;
- das Recht der freien Zusammenkunft mit den anderen Gefangenen sowie das Recht, Freizeit- und Bildungsprogramme selbst zu organisieren;
- das Recht auf einen Besuch, einen Brief und ein Paket pro Woche;
- das Recht auf Strafnachlaß, das normalerweise allen Gefangenen zustand.

Die fünf Forderungen waren so formuliert, daß sie auch von IRA-Gegnern aus humanitären Gründen unterstützt werden konnten, weil damit keinesfalls die Unterstützung des bewaffneten Kampfes verbunden war. Darüberhinaus hätte die britische Regierung die Forderungen ohne Gesichtsverlust erfüllen können, da die Gefangenen nicht mehr ausdrücklich die Anerkennung als politische Gefangene verlangten – ein Status, den ihnen Thatcher niemals offiziell zuerkannt hätte. Dennoch war die

„eiserne Lady" nicht bereit, auch nur einen Jota von ihrer starren Haltung abzuweichen. Am 1. März trat Bobby Sands in den Hungerstreik. Laut seinen Tagebuchaufzeichnungen rechnete er schon damals nicht damit, daß er überleben würde. Der Beginn des zweiten Hungerstreiks wurde von einer Demonstration in Belfast begleitet, an der über 5.000 Menschen teilnahmen.

Die Gefangenen hatten diesmal eine andere Taktik gewählt. Um den Druck auf die britische Regierung langsam zu steigern, trat zunächst nur ein Gefangener in den Hungerstreik. In bestimmten Zeitabständen sollten sich weitere Gefangene anschließen. Dadurch sollten eine Situation wie im Dezember vermieden werden, als mehrere Gefangene gleichzeitig vor dem Hungertod standen. Man ging davon aus, daß der gleichzeitige Tod von mehreren Hungerstreikenden keine größere Wirkung auf die britische Regierung haben würde als der Tod eines einzelnen. Am 15. März schloß sich Francis Hughes dem Hungerstreik an, und eine Woche später folgten Raymond McCreesh und Patsy O'Hara. O'Hara war der Kommandant der INLA-Gefangenen in den H-Blocks.

DER TOD DES BOBBY SANDS

Die 453 republikanischen Gefangenen hatten am 2. März ihren Waschstreik abgebrochen, um die weltweite Aufmerksamkeit auf den Hungerstreik zu konzentrieren. Im April ergab sich eine unerwartete Möglichkeit, die breite Unterstützung für die Hungerstreikenden unter Beweis zu stellen und einen internationalen Propagandaerfolg zu erzielen, der größer kaum sein konnte. Frank Maguire, unabhängiger Nationalist und Unterhausabgeordneter für den Wahlkreis Fermanagh/South Tyrone, war plötzlich gestorben. Für die fälligen Nachwahlen nominierte das Nationale H-Block/Armagh-Komitee den hungerstreikenden IRA-Gefangenen Bobby Sands als Kandidaten. Inhaltlich beschränkte sich der Wahlkampf für Sands auf die fünf Forderungen der Gefangenen. Weder stand die Unterstützung der IRA-Kampagne zur Debatte, noch sollte der Wahlkampf zu einer Parteiangelegenheit für Sinn Féin werden, um keine Wähler zu verprellen. Es war jedoch zu befürchten, daß weitere nicht-unionistische Kandidaten die nationalistischen Stimmen splitten könnten und dadurch einem Loyalisten zum Wahlsieg verhelfen würden. Das wäre ein schwerer Rückschlag für die Hungerstreikenden gewesen. Noel Maguire, der Bruder des verstorbenen Abgeordneten, zog seine Kandidatur nach einem Appell der Familie von Bobby Sands in letzter Minute zurück. Die SDLP gelangte zu der Auffassung, daß die Kandidatur eines eigenen Kandidaten der Partei mehr schaden als nützen würde. Stattdessen ließen einige Parteiführer durchblicken, daß sie „friedliebenden Bürgern" einen Boykott der Wahlen empfehlen würden. Die Official Unionist Party und Paisleys DUP einigten sich auf den Kandidaten Harry West, einen der bekanntesten Unionisten in Nordirland. Da der versteckte Boykottaufruf der SDLP nicht befolgt wurde, verhalf die hohe Wahlbeteiligung dem IRA-Gefangenen Bobby Sands am 9. April 1981 zum Sieg über Harry West. Sands errang 30.492 Stimmen, während für West nur 29.046 Menschen votiert hatten. Am 40. Tag seines Hungerstreiks war Bobby Sands Mitglied des britischen Parlaments in Westminster geworden.

Mit dem Wahlsieg war dem H-Block/Armagh-Komitee eine eindrucksvolle Propagandawaffe in die Hand gegeben worden. Die Wahl hatte deutlich gemacht, daß die Mehrheit der katholischen nationalistischen Bevölkerung hinter den fünf Forderungen der Gefangenen stand. Die Behauptung der britischen Regierung, daß die Hungerstreikenden relativ isoliert wären, war widerlegt worden. Viele in der H-Block/Armagh-Kampagne glaubten, daß Thatcher nun nicht länger tatenlos zusehen könne, wie sich ein Mitglied ihres Parlaments zu Tode hungere. Je kritischer Sands' Gesundheitszustand wurde, desto größer und militanter wurden die Proteste. Viele Organisationen und Individuen aus dem Ausland versuchten, Thatcher zum Einlenken zu bewegen. Der US-amerikanische Generalstaatsanwalt Ramsey Clark und der prominente gewaltfreie Ex-Priester Daniel Berrigan ergriffen Partei für Sands, und die Europäische Menschenrechtskommission sandte eine Delegation nach Belfast.

Lediglich in Großbritannien war das Interesse an der Auseinandersetzung gering. Das „Troops Out Movement", das seit Jahren die britische Repressionspolitik in Nordirland angeprangert hatte, konnte nur 1000 Menschen für eine nationale Protestkundgebung mobilisieren. Eine besonders traurige Rolle spielte die britische Labour-Partei. Nur 32 der über 270 Labour-Abgeordneten im britischen Unterhaus unterzeichneten eine Resolution, mit der Thatcher zur Aufnahme von Verhandlungen mit den Gefangenen aufgefordert wurde. Denis Concannon, der Labour-Sprecher für nordirische Angelegenheiten, stattete Sands am 61. Tag des Hungerstreiks unaufgefordert einen Besuch ab, um ihm mitzuteilen, daß die Labour-Partei Thatchers unnachgiebige Haltung voll und ganz unterstütze. Thatcher hatte wiederholt verkündet, daß es keinen politischen Status für jemanden geben könne, der für ein Verbrechen verurteilt worden sei – ein Verbrechen bleibe ein Verbrechen. Bobby Sands starb am 5. Mai 1981 nach 66 Tagen im Hungerstreik.

Bobby Sands' Beerdigung wurde zu einer massiven Demonstration der Solidarität mit den Hungerstreikenden. Über 100.000 Menschen begleiteten den Sarg von Bobby Sands' Elternhaus zum Friedhof in West-Belfast. Auf die Bevölkerungszahl der Bundesrepublik übertragen hieße das, daß über vier Millionen Menschen durch die Straßen Bonns marschiert wären! Die Unterstützung der fünf Forderungen reichte inzwischen weit in das bürgerlich-demokratische Spektrum hinein. In Teheran wurde sogar die Straße, in der die britische Botschaft liegt, in „Bobby-Sands-Straße" umbenannt. Doch die weltweiten Appelle und Demonstrationen machten nach wie vor keinen Eindruck auf Thatcher.

Am 12. Mai starb der zweite Hungerstreikende. Francis Hughes war der wohl bekannteste IRA-Gefangene in Long Kesh. Schon als Teenager hatte er im Süden der Grafschaft Derry eine unabhängige Guerilla-Einheit mit dem Namen „Die Unbesiegten" gegründet. Später trat er den Provos bei und erwarb sich bald den Ruf eines draufgängerischen Kämpfers, der die Sicherheitskräfte ständig zum Narren hielt. 1978 wurde er nach einer Schießerei verwundet und festgenommen.

Nach Francis Hughes' Tod gab die IRA ihre selbstauferlegte Zurückhaltung auf. Am 19. Mai zündete sie per Fernsteuerung eine Landmine unter einem britischen Armeefahrzeug. Bei dem Anschlag kamen fünf Soldaten ums Leben. Diese spektakuläre Aktion sollte deutlich machen, daß der Hungerstreik keineswegs die letzte Karte der Provos war, sondern daß die militärische Kampagne jederzeit wieder aufgenommen werden konnte. Drei Tage nach dem Bombenanschlag starben Ray McCreesh und Patsy O'Hara am 61. Tag ihres Hungerstreiks.

Die Kampagne in der Republik Irland

Bei den nordirischen Lokalwahlen am 23. Mai stellte Sinn Féin aufgrund eines Parteitagsbeschlusses keine Kandidaten auf. Diese Entscheidung stellte sich als schwerer taktischer Fehler heraus, weil damit die Gelegenheit verpaßt wurde, die SDLP an der Wahlurne zu überflügeln. Das Potential dafür war zweifellos vorhanden, wie die Massendemonstrationen bewiesen hatten. Da Sinn Féin jedoch die Wahlen boykottierte, kam die SDLP glimpflich davon und verlor nur zehn ihrer 120 Sitze. Einer der Leidtragenden war Gerry Fitt, der den Sitz in West-Belfast 23 Jahre lang innegehabt hatte. Das Wahlergebnis war die Quittung für Fitts strikte Ablehnung des politischen Status, die ihm den Spitznamen „Fitt the Brit" eingebracht hatte. Sein Sitz ging an die IRSP, und Peoples's Democracy konnte einen weiteren republikanischen Kandidaten durchbringen. Fitts antirepublikanische Haltung wurde später von London honoriert: Er wurde zum Lord ernannt und sitzt heute im britischen Oberhaus.

Der südirische Premierminister Haughey hatte inzwischen den 11. Juni 1981 für die Parlamentswahlen in der Republik Irland festgelegt. Seine Partei Fianna Fail ging davon aus, daß sich die Sympathien für den Hungerstreik im Norden in einem Stimmenzuwachs für Haughey niederschlagen würden. Schließlich hatte die Vorgängerin der Konkurrenzpartei Fine Gael („Stamm der Gälen") im Jahr 1922 der irischen Teilung zugestimmt – eine Tatsache, die in republikanischen Kreisen längst nicht vergessen war. Das H-Block/Armagh-Komitee nominierte neun Gefangene aus Long Kesh für die Wahl, von denen sich vier im Hungerstreik befanden. Da die irische Verfassung auch Nordiren als irische Bürger begreift, war ihre Kandidatur für das Dubliner Parlament möglich. Eine Fraktion des H-Block/Armagh-Komitees hatte darauf gedrängt, Kandidaten aufzustellen, die nicht nur die fünf Forderungen der Gefangenen vertraten, sondern darüberhinaus eine breite anti-imperialistische Position beziehen sollten. Diese Kandidaten sollten ihre Parlamentssitze im Erfolgsfall auch einnehmen. Sinn Féin sperrte sich gegen diesen Vorschlag und setzte die neun Gefangenen als Kandidaten durch. Durch die Reduzierung des Wahlkampfes auf humanitäre Aspekte verschenkte Sinn Féin die Möglichkeit, die alltäglichen Probleme der südirischen Bevölkerung anzusprechen und eine Basis für eine breite anti-imperialistische Bewegung zu schaffen, die über den Hungerstreik hinaus Bestand haben würde. Zwei der Kandidaten - die IRA-Mitglieder Kieran Doherty, der sich im Hungerstreik befand, und Paddy Agnew – wurden als Abgeordnete ins Parlament gewählt. Ein Dritter, Joe McDonnell, verfehlte einen weiteren Sitz nur um 300 Stimmen. Insgesamt konnten die H-Block-Kandidaten 40.000 Stimmen auf sich verbuchen.

Das gute Abschneiden der Gefangenen trug dazu bei, daß Fianna Fail die absolute Mehrheit verlor. Hauptgrund dafür war jedoch der wirtschaftliche Niedergang der Republik Irland. Neuer Regierungschef wurde Garret FitzGerald an der Spitze einer Koalition aus Fine Gael und der kleinen Irish Labour Party. Die Koalition verfügte nur über eine hauchdünne Mehrheit und war auf die Unterstützung von sechs Abgeordneten angewiesen, die entweder kleineren Parteien angehörten oder als unabhängige Kandidaten ins Parlament eingezogen waren. FitzGerald nahm die gleiche Haltung gegenüber dem Hungerstreik ein wie sein Vorgänger Haughey: Er kritisierte Thatcher hin und wieder für ihre Starrköpfigkeit, jedoch nicht ohne gleichzeitig die IRA zu verteufeln. Weder Haughey noch FitzGerald unterstützten die fünf Forderungen der Gefangenen, sie taten nichts, um Thatcher zum Nachgeben zu bewegen. Das H-Block/Armagh-Komitee hatte von der irischen Regierung verlangt, ihren Botschafter aus London zurückzurufen, den britischen Botschafter aus Irland auszuweisen und die Zusammenarbeit mit Großbritannien im „Sicherheitsbereich" einzustellen. Keine dieser Maßnahmen wurde von der Dubliner Regierung auch nur in Erwägung gezogen, weil man kein Interesse an einem Sieg der Hungerstreikenden hatte. Das südirische Establishment brauchte gute anglo-irische Beziehungen, ohne die es eine „Sicherheit" in der Republik Irland nicht geben konnte. Man befürchtete einmal mehr ein Überschwappen des Konflikts in den Süden.

Die H-Block/Armagh-Kampagne hatte die Republik längst erfaßt. Nachdem im Juli zwei weitere Hungerstreikende, Joe McDonnell und Martin Hurson, gestorben waren, kam es am 18. Juli zu einer Massendemonstration in Dublin. Nahezu 20.000 Menschen marschierten zur britischen Botschaft. Die Polizei, der das Schicksal der britischen Botschaft nach dem „Bloody Sunday" im Jahr 1972 zweifellos noch in Erinnerung war, hatte die Straße kurz vor dem Botschaftsgebäude abgesperrt. Die Demonstranten griffen die Polizei mit Steinen, Zaunlatten und Eisenstangen an. Eine Viertelstunde später schlugen die Polizisten zurück. Sie verprügelten wahllos Demonstranten, Journalisten, unbeteiligte Passanten und selbst Anwohner, die aus Neugier aus ihren Häusern gekommen waren. Über hundert Menschen wurden zum Teil schwer verletzt.

Der INLA-Gefangene Kevin Lynch war das siebte Opfer der starren britischen Haltung. Einen Tag später, am 2. August, starb Kieran Doherty, Abgeordneter des Dubliner Parlaments. Der Tod eines Hungerstreikenden löste in den katholischen Gettos im Norden jedesmal einen Aufruhr aus, dem die Sicherheitskräfte mit Plastikgeschossen und scharfer Munition begegneten. Für den Einsatz der Plastikgeschosse, eine „Distanzwaffe", gibt es strenge Richtlinien in Bezug auf Entfernung und Schußwinkel, damit es nicht zu schweren Verletzungen kommen kann. Die Plastikgeschosse sollen hauptsächlich gegen Jugendliche bei Straßenschlachten eingesetzt werden. Im Verlauf der Proteste während der Hungerstreiks starben sieben Menschen an dieser „Distanzwaffe", die in den meisten Fällen aus nächster Nähe abgefeuert worden war.

DAS ENDE DES HUNGERSTREIKS

Wegen des Todes von Bobby Sands war der Unterhaussitz für den Wahlkreis Fermanagh/South Tyrone wieder vakant. Das Datum für die fällige Nachwahl wurde auf den 20. August festgelegt. Doch diesmal hatte die britische Regierung die Spielregeln geändert. Im Juni hatte das Unterhaus ein Gesetz verabschiedet, das verurteilten Häftlingen die Kandidatur für das britische Parlament untersagte. Jahrelang hatte London die IRA aufgefordert, sich dem „demokratischen Prozeß" zu unterwerfen. Nachdem die IRA genau das getan hatte und deutlich geworden war, daß die Forderungen der republikanischen Gefangenen von einem Großteil der Wähler und Wählerinnen unterstützt wurden, änderte die britische Regierung kurzerhand den „demokratischen Prozeß". Das H-Block/Armagh-Komitee nominierte deshalb als Kandidaten das Sinn-Féin-Mitglied Owen Carron, den ehemaligen Wahlkampfleiter für Bobby Sands. Auch diesmal stellte die SDLP keinen Gegenkandidaten auf. Carrons Kontrahent im unionistischen Lager hieß Ken Maginnis von der OUP. Es gelang Carron, das Wahlergebnis von Bobby Sands sogar noch um 800 Stimmen zu übertreffen. Noch einmal war der H-Block/Armagh-Kampagne ein wichtiger Propagandaerfolg gelungen.

Doch die Front der Hungerstreikenden begann bereits zu bröckeln. Wenn die Hungerstreikenden das Bewußtsein verloren, ging die Entscheidungsgewalt über einen Abbruch des Hungerstreiks automatisch auf die nächsten Angehörigen über. Schon Ende Juli hatten die Verwandten von Paddy Quinn die Ärzte um ein Eingreifen gebeten, um Quinns Leben zu retten. Nachdem mit Tom McElwee und Mickey Devine zwei weitere Hungerstreikende gestorben waren, ohne daß sich die Haltung der britischen Regierung geändert hätte, entschlossen sich immer mehr Familienangehörige, lebensrettenden Maßnahmen zuzustimmen. Die INLA hatte erklärt, Mickey Devine nicht durch einen weiteren Hungerstreikenden zu ersetzen, weil bei einer Fortsetzung des Hungerstreiks nach einem halben Jahr keiner ihrer Gefangenen mehr am Leben gewesen wäre. Der Gefängnispfarrer Denis Faul forderte die Verwandten der restlichen Hungerstreikenden auf, ebenfalls für den Abbruch der Aktion zu sorgen. Die Angehörigen von fünf der sechs noch verbliebenen Hungerstreikenden erklärten sich nach einem Gespräch mit Faul am 2. Oktober bereit zu intervenieren, sobald die Hungerstreikenden das Bewußtsein verlieren würden. Darüberhinaus betonte James Prior, der Atkins Mitte September als Nordirlandminister abgelöst hatte, daß sich an den Gefängnisbedingungen nichts ändern werde, solange der Hungerstreik andauere. Am 3. Oktober brachen die restlichen sechs Hungerstreikenden ihre Aktion ab.

Der Hungerstreik, der insgesamt 217 Tage gedauert hatte, kostete zehn Menschen das Leben. Ihr Tod war jedoch nicht völlig umsonst. Prior machte schließlich Konzessionen, mit denen er vier der fünf Forderungen der Gefangenen praktisch erfüllte. Lediglich in der Frage der Zwangsarbeit blieb Prior hart.

Der Weg zum anglo-irischen Abkommen

Mit ihrem Hungerstreik hatten die republikanischen Gefangenen nicht nur die Erfüllung einiger ihrer Forderungen erreicht, sondern auch etwas, das weit über die Mauern Long Keshs hinausstrahlte: In den katholischen Gegenden Nordirlands, in der Republik Irland und auch im Ausland gewann die republikanische Bewegung an Reputation und Sympathien, wie dies seit den frühen 70er Jahren nicht mehr der Fall gewesen war. Fünf Jahre später schrieb William B. Shannon, der ehemalige US-Botschafter in Dublin, in der Zeitschrift „Foreign Affairs": „Der Hungerstreik war der größte Propaganda-Coup der IRA in der letzten Dekade." Die Bereitschaft, für ihr Anliegen im Hungerstreik zu sterben, überzeugte große Teile der internationalen Öffentlichkeit davon, daß es sich bei ihnen nicht um Kriminelle und Terroristen handelte, sondern um politische Gefangene. Die Bilder von den über 200.000 Menschen, die den Särgen der Hungerstreikenden folgten, von uniformierten IRA- und INLA-Männern, die – im Schutze der Trauergemeinde – mit Gewehrsalven ihren Kameraden die letzte Ehre erwiesen, von den Massenaufmärschen im Norden wie im Süden, den Belfaster Hausfrauen, die mit den Deckeln von Mülltonnen auf die Falls Road schlugen, um die Nachricht vom Tod eines Hungerstreikenden weiterzugeben, und die Wahl von Bobby Sands in das britische Unterhaus und zwei weiterer IRA-Gefangener in das südirische Parlament – das alles widersprach allzu offensichtlich der britischen Kriminalisierungs- und Terrorismuspropaganda. Rückblickend betrachtet war der Hungerstreik und seine Folgen vielleicht die einzige, sicherlich aber die schwerste politische Niederlage, die Thatcher in ihrer Amtszeit als Premierministerin einstecken mußte. Der Hungerstreik brachte ein Thema, um das sich die Öffentlichkeit seit dem Niedergang der „Peace People" kaum noch gekümmert hatte, erneut auf die internationale Tagesordnung. Die Konfrontation wurde nun von der internationalen Öffentlichkeit nicht mehr als eine zwischen Protestanten und Katholiken mit London als wohlmeinendem, ehrlichem Mittler begriffen, sondern als Konfrontation zwischen dem britischen Establishment und antikolonialistischen irischen Rebellen.

Im Süden hatte der Hungerstreik den Sturz der Regierung bewirkt, was dem dortigen Establishment deutlich vor Augen führte, daß die Auseinandersetzungen im Norden auch eine Herausforderung für die Stabilität des südirischen Systems war. Wie nach dem „Bloody Sunday" von Derry durchlebte die Republik nun eine politische Phase, die sich ohne weiteres als „Systemkrise" beschreiben läßt. Im Norden hatte der Hungerstreik vorübergehend eine politische Isolierung der SDLP zur Folge gehabt. Über Monate hinweg spielte sie in der politischen Landschaft Nordirlands keine Rolle. In Anbetracht der republikanischen/nationalistischen Massenmobilisierung blieb ihren Führern nichts anderes übrig, als den taktischen Rückzug anzutreten – ja förmlich abzutauchen.

Der Hungerstreik bewirkte außerdem, daß die Beziehungen zwischen den Regierungen in London und Dublin – obwohl beide gleichermaßen an einer Eindämmung der radikalrepublikanischen Herausforderung interessiert waren – im Sommer 1981 auf einem Tiefpunkt anlangten. Anglo-irische Gipfeltreffen im Mai und Dezember 1980 hatten hohe Erwartungen ausgelöst, was die Beilegung des Konfliktes im Norden und die Normalisierung der Beziehungen zwischen den beiden Inseln anbetraf. So konstatierte Premierminister Haughey nach den Dezember-Gesprächen gar einen „historischen Durchbruch". Doch als Haughey im folgenden Sommer die Regierungsmacht verlor, gab er Thatchers Intransigenz in der Hungerstreikfrage die Schuld. Im darauffolgenden Jahr gelangte er wieder an die Regierung und „rächte" sich, indem er Dublin von den EG-Sanktionen gegen Londons Kriegsgegner Argentinien ausklammerte. Die antibritische Stimmung im Lande ließ dies allerdings auch empfehlenswert erscheinen. Darüberhinaus erteilte er den britischen „Devolutions"-Plänen für den Norden eine Absage und denunzierte den Separatstaat als „gescheiterte politische Einheit".

Der Hungerstreik dokumentierte einmal mehr, daß selbst auf der Ebene der Establishments normale zwischenstaatliche Beziehungen kaum möglich sind, solange das nordirische Problem ungelöst ist. Mit Schrecken mußten London und Dublin feststellen, daß die republikanische Bewegung die Kraft besaß, ihren Kooperationsprozeß zu stören.

DER AUFSTIEG SINN FÉINS

Für die Provos wurde der Hungerstreik zu einer politischen Wasserscheide. Gerry Adams, der charismatische Wortführer der jungen, linken nordirischen Garde, schrieb zunächst an Sands: „Bobby, wir sind aus taktischen, strategischen, physischen und moralischen Gründen gegen einen Hungerstreik." Doch ohne diesen Hungerstreik und die damit verbundene Politisierung der republikanischen Bewegung wäre der Aufstieg der Linken wohl kaum in einem derartig rasanten Tempo vonstatten gegangen. Auch in dieser Hinsicht war sich die britische Regierung offenbar nicht bewußt, welche Prozesse sie mit ihrer intransigenten Haltung auslösen würde.

Die Widersprüche zwischen den jüngeren nordirischen Aktivisten und der Dubliner Führung, die sich überwiegend aus Veteranen der „border campaign" in den 50er Jahren rekrutierte, waren erstmals 1975 in Zusammenhang mit dem Waffenstillstand zutage getreten. Die nordirischen Linken votierten damals gegen die Waffenruhe, weil sie der Auffassung waren, daß die Bewegung auf eine derartige Situation schlecht vorbereitet sei. Aufgrund ihrer politischen Defizite wäre sie nicht in der Lage gewesen, das Vakuum zu füllen, das durch die Einstellung des bewaffneten Kampfes entstehen würde. Während die Dubliner Traditionalisten den Waffenstillstand als Erfolg betrachteten, interpretierten die Belfaster ihn als integralen Bestandteil einer britischen Strategie, mit der die IRA demoralisiert und militärisch besiegt werden sollte. Die folgenden Monate und Jahre sollten den Linken Recht geben: Die „Sicherheitskräfte" bauten ihre Position aus und bereiteten sich auf den entscheidenden Schlag vor, während die IRA vor sich hin rostete, in destruktive Aktivitäten verwickelt wurde und keine bedeutende politische Initiative ergriff. Der Ruhe folgte der Sturm der Mason-Ära, in dem eine desorientierte IRA beinahe in die Knie gezwungen worden wäre. Die negativen Erfahrungen mit dem Waffenstillstand bewirkten einen politischen und militärischen Autoritätsverlust der Dubliner Führung, der in der Etablierung eines eigenen „Northern Command" seinen Ausdruck fand. Die nordirischen Aktivisten waren nicht länger bereit, sich die militärische Strategie von der südirischen Führung diktieren zu lassen, zumal sie die Kosten des Krieges tragen mußten.

Der Waffenstillstand von 1975 war Anfang der 80er Jahre allerdings nicht der einzige Streitpunkt zwischen Modernisierern und Traditionalisten: Die Modernisierer hatten früher als die Traditionalisten von der Illusion Abstand genommen, der britische Rückzug stünde unmittelbar bevor. Sie erkannten, daß der Krieg sehr lange, vielleicht sogar Dekaden dauern würde. Das erforderte ihrer Ansicht nach den Aufbau einer breiten politischen Front und eine Politik, die die alltäglichen Probleme der Bürger mit dem langfristigen politischen Ziel verband. Nur so könnte einer abermaligen Isolierung des bewaffneten Kampfes vorgebeugt werden. Außerdem war die IRA-Kampagne, auch um den Preis der Reduzierung militärischer Operation, mit größtmöglicher Sorgfalt zu führen. Denn andernfalls bestand die Gefahr, daß die Kampagne an Duldung und Unterstützung verlor.

Die Modernisierer teilten auch nicht die Illusionen der Traditionalisten in Bezug auf die protestantische Mehrheit in Nordirland. Zum Credo der Traditionalisten zählte das Konzept eines föderalistischen Irland, das der schweizerischen Kantonsverfassung abgeschaut war und den historischen Provinzen eine weitgehende Autonomie einräumen sollte. Hintergedanke dieses Konzepts war, den Protestanten die vereinige Republik dadurch schmackhaft zu machen. Es sollte ihnen suggerieren, daß sich für sie im Falle einer Wiedervereinigung kaum etwas ändern würde. Von den Protestanten wurde diese Offerte jedoch niemals honoriert. Die Linken sahen in ihr die Gefahr der Konservierung eines loyalistischen Vetos und der inneririschen Teilung. Aufgrund ihrer tagtäglichen leidvollen Erfahrungen mit der Unbeweglichkeit und dem reaktionären Inhalt loyalistischen Denkens konnten sie nicht daran glauben, daß sich die Loyalisten bei so viel Autonomie zur Kooperation bereit zeigen würden.

Die Unzufriedenheit der Modernsierer mit der Politik der Traditionalisten beschränkte sich indessen nicht auf den Norden. Im Süden hatten die Traditionalisten es versäumt, Sinn Féin zu einem ernstzunehmenden politischen Faktor aufzubauen. Bis vor wenigen Jahren war die Partei in der Republik nicht mehr als ein Traditionsklub und eine Solidaritätsfront mit dem Kampf im Norden. Aus der südirischen Politik hielt sich Sinn Féin weitgehend heraus. Konfrontationen mit dem bürgerlichen Establishment und der katholischen Kirche wurden vermieden oder blieben auf Nordirlandfragen beschränkt. Auf die alltäglichen Probleme der Bürger in der Republik, die diese weit mehr bedrückten, als die Ereignisse im Norden, wußte Sinn Féin keine Antworten und bemühte sich auch nicht darum. Die Frauenbewegung stieß im Sinn-Féin-Hauptquartier auf genausowenig Interesse wie die Gewerkschaftsbewegung. Alle politischen, sozialen und kulturellen Fragen, die in der südirischen Bevölkerung Polarisierungen bewirkten, wurden für den nationalen Befreiungskampf als schädlich betrachtet.

Diese Abstinenz war nicht dazu geeignet, der Auseinanderentwicklung von politischem Bewußtsein im Norden und Süden zu begegnen, eine Verbindung zwischen den Bedürfnissen der südirischen Bevölkerung und dem Kampf im Norden herzustellen und die relative Isolation der republikanischen Bewegung in der Republik zu beenden. Die Linken waren jedoch der Auffassung, daß ohne Einbeziehung größerer Teile der südirischen Bevölkerung die Auseinandersetzung mit Großbritannien nicht zu gewinnen wäre.

Bei ihrem Vormarsch kam den Linken zugute, daß die Hungerstreikkampagne den republikanischen Aktivisten die Vorteile einer Massenpolitik vor Augen geführt hatte. Auf dem Sinn-Féin-Parteitag von 1981, der noch ganz unter dem Eindruck des Hungerstreiks stattfand, verkündete Danny Morrison, einer der Führer der nordirischen Modernisierer, die neue Doppelstrategie. Er konfrontierte die Delegierten mit einer rhetorischen Frage, die in die Geschichtsbücher einging: „Hat hier jemand etwas dagegen, die Macht in Irland mit dem Wahlzettel in der einen und dem Gewehr in der anderen Hand zu gewinnen?" Ein Jahr später kippte der Parteitag das Föderalismuskonzept der Traditionalisten.

Die erste Möglichkeit, die neue Strategie einem Popularitätstest zu unterziehen, bot sich bereits im Herbst 1982. Nordirlandminister Prior hatte Wahlen zur nordirischen Versammlung ausgeschrieben. Die Versammlung war das Kernstück eines größeren Projektes, das als „rolling devolution" bezeichnet wurde. London beabsichtigte, schrittweise eine Reihe von Kompetenzen an die politischen Kräfte in Nordirland zurückzugeben. Das Tempo des Prozesses und seine Reichweite wurden allerdings vom Wohlverhalten der nordirischen Akteure abhängig gemacht. Die britische Regierung spekulierte darauf, daß die Aussicht auf einige Machtbefugnisse die Mehrheit des protestantischen/unionistischen Lagers und die SDLP zum Kompromiß drängen und damit zur Herausbildung einer mehrheitsfähigen politischen Mitte führen würde. Diese Mitte sollte London hinsichtlich der unmittelbaren politischen Verantwortung in Nordirland entlasten.

Obwohl Sinn Féin nicht in allen Wahlkreisen antrat, erreichte die Partei bei ihrer ersten Wahlbeteiligung in Nordirland 10,1 % und stellte fünf Abgeordnete. Diese 10,1 % entsprachen einem guten Drittel der katholischen/nationalistischen Wählerstimmen. Die SDLP konnte sich nicht mehr länger als alleiniger Repräsentant der Minderheit gebärden.

Unter dem Druck Sinn Féins, die im Devolutionskonzept lediglich einen weiteren britischen Versuch einer internen politischen Lösung sah, mußte die SDLP der Versammlung ebenfalls eine Absage erteilen. Da beide „katholischen" Parteien die Versammlung boykottierten, starb das Projekt bereits in seinem Anfangsstadium. Der Verdacht liegt nahe, daß die Versammlung lediglich den Zweck verfolgte, gegenüber einer ungeduldigen Öffentlichkeit Initiativgeist zu demonstrieren, um nach seinem erwarteten Scheitern den nordirischen Politikern die Schuld dafür in die Schuhe zu schieben.

Wurde der erste Wahlerfolg Sinn Féins von den Medien und der britischen Regierung noch als emotionale Nachwehen des Hungerstreiks gewertet, so ließ sich das nach den nächsten Wahlen nicht mehr behaupten. 1983 erreichte die Partei bei den Wahlen zum britischen Unterhaus 13,4 %, was ca. 42,5 % der katholischen/nationalistischen Stimmen entsprach. Gerry Adams gewann in West-Belfast einen Unterhaussitz, den er

Die Entwicklung der Wahlergebnisse in Nordirland zwischen 1979 und 1987

	Official Unionist Party (OUP)	Democratic Unionist Party (DUP)	andere Unionisten	Alliance Party	Social Democratic and Labour Party (SDLP)	Sinn Féin (SF)	Workers Party (WP)
Unterhauswahlen 1979	36,6 %	10,2 %	12,3 %	11,9 %	19,7 %	–	1,7 %
Europawahlen 1979	21,9 %	29,8 %	7,3 %	6,8 %	24,6 %	–*)	0,8 %
Wahlen zum nordirischen Parlament 1982	29,7 %	23,0 %	5,7 %	9,3 %	18,8 %	10,1 %	2,7 %
Unterhauswahlen 1983	34,0 %	20,0 %	3,1 %	8,0 %	17,9 %	13,4 %	2,0 %
Europawahlen 1984	21,5 %	33,6 %	2,9 %	5,0 %	22,1 %	13,3 %	1,3 %
Unterhauswahlen 1987	37,9 %	11,7 %	5,3 %	10,0 %	21,1 %	11,4 %	2,6 %

(*) Gegen den erklärten Willen der Provisionals, die zum Wahlboykott aufriefen, kandidierte bei diesen Wahlen Bernadette Devlin-McAliskey. Zu ihrer Wahlplattform machte sie das Anliegen der republikanischen Gefangenen. Trotz des Boykottaufrufs der Provos, die auch vor einer aktiven Behinderung ihres Wahlkampfes nicht zurückschreckten, erhielt Bernadette Devlin-McAliskey erstaunliche 33.969 Stimmen bzw. 5,9 %.

bis heute nicht einnimmt. Danny Morrison verpaßte in Mid Ulster nur um 78 Stimmen einen zweiten Sitz für Sinn Féin.

Mit diesem Erfolg im Rücken gingen die Modernisierer im November auf dem Parteitag in die Offensive: Gerry Adams übernahm den Parteivorsitz vom Traditionalisten Ruairi O'Bradaigh, der die Partei seit der Spaltung der Republikanischen Bewegung geführt hatte. Die gesamte Parteiführung bestand nun aus Modernisierern. Zwar dominierte die nordirische Sektion in den Parteigremien, aber auch im Süden hatte sich mittlerweile eine Modernisiererfraktion etabliert. Sie bestand aus Teilen der alten Garde, die Adams und Morrison folgten, ehemals im Norden lebenden Aktivisten und neuen, jüngeren Kräften, von denen einige erst im Zuge der Hungerstreikkampagne zur republikanischen Bewegung gestoßen waren. Eine herausragende Rolle spielte Rita O'Hare, die im Norden auf der Fahndungsliste der Sicherheitskräfte steht und heute in Dublin lebt. Rita O'Hare sorgte außerdem dafür, daß feministisches Gedankengut in der Partei Einzug hielt. Heute ist sie Herausgeberin des Sinn-Féin-Blatts „AnPhoblacht/Republican News", der meistverkauften politischen Wochenzeitung in Irland.

Mit dem Wahlergebnis von 1983 war für Sinn Féin ein Höhepunkt erreicht. Als ein Jahr später zum Europäischen Parlament gewählt wurde, gingen die Sinn-Féin-Stimmen zurück. Die SDLP und einige britische Medien frohlockten, Sinn Féin habe den Zenit überschritten und würde schon bald keine Rolle mehr spielen. Doch schon im Mai 1985 zeigte sich, daß dies lediglich ein Wunschtraum war. Bei den Kommunalwahlen konnte die Partei 59 Sitze gewinnen. In Belfast überflügelte sie die SDLP und wurde zur stärksten Oppositionspartei. Bei den Unionisten und Loyalisten löste das Wahlergebnis einen größeren Schock als alle vorherigen Wahlerfolge Sinn Féins aus.

Die kommunalen Parlamente und Verwaltungen galten traditionell als Stützen der protestantischen Vorherrschaft. Die Einführung der Direktherrschaft verringerte zwar ihre Bedeutung, andererseits waren die kommunalen Parlamente nun das einzige Forum, das den Unionisten/Loyalisten blieb. Aber nun mußten sie die Institutionen eines Staates, den sie als einen exklusiv protestantischen/unionistischen betrachteten, mit dem politischen Arm der IRA teilen. In zwei Städten übernahm Sinn Féin sogar den Ratsvorsitz. Seither werden die Sitzungen der kommunalen Parlamente in Nordirland von tumultartigen Szenen bestimmt. Sinn-Féin-Abgeordnete sehen sich nicht nur verbalen, sondern auch physischen Attacken ausgesetzt. In Hillsborough hinderten Loyalisten die lokalen Sinn-Féin-Abgeordneten mit Gewalt am Betreten des Rathauses, um ihre Amtsenthebung zu erwirken. Diese erfolgt, wenn ein Abgeordneter dreimal hintereinander einer Sitzung ferngeblieben ist. Die RUC machte keine Anstalten, zugunsten der Parlamentarier einzugreifen.

Der Konsolidierungsprozeß verdeutlichte zugleich, daß dem Wachstum Sinn Féins im Norden Grenzen gesetzt sind, obwohl das Sinn-Féin-Potential sicher noch nicht völlig ausgeschöpft ist. In Wahlkämpfen ist Sinn Féin erheblichen Belästigungen durch die Sicherheitskräfte und Loyalisten ausgesetzt. In mehrheitlich protestantischen/loyalistischen Gebieten ist es für Sinn Féin oftmals unmöglich, Kandidaten aufzustellen. Sinn-Féin-Kandidaten und Wahlkampfhelfer laufen hier Gefahr, von loyalistischen Todesschwadronen ermordet zu werden.

Die hauptsächliche Wachstumsschranke ist jedoch die Klassenspaltung innerhalb der katholischen/nationalistischen Bevölkerungsgruppe. Eine Überwindung dieser Spaltung ist nur in einer Situation erheblicher Polarisierung und Emotionalisierung möglich, wie sie zur Zeit des Hungerstreiks gegeben war.

Vor diesem Hintergrund lag es nahe, daß die Sinn-Féin-Führung ihr Augenmerk stärker auf den Süden richtete. 1986 beschloß der Parteitag die Abschaffung des „Abstentionismus"-Prinzips, soweit es die Republik Irland betraf. Bisher nahm Sinn Féin die gewonnenen Sitze im britischen Unterhaus und in den Parlamenten in Belfast und Dublin nicht ein, da es sich bei diesen um Produkte der Teilung handelt. Erst in einem von London unabhängigen und gesamtirischen Parlament wollte Sinn Féin das Mandat wahrnehmen. Die Modernisierer verwarfen den Abstentionismus als Prinzip, weil er für die heutigen Verhältnisse im Süden untauglich sei und die Entwicklung Sinn Féins zu einer attraktiven Massenpartei behindere. Die Partei müsse der Tatsache Rechnung tragen, daß die überwiegende Mehrheit der südirischen Bevölkerung das Dubliner Parlament als legitime Institution anerkenne.

Die Parteitagsdebatte war mit der schweren Hypothek der Spaltung von 1969/70 belastet. Doch diesmal waren nicht Dubliner Bürokraten, sondern diejenigen, die im Norden die politische und bewaffnete Auseinandersetzung mit den Briten führten, für den Vorstoß verantwortlich. Wie schon bei vorherigen Entscheidungen besaßen die Modernisierer die Rükkendeckung der IRA, die sich bereits vor dem Parteitag mit großer Mehrheit für die Einnahme gewonnener Sitze im Dubliner Parlament ausgesprochen hatte.

So konnten die Traditionalisten keinen Keil zwischen die IRA-Aktivisten und die Sinn-Féin-Führung treiben. Es gelang ihnen auch nicht, die Mehrheit der Veteranen und ehemaligen Gründungskader der Provos hinter sich zu versammeln. Von den 628 Delegierten votierten schließlich 429 für den Antrag auf Sitzeinnahme. Von den 161 Delegierten, die sich für eine

Die Führung von Sinn Féin (von links nach rechts): Martin McGuinness, Gerry Adams, Danny Morrison. (Foto: AnPhoblacht/Republican News)

Beibehaltung des Abstentionismus-Prinzips ausgesprochen hatten, verließ lediglich eine kleine Minderheit den Tagungsort, um eine neue Partei mit dem Namen „Republican Sinn Féin" zu gründen.

Die Politisierung und Linksentwicklung der republikanischen Bewegung schlug sich jedoch nicht nur in einer veränderten Haltung zu den Wahlen nieder. Die Wahlurne war nur das auffälligste Element einer Strategie, die auf die Entwicklung von Massenpolitik und eine Verbindung des nationalen Befreiungskampfes mit innergesellschaftlichen Auseinandersetzungen abzielte. Besonderen Nachholbedarf hatte die republikanische Bewegung in der Frauenfrage und in ihrem Verhältnis zur Gewerkschaftsbewegung. Anfang der 80er Jahre war der Einfluß des Katholizismus innerhalb Sinn Féins noch so stark, daß sich die Partei nicht dazu in der Lage sah, an der Kampagne gegen die konstitutionelle Verankerung des Abtreibungsverbots in der Republik Irland teilzunehmen. 1986 sah das bereits anders aus: Sinn Féin beteiligte sich aktiv an der Referendumskampagne für eine Legalisierung der Ehescheidung. Dazwischen lag die Übernahme von Positionen der Frauenbewegung zur Abtreibungsfrage. Im Norden – und hier insbesondere in den urbanen Gettos – war dieser

Emanzipationsprozeß vom Chauvinismus und Katholizismus schon deutlich früher erfolgt, was an der politisierenden und radikalisierenden Wirkung des Konflikts lag. 1988 war die „Feminisierung" so weit gediehen, daß Irlands prominenteste Feministin, Nell McCafferty, ihre ideologischen Widersprüche zur republikanischen Bewegung weitgehend aufgelöst sah und Sinn Féin/IRA zur einzigen gesellschaftspolitischen Alternative erklärte.

DAS „NEW IRELAND FORUM"

Der Aufstieg Sinn Féins und die unverminderte Fortsetzung der IRA-Kampagne beunruhigten die südirische Regierung zunächst mehr als die britische. Dublin befürchtete, daß eine anhaltende Schwächung des moderaten Nationalismus im Norden auch auf den Süden Auswirkungen haben haben könnte. Gegen das dynamische Auftreten der jungen Garde der republikanischen Bewegung wirkten nicht nur die SDLP, sondern auch die konstitutionellen Parteien des Südens kraft- und ideenlos. Daher rief die südirische Regierung 1983/84 ein „New Ireland Forum" ins Leben, das Vorschläge für eine Beilegung des Konflikts im Norden und eine Neugestaltung des Verhältnisses zwischen der Republik Irland, Nordirland und Großbritannien ausarbeiten sollte. Eingeladen waren alle politischen Parteien Irlands außer Sinn Féin, weil die Partei Gewalt zur Durchsetzung ihrer politischen Ziele befürwortete. Die Beziehungen der DUP und OUP zu den loyalistischen Paramilitärs waren hingegen kein Thema für die Initiatoren. Allerdings lehnten es die unionistischen Parteien ab, den Konflikt im Norden in einem gesamtirischen Kontext zu diskutieren. So blieben die konstitutionellen Parteien des Südens und die SDLP unter sich. Das Forum unterbreitete schließlich drei Vorschläge für den zukünftigen Status Nordirlands: Einen irischen Einheitsstaat, ein konföderativer Zusammenschluß beider irischer Staaten und eine gemeinsame Verwaltung des Nordens durch London und Dublin.

Dublins Interesse war es, den anglo-irischen Konflikt, der eine ständige Herausforderung, Bedrohung und Erinnerung an den unvollendeten Charakter der irische Dekolonialisierung darstellte, ein- für allemal aufzulösen. Die Integration der nationalistischen Minderheit sollte den Weg für eine interne Lösung im Norden bereiten, damit sich das südirische Establishment vom dortigen Geschehen und der Verantwortung für die Minderheit verabschieden könnte.

Obwohl der Abschlußbericht des Forums moderat gehalten war und erstmals Alternativen zur gesamtirischen Unabhängigkeit angeboten wurden, erklärte Thatcher ihn für indiskutabel. Alle drei genannten Optionen seien „out, out, out!". Thatchers harsche Reaktion verschärfte die Krise des konstitutionellen Nationalismus. Schließlich hatten die Dubliner Regierung und die SDLP von sich behauptet, im Gegensatz zur republikanischen Bewegung die britische Regierung zu Konzessionen bewegen zu können.

Die Krise, die das katholische Establishment beiderseits der Grenze nun durchmachte, wird durch ein Statement von Kardinal Tomas O'Fiaich verdeutlicht: „Sollte Sinn Féin Recht haben, daß Gewalt das einzige Mittel ist, um Konzessionen von der britischen Regierung zu erhalten?"

Der britischen Regierung dämmerte es bald, daß sie kein Interesse daran haben konnte, die Position der SDLP und der südirischen Regierung zu schwächen. Stattdessen galt es, diese Kräfte in den Kampf gegen den radikalen Republikanismus stärker einzubinden. Das war jedoch kaum möglich, wenn man sie ständig brüskierte. Eine spektakuläre IRA-Aktion tat ein Übriges, um eine Kurskorrekur in der anglo-irischen Diplomatie zu bewirken. Am 13. Oktober 1984 entging Thatcher nur knapp einem Anschlag auf das Hotel in Brighton, in dem der Parteitag der Konservativen stattfand. Vier Parteitagsdelegierte wurden getötet. Das Statement der IRA war eindeutig: „Die IRA trägt die Verantwortung für die Zündung der 100-Pfund-Bombe in Brighton gegen das britische Kabinett und die Tory-Kriegstreiber. Frau Thatcher wird nun erkennen, daß Großbritannien nicht damit durchkommt, unser Land zu besetzen, unsere Gefangenen zu foltern und unser Volk in seinen eigenen Straßen zu erschießen. Heute hatten wir kein Glück, aber denkt daran: Wir müssen nur einmal Glück haben – Ihr müßt immer Glück haben. Gebt Irland Frieden und es gibt keinen Krieg mehr."

Neben dem Aufstieg Sinn Féins war die militärische Kampagne der IRA der zweite Faktor, der im November 1985 im nordirischen Hillsborough zur Unterzeichnung des anglo-irischen Vertrags zwischen London und Dublin führte.

Das anglo-irische Abkommen

Mit den Vorschlägen des New Ireland Forums hatte das Vertragswerk kaum etwas zu tun. Die Konzessionen, zu denen sich die britische Regierung nun bereit erklärte, bewegten sich weit unter dem Niveau der Forderungen, die Dublin und die SDLP noch wenige Monate zuvor erhoben hatten. Der konstitutionelle Status Nordirlands blieb nicht nur unangetastet, sondern wurde ausdrücklich bestätigt. So heißt es im ersten Artikel des anglo-irischen Vertrags, daß eine Änderung des völkerrechtlichen Status' Nordirlands die mehrheitlichen Zustimmung der nordirischen Bevölkerung benötige. Diese Formulierung entspricht dem loyalistischen Veto-Recht, das nun erstmals von der Dubliner Regierung in einem (internationalen) Vertrag anerkannt wurde. Während die südirische Regierung und die SDLP noch versuchten, das Abkommen als einen Meilenstein auf dem Weg zum irischen Einheitsstaat zu verkaufen, interpretierte der britische Nordirlandminister King den gleichen Text als „Bollwerk gegen ein vereinigtes Irland". Die südirische Regierung habe gegen ihre eigene Verfassung einen Vertrag unterzeichnet, in dem sie anerkenne, daß es ein vereinigtes Irland niemals geben werde.

Alles, was das Thatcher-Kabinett der Dubliner Regierung zugestand, war eine konsultative Rolle, die lediglich das Recht beinhaltet, eigene Vorschläge zu nordirischen Fragen zu unterbreiten. Ob Dublins Vorschläge angenommen werden, liegt allein in der Entscheidungsgewalt der britischen Regierung.

Der Vertrag enthält eine Reihe von vagen Aussagen über eine Reform des nordirischen Rechtssystems und der politischen und sozialen Bedingungen, die der Entfremdung der Minderheit vom nordirischen Staat und seinen Institutionen entgegenwirken sollen. Die Mehrzahl dieser Aussagen ist jedoch von dem Gedanken geprägt, den Kampf gegen den „Terrorismus" zu effektivieren. So soll die Reform des Rechtssystems hauptsächlich in einer Angleichung der Gerichtshöfe, Rechtsprechungen und repressiven Gesetze von Norden und Süden bestehen.

Außerdem wird in dem Vertrag ein auf interkonfessionellem Konsens basierender Devolutionsprozeß befürwortet, also das schrittweise Zurückdelegieren politischer Kompetenz auf nordirische Institutionen. Durch die Aussicht auf Machtausübung sollen Unionisten und Loyalisten zur Kooperation bewegt und die südirische Regierung auf eine interne Lösung des Konflikts festgelegt werden. Immerhin hatte Dublin noch 1982 den Prior-Plan mit der Begründung abgelehnt, Nordirland sei eine gescheiterte politische Einheit, weshalb eine interne Lösung nicht funktionieren könnte.

Kernpunkt des Vertrags ist jedoch die Sicherheitspolitik, der alle anderen Fragen eindeutig untergeordnet sind. Die britische Regierung verstand das anglo-irische Abkommen von Anfang an als Rahmen für eine Strategie des militärischen Sieges über die IRA. Mit einer Reduzierung der Gewalt, wie sie ihre Vorgänger anstrebten, will sich Thatcher nicht zufriedengeben. Das Abkommen soll die südirische Regierung in die britische Strategie einbinden und politisch neutralisieren. So schrieb der konservative „Daily Telegraph" nach der Unterzeichnung, das Abkommen habe hauptsächlich zum Ziel, „die Welt – insbesondere die USA und unsere europäischen Verbündeten – zu überzeugen, daß London und Dublin in gleicher Weise gegen die IRA sind." Eine enge sicherheitspolitische Kooperation mit der Republik soll der IRA das logistische Hinterland abschneiden, das vor allem aus den südirischen Grenzgebieten besteht.

Die britische Regierung errichtete Beobachtungstürme entlang der South Armagh-Grenze, die von der lokalen Bevölkerung nach dem Ort der Vertrags-Unterzeichnung als „Hillsborough Wall" bezeichnet werden. Die Patrouillentätigkeit nahm auf beiden Seiten der Grenze erheblich zu und die Zusammenarbeit zwischen den nordirischen und den südirischen Sicherheitskräften wurde intensiviert. Als Ende 1987 bekannt wurde, daß größere Schiffsladungen von Waffen für die IRA auf der Insel eingetroffen waren, veranstalteten London und Dublin gemeinsam eine gesamtirische Durchsuchungsaktion. In der Republik wurden über 50.000 Häuser durchsucht. Seit der Unterzeichnung des Abkommens gelangen der südirischen Polizei immer wieder spektakuläre Waffenfunde, die zu einem großen Teil auf die logistische Unterstützung der nordirischen Sicherheitskräfte zurückzuführen waren. Die größte Konzession machte die südirische Regierung in der Frage der Auslieferung („extradition") von republikanischen Aktivisten. Als Folge des Abkommens unterzeichnete sie die Europäische Anti-Terrorismuskonvention, gegen die sie bis dahin – mit Verweis auf die besondere Situation in Nordirland – Vorbehalte hatte. Die Auslieferungsgesetze untersagten in der Vergangenheit die Auslieferung von „Straftätern" an die nordirische oder englische Justiz, wenn sie politische Motive geltend machen konnten. Währenddessen blieben die politischen und sozialen Reformen aus, die Dublin und die SDLP als Gegenleistung erhofft hatten.

Die Krise der Loyalisten

Die Loyalisten rebellierten gegen das Abkommen, an dessen Zustandekommen sie nicht beteiligt waren. Sie betrachteten das Abkommen als Ausverkauf des konstitutionellen Status' Nordirlands. Einmal mehr kompensierten sie ihre Befürchtungen durch Angriffe auf die Minderheit. Die Zahl der Morde an katholischen Zivilisten nahm erheblich zu und ca. 1.200 katholische Familien wurden im ersten Jahr nach Unterzeichnung des Abkommens aus ihren Häusern vertrieben. Die Schwerpunkte der sektierischen Offensive waren Belfast, Lisburn und Portadown. Der Widerstand der Loyalisten war jedoch ein notwendiger Bestandteil des Kalküls der britischen und südirischen Regierung. Die Loyalisten sollten im begrenzten Maße rebellieren, um bei der nationalistischen Minderheit den Eindruck zu erwecken, daß das Abkommen ihnen substantielle Verbesserungen bringen würde. Die Zustimmung, die das Abkommen für eine Zeitlang bei der überwiegenden Mehrheit der nordirischen Katholiken genoß, basierte darauf, daß die britische Regierung offenbar die Loyalisten brüskierte. Zwar kam es nun sporadisch zu militanten Auseinandersetzungen zwischen der RUC und den Loyalisten, doch änderten sie nichts am sektiererischen und repressiven Auftreten der Polizei in den katholischen Vierteln.

Die vergebliche Rebellion der Loyalisten verschlimmerte ihre Krise, da sie das Gegenteil erreichte: Die unnachgiebige Haltung der britischen Regierung demonstrierte, daß ihr Vetorecht nur existiert, wenn London dies will. Darüber hinaus vertiefte der Protest die Kluft zwischen ihnen und der britischen Öffentlichkeit, die von „loyalen Bürgern" erwartete, daß sie die Beschlüsse der Regierung akzeptierten. Die militante Rebellion der Loyalisten erweckte bei vielen Briten den Eindruck, daß es sich bei den nordirischen Protestanten um undankbare und ungehorsame irische „Paddies" handelte und war Wasser auf die Mühlen derjenigen, die laut über einen britischen Rückzug aus der Provinz nachdachten.

Die Loyalisten begriffen zu spät, daß das „Hillsborough"-Abkommen mit dem „Sunningdale"-Abkommen und der Situation der Jahre 1973/74 nicht vergleichbar ist. Für das anglo-irische Abkommen ist eine Tory-Regierung verantwortlich, die alle wesentlichen Fraktionen des britischen Establishments hinter sich weiß. Der Erfolg von 1974, den die Loyalisten nun wiederholen wollten, war nur deshalb möglich, weil große Teile des Establishments kein großes Interesse an der Vereinbarung von Sunningdale hatten und der Staat keine ernsthaften Anstalten machte, sie durchzusetzen.

Der loyalistische Widerstand begab sich in eine Sackgasse, aus der er bis heute nicht herausgefunden hat. Die Mobilisierungskraft der loyalistischen Führer zeigte Verschleißerscheinungen. Im November 1988 versammelten sich nur noch 100 Protestanten in der loyalistischen Hochburg Larne, um Ian Paisleys Rede zum dritten Jahrestag des Abkommens zu hören. Andererseits hat sich nichts daran geändert, daß die überwiegende Mehrheit der Protestanten das Abkommen ablehnt. Doch die Zeit des aktiven Massenprotestes ist vorbei, weil der Masse der Protestanten schon bald klar wurde, daß der Widerstand keine Erfolgschancen besaß. Außerdem erwiesen sich viele der Befürchtungen als grundlos, wozu vor allem die Verstärkung des militärischen Drucks auf die republikanische Bewegung beitrug. Die britische Regierung bemühte sich darum, den Protestanten zu vermitteln, daß ihre Sicherheit mit dem Abkommen sogar zunehmen würde.

Darüber hinaus mangelt es der protestantischen Bevölkerungsgruppe an Alternativen. Realitätstüchtig sind ohnehin nur solche, die die Zustimmung der britischen Regierung finden. Eine Rückkehr zur Selbstverwaltung Nordirlands innerhalb des Vereinigten Königreichs wird von London nur befürwortet, wenn sie mehr Stabilität verspricht als die gegenwärtige Direktherrschaft. Das setzt jedoch voraus, daß die SDLP an der Machtausübung beteiligt wird, womit sich die Loyalisten schwer tun. Aber auch für die SDLP ist ein derartiger Schritt mit erheblichen Risiken belastet. Eine einseitige nordirische Unabhängigkeitserklärung nach dem Vorbild des ehemaligen Rhodesien und seiner weißen Siedler taugt nicht einmal als Drohung: Gerade die protestantische Bevölkerungsgruppe ist von Großbritannien extrem abhängig. Über 50 % der beschäftigten Protestanten werden heute vom britischen Staat ausgehalten. Wann immer der loyalistische Widerstand eine Abkoppelung von London betreibt, zieht sich diese Masse der Protestanten auf eine Position des stillen Widerstands zurück und nimmt die britische Nordirlandpolitik letztlich als „kleineres Übel" hin.

DER TOD EINER GUERILLA

Die republikanische Bewegung bestand nur noch aus den Provos, als die britische Regierung ihre militärische Offensive begann. Die IRSP und ihr militärischer Flügel, die INLA, waren ausschließlich damit beschäftigt, sich selbst zu liquidieren. Die Organisationen spalteten sich in diverse Fraktionen, die politisch und militärisch bedeutungslos waren. Die blutige Fehde, die mehr von persönlicher Konkurrenz als von politischen Differenzen bestimmt wurde, kostete im Verlauf des Jahres 1987 zwölf Beteiligte das Leben. Sinn Féin und die IRA forderten die IRSP- und INLA-Reste immer wieder auf, ihre Waffen abzugeben und sich aufzulösen, da sie keinen positiven Beitrag zum anti-britischen Widerstand leisten würden. Die Sicherheitskräfte verfolgten das blutige Treiben mit Häme: Nicht nur, daß sich hier eine republikanische Organisation selbst den Garaus machte, sondern die Art und Weise, in der sie dies tat, war auch eine Diskreditierung des bewaffneten Kampfes. Die IRSP- und INLA-Fraktionen schienen die Propaganda von den unpolitischen, kriminellen und psychopathischen Terroristen zu bestätigen.

Der Niedergang der IRSP/INLA hatte ihren Anfang bereits in der gezielten Liquidierung ihrer politischen Köpfe genommen – zunächst durch die Official IRA, dann durch die britischen und loyalistischen Todesschwadrone. Das hatte zur Folge, daß militaristische Elemente innerhalb der Organisationen zusehends die Oberhand gewannen. Nach dem Ausbruch des internen Konflikts verließen auch noch die letzten politischeren Mitglieder die Organisationen.

Ein weiterer Meilenstein des Niedergangs war ausgerechnet der Hungerstreik, der der republikanischen Bewegung so viel neue Sympathien eingebracht hatte. IRA und INLA sahen sich mit einer großen Zahl junger Menschen konfrontiert, die entschlossen waren, den bewaffneten Organisationen beizutreten. Während die IRA ihre vorsichtige Rekrutierungspolitik fortsetzte, rannten die Beitrittswilligen bei der INLA offene Türen ein. Möglicherweise sah die INLA-Führung in einer unkontrollierten und hastigen Aufnahmepolitik die Chance, die personelle Kluft zu den Provos zu verringern. Der Schuß ging allerdings nach hinten los: Viele der neuen Mitglieder waren unpolitisch und der Herausforderung nicht gewachsen. Während die IRA die britische Kronzeugenstrategie überlebte, führte sie bei der INLA fast zur Zerschlagung der Organisation.

Ein weiterer Faktor war die Politisierung und Linksentwicklung der Provos. IRSP und INLA hatten ihren Anspruch auf eine eigenständige Existenz neben Sinn Féin und der IRA ursprünglich damit begründet, daß die Provos zu militaristisch und zu wenig sozialistisch orientiert seien. Im Gegensatz zu Sinn Féin lehnte die IRSP das Abstentionismus-Prinzip und den Boykott nordirischer Wahlen als unpolitisch ab. Die Entwicklung der Provos während und nach dem Hungerstreik trieben die IRSP und ihren bewaffneten Arm in eine Legitimationskrise, aus der sie sich mit ideologischen Purzelbäumen und politischen Wendungen herauszuretten versuchten.

Die Verwischung der Grenzen zwischen Kriminalität und bewaffnetem Kampf tat ein Übriges, die Reputation von IRSP und INLA zu zerstören. Militärische Aktionen reduzierten sich auf Maßnahmen zur Geldbeschaffung, und INLA-Mitglieder waren in kriminelle Aktivitäten in West Belfast verwickelt. In Divis Flats, einer ehemaligen Hochburg der Organisation, rief die Bevölkerung schließlich die Provos zu Hilfe. Der einzige Grund, warum sich die Organisationen und ihre späteren Fraktionen nicht auflösten, schien der Besitz von Waffen und die Existenz einer Kriegskasse zu sein.

Die Eskalation der Gewalt

Der Auftakt der militärischen Offensive der britischen Regierung ereignete sich im Mai 1987 in Loughgall in der Grafschaft Tyrone. Seit Februar 1985, als in Newry die RUC-Station zerstört und neun RUC-Beamte getötet worden waren, hatten die Provos eine Serie von Anschlägen auf die Einrichtungen der Polizei und Armee durchgeführt. Anstatt den Bau neuer Reviere und Stützpunkte zu betreiben, wie insbesondere in den Grenzgebieten beabsichtigt, waren die Sicherheitskräfte mit der Reparatur beschäftigt. Nachdem zahlreiche Firmen aufgrund von IRA-Drohungen Aufträge der Sicherheitskräfte abgelehnt hatten, mußte die britische Regierung im Sommer 1986 Baukolonnen aus Schottland und weitere Truppen zu deren Schutz einfliegen. Doch im Mai 1987 ging die IRA in eine Falle des SAS und der RUC. Bei einem Anschlag auf das RUC-Revier in Loughgall wurden acht IRA-Mitglieder erschossen. Ein Zivilist, den die Soldaten für einen IRA-Mann gehalten hatten, wurde ebenfalls getötet. Zeugen berichteten später, daß einige Opfer erschossen worden waren, obwohl sie ihre Waffen weggeworfen und die Hände erhoben hatten. Doch da sich die IRA-Mitglieder im Einsatz befunden hatten, löste ihre Exekution nicht den gleichen Protest aus wie die „shoot-to-kill"-Politik, die gezielte Erschießung von unbewaffneten republikanischen Aktivisten. Auch Sinn Féin und die IRA sprachen zunächst nicht von einem neuerlichen „shoot-to-kill"-Fall. Tatsächlich war Loughgall jedoch eine neue Variante der Todesschuß-Politik. Man wartete nun ab, bis sich die observierten IRA-Einheiten im Einsatz befanden.

Dem militärischen Coup der Sicherheitskräfte folgte im November des gleichen Jahres ein propagandistischer, für den die Provos selbst verantwortlich waren. In Enniskillen explodierte eine IRA-Bombe, der elf protestantische Teilnehmer einer Gedenkfeier für die nordirischen Weltkriegstoten zum Opfer fielen. Die genauen Umstände der Explosion sind bis heute ungeklärt. Die IRA behauptete, die Bombe sei zwar von ihr gelegt worden, sie sei jedoch versehentlich durch elektronisches Gerät der britischen Armee gezündet worden. Die Bombe sei für eine Fußpatrouille der Sicherheitskräfte bestimmt gewesen. Die IRA-Version wurde später von einer Reihe von Bombenexperten bestätigt. Dennoch übernahm die IRA die politische Verantwortung für das Massaker. Die Bombe hätte nie an diesem Ort gelegt werden dürfen, da ihre Explosion in jedem Falle Zivilisten gefährden mußte, sagte die IRA in ihrer Presseerklärung.

Nicht nur die britische Regierung, sondern auch die katholische Hierarchie ging nach Enniskillen gegen die IRA und ihre Unterstützer in die Offensive. Die katholische Hierarchie forderte die katholische Minderheit auf, ihre Ablehnung gegenüber den Sicherheitskräften aufzugeben und sie stattdessen im Kampf gegen die IRA zu unterstützen. Bürger, die den Sicherheitskräften Informationen vorenthielten oder gar IRA-Aktivisten ihre Häuser zur Verfügung stellten, seien keine „echten Katholiken", sondern Komplicen der „IRA-Mörder".

Die Enniskillen-Bombe fügte der IRA zwar erheblichen politischen Schaden zu, andererseits machte sie die Minderheit gegenüber den Sicherheitskräften nicht kooperationsbereiter. Zehn Monate später zitierte die südirische Wochenzeitung „Sunday Tribune" einen hohen Offizier der südirischen Polizei. Er sagte, die RUC und die britische Armee hätten auch nach Enniskillen keine Einbrüche in die katholische/nationalistische Bevölkerungsgruppe verzeichnen können: „Keine Kooperation, keine Information, nicht ein Jota." Und die britische „Sunday Times" konstatierte zum gleichen Zeitpunkt resigniert: „Wir müssen akzeptieren, daß die IRA versehentlich drei oder vier Schulen und Krankenhäuser in die Luft sprengen und einen Bus mit Nonnen beschießen könnte, aber nachdem sie ihre üblichen Entschuldigungen vorgebracht hätte, würde sie ihre alte Autorität zurückerlangen und bei vielen ihr hohes Ansehen behalten. (...) Die Minderheit verhält sich größtenteils passiv, fühlt sich der Autorität der IRA mehr verpflichtet als der Regierung." Wurde unmittelbar nach Enniskillen prognostiziert, der IRA und ihrem politischen Flügel drohe nun die völlige Isolierung, so hatte die Unterstützung für Sinn Féin vier Monate später laut einer Umfrage des nordirischen Fernsehens UTV und des unabhängigen politischen Magazins „Fortnight" bereits wieder das alte Niveau erreicht.

Eine Kette von Ereignissen, die allesamt bezeichnend für das Wesen der britischen Herrschaft in Nordirland waren, trug mit dazu bei, daß die Bombe von Enniskillen Anfang 1988 aus der öffentlichen Diskussion verschwand. Ende Januar hatte der britische Generalstaatsanwalt entschieden, keine Anklage gegen RUC-Mitglieder zu erheben, die unbewaffnete IRA- und INLA-Mitglieder ermordet hatten. Die „shoot-to-kill"-Politik war ein äußerst sensibles Thema, hatte sie doch bei Nordirlands Katholiken den Eindruck erweckt, sie seien zum Abschuß durch die Sicherheitskräfte freigegeben. Die Entscheidung des britischen Generalstaatsanwaltes konnte nur als Bestätigung für eine von höchster Stelle sanktionierte „shoot-to-kill"-Strategie interpretiert werden. Die Empörung der Minderheit hatte sich noch nicht gelegt, als die britische Armee von einem Observationsposten den Katholiken Aidan McAnespie erschoß, der sich auf dem Weg zu seinem Gaelic Footballclub befand. Die britische Regierung sprach von einem Versehen, doch erst kurze Zeit vorher war in einer irischen Zeitung ein Artikel erschienen, in dem McAnespie als der am meisten von den Sicherheitskräften schikanierte Mann Nordirlands bezeichnet wurde. McAnespie war Sinn-Féin-Wahlhelfer, und die Soldaten hatten ihm wiederholt mit Erschießung gedroht. Gleichzeitig wurde bekannt, daß Ian Thain vorzeitig aus der Haft entlassen worden und in die Reihen der Armee zurückgekehrt war. Thain hatte 1983 in West Belfast den „Roadie" einer Pop-Gruppe erschossen, wofür er eine lebenslange Haftstrafe erhielt. Er war der einzige britische Soldat, der jemals wegen Mordes im Dienst verurteilt worden war. Als er das Gefängnis verließ, hatte er gerade dreieinhalb Jahre seiner Strafe abgesessen. Eine derartige Nachsicht kennt die britische Regierung gegenüber jugendlichen IRA-Tätern nicht: Nach wie vor sitzen in den nordirischen Gefängnissen 151 ehemalige IRA-Aktivisten, die als Minderjährige zu Haftstrafen von unbestimmter Dauer verurteilt worden waren und deren Schicksal allein vom Willen des Nordirlandministers abhängt. 46 von ihnen sitzen bereits seit über zwölf Jahren im Gefängnis, 13 sogar seit über fünfzehn Jahren.

Anfang März demonstrierte die britische Regierung, daß die „shoot-to-kill"-Politik keineswegs der Vergangenheit angehörte. In der britischen Kronkolonie Gibraltar wurden drei IRA-Mitglieder, darunter die prominente Mairead Farrell, vom SAS erschossen. Was die IRA-Einheit in Gibraltar plante, ist bis heute unbekannt. Fest steht jedoch, daß ihre Bewegungen seit der Abreise in Belfast genauestens beobachtet wurden. Die Aktivisten gingen in eine Falle des SAS. Ein Mitglied des Trios, Danny McCann, war auf dem Weg zum Dubliner Flughafen in eine Straßenkontrolle der Armee geraten. McCann war den Briten bestens bekannt: Soldaten hatte dem IRA-Aktivisten ein Jahr zuvor ein Kreuz mit seinem Namen vor die Haustür gestellt. Dennoch ergab eine Rückfrage der Soldaten bei der Zentrale, daß man ihn weiterfahren lassen sollte. Die IRA-Aktivisten waren zum Zeitpunkt ihrer Erschießung unbewaffnet. Eine Augenzeugin berichtete, daß ein SAS-Mann mit gespreizten Beinen über dem am Boden liegenden Seán Savage stand und Schüsse in dessen Kopf abfeuerte. Selbst Labour-Abgeordnete, die zunächst die Exekution bejubelt hatten, sprachen – nachdem nähere Details bekannt geworden waren – von der Vollstreckung der Todesstrafe ohne Gerichtsurteil. Sie verglichen den SAS mit lateinamerikanischen Todesschwadronen.

Nach den Morden von Gibraltar war die Situation in Nordirland so gespannt wie seit dem Hungerstreik nicht mehr. Über eine Woche lang setzten aufgebrachte katholische/nationalistische Jugendliche LKWs und Busse in Brand und bewarfen die Sicherheitskräfte mit Steinen und Benzinbomben. Es verging kaum ein Tag, an dem nicht mehrere Bombenwarnungen gleichzeitig ergingen. Die Beisetzung der Gibraltar-Opfer wurde zunächst zu einer eindrucksvollen Demonstration eines unveränderten Widerstandswillens, im Süden wie im Norden. Weit über 30.000 Menschen säumten die Route vom Dubliner Flughafen nach Belfast, auf der ein 6 km langer Autokonvoi die Särge der drei IRA-Toten begleitete.

Vor der Beisetzung, die zwei Tage später stattfand, kündigten Armee und Polizei an, daß sie einschreiten würden, falls die Beerdigungen für „paramilitärische Propagandazwecke mißbraucht werden würden". Was dies bedeutet, hatten sie bereits zweieinhalb Wochen vorher bei der Beerdigung der IRA-Mitglieder Brendan Burns und Brendan Moley demonstriert. Burns und Moley hatten sich selbst in die Luft gesprengt, weil ihre Bombe frühzeitig explodierte. Als maskierte und uniformierte IRA-Männer den Sarg von Burns übernahmen, intervenierten die Sicherheitskräfte. Die RUC prügelte wild auf die Trauergäste ein, um sich einen Weg zum Sarg zu bahnen. Doch die IRA-Männer konnten in der Menge unerkannt untertauchen. Daraufhin wurden hunderte von Soldaten mit Transporthubschraubern eingeflogen. Die Bilder von den auf die Trauergäste einprügelnden Soldaten und Polizisten empörten auch große Teile des gemäßigt-nationalistischen Lagers.

Der Kampf um die Beerdigungen

Der Kampf um die Beerdigungen hatte bereits einige Jahre zuvor begonnen. Seit dem Hungerstreik von 1981 war die militärische Zeremonie, mit der die IRA ihren Toten Tribut zollt, der britischen Regierung ein Dorn im Auge, da sie die republikanische Guerilla als legitime Streitmacht erscheinen ließ und der Kriminalisierungs- und Terrorismuspropaganda widersprach. Die Frage war nun, wie sich die Sicherheitskräfte bei dem Begräbnis der Gibraltar-Opfer verhalten würden. Die Angehörigen der Opfer hatten sich geweigert, Absprachen mit der RUC einzugehen. Sinn Féin und die IRA hatten erklärt, daß sie an einem friedlichen Verlauf der Beerdigungen interessiert waren. Am Tag, an dem die Särge von Dublin nach Belfast transportiert wurden, wurde in West Belfast in der Nähe eines britischen Observationspostens ein Mahnmal für Mairead Farrell, Danny McCann und Seán Savage errichtet, an dem eine Gruppe von IRA-Mitgliedern Salutschüsse abfeuerte. In dem Statement der IRA hieß es: „Die IRA hat ihren gefallenen Freiwilligen nun ihre Ehre erwiesen. Wir wünschen den Familien von Mairead, Seán und Danny eine friedliche und würdige Beisetzung."

Über 20.000 Menschen folgten am 16. März 1988 den mit irischen Trikoloren bedeckten Särgen zum Milltown-Friedhof, auf dessen republikanischem Teil die drei beigesetzt werden sollten. Zur Überraschung vieler Trauergäste war von den Sicherheitskräften nichts zu sehen. Als der Sarg von Seán Savage niedergelassen wurde, detonierten plötzlich Handgranaten. Ein Loyalist war von der angrenzenden Autobahn auf den Friedhof vorgedrungen. Er warf mit Handgranaten und feuerte Schüsse in die Menge. 50 Trauergäste wurden zum Teil schwer verletzt. Drei Männer starben bei dem Versuch, den Attentäter zu überwältigen.

Sinn-Féin-Präsident Gerry Adams beschuldigte später Elemente aus der RUC, den Attentäter mit Informationen über den Rückzug der Sicherheitskräfte versorgt zu haben. Dieser Vorwurf war keineswegs aus der Luft gegriffen, und die Sicherheitskräfte mußten sich unbequeme Fragen gefallen lassen. Woher wußten die Attentäter, daß sich Polizei und Armee entgegen der bis dahin üblichen Praxis vom Friedhof fernhalten würden? Noch am Abend zuvor waren die Sicherheitskräfte vor den Elternhäusern von Mairead Farrell und Seán Savage aufmarschiert.

Während der Beerdigung kreiste ständig ein Armeehubschrauber über der Menge, und in unmittelbarer Nachbarschaft zum Friedhof liegt ein Observationsposten, von dem aus sich das Gelände einsehen läßt. Die Sicherheitskräfte konnten somit alle Bewegungen auf dem Friedhof kontrollieren. Dennoch ging der Attentäter in aller Ruhe vor. Er stand nur wenige Meter von den Trauergästen entfernt und nahm sich gar die Zeit, seine Pistole nachzuladen. Er konnte schließlich von beherzten Trauergästen gestellt werden. Erst jetzt intervenierte die RUC und rettete dem Attentäter dadurch das Leben. Am Rand der Autobahn hatte ein Transit geparkt, der in dem Moment wegfuhr, als sich der Attentäter und seine Verfolger der Autobahn näherten. Viele Augenzeugen hielten den Wagen zunächst für das Fahrzeug des Attentäters, doch die RUC erklärte später, die beiden Insassen des Transit seien Polizeibeamte gewesen, die den Verkehr kontrollieren sollten.

Der Nordirland-Sprecher der Labour Party, Kevin McNamara, fragte im Unterhaus, was zwei Polizeibeamte am Rande einer von mehreren Tausend Menschen besuchten Beerdigung suchten. Und warum griffen sie nicht ein, obwohl sie unmittelbare Zeugen des Vorgangs waren und der Täter aus der Richtung ihres Wagens kam? Und warum fuhren sie in dem Moment davon, als Trauergäste versuchten, des Täters habhaft zu werden? Eine Dokumentation des abgehörten Funkverkehrs zwischen dem Armeehubschrauber und einer RUC-Patrouille in der Nähe des Schauplatzes ergab, daß diese zunächst eingreifen wollte, dann jedoch angewiesen wurde, davon abzulassen.

Der festgenommene Attentäter, Michael Stone, behauptete, die Sicherheitskräfte hätten ihn mit Dossiers über führende Republikaner versorgt, was diese allerdings bestritten. Bei der am Tatort gefundenen Waffe handelte es sich um eine Pistole, wie sie von der RUC benutzt wird. Ihre Seriennummer war entfernt worden, um die Herkunft der Waffe zu vertuschen. Stones Ziel war offensichtlich die am Grab versammelte Sinn-Féin-Führung gewesen.

Den Sicherheitskräften paßte der Anschlag ins Konzept. Er sollte der nationalistischen Öffentlichkeit beweisen, daß die Anwesenheit der Sicherheitskräfte bei Beerdigungen in Zukunft unerläßlich war.

Eines der drei Opfer Michael Stones war der IRA-Mann Kevin Brady. Er wurde zwei Tage später beerdigt. Als sich die Trauergäste im West Belfaster Stadtteil Andersonstown versammelten, fuhr plötzlich ein PKW mit hoher Geschwindigkeit auf die Menge zu. Viele gingen davon aus, daß ein weiterer loyalistischer Anschlag stattfand. Einer der beiden Insassen hatte eine Pistole gezogen. Die aufgebrachte Menge zerrte die beiden Insassen aus dem Wagen und verprügelte sie. Erst jetzt stellte sich heraus, daß es sich bei ihnen um Soldaten in Zivilkleidung handelte. Sie wurden in einem Taxi zum nahegelegenen Gaelic Football-Stadion gefahren, wo IRA-Leute sie erschossen. Ob es sich bei der Fahrt in die Trauergemeinde um eine offiziell abgesegnete „undercover"-Mission handelte, blieb bis heute ungeklärt. Die beiden Soldaten gehörten einer Nachrichteneinheit an, die offiziell für den SAS arbeitet. Wenn die Angaben der Armeeführung stimmen, daß sich die beiden Soldaten auf dem Weg von der Howard-Street-Mill-Kaserne zum Hauptquartier in Lisburn befunden haben, müssen sie einen Kontrollpunkt der RUC und Armee passiert haben, da sämtliche Zufahrtsstraßen nach West-Belfast abgeriegelt waren. Einige hundert Meter vor dem Trauerzug waren die Soldaten von Sinn-Féin-Ordnern gestoppt worden, die ihnen empfahlen umzukehren. Doch stattdessen fuhren sie mit hoher Geschwindigkeit weiter.

Mit dem Zwischenfall auf der Brady-Beerdigung schien der propagandistische Erfolg, den die republikanische Bewegung zwei Tage zuvor errungen hatte, relativiert zu sein. Die Medien berichteten, die loyalistische Attacke auf die Beisetzung der Gibraltar-Opfer und der Tod der beiden Soldaten hätten dokumentiert, daß die Sicherheitskräfte auf republikanischen Beerdigungen eben doch anwesend sein müßten. Dabei wird vergessen, daß die Beerdigung Kevin Bradys völlig friedlich verlaufen wäre, wenn die Sicherheitskräfte tatsächlich ferngeblieben wären.

Bild S. 158/159: Auseinandersetzungen bei der Beerdigung des IRA-Mannes Lawrence Marley, Juli 1987. (Foto: Pacemaker)

Inzwischen hatte die IRA die militärische Auseinandersetzung intensiviert. Einerseits wollte sie die Unmöglichkeit des Unterfangens, die IRA militärisch zu besiegen, unter Beweis stellen; andererseits erfolgte die Intensivierung der militärischen Kampagne mit Blick auf den 20. Jahrestag der britischen Intervention im August 1989. Die Aufmerksamkeit der britischen und internationalen Medien sollte rechtzeitig wieder auf den Konflikt gelenkt werden. Die IRA bemühte sich außerdem darum, ihre Angriffe stärker auf die britische Armee zu konzentrieren. Die hysterische Reaktion auf die Erschießung der beiden Soldaten in Andersonstown hatte gezeigt, daß die englischen Politiker und die englische Öffentlichkeit auf den Tod eines Mitglieds ihrer Streitkräfte erheblich sensibler reagierten, als auf den Tod eines Mitglieds der nordirischen Sicherheitskräfte. Jeder tote Soldat der britischen Armee holte den Konflikt auf die britische Insel, ließ den Preis des Krieges um Nordirland in die Höhe schnellen und verstärkte die „Troops-Out"-Stimmung. Dagegen waren die RUC- und UDR-Mitglieder nur Kanonenfutter, für deren Tod die englische Bevölkerung nur ein Achselzucken übrig hatte.

Die IRA-Offensive wurde zunächst von einer Reihe von Fehlschlägen begleitet, die im Verlauf des Jahres 1988 elf unbeteiligten Zivilisten das Leben kosteten. In der Mehrzahl waren diese Fehlschläge unglücklichen Umständen geschuldet. Anfang Juli wurden in West-Belfast zwei katholische Zivilisten getötet, als ein IRA-Mitglied durch eine ungeschickte Handbewegung die vorzeitige Explosion einer Bombe auslöste, die für eine Fußpatrouille der Armee bestimmt war. Um Zivilisten nicht zu gefährden, hatte die IRA ein nahegelegenes Schwimmbad evakuieren lassen. Ende des gleichen Monats tötete eine IRA-Bombe bei Newry eine dreiköpfige protestantische Familie. Der IRA war es gelungen, an einer der am stärksten kontrollierten Straßen Nordirlands eine Bombe zu deponieren. 15 Monate zuvor hatte die IRA an der gleichen Stelle den zweithöchsten Richter Nordirlands, Lord Justice Gibson, getötet. Diesmal galt die Bombe dem nordirischen Richter Higgins. Die IRA verwechselte Higgins' Wagen mit dem der protestantischen Familie, die mit dem gleichen Flugzeug in Dublin gelandet war wie der Richter. Die IRA wurde dadurch irritiert, daß die südirische Polizei auf dem Weg zur Grenze den Wagen der protestantischen Familie begleitet hatte.

Einige Fehlschläge waren jedoch durch eine politisch falsche Planung schon vorprogrammiert. So wurde im Juni ein 14jähriges Mädchen schwer verwundet, als eine Bombe in ihrem Schulbus explodierte, die für den Fahrer – ein UDR-Mitglied – bestimmt war. Die IRA gestand ein, daß es sich hierbei um eine „unsaubere" Operation gehandelt hatte. Die verantwortliche West-Fermanagh-Brigade war bereits zuvor scharf kritisiert worden, nachdem sie eine junge Protestantin erschossen hatte. Gillian Johnston fiel einer Verwechslung zum Opfer, die darauf hindeutete, daß die Brigade in sehr nachlässiger Weise ihre Ziele identifizierte. Die Brigade wurde außerdem mit der Enniskillen-Bombe in Verbindung gebracht.

Zwar überschatteten die zivilen Opfer zeitweise die IRA-Offensive, doch sahen sich die Sicherheitskräfte einem so starken militärischen Druck ausgesetzt, wie seit den 70er Jahren nicht mehr. Das Spektrum der IRA-Operationen war vielfältig: Mörser- und Bombenattacken auf die Festungen der Polizei und Armee, der erste Abschuß eines Armee-Helikopters in South Armagh, Handgranaten gegen Fahrzeuge der Sicherheitskräfte, Landminen, Angriffe auf die Basen und das Personal der britischen Armee auf dem Kontinent sowie in England und gegen Firmen in Nordirland, die mit dem Gegner kollaborierten. Außerdem nahm die IRA nach 10 Jahren Pause ihre Bombenkampagne im Belfaster Stadtzentrum wieder auf. Das Zentrum war inzwischen zum britischen Symbol einer „erfolgreichen Normalisierungspolitik" geworden. Die Aktionen blieben sporadisch, richteten aber maximalen Schaden an. Da rechtzeitig Warnungen ergingen, wurden keine Zivilisten getötet.

1988 verlor die britische Armee 21 Soldaten. Es war das Jahr mit den zweithöchsten Verlusten für die Armee seit 1974. Das UDR verlor 12 Soldaten. Dagegen hatte die RUC „nur" sechs von der IRA getötete Mitglieder zu beklagen, die niedrigste Zahl seit 1970. Die Zahlen belegen den Wandel der IRA-Strategie und eine stärkere Orientierung auf die britische Armee.

Der spektakulärste Anschlag ereignete sich im August nahe Ballygawley in der Grafschaft Tyrone. Eine IRA-Bombe tötete acht britische Soldaten und verletzte 28 weitere. Die Soldaten befanden sich in einem Bus, der sie vom Belfaster Flughafen zu ihrer Kaserne transportieren sollte. Die britische Regierung war so geschockt, daß Thatcher ihren Urlaub abbrach und noch am gleichen Abend – zum ersten Mal seit dem Malvinenkrieg – das Kriegskabinett tagen ließ. Der Militärführung bereitete vor allem die Frage Kopfzerbrechen, wie die IRA von der geheimen Planung wissen konnte. Der Bus der Soldaten war als ziviles Fahrzeug getarnt, das sich zudem zwischen zwei anderen Bussen bewegte. Die Soldatentransporte wechseln ständig Route und Zeitpunkt. Schnell kursierte das Gerücht, in der britischen Militärführung sitze ein „Maulwurf" der Provos. Doch so sensationell war der Hintergrund des Anschlags möglicherweise gar nicht: Der britische Geheimdienst hatte selbst einige Jahre zuvor geschätzt, daß bis zu 20.000 Bürger die IRA regelmäßig mit Informationen versorgen. Die britische „Sunday Times" schrieb hierzu nach dem Anschlag: „Die IRA ist ein Staat im Staate und ihre Spione sind überall."

Die Modernisierung der republikanischen Bewegung tritt in ihre letzte Phase

Mitte Januar 1989 wurde bekannt, daß die IRA die berüchtigte Einheit in West-Fermanagh, deren Mitglieder zumeist von der angrenzenden südirischen Grafschaft Donegal aus operierten, entwaffnet und aufgelöst habe. Letzter Anlaß war die Erschießung von Harry Keys, einem ehemaligen Mitglied der RUC. Keys überquerte regelmäßig die Grenze, um seine Freundin in der Republik zu besuchen. Die Einheit behauptete, Keye habe in Donegal als Informant für die Sicherheitskräfte gearbeitet. Doch die IRA-Führung war die windigen Erklärungen der Einheit offensichtlich leid.

Nur wenige Tage später erschien in der Sinn-Féin-Zeitung „An Phoblacht/Republican News" ein aufsehenerregendes Interview mit einem Sprecher der IRA-Führung, in dem dieser betonte, die Guerilla erkenne mehr denn je die Notwendigkeit an, zivile Opfer zu vermeiden. Die IRA werde sich in Zukunft darum bemühen, den militärischen Kampf so zu führen, daß ihn jeder Republikaner verteidigen könnte. Es sei die Absicht der IRA, ein Klima für eine radikale Politik in Irland zu schaffen. Das Interview erschien nicht zufällig am Vorabend des Sinn-Féin-Parteitages, der ganz im Zeichen der Bemühungen stand, das Spannungsverhältnis zwischen bewaffnetem Kampf und Massenpolitik aufzulösen und eine über Sinn Féin hinausreichende antiimperialistische Front in Irland aufzubauen.

Der Parteitag schloß eine politische Entwicklungsphase ab, die 1981 mit der Vorstellung der Doppelstrategie von Gewehr und Wahlurne begonnen hatte. Die Provos hatten ihre militärische Strategie um eine politische ergänzt, aber beide Elemente standen seither mehr nebeneinander, als daß sie eine Symbiose eingingen. Es wurde bald deutlich, daß der bewaffnete Kampf dem Wachstum Sinn Féins Schranken setzte. Trotzdem stand die Aufgabe des bewaffneten Kampfes nie zur Diskussion. Zum einen ging Sinn Féin unverändert davon aus, daß die IRA-Kampagne das scharfe Schwert des anti-britischen Widerstands darstellte; zum anderen hätte eine Distanzierung von der IRA Sinn Féin mehr Schaden als Nutzen eingebracht. Die Bedeutung der Partei lag ja primär darin, daß sie der politische Arm der IRA war. Die Aufgabe lautete deshalb, der militärischen Kampagne eine Orientierung zu geben, die die Bemühungen für eine radikale Massenbewegung nicht behinderte. Die IRA-Führung sprach in diesem Zusammenhang von einer „Verfeinerung des bewaffneten Kampfes". Da das Spannungsverhältnis zwischen dem bewaffneten Kampf und der politischen Massenarbeit von keinem der beiden Provo-

Arme beabsichtigt war, erfolgte die Verständigung der Bewegung auf die neue politisch-militärische Strategie problemlos.

Das Projekt der breiten, über die republikanische Bewegung hinausreichenden antiimperialistischen Front war von Gerry Adams erstmals im August 1988 auf einer Kundgebung zum 20. Jahrestag der Bürgerrechtsbewegung vorgestellt worden. Adams unterbreitete damals den Vorschlag, eine Freiheitscharta nach dem Vorbild des südafrikanischen Widerstands zu formulieren. Der zentrale Gegenstand der Charta sollte die Forderung nach irischer Selbstbestimmung sein. Sie sollte so gehalten sein, daß sie einen Keil zwischen den Führern der konstitutionell-nationalistischen Parteien und deren Basis im Norden und Süden treiben konnte. Um die Charta müsse eine offene, demokratische und beide Teile Irlands erfassende Massenbewegung aufgebaut werden, die alle disparaten Stränge der Unzufriedenheit zusammenführe, sagte Adams.

Das Projekt des Aufbaus einer breiten antiimperialistischen Massenbewegung markiert eine Abkehr vom traditionellen Dogmatismus und elitären Gehabe der republikanischen Bewegung. „Wir können den Kampf nicht alleine gewinnen. Wir können das Volk nicht befreien (...), nur das Volk selbst kann sich befreien. Wir reden über den Anfang eines Prozesses, über das Aussenden von Signalen. Wir wollen eine breite Bewegung gegen die reaktionäre Bewegung aufbauen, die in diesem Land die Vorherrschaft hat. Die republikanische Bewegung kann diesen Kampf nicht alleine gewinnen. Die Mehrheit des Volkes wird diesen Kampf gewinnen", erklärte Gerry Adams auf dem Parteitag.

Als Adressaten für den Aufbau einer antiimperialistischen Bewegung wurden Teile der SDLP- und Fianna-Fáil-Basis und die sozialen Bewegungen genannt. Die Unterstützung der IRA-Kampagne solle nicht mehr länger Voraussetzung für eine Mitarbeit in der Bewegung sei. Vielmehr habe die republikanische Bewegung zu akzeptieren, daß es viele Menschen gebe, die den bewaffneten Kampf ablehnten, aber nichtsdestoweniger Antiimperialisten seien.

Der Dialog zwischen Republikanismus und konstitutionellem Nationalismus

Als sich im November 1988 die Unterzeichnung des anglo-irischen Abkommens zum dritten Mal jährte, war deutlich, daß weder die südirische Regierung und die SDLP, noch die britische Regierung ihre wichtigsten Ziele erreicht hatten.

Die SDLP und Dublin hatten London nicht dazu bewegen können, die politische und soziale Situation der nordirischen Katholiken zu verbessern. Daher änderte sich auch nichts an der Entfremdung der Minderheit gegenüber dem britischen Staat und den Sicherheitskräften. Von den zahlreichen Hoffnungen, die Dublin und die SDLP zunächst geschürt hatten, erfüllte sich nicht eine einzige. Als Lackmustest für einen britischen Reformwillen galt insbesondere die Frage, was die Regierung gegen die soziale Diskriminierung der Minderheit unternehmen würde. Das neue Fair-Employment-System, das die Regierung schließlich verabschiedete, war für die moderaten Nationalisten eine Enttäuschung. Selbst der Rechtsaußen der SDLP, Eddie McGrady, denunzierte es als „nutzlos und unakzeptabel". Es sei nicht auszuschließen, daß es zur Vergrößerung der Beschäftigungskluft zwischen Katholiken und Protestanten beitragen werde. Offensichtlich betrachtete London das Sektierertum weiterhin als wichtige Stütze britischer Herrschaft in Nordirland und hatte kein Interesse daran, es zu bekämpfen. Dazu kam noch die ungerechte Vergabe der Gelder aus dem Topf des „International Fund for Ireland", die vorwiegend den protestantischen Wachstumszentren zugute kam. Symptomatisch für die einseitige sicherheitspolitische Auslegung des Abkommens war das Schicksal des anglo-irischen Sekretariats, dessen Einrichtung einen permanenten Konsultationsprozeß zwischen dem britischen Nordirlandministerium und der Dubliner Regierung garantieren sollte. Das Sekretariat bot der Minderheit die Möglichkeit, ihre Klagen bezüglich des Verhaltens der Sicherheitskräfte durch die Dubliner Vertreter vorzutragen. Doch mit der Zeit weigerten sich die Briten, diese Klagen zu verfolgen. Gleichzeitig nahm die Repression in den katholischen/nationalistischen Vierteln ständig zu.

Anfang 1988 ergab eine Umfrage, daß 81 % der nordirischen Katholiken meinten, das Abkommen habe keine Verbesserung ihrer Situation bewirkt.

Hauptziel der SDLP war es gewesen, der lästigen Sinn-Féin-Konkurrenz, die ihre Bewegungsfreiheit gegenüber den unionistischen Parteien und der britischen Regierung einschränkte, den Garaus zu machen. Britische Konzessionen sollten der Sinn-Féin-Propaganda den Boden entziehen und die SDLP zur einzigen politischen Repräsentantin des katholischen/nationalistischen Lagers werden lassen, um dann mit den unionistischen Parteien eine Vereinbarung über eine interne Lösung des Konflikts zu treffen. Doch zwischen 1985 und 1987 fiel der Stimmanteil Sinn Féins lediglich um 0,4 % – von 11,8 % auf 11,4 %. Bei den Unterhauswahlen von 1987 konnte Gerry Adams sein Mandat für West-Belfast nicht nur behaupten, sondern seinen Stimmenanteil sogar vergrößern.

Vor diesem Hintergrund nahm die SDLP im Frühjahr 1988 mit Sinn Féin Gespräche auf. Die Sinn-Féin-Führung hatte schon lange einen offiziellen Dialog zwischen den beiden Parteien gefordert. Während zwischen den unionistischen Parteien eine Zusammenarbeit selbstverständlich war, herrschte zwischen Sinn Féin und der SDLP bisher Sprachlosigkeit. Die SDLP hatte Aufforderungen zum Dialog stets abgelehnt, weil sie hoffte, daß sich das Sinn-Féin-Problem bei den nächsten Wahlen von selbst erledigen würden.

Doch nach den Unterhauswahlen mußte die SDLP einsehen, daß sie mit der lästigen Konkurrentin leben mußte. Die SDLP war in diese Wahlen mit dem anglo-irischen Abkommen im Rücken gegangen und profitierte außerdem von der Einschränkung des Wahlrechts, die insbesondere die soziale Basis Sinn Féins betraf. Seit den Kommunalwahlen von 1985 mußten die Wähler und Wählerinnen einen Paß oder Führerschein vorlegen. Die in den Unterklassen üblichen Identitätsnachweise – „unemployment cards" und „medical cards" – wurden nicht mehr länger anerkannt. Allein in West-Belfast soll dieser Angriff auf das allgemeine Wahlrecht Sinn Féin über 3.000 Stimmen gekostet haben. Trotzdem war es der SDLP nicht gelungen, Sinn Féin aus der politischen Arena zu verdrängen.

In den Gesprächen konstatierten die Sinn-Féin- und SDLP-Delegationen zwar eine Reihe von Übereinstimmungen, aber in den bedeutendsten Fragen blieben die Kontroversen bestehen. Neben der „Gewaltfrage" war das insbesondere die Frage, wie die Rolle der britischen Regierung einzuschätzen sei. Die SDLP behauptete, daß London mit dem anglo-irischen Abkommen seine Neutralität im Konflikt zwischen irischen Nationalisten und nordirischen Unionisten bewiesen habe. Als Beleg führte die SDLP eine Passage aus dem Abkommen an, die nahelegt, daß die britische Regierung eine nordirische Mehrheitsentscheidung für ein vereinigtes Irland akzeptieren würde. Tatsächlich war dieses Versprechen alles andere als neu und wurde seit dem Ausbruch des Konflikts von jeder britischen Regierung der internationalen Öffentlichkeit präsentiert. Da es nicht um einen irischen, sondern einen nordirischen Mehrheitswillen ging, bedeutete dieses Versprechen nämlich umgekehrt, daß man den protestantischen Mehrheitswillen für die Beibehaltung der Union anerkannte. Diese Anerkennung war die beste Garantie dafür, daß die nordirischen Protestanten ihre Position nicht überdachten. Sie entsprach dem loyalistischen Vetorecht.

Obwohl Nordirlandminister King postwendend der Charakterisierung der britischen Position als neutral widersprach und abermals seine Einschätzung zum Besten gab, daß es eine irische Wiedervereinigung wohl niemals geben würde, hielt die SDLP-Führung an ihrer Behauptung fest.

Diese Behauptung war insbesondere deshalb so abwegig, weil seit Ausbruch des Konflikts keine Regierung ihren unionistischen Standpunkt so unmißverständlich formuliert hatte wie das Thatcher-Kabinett. Neben dem obligatorischen Bezug auf einen nordirischen Mehrheitswillen standen die Ablehnung der Einrichtung einer Arbeitsgruppe zur konstitutionellen Frage, wie sie die südirische Regierung während des Haughey/Thatcher-Gipfels von 1980 angeregt hatte. Dazu kam noch eine Episode, die sich Ende 1988 innerhalb der Konservativen Partei ereignete: Einige nordirische Thatcher-Anhänger trugen sich mit dem Plan, die Konservative Partei in der Provinz aufzubauen und kandidieren zu lassen, doch die Londoner Führung erhob Einspruch mit der Begründung, daß eine Kandidatur der Konservativen in Nordirland zur Aufsplitterung der unionistischen Stimmen und damit zum Gewinn zusätzlicher Sitze durch nationalistische Kandidaten führen könnte. Der Führer der nordirischen Tory-Gruppe wies diesen Einwand brüskiert als „sektiererisch" zurück.

Die SDLP stand unter dem Druck, ihre bedingungslose Zustimmung zum anglo-irischen Abkommen rechtfertigen zu müssen. Obwohl die britische Regierung nicht eine einzige Gegenleistung erfüllt hatte, sahen sich Dublin und die SDLP genötigt, am Abkommen festzuhalten. Sie verzichteten bewußt darauf, auf die britische Regierung Reformdruck auszuüben und wurden Gefangene des Prozesses, dessen Tempo und Richtung London bestimmte. Die Aufkündigung des Abkommens wäre einem Eingeständnis des Scheiterns des konstitutionellen Nationalismus und einer Bestätigung der republikanischen Analyse gleichgekommen. Da konkrete Verbesserungen auf sich warten ließen, blieb als Alternative zur Aufkündigung nur, dem Abkommen eine höhere und längerfristige Bestimmung zuzuschreiben. Die Behauptungen, die britische Politik habe eine historische Wendung zur Neutralität erfahren und das loyalistische Vetorecht sei abgeschafft, sollten davon ablenken, daß sich die Alltagsrealität vieler Katholiken weiter verschlechterte. Außerdem sollte die Verantwortung für Repression und Gewalt den Provos angelastet werden, deren militärische Kampagne die britische Regierung angeblich am Abzug ihrer Truppen hindere.

Die Gespräche zwischen den beiden nationalistischen Parteien, die von einer großen Mehrheit der nordirischen Katholiken und der südirischen Bevölkerung befürwortet wurden, endeten schließlich ergebnislos. Der Vorschlag Sinn Féins, gemeinsam mit der Dubliner Regierung eine internationale diplomatische Offensive für irische Selbstbestimmung und Wiedervereinigung zu führen, blieb von der SDLP unbeantwortet. Offensichtlich war die SDLP nicht dazu bereit, alle politischen Möglichkeiten jenseits des bewaffneten Kampfes der IRA auszuschöpfen, um einen britischen Rückzug zu bewirken. Der Verzicht der SDLP und der Dubliner Regierung, aktiv für das Ziel gesamtirischer Selbstbestimmung einzutreten und diesbezüglich Druck auf London auszuüben, ließ Zweifel darüber aufkommen, ob die Differenz zwischen ihnen und den Provos tatsächlich nur in der Haltung zum bewaffneten Kampf lag. Vielmehr erschien es so, als ob nur Sinn Féin zu Initiativen bereit war, die man von den konstitutionell-nationalistischen Kräften eigentlich erwarten mußte. Die bekannte Journalistin Mary Holland schrieb später in der „Irish Times": „Wir bewegen uns in zunehmendem Maße auf eine Situation zu, in der es vielen Leuten erscheint, daß Sinn Féin mit Recht von sich behaupten kann, nun die einzige Partei zu sein, die aktiv für ein vereinigtes Irland eintritt. Wer sonst ist dazu bereit, den Geist der Artikel 2 und 3 der irischen Verfassung eindeutig zu vertreten (diese beiden Artikel erheben Anspruch auf gesamtirische Souveränität, Anmerk. der Autoren)? Der Premierminister betont seine Verpflichtung gegenüber dem Ideal eines Einheitsstaates, aber bislang hat er den Wählern noch keine glaubwürdige Strategie präsentiert, mit dem dieses Ziel erreicht werden soll."

Selbst eine punktuelle Zusammenarbeit konnte zwischen den beiden Parteien nicht vereinbart werden. So schlug die SDLP das Angebot Sinn Féins aus, eine gemeinsame Kampagne gegen die soziale Diskriminierung zu führen. Das destruktive Verhalten der SDLP in den Gesprächen legt den Verdacht nahe, daß sie den Dialog mit Sinn Féin eher als Pflichtübung verstand, um nach seinem Scheitern die Aufnahme von Verhandlungen mit den unionistischen Parteien über eine interne Lösung zu rechtfertigen.

Im Februar 1989 wurde bekannt, daß die SDLP einige Monate zuvor fern dem nordirischen Konfliktschauplatz – nämlich auf bundesdeutschem Boden – mit der OUP, DUP und Alliance Party geheime Verhandlungen aufgenommen hatte. Ein politischer Durchbruch blieb jedoch aus, da die beiden unionistischen Parteien – OUP und DUP – der SDLP nach wie vor kein Angebot unterbreiteten, mit dem sie vor die katholische/nationalistische Bevölkerungsgruppe treten konnte. Die Beteiligung der SDLP an einer nordirischen Regierung fand noch immer nicht die Zustimmung der Unionisten. Stattdessen offerierten sie der SDLP lediglich eine Beteiligung an der Verantwortung für den nordirischen Staat unter unionistischer Ägide.

Das Prinzip protestantischer/unionistischer Mehrheitsherrschaft blieb weiterhin unangetastet, und eine Einbindung der SDLP in die Machtausübung sollte nur auf unterer Ebene erfolgen. Die Unionisten verlangten von der SDLP die Anerkennung des nordirischen Staates in seiner heutigen Form. Ein Durchbruch blieb außerdem deshalb aus, weil die unionistischen Parteien die befristete Suspendierung des anglo-irischen Abkommens als Voraussetzung für offizielle Gespräche über einen Devolutions-Prozeß verlangten. Eine Zustimmung der SDLP zu diesem Vorschlag hätte jedoch den Eindruck einer Kapitulation vor der OUP und DUP erweckt.

Anglo-irische Spannungen

Eines der hauptsächlichen Ziele, die die Dubliner Regierung mit dem anglo-irischen Abkommen verfolgte, war die Normalisierung der Beziehungen zwischen der Republik und Großbritannien. Die durch den Konflikt im Norden periodisch hervorgerufenen Spannungen zwischen London und Dublin hatten in der Vergangenheit den Spielraum der Republikanischen Bewegung immer wieder vergrößert. Doch die Entwicklung seit der Unterzeichnung des Abkommens bewies einmal mehr, daß an normale zwischenstaatliche Beziehungen zwischen der Republik Irland und Großbritannien solange nicht zu denken ist, wie der Konflikt in Nordirland einer für die katholische/nationalistische Minderheit zufriedenstellenden Lösung harrt und die irische Teilung besteht. Zwischen keinen anderen EG-Staaten – abgesehen von der Türkei und Griechenland – existiert ein derartig gespanntes Verhältnis wie zwischen dem britischen und dem irischen Staat. Da die britische Regierung nicht bereit ist, die nordirische Minderheit zu integrieren, muß die südirische Regierung stets einen Balanceakt zwischen den Forderungen des mächtigen Nachbarn, der irischen Öffentlichkeit und den eigenen Herrschaftsinteressen vornehmen, was automatisch für Spannungen im anglo-irischen Verhältnis sorgt.

Die Fortsetzung der „shoot-to-kill"-Politik, das Ausbleiben von politischen und sozialen Reformen im Norden und vor allem die Frage der Auslieferung von Republikanern an die englische und nordirische Justiz ließen im Verlauf des Jahres 1988 die anglo-irischen Beziehungen auf den tiefsten Punkt seit Anfang der 70er Jahre sinken.

Obwohl die Dubliner Regierung ihre Auslieferungsgesetze den britischen Interessen angepaßt hatte, wurden zwischen Dezember 1985 und Dezember 1988 nur zwei IRA-Leute ausgeliefert. Demgegenüber standen sechs erfolglose britische Auslieferungsgesuche. Der Grund für diese negative Bilanz war weniger südirische Zurückhaltung, als daß die Auslieferungsgesuche eklatante Formfehler aufwiesen. In einem Fall hielten es die Briten nicht einmal für notwendig, den Namen der gesuchten Person und den Ort, wo sie die ihr vorgeworfenen Taten begangen haben sollte, korrekt anzugeben.

Die Auseinandersetzung eskalierte, als sich im November 1988 die belgische Regierung weigerte, den katholischen Priester und irischen Bürger Patrick Ryan an London auszuliefern. Mit Hilfe der Boulevardpresse hatte die britische Regierung Ryan als „IRA-Paten" aufgebaut, ohne auch nur einen einzigen Beleg für die ihm vorgeworfenen Verbrechen anzuführen. Da es offensichtlich war, daß Ryan in England keinen fairen Prozeß erwarten konnte, setzte ihn Brüssel schließlich auf freien Fuß und ließ ihn mit einer Militärmaschine nach Dublin ausreisen. Die südirische Regierung erklärte Ryan zum freien Mann, da er sich keines Verbrechens schuldig gemacht hatte und ein britisches Auslieferungsbegehren noch nicht vorlag. Als dieses endlich eintraf, wurde es vom südirischen Generalstaatsanwalt abgelehnt. Der Staatsanwalt begründete seine Entscheidung damit, daß Ryan in Großbritannien praktisch schon vorverurteilt sei. Die Entrüstung Londons richtete sich noch mehr gegen die irische als gegen die belgische Regierung. „Wenn irische Augen lügen", titelte die „SUN": Der Kommentar in diesem Blatt, das mit dem Malvinenkrieg eine drastische Auflagensteigerung verzeichnet hatte, warf indirekt die Frage auf, ob die britische Entscheidung, dem irischen Süden Unabhängigkeit zu gewähren, nicht ein historischer Fehler gewesen wäre: „Den Iren wurden eine Konzession nach der anderen gewährt. Erst Selbstregierung, dann Unabhängigkeit (...) es war niemals genug."

Die Reaktionen führender konservativer Politiker und ihrer Hausblätter erinnerten die südirische Öffentlichkeit daran, daß das britische Establishment bis heute nicht bereit ist, die Souveränität selbst eines Teils der irischen Insel mit allen Konsequenzen anzuerkennen. Nicht nur für die Minderheit im Norden, sondern auch für die Bevölkerung im Süden bleibt der Kampf um Selbstbestimmung eine tagtägliche Herausforderung. Selbst das Angebot Dublins, Ryan vor einem südirischen Gericht für die ihm von der britischen Anklage vorgehaltenen Taten zu verurteilen – was nach dem „Criminal Law Justice Act" möglich ist – befriedigte London nicht. Das südirische Rechtssystem läßt im Gegensatz zum britischen nämlich einen Anklagepunkt nicht zu, der ein bezeichnendes Licht auf die britische Justiz wirft: In Großbritannien kann eine Person angeklagt werden, zu einem unbekannten Zeitpunkt, an einem unbekannten Ort mit unbekannten Personen unbekannte Taten geplant zu haben. . .

Der britische Traum vom „Shoot out"

Drei Jahre nach der Unterzeichnung des anglo-irischen Abkommens war die britische Regierung weit davon entfernt, die IRA militärisch in die

Knie zu zwingen. Nach dem spektakulären Anschlag von Ballygawley schrieb die „Sunday Times": „Vor den letzten Erfolgen der IRA lautete die offizielle Linie, daß die Sicherheitskräfte im Begriff seien, die Oberhand zu gewinnen und daß die IRA in den Seilen liege. Wir haben das immer wieder gehört, aber auch dieses Mal war die Behauptung falsch. Die IRA liegt nicht in den Seilen, wie auch immer die Rückschläge sie tangiert haben mögen."

Ein hoher Offizier der südirischen Polizei äußerte zur gleichen Zeit gegenüber der südirischen „Sunday Tribune", daß die IRA auf dem Weg sei, den Krieg zu gewinnen. Selbst die Wiedereinführung der Internierung würde daran nichts ändern, da sie die IRA-Gewalt vielleicht für Wochen, nicht jedoch auf Monate hinaus eindämmen könnte. Die IRA sei dazu in der Lage, jeden Tag 20 Mitglieder der Sicherheitskräfte zu töten, sagte der Sprecher. Daß sie dies nicht tue, sei allein ihrer politischen und militärischen Strategie geschuldet.

Zwar hatte der militärische Druck auf die republikanische Guerilla mit dem Abkommen zugenommen, doch bewies sie ihre Fähigkeit zur Regeneration. Ein Jahr nach der SAS-Aktion in Loughgall war Ost-Tyrone wieder ein Zentrum der militärischen Offensive der Provos.

Mit dem anglo-irischen Abkommen war das politische Arsenal der britischen Regierung weitgehend ausgeschöpft. Weder hatte es die Haltung der Minderheit gegenüber dem nordirischen Staat verändert, noch war es gelungen, das „unionistische Monster" zu disziplinieren und in eine Übereinkunft mit der SDLP zu drängen. So stand sie im Spätsommer 1988 vor der Alternative, entweder ihr Scheitern einzugestehen und einen politischen und militärischen Rückzug anzutreten, oder die Repression und Gewalt zu verstärken.

Im Oktober kündigte die Regierung eine Reihe von repressiven Maßnahmen an, die den Abbau bürgerlich-demokratischer Elemente in Nordirland forcieren werden. Thatcher begründete die Suspendierung weiterer Bürgerrechte mit dem Kriegszustand, in dem sich die Regierung in Nordirland befinde. Sie provozierte damit den Protest der Labour Party, weil Thatcher etwas eingestanden hatte, was der in den 70er Jahren praktizierten Normalisierungs- und Kriminalisierungspropaganda widersprach: Es herrscht Krieg in Nordirland.

Nach der Ballygawley-Bombe konnte Thatcher nur mit Mühe von ihren Beratern davon abgehalten werden, die Internierung wieder einzuführen. Allerdings wurde die RUC angewiesen, Vorbereitungen für diesen Fall zu treffen.

Wie 1971, wurde auch jetzt behauptet, die IRA-Führung und die Mitglieder ihrer Einheiten, seien der Armee und Polizei bekannt. Doch mangele es an Beweisen, um die Täter vor Gericht in einem rechtsstaatlichen Prozeß zu überführen. Die „normale" Justiz sei mit der IRA-Herausforderung überfordert. Der Staat befinde sich in einer Notstandsituation, die selbst extreme Abweichungen von den Regeln des demokratischen Rechtsstaats legitimieren würden.

Tatsächlich konnten in den letzten fünf Jahren nur 8 bis 10 Prozent der IRA-Operationen strafrechtlich verfolgt werden. 1987 konnte „nur" gegen 243 Bürger Anklage wegen „terroristischer Vergehen" erhoben werden, was weniger als 50 % der Zahl des Vorjahres entsprach. Das war aber bereits die niedrigste Zahl seit der Abschaffung der Internierung und der Einführung der „Diplock courts" gewesen.

Zudem war das „supergrass"-System zusammengebrochen, das – in Verbindung mit den Sondergerichten – eine massenhafte Aburteilung von Verdächtigten ermöglichen sollte. Bestochene ehemalige IRA- und INLA-Mitglieder sagten gegen ihre ehemaligen Kampfgefährten aus. Wen immer die Sicherheitskräfte eingesperrt sehen wollten – die manipulierten Kronzeugen denunzierten ihn. Die britische Regierung ließ sich das System etwas kosten: 1985 wurde bekannt, daß sie 1,5 Millionen Pfund für den Kauf und den Schutz von Kronzeugen ausgegeben hatte. Dazu kamen noch über 5 Millionen Pfund Gerichtskosten. Einem Kronzeugen bot die Polizei 300.000 Pfund für den Fall, daß er vor Gericht aussagen würde, die drei Sinn-Féin-Führer Gerry Adams, Danny Morrison und Martin McGuinness seien führende IRA-Mitglieder. Die IRA erschoß einige Informanten oder zwang sie, das Land zu verlasen. Von den ersten 27 Kronzeugen der Jahre 1980-85 zogen 15 ihre Aussagen zurück. Außerdem platzten einige Prozesse aufgrund der offensichtlichen Unglaubwürdigkeit der Zeugen. Der internationale Protest, den das skandalöse System provozierte, tat ein Übriges, um die britische Regierung zu seiner Aufgabe zu bewegen. Allerdings versuchen die Sicherheitskräfte nach wie vor, Informanten zu kaufen. Nach Ballygawley wurde die Summe, die der RUC hierfür zur Verfügung steht, erheblich aufgestockt.

Daß London zögerte, die Internierung erneut einzuführen, hatte lediglich taktische Gründe. 1971 hatte sich die Einführung der Internierung als Eigentor erwiesen: Sie isolierte London international in der Nordirlandfrage, brachte der IRA einen anerkannten Kombattantenstatus ein und provozierte den Widerstand der katholischen/nationalistischen Bevölkerung. Selbst die SDLP sah sich genötigt, die politische Kommunikation mit London für einige Zeit abzubrechen. Die relativen Freiheiten, die mit dem Lagerleben verbunden waren, ermöglichten der IRA außerdem eine Weiterentwicklung ihrer politischen und militärischen Strategie.

Nach Ballygawley erfolgte zunächst einmal ein Ausbau der SAS-Prä-

Soldaten der britischen Armee (vorne) und Polizeibeamte der RUC. (Foto: AnPohoblacht/ Republican News)

senz im Norden und eine Intensivierung der schmutzigen Kriegsführung. Ende August 1988 erschoß der SAS in der Grafschaft Tyrone drei IRA-Mitglieder. Es war offensichtlich, daß es sich hierbei um eine Vergeltungsaktion handelte, die – ähnlich wie die Exekution des IRA-Trios in Gibraltar – vom Kabinettstisch aus angeordnet wurde. Nach der Sitzung des Kriegskabinetts hatte der neue Nordirlandminister King von vereinbarten Maßnahmen gesprochen, die „schon sehr bald" angewendet würden. Aufgrund ihres Charakters könne er sie jedoch nicht näher erläutern. Kenner des Konflikts interpretierten Kings Worte als Ankündigung einer militärischen Vergeltungsoperation. Der Verdacht, daß die Exekutionen von höchster Stelle angeordnet waren, wurde noch dadurch bestärkt, daß Ken Maginnis, der OUP-Unterhausabgeordnete für Fermanagh/South-Tyrone, Thatcher während eines persönlichen Gesprächs eine Liste mit Namen von IRA-Mitgliedern überreicht hatte, die angeblich an dem Bombenanschlag auf den Soldatenbus beteiligt gewesen sein sollen. Eines der Opfer war noch wenige Tage zuvor von der RUC vernommen worden, die ihn jedoch wieder auf freien Fuß setzen mußte. Maginnis äußerte später, die Namen der drei könnten auf seiner Liste gestanden haben.

Weitere Alternativen zur Wiedereinführung der Internierung bestanden in der Abschaffung des Rechts auf Aussageverweigerung und in neuen Befugnissen für die RUC. Das Recht auf Aussageverweigerung war ein traditioneller Eckpfeiler des britischen Rechtssystems. Seine Abschaffung bedeutete, daß fortan die Gerichte die Aussageverweigerung eines Angeklagten als Schuldeingeständnis werten konnten. Die RUC erhielt das Recht, den genetischen „Fingerabdruck" – in der Form von Speichelproben – auch gegen den Willen eines Verdächtigen zu entnehmen. Bis dahin wurde er nur bei Zustimmung des Verdächtigen entnommen. Außerdem soll in Zukunft das Wort eines höheren RUC-Offiziers genügen, um einen Katholiken/Nationalisten für einige Jahre wegen IRA-Mitgliedschaft einzusperren. Theoretisch würde diese Reform ermöglichen, die gesamte Sinn-Féin-Führung aus dem Verkehr zu ziehen, da lediglich ein RUC-Offizier davon „überzeugt" sein muß, daß Gerry Adams und Co. auch Mitglieder der IRA sind.

Während heute die RUC vor dem Dilemma steht, daß sie zwar nach einer IRA-Aktion Verdächtige, aber keine Beweise hat, wird sie diese in Zukunft wenigstens wegen angeblicher IRA-Mitgliedschaft hinter Gitter bringen können. Dieses Verfahren ist nahezu deckungsgleich mit den Internierungstribunalen der Jahre 1971-75. Die neuen Maßnahmen verdeutlichen, daß die britische Regierung es längst aufgegeben hat, die katholische/nationalistische Minderheit mit dem nordirischen Rechtssystem und den nordirischen Sicherheitskräften zu versöhnen. London hat mit diesen Maßnahmen allen wesentlichen Forderungen der RUC-Führung stattgegeben und damit eine Polizeitruppe, die sich nach wie vor nahezu ausschließlich aus dem protestantischen Teil der nordirischen Bevölkerung rekrutiert, mit enormen Machtbefugnissen versehen.

Die Regierung erließ außerdem noch zwei Gesetze, die den Handlungsspielraum Sinn Féins und die Freiheit der britischen Medien betrafen. Rechtzeitig zu den Kommunalwahlen im Mai 1989 wurde ein „Anti-Gewaltschwur" eingeführt, der die Mandatsträger dazu verpflichtet, paramilitärischen Organisationen und der Gewalt als Mittel der Politik eine Absage zu erteilen. Unionistische Abgeordnete können nun ihre Sinn-Féin-Kollegen vor Gericht bringen, sollten diese gegen den Schwur verstoßen. Die Sinn-Féin-Führung quittierte das Gesetz mit der Bemerkung, es bleibe wohl deshalb auf nordirische Kommunalwahlen beschränkt, weil das britische Unterhaus andernfalls leerstehen würde. Der „Anti-Gewaltschwur" ist die letzte Option unterhalb des Verbots von Sinn Féin.

Seit Oktober 1988 ist den staatlichen und unabhängigen britischen Rundfunk- und Fernsehanstalten untersagt, Repräsentanten und Mitglieder Sinn Féins im Originalton zu präsentieren. Die britische Regierung berief sich bei ihrer Entscheidung auf ein ähnliches Gesetz in der Republik Irland („Section 31" des Rundfunkgesetzes). Allerdings unterscheidet sich der britische Anti-Sinn-Féin-Bann von seinem südirischen Pendant hinsichtlich seiner politischen Konsequenzen: Während Sinn Féin im Süden vergleichsweise unbedeutend ist, repräsentiert die Partei im Norden ca. 40 % der katholischen/nationalistischen Minderheit und über 10 % der Gesamtwählerschaft. Sie stellt einen Unterhausabgeordneten und 59 Abgeordnete in den kommunalen Parlamenten. Mit dem Bann wird die Auffassung eines wichtigen Faktors in der politischen Landschaft des Nordens zensiert. Er schließt darüber hinaus auch Positionen ein, die als „Unterstützung" der republikanischen Sache im weitesten Sinne gewertet werden können. Labour-Linke wie Ken Livingstone und Tony Benn, die beide die Forderung nach einem britischen Truppenabzug erheben und einen politischen Dialog mit der Republikanischen Bewegung fordern, können ebenfalls Opfer dieses Eingriffs in die Meinungs- und Pressefreiheit werden. Zu den ersten prominenten Opfern dieser Kategorie zählte Bernadette Devlin-McAliskey. Eine Rundfunkanstalt setzte ein Interview mit ihr ab, nachdem sie geäußert hatte, sie sei Sinn-Féin-Wählerin. Auch die prominente Musikgruppe „Pogues" fiel mit einem Lied über die „Birmingham Six" bereits unter die Zensur.

Die Nationale Journalistengewerkschaft (NUJ) verglich in einer ersten Stellungnahme die Auswirkungen des Banns mit den restriktiven Bedingungen, unter denen ausländische Medien in Südafrika arbeiten müssen. Die NUJ-Mitglieder beim BBC forderten die Leitung des Senders auf, Berichte aus Nordirland zukünftig mit einem Hinweis auf die staatliche Einschränkung der Pressefreiheit zu versehen, wie das bei der Südafrika-Berichterstattung bereits praktiziert wird.

Der Nordirlandkorrespondent der „Sunday Tribune", Ed Moloney, gelangte nach einer Umfrage bei den unabhängigen und staatlichen Rundfunkanstalten zu dem Ergebnis, daß die gesamte Berichterstattung über den Konflikt gefährdet sei. Die Tatsache, daß die Zensur bewußt interpretationfähig gehalten sei, habe eine präventive Selbstzensur zur Folge. Bei einer weiteren Auslegung des Banns sei es beispielsweise nicht mehr möglich, eine Reportage über die soziale Situation in West Belfast zu liefern. Als Interviewpartner blieben nur noch die Kirche und die dort unbedeutende SDLP, der das Zensurgesetz zu einer Monopolstellung in der öffentlichen Darstellung nationalistischer Positionen verhelfen soll. Die zahlreichen Selbsthilfeprojekte und Bürgerinitiativen unterhalten zwangsläufig vielfältige Kontakte zu Sinn Féin, schon weil die Partei den Unterhausabgeordneten für West Belfast stellt und die stärkste nationalistische Partei im Belfaster Kommunalparlament ist.

Die britische Regierung hatte in den letzten Jahren im Propagandakrieg gegen die IRA erheblich an Boden verloren. Die Berichterstattung der britischen Medien über den Konflikt läßt sich in drei Phasen einteilen: Zu Beginn des Konflikts überwog das Interesse, einen bis dahin völlig vernachlässigten Konfliktschauplatz zu erforschen. Es ist heute unumstritten, daß die Medien bei der damaligen Entwicklung des Konflikts eine bedeutende Rolle spielten. Eine in Sachen Nordirland ahnungslose britische und internationale Öffentlichkeit mußte am Bildschirm erleben, wie im „Mutterland der Demokratie" protestantische Polizisten auf Bürgerrechtler eindroschen, die die Gleichstellung der katholischen Minderheit mit anderen Bürgern des Vereinigten Königreichs forderten. Da die britische Regierung hierzu jedoch nicht bereit war, versuchte sie über die Medien die Erwartungshaltung der Öffentlichkeit zu verändern. Der Zeitpunkt für eine komplizierte Propagandaoperation kam mit dem „Sunningdale"-Abkommen von 1973, gegen das die Loyalisten opponierten. Die offizielle Geschichtsschreibung behauptet, das Abkommen sei am loyalistischen Widerstand gescheitert. So blieb der Mythos, daß London guten Willen gezeigt habe, doch die beiden rückständigen Traditionen in Nordirland zu einer Übereinkunft nicht fähig seien. Deshalb existiere keine Alternative zur britischen Herrschaft in Nordirland. Die Medien behandelten den Konflikt fortan als „unlösbar" und die britische Regierung als „neutrale Instanz", die man eigentlich wegen ihres Jobs bedauern müsse.

Das änderte sich erneut mit dem Hungerstreik der republikanischen Gefangenen von 1981, der die massenhafte Unterstützung für die IRA dokumentierte. Das blieb nicht ohne Auswirkungen auf die Einschätzung der britischen Nordirlandpolitik: Journalisten gelangten zu dem Ergebnis, daß sich die britische Regierung alles andere als neutral verhalte, daß Nordirland auch unter britischer Direktherrschaft ein sektiererisches und repressives System geblieben sei, daß die Beschwerden der katholischen/nationalistischen Minderheit ihre Berechtigung hätten und daß es nicht verwunderlich sei, wenn so viele Katholiken/Nationalisten die IRA als „peoples' army" betrachten würden. Das öffentliche Konfliktbild soll nun durch Zensur und Unterdrückung wieder ins „britische Lot" gerückt werden. Was bleibt einer Regierung, der die Argumente ausgegangen sind, auch anderes übrig?

Ein Krieg ohne Ende?

Welches Interesse hat Großbritannien an der Aufrechterhaltung der Souveränität über den irischen Nordosten? In der öffentlichen Meinung dominieren über diese zentrale Frage zwei Auffassungen:
1. Die Anwesenheit der britischen Truppen soll einen Bürgerkrieg zwischen den beiden Bevölkerungsgruppen verhindern („Blutbadthese").
2. Die britische Regierung hält an der Einbindung Nordirlands in das Vereinigte Königreich fest, weil dies dem Willen der dortigen protestantischen Bevölkerungsmehrheit entspricht.

Die „Blutbadthese" ist eine nordirische Version der „Logik vom kleineren Übel". Denn niemand wird – in Anbetracht von mehr als 2.700 Toten seit 1969 – bestreiten, daß bereits heute ein Bürgerkrieg in Nordirland tobt. Die Behauptung lebt von der Annahme, daß dieser Krieg bei einem Abzug britischer Truppen in eine „offene Feldschlacht" zwischen den beiden Bevölkerungsgruppen eskalieren würde. In Wahrheit hat sich der Konflikt in Nordirland aber erst mit dem Eingreifen der britischen Armee zu einem bewaffneten entwickelt. Während auf Seiten der republikanischen Paramilitärs ohnehin keine Pläne existieren, in protestantische Gebiete einzumarschieren, widerspricht auch die Geschichte protestantischer Militanz der Annahme, die Protestanten würden nach einem britischen Rückzug zur Entscheidungsschlacht ausholen. Ihre Militanz war immer dann am größten, wenn sie das britische Establishment und seine Armee hinter sich wußten. Dagegen haben die Loyalisten sowohl den Sturz des Stormont Systems als auch das anglo-irische Abkommen letztlich hingenommen. In beiden Fällen wurde mit der Möglichkeit einer offenen Schlacht kokettiert, ohne daß es tatsächlich dazu kam. Zwar läßt sich seit der Unterzeichnung des anglo-irischen Abkommens eine signifikante Zunahme sektiererischer Morde feststellen, doch kann von einem Blutbad kaum die Rede sein. Die loyalistische Bürgerkriegsdrohung basiert letztlich darauf, daß sie noch niemals ernsthaft auf die Probe gestellt wurde.

Außerdem hätte es die britische Regierung durchaus in der Hand, Einfluß auf die Entwicklung nach einem Truppenabzug zu nehmen. Es sind weniger die paramilitärischen UDA und UVF, die eine Herausforderung darstellen, als die 20.000 bewaffneten Mitglieder der offiziellen nordirischen Sicherheitskräfte. Da diese von der britischen Regierung aufgebaut und ausgehalten werden, könnten sie durch London auch entwaffnet werden. Ob dies auch geschähe, steht auf einem anderen Blatt. Aber wir halten es für unakzeptabel, wenn ständig mit der Aussicht auf ein Blutbad argumentiert wird, ohne die britische Verantwortung dafür zu thematisieren. Die Loyalisten sind exakt so stark, wie die britische Regierung sie deckt.

Die „Blutbadthese" ist also in erster Linie propagandistischer Natur. Sie kaschiert den gewalttätigen Charakter der britischen Herrschaft und läßt das britische Wirken als friedensstiftend erscheinen.

Die zweite These bezieht sich auf das „loyalistische Vetorecht", das offensichtlich im Widerspruch zu einem gesamtirischen Selbstbestimmungsrecht steht. Man argumentiert mit dem „demokratischen Mehrheitswillen", wobei unterschlagen wird, daß die protestantische Mehrheit in Nordirland künstlichen Charakter hat – garantiert durch eine Grenze, deren Festlegung einzig und allein mit der Absicht erfolgte, eine probritische Mehrheit zu konstruieren. Auch das loyalistische Vetorecht läßt also die britische Herrschaft in einem positiven Licht erscheinen: London ist für den probritischen Status quo der Provinz nicht verantwortlich, sondern folgt lediglich dem Willen der nordirischen Bevölkerungsmehrheit.

Der prominente anglikanische (!) Theologe John A. Baxter erklärte bezüglich des Vetorechts einmal: „England bemächtigte sich Irlands für seinen eigenen militärischen Nutzen. Es siedelte Protestanten an, um Irland strategisch zu sichern. ... Als es nicht länger dazu in der Lage war, die gesamte Insel zu halten, behielt es einen Teil als Heimstätte für die Nachfahren der Siedler ein. ... Es war unsere Ungerechtigkeit, die diese Situation schuf. Und indem wir ständig wiederholen, daß diese Situation solange aufrechterhalten wird, wie dies dem Wunsch der Mehrheit entspricht, halten wir Protestanten und Katholiken aktiv davon ab, gemeinsam eine neue Zukunft auszuarbeiten. Dies ist die Wurzel der Gewalt." (Predigt in der Westminster Abbey am 1.12.1980).

Würde morgen eine bedeutende Fraktion der Protestanten für eine irische Wiedervereinigung eintreten, so dürfte man gewiß sein, daß das britische Establishment im unionistischen Sinne intervenieren würde. Denn wie das anglo-irische Abkommen dokumentiert, gilt das loyalistische Vetorecht nur dann, wenn die Position der Loyalisten mit der Londons dekkungsgleich ist. Das ist in der konstitutionellen Frage der Fall.

Die britische Herrschaft in Irland war und ist von dem Interesse bestimmt, eine unabhängige Entwicklung der Nachbarinsel zu verhindern. Aus der Sicht des englischen Zentrums ist die irische Insel nicht mehr als ein Anhängsel und strategisches Vorfeld, das im Interesse der eigenen „Sicherheit" kontrolliert werden muß. Innerhalb des britischen Establishments existiert unverändert eine machtvolle Koalition, die sich jeder Veränderung des nordirischen Status quo widersetzt. Eine irische Wiedervereinigung ist in dieser Sicht nur unter der Voraussetzung denkbar, daß die gesamte Insel wieder in das britische System integriert wird. Selbst die formale Unabhängigkeit der Republik Irland ist bis heute nicht vollständig akzeptiert worden, was für die periodischen Spannungen zwischen London und Dublin sorgt. Konservative Politiker lassen immer wieder durchschimmern, daß es sich bei der irischen Teilung um eine großzügige Konzession an die Adresse der katholischen Iren gehandelt habe, die diese gefälligst honorieren sollten.

Nordirland ist zwar eine Kolonie, aber nicht irgendeine. Wenn London nicht einmal dazu bereit ist, die entlegenen Malvinen aufzugeben, wie kann das dann im Falle Nordirlands erwartet werden? Nordirland ist nicht Commonwealth, Nordirland ist United Kingdom und unterliegt somit einer weit engeren Einbindung in das System der britischen Macht. Der Verlust Nordirlands käme einem Angriff auf das britische Kernterritorium und damit einem erheblichen Machtverlust gleich.

Es wird viel darüber geschrieben, wie leid die britische Öffentlichkeit die Provinz sei, wie gern sie die Truppen zurückgezogen sehen würde, wie sehr sie die Kosten belasteten. Das alles mag für die Öffentlichkeit stimmen, nicht indessen für die Regierung. Was den Kostenfaktor anbetrifft, so haben wir es hier zu einem guten Teil mit Propaganda zu tun. Denn die Kostenfrage suggeriert, daß London völlig uneigennützig in Nordirland operiert. Eine nähere Betrachtung der britischen Ausgaben für Nordirland relativiert allerdings die finanziellen Lasten: Der Haushalt 1988/89 sieht beispielsweise 5,5 Mrd. Pfund für die Provinz vor. 70% dieses Geldes werden in Nordirland selbst eingetrieben, durch Steuern, Gebühren etc. Es bleibt noch eine Subvention in Höhe von 1,6 Mrd. Pfund. Gegenzurechnen wären die hohen Profite, die englische und andere ausländische Unternehmen aus Nordirland herausholen und die zu den höchsten weltweit zählen.

Das Verhältnis der britischen Regierung zur eigenen Öffentlichkeit ist nicht ganz unkompliziert. Eine Mehrheit plädiert in irgendeiner Form für einen Truppenabzug, aber nur eine verschwindende Minderheit macht sich dafür auch politisch stark. Nordirland ist zwar ein Ärgernis, aber keines, das die Öffentlichkeit allzusehr bedrückt. Bislang ist es der britischen Regierung recht gut gelungen, die öffentliche Meinung zu managen. Die Strategie der Ulsterisierung sorgte dafür, daß die englischen Verluste auf dem Kriegsschauplatz nicht zu hoch ausfielen und der Krieg nicht auf die eigene Insel geholt wurde.

Eine dauerhaftere Lösung, die sich nicht in einem repressiven Krisenmanagement erschöpft, ist nur vorstellbar, wenn der künstliche Staat im Norden beseitigt wird und die innerirische Grenze fällt. Die innerirische Grenze und die britische Einflußnahme sind die hauptsächlichen Ursachen für die politische Stagnation im Norden. Sie behindern darüber hinaus eine demokratische und soziale Entwicklung im Süden und verdammen beide irische Staaten zur ökonomischen Abhängigkeit und deformierten institutionellen Entwicklungen. Auch die Dominanz der klerikalen Hierarchien ist ein Produkt von Teilung und imperialistischer Herrschaft. Eine Emanzipation der katholischen Unterklassen des Nordens von sozialer Diskriminierung und politischer Unterdrückung, die Lösung der protestantischen Unterklassen von ihrem Establishment und der historischen Bürde des Sektierertums und schließlich die Emanzipation der Unterklassen im Süden von ihrer Einbindung in ein System neokolonialer Ausbeutung – dies alles ist nur denkbar, wenn zuvor die innerirische Grenze fällt.

Gleichzeitig soll jedoch nicht geleugnet werden, daß ein irischer Einheitsstaat zunächst mit erheblichen Problemen konfrontiert würde, nicht zuletzt in ökonomischer Hinsicht. Andererseits sehen wir aber auch im ökonomischen Status quo keine zu bewahrende Alternative. Die nordirische Ökonomie ist durch imperialistische Herrschaft und den Konflikt völlig deformiert. Der einzige expandierende Sektor war in den letzten Jahren der „Sicherheits-" genauer: Repressionsapparat. Jeder zehnte beschäftigte Protestant arbeitet heute in diesem Sektor. Nordirland ist eine Dienstleistungsökonomie, in der nur ein relativ kleiner Teil der Arbeitenden damit beschäftigt ist, tauschbare Güter herzustellen. Auf der anderen Seite muß Nordirland eine Unzahl derartiger Güter importieren.

Die nordirische Industrie wird heute von externen Firmen dominiert, die in Nordirland lediglich Produktionssatelliten errichten und ihre administrativen Entscheidungen außerhalb der Provinz fällen. Diese exportorientierte „branch plant"-Ökonomie ist gegenüber krisenhaften Entwicklungen auf einem Weltmarkt, der von den Metropolen dominiert wird, hochgradig verwundbar. Dazu kommt noch die sektiererische Struktur der nordirischen Ökonomie, mit einem rückständigen katholischen Westen und einer Konzentration industrieller Produktion in den protestantischen Gebieten Antrim, North Armagh und North Down. Nordirland war zu keinem Zeitpunkt mehr als ein Außenposten des englischen Zentrums, an dessen Seite eine positive ökonomische Entwicklung und eine Entzerrung der deformierten Struktur der Ökonomie undenkbar ist.

Keiner der beiden irischen Staaten kann auf sich allein gestellt einen sozialen und ökonomischen Neuanfang starten. Der Sinn der irischen Teilung bestand ja nicht zuletzt darin, zwei schwache ökonomische Einheiten zu schaffen, die zwar ökonomisch kaum miteinander in Verbindung stehen, jedoch die Abhängigkeit vom englischen Zentrum gemeinsam haben. Doch auch eine neue Ära gesamtirischer sozialer und ökonomischer Kooperation würde zunächst ohne umfangreichere externe Subventionen kaum auskommen. Es wäre jedoch nur recht und billig, von der britischen Regierung – quasi als Reparationsleistungen für die vom britischen Imperialismus verschuldete Misere – zu verlangen, für eine Übergangszeit finanzielle Unterstützung zu gewähren.

Das größte Problem wird lauten, wie die nordirischen Protestanten für einen gesamtirischen Neuanfang zu gewinnen sind. Daß aus ehemaligen Unionisten und Loyalisten über Nacht enthusiastische Nationalisten und Republikaner werden, ist höchst unwahrscheinlich. Die Mehrheit der Protestanten dürfte auf die neue Situation zunächst mit Lethargie reagieren und den britischen Rückzug samt irischer Wiedervereinigung als fait accompli akzeptieren. Hinzu kommt die unübersehbare Kriegsmüdigkeit innerhalb der protestantischen Bevölkerungsgruppe, die zwar in ihrer Mehrheit unverändert „No" sagt zu jeder Reform des Status quo, ohne jedoch für die Durchsetzung ihrer Position zu kämpfen. Eine größere Mehrheit würde sich wahrscheinlich wie Geschäftsleute verhalten und versuchen, aus der neuen Situation das Beste herauszuschlagen. Dieses Phänomen läßt sich bereits heute beiderseits der irischen Grenze beobachten, wo protestantische Geschäftsleute ihren Namen gälisieren lassen, wenn dies dem Geschäft zuträglicher ist. Nur eine kleinere Minderheit wird mit Gewalt reagieren, wobei ihre Schlagkraft entscheidend vom britischen Verhalten abhängt.

Denkbar ist außerdem, daß eine Reihe von Protestanten auf die britische Insel emigrieren wird, um dort ihre „britische Identität" fortzuführen. Bereits seit einigen Jahren läßt sich ein Trend der Abwanderung von Mitgliedern der modernen protestantischen Mittelklassen beobachten, die zwar Unionisten sind, andererseits jedoch Probleme mit dem Verhalten der eigenen Bevölkerungsgruppe haben. Ihre Ansichten und ihr Verhalten kommen der britischen Gesellschaft noch am nächsten, und sie haben vergleichsweise geringe Schwierigkeiten, sich in den Alltag auf der britischen Insel zu integrieren.

Für die Mehrzahl der nordirischen Protestanten gilt indessen, daß sie auf der britischen Insel (und hier insbesondere in England) kaum besser angesehen sind als ihre katholischen Mitbürger. Zu den Ironien der vorgeblich britischen Identität der Protestanten Nordirlands zählt, daß sie bei ihren katholischen Mitbürgern häufig noch besser angesehen sind als bei den Bürgern ihres ehemaligen Mutterlandes. Es gehört zu den tragischen Elementen ihres Daseins, daß sie ihre eigentliche Identität noch nicht entdeckt haben, auch nicht entdecken wollen und zudem durch die britische Präsenz daran gehindert werden, sich einem Prozeß der Selbstfindung zu unterziehen.

Als protestantische Einwände gegenüber einem vereinigten Irland werden vor allem gehandelt: ein möglicher sozialer Statusverlust und eine neue und ungewohnte Minderheitenrolle, angeblich verbunden mit einer Bedrohung bürgerlicher und religiöser Freiheiten. Tatsächlich könnte die Beendigung der ungerechten Vergabe von Arbeitsplätzen und Subventionen, also eine Politik der positiven Diskriminierung zugunsten der bislang benachteiligten Bevölkerungsgruppen sowie die Auflösung der gegenwärtigen nordirischen Sicherheitskräfte zu einem Anschnellen der protestantischen Arbeitslosigkeit führen. Andererseits muß eine solche Entwicklung keineswegs zwangsläufig sein. Da der Konflikt nachweislich der nordirischen Ökonomie schwere Schäden zugefügt hat, würde seine Beendigung möglicherweise Ressourcen freisetzen, die zumindest mittelfristig in eine Ausweitung der Beschäftigung insgesamt führen könnten. Die soziale Situation der Katholiken würde dadurch verbessert, ohne die der Protestanten zu verschlechtern. So oder so, wird man um eine Angleichung der sozialen Realitäten nicht herumkommen.

Auch die Ängste vieler nordirischer Protestanten bezüglich der wirtschaftlichen Zustände in Südirland sind unbegründet. Die Zeiten, in denen die nordirische Ökonomie der südirischen überlegen war, sind längst vorbei. Parallel zum bewaffneten Konflikt hat der Süden zunächst aufholen und inzwischen den Norden überholen können. Diese Entwicklung läßt sich vor allem darauf zurückführen, daß sich das auf einen breiteren gesellschaftlichen Konsens stützende System des Südens nicht mit einem Bürgerkrieg konfrontiert sah, der Ressourcen frißt, Initiativen tötet und potentielle Investoren abschreckt. Der Süden profitierte sogar vom Konflikt im Norden, da viele externe Investoren die größere Sicherheit der Republik dem nordirischen Unruheherd vorzogen.

Die offizielle Arbeitslosenquote Nordirlands ist heute leicht höher als die der Republik. Die Republik ist zwar extrem hoch verschuldet, doch wird das gleiche Problem im Falle des Nordens nur dadurch kaschiert, daß der Staat in das britische System eingebunden ist. Wenn Loyalisten dennoch eine soziale und ökonomische Überlegenheit ihres Staates behaupten, dann läßt sich das nur mit absoluter Realitätsferne und einer extrem sektiererischen Sichtweise erklären, die die Katholiken aus den Berechnungen einfach ausblendet. Denn die protestantische Arbeitslosigkeit ist tatsächlich niedriger als in der Republik. Die katholische beträgt hingegen das Doppelte.

Die Protestanten könnten sicherlich in einem wiedervereinigten Irland ihre Dominanz im Nordosten der Insel nicht länger aufrechterhalten. Dennoch würden sie eine größere Rolle spielen als heute im Vereinigten Königreich. Nordirland stellt lediglich 2,5% der Gesamtbevölkerung des Vereinigten Königreiches. Hingegen würden die Protestanten in einem wiedervereinigten Irland mit nahezu einem Viertel der Bevölkerung eine bedeutende Minderheit bilden, die nicht ohne weiteres übergangen werden kann.

Die republikanische Bewegung hat den Protestanten wiederholt versichert, daß sie nicht einen katholischen, sondern einen säkularen Staat anstrebt, der die Verquickung von Politik und Religion auflöst und ein gleichberechtigtes Nebeneinander der verschiedenen Konfessionen ermöglicht. Schon die relativ große Zahl der Protestanten in einem vereinten Irland läßt eine Unterdrückung der protestantischen Religion unwahrscheinlich erscheinen. Gefährdet wären freilich jene politischen und sozialen Implikationen der protestantischen Konfessionszugehörigkeit, die eine Diskriminierung der Katholiken in Nordirland begründen.

In moralischen Fragen sind sich die Auffassungen von Protestanten und Katholiken im übrigen erheblich näher, als dies vielfach angenommen wird. Erst vor einigen Monaten stimmten alle im britischen Unterhaus vertretenen nordirischen Parteien (mit Ausnahme Sinn Féins) einträchtig für eine Verschärfung der Abtreibungsbestimmungen – ganz auf der Linie des südirischen Parlaments. Auch in den Fragen der Ehescheidung gibt es überkonfessionelle Konstellationen, vermutlich eine gesamtirische – protestantische und katholische – Mehrheit für die Möglichkeit der Scheidung. Abseits von eher moralpolitischen Fragen läßt sich konstatieren, daß bei Katholiken eine weitaus liberalere Einstellung vorherrscht. Das unterstreicht noch, wie unwahrscheinlich eine Beschneidung der protestantischen Religionsfreiheit in einem vereinigten Irland wäre.

Letztlich entspringen viele der Befürchtungen, die heute von Protestanten artikuliert werden, einer typischen Siedlermentatilität, wie sie auch in Israel und Südafrika anzutreffen ist. Die Protestanten Nordirlands wissen, in welch repressiver Weise man eine Mehrheitsposition ausnutzen kann. Das schlechte Gewissen schürt die Befürchtung, ihnen könnte eines Tages Gleiches geschehen. Daher fühlen sie sich genötigt, Unrecht zu verteidigen, damit ihnen nicht selbst Unrecht geschehe. Nationalisten und Republikaner können diesbezüglich nicht mehr ausrichten, als stets aufs Neue zu beteuern, daß ihnen der Sinn nicht nach Rache stehe.

Soll Bewegung in die erstarrte Szenerie geraten und ein Prozeß der Versöhnung und des politischen Dialogs an die Stelle der bewaffneten Auseinandersetzung treten, dann ist die Erfüllung der folgenden Voraussetzungen unabdingbar:

● Alle politischen Gefangenen, Republikaner wie Loyalisten, sind freizulassen. Die Konflikttoten und die politischen Gefangenen lasten auf beiden Bevölkerungsgruppen als schwere Bürde, die einen Prozeß der Versöhnung behindert. Während die große Zahl der Toten, die Katholiken wie Protestanten zu beklagen haben, eine Wunde bedeuten, deren Heilung mitunter Generationen in Anspruch nehmen wird, kann die Freilassung der Gefangenen unmittelbar Entlastung schaffen. Für die katholischen Unterklassen wurden die Gefängnisse in den letzten 20 Jahren zum Mikrokosmos ihrer Gesellschaft; kaum eine Familie, die nicht ein Mitglied aufweisen kann, das schon einmal inhaftiert war oder noch ist. Die Gefängnisse sind ein Brandmal in der nordirischen Gesellschaft. In keinem anderen Land Westeuropas ist die Zahl der Insassen – gemessen an der Gesamtbevölkerung – derart groß wie in Nordirland. Heute sitzen nahezu viermal so viele Bürger in den nordirischen Gefängnissen wie vor Ausbruch des Konfliktes. Darüber hinaus ist Nordirland das einzige Land Westeuropas, wo die Zahl der politischen Gefangenen die der „normalen" übertrifft. Über 60% aller Inhaftierten in Nordirland sitzen aufgrund „terroristischer Verbrechen".

Ohne die Freilassung der Gefangenen wird es für Sinn Féin/IRA unmöglich sein, irgendeiner Form politischer Lösung ihr Plazet zu erteilen. Die Gefangenen sind objektiv eine Verpflichtung, den Kampf weiterzuführen. Jede politische Lösung, die nicht eine Öffnung der Gefängnistore bewirkt, verkommt zur Farce, die von den Gefangenen, ihren Familien und politischen Verbündeten kaum hingenommen werden würde.

Die Freilassung aller Gefangenen würde desweiteren der Tatsache Rechnung tragen, daß alle „politisch motivierten Straftäter", ob Republikaner oder Loyalisten, letztendlich Opfer eines Konfliktes sind, der ihnen von außen – von der britischen Herrschaft – aufgezwungen wurde. Ohne die britische Einmischung in Irland wäre es zum aktuellen Konflikt und dessen inneririscher Konstellation nie gekommen.

● Die nordirische Polizei RUC ist aus den katholischen/nationalistischen Gebieten zurückzuziehen; die Sondereinheit UDR, die nordirische Einheit der britischen Armee ist aufzulösen. Die RUC wird von der überwiegenden Mehrheit der Katholiken Nordirlands nach wie vor nicht als „normale" Polizei anerkannt. Tatsächlich ist die RUC auch heute kein Faktor, dem die katholischen Bürger Vertrauen schenken können und der für ihre Sicherheit garantieren würde. Vielmehr stellt diese Streitmacht für die gesamte katholische Bevölkerung eine Bedrohung dar. Obgleich eine einheimische „Sicherheitskraft", gleicht ihr Auftreten in den katholischen/nationalistischen Vierteln dem einer Besatzungsmacht. In Anbetracht der Segregation und Polarisierung in Nordirland und der Tatsache, daß die Mitgliedschaft der RUC zu über 90% aus Protestanten besteht, haben ihre Patrouillen durch katholische/nationalistische Gebiete objektiv den Charakter einer Invasion. Die Geschichte der RUC ist nicht die einer „normalen" Polizei, wie man sie aus bürgerlich-demokratischen Gesellschaften kennt, wo der staatliche Gewaltapparat auf einem relativ breiten gesellschaftlichen Konsens beruht. Die RUC war und ist vielmehr eine paramilitärische, politisierte Streitmacht zur Verteidigung des sektiererischen Staates gegenüber den demokratischen Bestrebungen der katholischen Minderheit.

Der Bevölkerung der katholischen/nationalistischen Gebiete muß das Recht zugestanden werden, selbst darüber zu entscheiden, in welcher Weise die Sicherheit des einzelnen Bürgers innerhalb dieser Gebiete und deren Sicherheit gegenüber etwaigen Attacken von außen gewährleistet werden soll. Ob sie diese Aufgabe der IRA überträgt oder hierfür eine neue lokale Miliz ins Leben ruft, ist allein ihre Angelegenheit.

Das loyalistisch geprägte UDR muß dagegen nicht nur aus den katholischen Gebieten zurückgezogen, sondern ersatzlos aufgelöst werden. Zum einen ist bei dem UDR ohnehin keine Demokratisierung zu erwarten, zum anderen verringert seine Auflösung und Entwaffnung die Gefahr einer blutigen Eskalation des Konflikts zwischen beiden Bevölkerungsgruppen.

● Großbritannien hat sich politisch und militärisch aus Nordirland zurückzuziehen. Die britische Armee hat seit ihrem Eintreffen in keiner Weise eine positive Rolle gespielt. Weder hat ihre Intervention der katholischen Bevölkerung mehr Sicherheit gebracht, noch hat sie zur Aufhebung der Spaltung beigetragen. Überdies steht ihre Präsenz – als Garant des Status quo – Lernprozessen im protestantischen Lager entgegen. Solange die britische Regierung ihre Rückendeckung nicht zur Disposition stellt, wird sich das protestantische Denken stets in einem engen Kreis bewegen, dessen Radius durch die Grenzen der eigenen Gesellschaft definiert wird und Ausbruchsversuche bestenfalls bis zur inneririschen Grenze zuläßt.

Eine Demokratisierung der nordirischen Verhältnisse ist an der Seite Großbritanniens nicht zu erwarten. London selbst hat in Nordirland ein repressives System errichtet, das längst nicht die Kriterien eines bürgerlichen Rechtsstaates erfüllt. Aber auch auf der britischen Insel erfährt die bürgerliche Demokratie einen steten Abbau. Dazu gesellt sich der ohnehin archaische Charakter des politischen Systems Großbritanniens, mit seiner – noch immer einflußreichen – Monarchie, dem nichtgewählten Oberhaus, einer verstaatlichten Kirche, religiösem Sektierertum und dem Fehlen einer schriftlich fixierten demokratischen Verfassung.

Die referierten Voraussetzungen sind mit der politischen Lösung selbst nicht zu verwechseln. Sie stecken lediglich das Umfeld ab, in dem eine Lösung diskutiert werden und gedeihen könnte. Auch haben sie nichts mit der Frage zu tun, ob man die IRA unterstützt oder nicht. Vielmehr müßte die Erfüllung dieser Voraussetzungen eigentlich jeder fordern, der ein Ende der Repression, eine Ende der Gewalt und eine Auflösung der erstarrten Fronten befürwortet. Daß in Westeuropa keine breitere Bewegung dafür existiert, liegt nicht zuletzt an dem verzerrten Bild, das sich die kontinentale Öffentlichkeit von dem Konflikt macht – zum großen Teil ein Produkt britischer Propaganda. Populär wurde eine Sichtweise, nach der weder Protestanten noch Katholiken lernfähig sind, weshalb es das Beste wäre, „alles beim Alten" zu lassen. Doch eine solche Sichtweise ist nicht nur falsch, sondern überdies zynisch, da sie den repressiven und mörderischen Charakter des Status quo und dessen Opfer leugnet.

Zur Frage der Gewalt

Gewalt hat in den anglo-irischen Beziehungen stets eine große Rolle gespielt, wobei festgehalten werden muß, daß es weder im historischen noch im aktuellen Konflikt die Iren waren, die das Element der Gewalt in die Auseinandersetzungen einführten. Zur direkten physischen Gewalt der britischen Macht gesellt sich die strukturelle Gewalt, der die Opfer nichts anderes entgegensetzen können als subversive Militanz.

Die Geschichte der anglo-irischen Beziehungen scheint denjenigen Recht zu geben, die behaupten, daß die britische Macht nur mit Gewalt zum Einlenken bewegt werden kann. Tatsächlich ging auch der Gründung des südirischen Staates ein blutiger Guerillakrieg voraus. Und im jüngeren Konflikt wurde noch jede kleinere Konzession der britischen Regierung von der Absicht bestimmt, der IRA Einhalt zu gebieten. Konzessionen waren niemals ein Resultat moderat-nationalistischer Politik, sondern stets eine Antwort auf die IRA-Herausforderung.

Der gewalttätige Charakter der Auseinandersetzung im Norden steht außerdem in Zusammenhang mit dem Versagen und dem begrenzten

Charakter des bürgerlichen Nationalismus. Möglicherweise wäre der Konflikt längst beendet, hätten die führenden Parteien der Republik sowie die SDLP nicht darauf verzichtet, nationalen wie internationalen Druck auf die britische Regierung zu erzeugen und sie international zu isolieren. Zudem hat die SDLP keinen ernsthaften Versuch unternommen, die katholischen Unterklassen aus der brutalen Kälte ihrer politischen und sozialen Realität herauszuholen. Ihre Kritik an der IRA ist allein schon deshalb fragwürdig, weil die katholischen Mittelklassen als einzige soziale Gruppe in den vergangenen 20 Jahren von der republikanischen Gewalt profitiert haben. Die IRA-Aktionen veranlaßte die britische Regierung zu einer Spaltungs- und Intergrationsstrategie, die lediglich die katholischen Mittelklassen besserstellte und somit eine erhebliche Vertiefung der Klassenwidersprüche innerhalb der katholischen/nationalistischen Bevölkerungsgruppe bewirkte.

Probleme des antibritischen Widerstands

Obwohl die republikanische Bewegung heute als stärkste radikale Kraft im EG-Raum für das britische Establishment eine ernstzunehmende Herausforderung ist, sieht sie sich einer Reihe von Problemen gegenüber und ist von der Erreichung ihrer Ziele noch weit entfernt.

Ihre militärische Kampagne gegen die nordirischen Sicherheitskräfte vertieft zwangsläufig die Spaltung der nordirischen Bevölkerung. Viele Protestanten werten Angriffe auf RUC- und UDR-Mitglieder als Aktionen gegen die gesamte protestantische Bevölkerungsgruppe – schon deshalb, weil eine große Zahl von ihnen den Sicherheitskräften in familiärer oder freundschaftlicher Weise verbunden ist. Zwar versucht die IRA in jüngster Zeit, ihre militärischen Aktionen stärker auf die britische Armee zu konzentrieren, doch wird sie einer Konfrontation mit der RUC und dem UDR nicht ausweichen können, solange diese als Speerspitzen der britischen Herrschaft operieren. So kommt es zwangsläufig zu einer Konfliktsituation, in der Iren auf Iren schießen.

Im Süden Irlands existieren immer noch größere Sympathien mit der republikanischen Bewegung. Sichtbar werden sie besonders dann, wenn sich die Polarisierung im Norden verschärft: beispielsweise nach dem „bloody sunday", während des Hungerstreiks von 1981 oder nach den Todesschüssen von Gibraltar. Doch haben diese Sympathien kein starkes und kontinuierliches Gewicht, das die republikanische Bewegung in die Waagschale werfen könnte. Eine Ankoppelung der südirischen Bevölkerung an die Auseinandersetzung im Norden ist kaum gegeben. Dieses

Dilemma ist eine Folge der britischen Teilungspolitik, die dem Süden scheibchenweise politische Freiheiten gestattete und die Alltagsrealität der nordirischen und südirischen Katholiken auseinanderdriften ließ. Mit der Teilung zerbrach die alte antikolonialistische Einheitsfront. Heute verfolgt die Mehrheit der Bürger in der Republik die militärischen Aktionen der IRA mit Unverständnis und zuweilen gar mit Abscheu. Sie vergißt dabei, daß die Alltagsrealität in Nordirland ganz anders aussieht als der vergleichsweise beschauliche, entspannte und demokratische Alltag in Südirland. Wer von West Belfast etwa in die Gegend um Cork fährt, gewinnt den Eindruck, er sei in eine völlig andere Welt übergewechselt. Daß Südirland diese bessere Realität einem Guerillakrieg verdankt, der nicht weniger mörderisch war als der, den die Provos heute ausfechten, verdrängen viele Bürger.

Diese Ungleichzeitigkeit von politischer Entwicklung und politischem Bewußtsein ist möglicherweise das größte Hindernis für die republikanische Bewegung. Nicht nur, daß die nordirischen Katholiken noch zu erkämpfen haben, woran sich ihre südirischen Landsleute seit Dekaden erfreuen; die 20 Jahre des Konfliktes haben zur Herausbildung einer politischen Avantgarde geführt, die dem allgemeinen politischen Bewußtsein auf der irischen Insel weit voraus ist und deshalb von den etablierteren Teilen der südirischen Gesellschaft als Bedrohung empfunden wird. Diese Avantgarde verfügt zwar in der politischen Landschaft Nordirlands über eine starke Stellung, nicht jedoch im Süden. Ohne zusätzlichen Druck aus dem Süden kann das nordirische Patt jedoch nicht zugunsten der republikanischen Bewegung aufgelöst werden.

Zu der Spaltung zwischen nordirischen und südirischen Nationalisten kommt noch die Spaltung innerhalb der katholischen Bevölkerungsgruppe in Nordirland selbst. Auch hier klafft die Alltagsrealität zusehends auseinander. Ob jemand die Provos oder die SDLP unterstützt, hängt vor allem davon ab, wo er lebt und welchen sozialen Status er hat. Die katholische Mittelklasse kann sich mit dem nordirischen Separatstaat weitgehend arrangieren. Sie leidet weder unter sozialer Verelendung, noch sind ihre Wohnviertel im gleichen Maße vom Besatzungsterror betroffen wie die Gettos der Unterklassen. Vermutlich wären sie längst bereit, einer internen politischen Lösung zuzustimmen. Diese scheitert allein daran, daß die britische Regierung und die nordirischen Loyalisten kein Angebot unterbreiten, mit dem die SDLP vor der Kritik der republikanischen Bewegung bestehen könnte. Nationalistische Positionen besetzt die SDLP heute nur noch deshalb, weil sie den Provos nicht das Feld überlassen will. Noch jede „katholische" Formation, die die Frage nationaler Souveränität ad acta legte, versank in politischer Bedeutungslosigkeit.

Die nordirische republikanische Bewegung verfügt heute über die politische und militärische Kapazität, eine „britische" Lösung des Konfliktes zu verhindern. Dagegen besitzt sie – auf sich allein gestellt – nicht die Fähigkeit, ihre eigenen Vorstellungen hinsichtlich einer Beilegung des Konfliktes durchzusetzen. Da der innerkatholische Klassenkonflikt im Norden den Wachstumsmöglichkeiten der Bewegung Grenzen setzt, kann sie dieses Problem aus eigener Kraft nicht lösen. Hierzu bedarf es einer radikalrepublikanischen Dynamisierung der Verhältnisse im Süden und einer Verstärkung der internationalen Unterstützung und des diplomatischen Drucks. Ohne diese Faktoren kann die republikanische Bewegung lediglich auf Zeit spielen, indem sie ihre Doppelstrategie weiterführt: selektive militärische Operationen, die längeranhaltende Unterstützung des bewaffneten Kampfes erlauben, und konstitutionelle Politik, die eine Verbreiterung des Kampfes zuläßt. Es ist ein hoher Preis, den Nordirlands Nationalisten für die Hoffnung zahlen, daß man sie nicht alleine läßt.

Loyalistische Paramilitärs auf einer Paisley-Kundgebung in Hillsborough.
(Foto: Pacemaker)

20 Jahre danach

Im Herbst 1988 jährten sich zum 20. Male die ersten Bürgerrechtsdemonstrationen in Nordirland. Daß sich die Situation seither nicht nur nicht verbessert, sondern gar verschlechtert hat, verdeutlicht eine Gegenüberstellung der Forderungen der 68er Bürgerrechtsbewegung und der heutigen Realität.

Forderungen der Bürgerrechtsbewegung 1968	**Nordirische Realität heute**
Abschaffung des Mehrfachwahlrechts zugunsten der Einführung eines allgemeinen Wahlrechts. Das Mehrfachwahlrecht gab protestantischen Geschäftsleuten bei Kommunalwahlen bis zu sechs Stimmen, vielen Besitzlosen dagegen keine. Gemeinsam mit dem „gerrymandering", der manipulativen Einteilung von Wahlkreisen, garantierte es protestantische Mehrheiten selbst in Städten mit überwiegend katholischer Bevölkerung.	Das Mehrfachwahlrecht wurde abgeschafft und die manipulative Wahlkreiseinteilung ebenfalls. Indessen: In ihrer wichtigsten Form existiert die Wahlkreismanipulation immer noch, da die irische Grenze, die ohnehin eine künstliche probritische Mehrheit garantiert, unangetastet blieb. Bürokratische Schikanen beschneiden überdies faktisch das Wahlrecht der Unterklassen: Um den Stimmenanteil Sinn Féins zu reduzieren, wurde eine Regelung eingeführt, derzufolge bei der Wahl ein Paß oder Führerschein vorgelegt werden muß. Die gängigen Identitätspapiere der Unterklassen – „unemployment cards" oder „medical cards" – werden (nur in Nordirland!) nicht anerkannt.
Auflösung der „B-Specials". Die „B-Specials" waren eine nur von Protestanten gestellte, extrem sektiererische paramilitärische Hilfstruppe der nordirischen Polizei, der RUC.	An die Stelle der „B-Specials" trat das „Ulster Defence Regiment", das nicht weniger sektiererisch ist. Das UDR ist noch besser ausgerüstet und personell umfangreicher als die „B-Specials". Die moderate „Irish News", die größte katholische Tageszeitung im Norden, schreibt über das UDR: „Für viele in Nordirland bedeutet ein Kontakt mit dem UDR eine von Terror geplagte Reise ins Ungewisse. Mord, tätliche Bedrohung, Diebstahl, Belästigung sind nur einige der Verbrechen, deren UDR-Mitglieder überführt wurden."
Abschaffung des „Special Powers Act" (SPA). Das SPA war ein Notstandsgesetz, das der nordirischen Regierung und der RUC Willkürakte erlaubte.	An die Stelle des SPA trat das nicht minder repressive „Emergency Provisions Act" (EPA), das ebenfalls nur für Nordirland gilt. Es wird ergänzt durch das „Prevention of

Bürgerrechtsforderungen 1968	Nordirische Realität heute
	Terrorism Act" (PTA), das im gesamten Vereinigten Königreich gilt. Nordirland wird also weiter mit Notstandsgesetzen regiert. Einige 1968 noch existierende Reste bürgerlicher Rechtsstaatlichkeit wurden weiter abgebaut (z.B. Recht auf Aussageverweigerung).
Beendigung der sektiererischen Vergabe von Arbeitsplätzen, die Protestanten aufgrund ihrer konfessionellen und politischen Zugehörigkeit bevorteilte.	Seit 1968 hat sich die Beschäftigungskluft zwischen Protestanten und Katholiken weiter vergrößert. Auf einen arbeitslosen Protestanten kommen heute zweieinhalb arbeitslose Katholiken.
Bereitstellung von neuem Wohnraum für katholische Familien, die bei der Vergabe öffentlichen Wohnraums benachteiligt wurden.	Der staatliche Wohnungsbau erlebte in den 70er und frühen 80er Jahren zwar eine Expansion, dennoch konnte der Bedarf nur bedingt gedeckt werden. Nordirland hat noch immer die mit Abstand schlechtesten Wohnbedingungen im Vereinigten Königreich. Zudem hat die Thatcher-Regierung die Mittel für den Wohnungsbau drastisch gekürzt, so daß sich die Situation erneut verschlimmern wird.

Der nordirische Staat von heute ist noch undemokratischer als der, den die Bürgerrechtsbewegung 1968 reformieren wollte. Seit 1969 wurden weit über 50.000 Bürger verhaftet, um sie oftmals mehrtägigen Verhören zu unterziehen. Weit über 300.000 Hausdurchsuchungen wurden vorgenommen, allein im Zeitraum 1971-73 in einem Fünftel aller Häuser Nordirlands. Tausende von Bürgern verbüßten Haftstrafen und Hunderte wurden von den offiziellen Sicherheitskräften erschossen. Seit der Übernahme der Kontrolle der inneren Angelegenheiten durch die britische Regierung erfuhr der nordirische Staat keine Demokratisierung, sondern lediglich eine technokratische Modernisierung der Repression.

Bei der Unterzeichnung des **anglo-irischen Abkommens** im November 1985 wurden der katholischen/nationalistischen Minderheit politische und soziale Reformen versprochen. Insbesondere die moderat-nationalistische SDLP und die Dubliner Regierung stellten der nordirischen Minderheit die Einlösung wesentlicher Forderungen in Aussicht.
Die Gegenüberstellung auf den folgenden Seiten verdeutlicht, wie wenig davon in der Realität umgesetzt wurde.

Versprechungen 1985

Die südirische Regierung forderte die Auflösung des paramilitärischen UDR und eine gemeinsame Kontrolle der RUC durch London und Dublin. Später hieß es, das UDR solle auf seinen Patrouillen von der RUC begleitet werden.

Nordirische Realität heute

Das UDR und sein Aktionsradius blieben gänzlich unberührt. Die Klagen der katholischen Minderheit über das brutale Auftreten des UDR halten unvermindert an.

Die nordirische Polizei RUC sollte eine demokratische Modernisierung erfahren, um ihre Anerkennung als legitime Polizeikraft durch die Minderheit zu ermöglichen.

Der Amnesty International Report von 1988 führt unverändert Menschenrechtsverletzungen durch die RUC auf. Die berüchtigten Verhör- und Folterzentren Castlereagh (Belfast), Gough Barracks (Armagh) und Strand Road (Derry) wurden nicht geschlossen. Auch die konfessionelle Zusammensetzung der RUC änderte sich nicht. Das Verhältnis zwischen katholischer Minderheit und RUC hat sich weiter verschlechtert.
Überdies wurde die RUC mit neuen Vollmachten ausgestattet. Sie darf in Zukunft den genetischen Fingerabdruck auch unter Zwang abnehmen (bislang nur mit Zustimmung des Betroffenen). In der Diskussion ist auch, Menschen bereits dann zu verurteilen, wenn sie nach Ansicht der RUC Mitglieder der IRA sind.

Die „shoot to kill"-Politik, d.h. die gezielte Exekution von IRA-Verdächtigen, sollte eingestellt werden. RUC-Beamte, die für die Todesschüsse der Vergangenheit verantwortlich waren, sollten strafrechtlich verfolgt werden.

Die „shoot to kill"-Praxis wurde nicht eingestellt, sondern lediglich in ihrer Anwendung modifiziert. Die staatlichen Sicherheitskräfte warten nun Möglichkeiten ab, Verdächtige auf dem Weg zu einer IRA-Operation zu erschießen. Die Strafverfolgung von RUC-Beamten wurde explizit abgelehnt.
Im September 1987 entließ die britische Regierung den einzigen Soldaten vorzeitig aus der Haft, der bis heute wegen Mordes an einem katholischen Zivilisten verurteilt wurde. Er wurde wieder in die Armee aufgenommen.

Der Gebrauch von Plastikgeschossen durch die Sicherheitskräfte sollte eingestellt werden.

Nach 1985 ist die Zahl der verschossenen Plastikkugeln gegenüber den Vorjahren gestiegen und steigt noch immer. So wurden vom Januar bis Oktober 1988 3064 Plastikgeschosse gezählt, 490 mehr als im gleichen Zeitraum 1987.

Versprechungen 1985	**Nordirische Realität heute**
Das juristische System Nordirlands sollte im demokratischen Sinne reformiert werden.	Die umstrittenen „diplock courts", Sondergerichte, die ohne zivile Geschworene und mit nur einem Richter tagen, existieren unverändert. Die britische Regierung hat sich bislang nicht einmal darauf eingelassen, die südirische Form politischer Sondergerichte zu übernehmen (ebenfalls ohne Geschworene, aber mit drei Richtern). Die Rechtssprechung der „diplock courts" ist nach wie vor skandalös und sektiererisch. So verließ beispielsweise im Juni 1987 der ehemalige britische Soldat William Stone als freier Mann das Belfaster Gerichtsgebäude, obgleich er zugegeben hatte, Schußwaffen, Munition und Bombenzünder besessen zu haben. Einen Monat später wurden von dem gleichen Gericht für das gleiche Vergehen drei Katholiken zu jeweils 20 Jahren Gefängnis verurteilt.
Die Anwendung der Anti-Terrorismus- und Notstandsgesetzgebung – „Prevention of Terrorism Act" (PTA) und „Emergency Provisions Act" (EPA) – sollte reduziert werden.	1986 und 1987 wurden doppelt so viele Bürger nach dem PTA in Nordirland verhaftet wie in den zwei Jahren vor Unterzeichnung des anglo-irischen Abkommens. 1986 wurden 60 Häuser pro Woche von den Sicherheitskräften durchsucht. Bis Juni 1988 wurden doppelt so viele Häuser durchsucht (über 5000) wie in den zwei Jahren vor dem Abkommen. Ende 1988 stieg die Zahl weiter drastisch an: Im Dezember 1988 wurden allein in Belfast rund 1100 Häuser durchsucht. 1986 wurden im Durchschnitt pro Tag 163 Bürger in den See- und Flughäfen Englands und Wales' nach dem PTA verhört. Die Gesamtzahl derjenigen, die in RUC-Gewahrsam gehalten wurden, war bis Juni 1988 doppelt so hoch wie in den zwei Jahren vor dem Abkommen. Das PTA, das als Notstandsgesetz früher in jedem Jahr vom Parlament neu bestätigt werden mußte, wurde jetzt zu einem permanenten Gesetz erklärt.
Die „supergrass"-Prozesse, die auf Aussagen gekaufter Kronzeugen beruhten, sollten abgeschafft werden.	Das Ende der „supergrass"-Praxis zeichnete sich nach internationalen Protesten schon Ende 1983 ab. Ein Zusammenhang

Versprechungen 1985	Nordirische Realität heute
	mit dem anglo-irischen Abkommen läßt sich nicht nachweisen. Zudem war es für Polizei und Justiz immer schwieriger geworden, Kronzeugen zu finden. Allerdings setzt die RUC ihre Versuche fort, Bürger katholischer Gettos durch Bezahlung und Druck als Informanten zu gewinnen.
Divis Flats, Unity Flats, Springhill (Belfaster Gettos) und Rossville Flats (Derry), wo Katholiken unter unwürdigsten Bedingungen hausten, sollten abgerissen werden. Die Bevölkerung sollte in neue Einfamilienhäuser umgesiedelt werden.	Die genannten Viertel wurden teilweise tatsächlich abgerissen. Diese Aktion korrespondiert allerdings mit dem Interesse der Sicherheitskräfte, für die diese Viertel seit Jahren ein sicherheitspolitisches Risiko darstellen. Der Kommandeur der B-Division der RUC in der Springfield Road-Kaserne empfahl bereits seit längerem den Abriß von Unity Flats und Divis Flats, da diese verzweigten Hochhauskomplexe kaum zu patrouillieren seien. Bezeichnenderweise blieb in Divis Flats der Tower, das höchste Gebäude, stehen, auf dem die Sicherheitskräfte eine Beobachtungsstation unterhalten. Abgerissen wurden vornehmlich solche Häuser, die die Beobachtung des Viertels erschwerten. Von einer Verbesserung der Wohnsituation in den katholischen Gettos seit dem Abkommen kann keine Rede sein.
Die soziale Diskriminierung der katholischen Minderheit vor allem bei der Arbeitsplatzvergabe sollte durch gesetzliche Maßnahmen beendet werden.	Die neuen Anti-Diskriminierungsmaßnahmen sind völlig unzureichend. Der klassische protestantische/unionistische Kleinbetrieb, noch immer die dominante Betriebsform, wird von den Maßnahmen ebensowenig erfaßt wie der staatliche Sektor. In dem Maßnahmenbündel fehlen eine konkrete Zielvorgabe und ein konkreter Zeitplan zur Beendigung der diskriminierenden Einstellungspraxis.
Die besonders benachteiligten katholischen Gebiete sollten hohe Subventionen erhalten.	Von der Verteilung der Gelder aus dem „International Fund for Ireland" (IFI) blieben die katholischen Gettos weitgehend ausgespart. Stattdessen profitierten bereits florierende (protestantische) Geschäftszweige und Viertel, der ohnehin stark subventionierte Tourismussektor und sogar private Golfclubs von dem Topf.

Versprechungen 1985	Nordirische Realität heute
	Von den 130 Millionen Dollar, die die USA als größter Zahler bislang in den Topf gesteckt haben, sind bislang weniger als 1% in West Belfast angekommen (wo 13% der Arbeitslosen in Nordirland wohnen). Das mehrheitlich katholische Derry erhielt trotz ebenfalls hoher Arbeitslosigkeit nur gut 6% der bisher verteilten IFI-Gelder. Die britische Regierung selbst hat West Belfast (über 100.000 Einwohner) die lächerliche Summe von 10 Millionen Pfund als Hilfe zugesagt. Das entspricht dem Betrag, den sie für ein neues Einkaufszentrum im Stadtzentrum bereitstellt.
Das „Flags & Emblems Act" von 1954, das das Hissen der irischen Trikolore untersagte, sollte abgeschafft werden.	Das „Flags & Emblems Act", das schon lange im Ausland ungläubiges Kopfschütteln auslöste, wurde tatsächlich suspendiert. Allerdings hissten Nationalisten nach 1968 in ihren Vierteln auch trotz Verbots die Trikolore. Zugleich wurde aber die „Public Order Order" verabschiedet, die die Möglichkeiten friedlichen Protestes in anderer Hinsicht reglementiert (beispielsweise bei der Anmeldung von Demonstrationen).
Die gälische Sprache sollte seitens des Staates größere Anerkennung erfahren.	Die irische Sprache hat heute nicht den gleichen Status wie beispielsweise die walisische. Seit dem Abkommen wurden zudem die Mittel für Institutionen, die sich dem Gälischen verpflichtet fühlen, drastisch gekürzt. Die Forderung, das Verbot der Auszeichnung von Straßen in gälisch aufzuheben, wurde ebenso abgelehnt wie die Forderungen nach Sprachen-Programmen im BBC und Ulster-TV. Abgelehnt wurde auch eine verbesserte Ausbildung für Gälisch unterrichtende Lehrer. Die angekündigte Reform des Erziehungswesens wird den Status der irischen Sprache weiter herabsetzen.
Die Grenze zwischen Nordirland und der Republik Irland sollte durchlässiger werden, um letztlich ganz zu verschwinden.	Die innerirische Grenze ist heute dichter denn je. Das erste sichtbare Resultat des Abkommens bestand in der Errichtung neuer Beobachtungsposten und Kontrollpunkte entlang der Grenze.

Teil II

Macht und Menschen in Nordirland

NORDIRISCHE LEBENSLÄUFE

(Foto: Pacemaker)

BERNADETTE DEVLIN-MCALISKEY

Bernadette Devlin-McAliskey kam im April 1947 in Cookstown, Grafschaft Tyrone, als drittes von sechs Kindern zur Welt. Ende der 60er Jahre wurde ihr Name – damals hieß die unverheiratete Studentin noch einfach Bernadette Devlin – mit Rudi Dutschke und Daniel Cohn-Bendit in einem Atemzug genannt.

1969 wurde Bernadette in Mid-Ulster als Kandidatin der Bürgerrechtsbewegung und Mitbegründerin der radikalsozialistischen „Peoples' Democracy" ins britische Unterhaus gewählt. Mit 21 Jahren war sie die jüngste Abgeordnete, die das Unterhaus bis heute gesehen hat. Die internationalen Medien nannten sie bald die „Jeanne d'Arc von Nordirland". Wenige Monate später – im August 1969 – ereignete sich die legendäre „Battle of the Bogside", als die katholische Gettobevölkerung von Derry

Foto S. 196/197: Demonstration zur Unterstützung des Hungerstreiks 1981 ihr Viertel gegen Polizisten und loyalistische Schläger verteidigte. Durch die Weltpresse ging anschließend das Photo einer „jungen Frau Abgeordneten", wie sie Asphaltplatten in wurfgerechte Portionen zerschlug. Ihren Beitrag zum militanten Widerstand bezahlte sie mit sechs Monaten Gefängnis.

Den Blutsonntag von Derry, an dem die britische Armee im Januar 1972 14 katholische Zivilisten erschoß, erlebte Bernadette Devlin-McAliskey von der Rednertribüne aus: „Ich stand auf der Bühne, als die ersten Schüsse fielen. Ich nahm an, daß die Soldaten auf der alten Stadtmauer, von der sich die Bogside überblicken ließ, über unsere Köpfe feuerten, um uns zu ängstigen. Auf 35.000 Gesichter hinunterschauend, hatte ich gerade begonnen zu sagen: 'Habt keine Angst!', als vor meinen Augen 35.000 Menschen buchstäblich auf die Knie sanken, während weitere Schüsse fielen. Im gleichen Moment kroch ich unter die Bühne, das Mikrophon noch in der Hand haltend. Jahre der Tradition und Erziehung ließen die Worte 'Schütze mich in der Stunde des Todes' in meinem Kopf hämmern. Als ich realisierte, daß ich noch immer das Mikrophon in meinen Händen hielt, begann ich zu sprechen und forderte die Leute auf, von ihrem Platz wegzukriechen, ohne aufzustehen."

Als das Unterhaus anschließend versuchte, eine Debatte über den Blutsonntag zu unterbinden, bezichtigte Bernadette den damaligen Innenminister und Verantwortlichen für das Massaker, Reginald Maudling, ein Lügner zu sein und versetzte ihm eine Ohrfeige. Die britischen Medien, die Öffentlichkeit und das Parlament zeigten sich mehr darüber entrüstet, daß sich „ein Akt der Gewalt" im Unterhaus ereignet hatte, als über die Tatsache, daß britische Soldaten 14 unbewaffnete Demonstranten ermordet hatten. „Es war eine Lektion in parlamentarischer Demokratie, die ich niemals vergessen werde."

Bernadettes Unterhauskarriere wurde 1974 auf Betreiben der moderaten SDLP beendet. Weil sie sowie der unabhängige radikale Nationalist Frank McManus sich weigerten, der neugegründeten SDLP beizutreten, stellte die SDLP in den Wahlkreisen der beiden Gegenkandidaten auf. Als Folge davon splitteten sich die Stimmen der katholischen Bevölkerung auf. Beide Wahlkreise, die in der Mehrheit traditionell republikanisch wählten, fielen 1974 dadurch an die Unionisten. Während des großen Hungerstreiks der IRA- und INLA-Gefangenen von 1981 engagierte sich Bernadette in führender Position im nationalen „Anti-H-Block/-Armagh Committee". Das Schicksal der republikanischen Häftlinge ist auch heute noch ein wichtiger Gegenstand ihrer politischen Arbeit.

Im gleichen Jahr wurden sie und ihr Ehemann bei einem Attentat schwer verletzt. Kaum zwei Minuten nach dem Attentat standen britische

Soldaten in ihrem Haus, um zu fragen, ob noch irgendjemand am Leben sei. Aus Furcht, von den Soldaten den Rest zu erhalten, antworteten Bernadette und Michael McAliskey nicht. Der Armeehubschrauber, der sie schließlich in ein Krankenhaus transportierte, benötigte unverhältnismäßig lange. Die Attentäter konnten zunächst entkommen, obgleich das einsam gelegene Haus der McAliskeys zu diesem Zeitpunkt ganz offensichtlich unter Beobachtung der Armee stand. 1982 wurden Mitglieder der UDA, der noch immer legalen loyalistischen Todesschwadrone, für den Mordversuch verurteilt.

Bernadette versteht sich heute unverändert als radikale Sozialistin und Republikanerin. Sie ist zwar kein aktives Sinn Féin-Mitglied, unterstützt jedoch Sinn Féin-Kandidaten in deren Wahlkämpfen, arbeitet mit Sinn Féin-Leuten im Kampf gegen Repression und Zensur eng zusammen und distanziert sich nicht von der IRA. Ihr Verhältnis zum politischen Arm der IRA definiert sie wie folgt: „Es ist eine Tatsache, daß die Führung der antiimperialistischen Bewegung fest in den Händen von Sinn Féin liegt. Die Führung liegt deshalb in den Händen der 'Provos', weil sie sich diese Position in den vergangenen 15 bis 20 Jahren erfolgreich erworben haben. (...) Es bleibt eine Tatsache, daß Sinn Féin den Kampf anführt und revolutionäre Marxisten manchmal Probleme haben, mit ihr mitzuhalten. So ist die wirkliche Welt nun einmal. Du hast mit dieser Welt umzugehen, oder Du kommentierst Geschichte lediglich, während sie an Dir vorbeizieht."

Bernadettes letzte große Tat bestand in dem Aufbau eines „68er Committees", das im Sommer und Herbst 1988 auf der ganzen Insel öffentliche Veranstaltungen zur Erinnerung an den 20. Jahrestag der Bürgerrechtsbewegung abhielt. Die Säle waren meist rappelvoll, wenn Bernadette, Gerry Adams (heute Sinn Féin-Präsident), Michael Farrell (ehemaliges Gründungsmitglied der Peoples Democracy, Historiker und „Immer-noch-Sozialist") sowie Eamonn McCann (seinerzeit einer der „linken Provokateure" innerhalb der Bürgerrechtsbewegung, heute „Immer-noch-Trotzkist" und vielleicht einer der fähigsten Journalisten auf der Insel – vor allem in Sachen Sport) auf dem Podium berichteten und diskutierten. Niemand von ihnen distanzierte sich von der Gewalt der IRA. Für einen bundesdeutschen Beobachter war es schon erstaunlich, auf welch hohem Niveau in West Belfast und Derry mit einem Publikum, das sich zum Großteil aus „einfachen Bürgern" bzw. Mitgliedern der katholischen Unterklassen zusammensetzte, debattiert wurde. Die grüne Bundestagsfraktion hätte hier kaum mithalten können....

Aktuell engagiert sich die „Hausfrau" (Selbstbezeichnung) Bernadette, die drei Kinder mit den Namen Róisin, Deidre und Fintan hat, gegen die Auslieferung von in den Süden geflüchteten IRA-Aktivisten an die britische Unrechtsjustiz sowie gegen die Zensur Sinn Féins und deren Unterstützer. Vor einigen Monaten wurde sie selbst Opfer dieser Zensur: Ein Rundfunkinterview mit ihr wurde kurzerhand wieder abgesetzt, nachdem sie darin geäußert hatte, sie sei Sinn Féin-Wählerin.

Offiziell verfügt die „Hausfrau" weder über eine Berufsqualifikation noch über einen Schulabschluß: 1969 verweigerte ihr die Belfaster Queens University, deren Verwaltung und Akademikerkörper von unionistischen und loyalistischen Protestanten dominiert wird, die Abnahme des letzten Psychologieexamens. Die ebenfalls von Unionisten dominierte Erziehungsbehörde der Grafschaft Tyrone wiederholte diesen primitiven Racheakt, der ihrem Bürgerrechtsengagement galt, indem sie Bernadettes Schulzeit annullierte.

Ian Paisley

„Ich wäre lieber britisch als gerecht", erklärte Ian Paisley 1968 in einem Teegespräch mit der jungen Bernadette Devlin, die mehr über seine Ansichten in Erfahrung bringen wollte. Es war sicherlich eine ehrliche Selbsteinschätzung.

Paisley, seit 1971 Vorsitzender der rechtsextremen „Democratic Unionist Party" (DUP), wurde 1926 geboren. Sein Vater war ein baptistischer Priester, der in Edward Carsons faschistischer Ulster Volunteer Force (UVF) gedient hatte. Carson, der Ulsters Protestanten zum bewaffneten Widerstand gegen jede Form irischer Selbstverwaltung mobilisierte, blieb bis heute sein großes historisches Vorbild. Paisley entblödete sich nicht, sich in Carson-Pose vor dem ehemaligen nordirischen Parlaments- und Regierungsgebäude, dem Stormont, ablichten zu lassen – ein Foto, das seither Paisleys Pressekonferenzen schmückt und loyalistischen Führerkult dokumentiert.

Ernsthafter wurde es schon, als Paisley im Februar 1981 – wiederum seinem Vorbild Carson nacheifernd – zur nächtlichen Stunde auf den Hügeln Antrims 500 vermummte Loyalisten versammelte, die in paramilitärischer Formation paradierten, Waffenlizenzen gen Himmel reckten und ihre Bereitschaft bekundeten, für Ulster zu kämpfen und zu sterben. Der Aufmarsch war Paisleys Antwort auf den Beginn der republikanischen Unterstützungswelle für den Hungerstreik der IRA.

Im November 1981 rief Paisley eine paramilitärische „Third Force" ins Leben, die den offiziellen Sicherheitskräften als freiwillige und zusätzliche Kraft im Kampf gegen die IRA dienen sollte. Zugleich war der Aufbau der „Third Force" – wie andere Projekte Paisleys zuvor – eine Drohung an die Adresse der britischen Regierung, den „Kampf gegen den republikanischen Terrorismus" selbst in die Hand zu nehmen, sollte sich die Regierung nicht zu einer noch repressiveren Politik entschließen. Paisley wirft London einen zu liberalen Umgang mit der IRA sowie eine Tendenz zur Abkoppelung von Nordirland vor. Der Kampf gegen diese Tendenzen ist sein politisches Credo.

Aktuell fordert Paisley die Einführung der Internierung (nur für „republikanische Terroristen"), die Todesstrafe für „IRA-Mörder", die Verhängung des Ausnahmezustandes über „notorische IRA-Viertel", das Verbot von Sinn Féin sowie mehr Kompetenzen für die nordirischen Sicherheitskräfte RUC und UDR. Periodisch droht er zudem – sollte sich die britische Regierung zusehends als „wankelmütig" erweisen – mit der Erklärung nordirischer Unabhängigkeit, verbunden mit dunklen Bürgerkriegsahnungen. Nach Lage der Dinge kann damit nur ein loyalistischer Generalangriff auf die katholische Minderheit gemeint sein. Daß die protestantischen Siedler bislang nicht dem Beispiel der südafrikanischen Buren gefolgt sind, liegt an der geringen Realitätstüchtigkeit des Projektes eines „Independent Northern Ireland" – zu groß ist die Abhängigkeit vom britischen Mutterland.

Paisleys Verständnis vom Selbstbestimmungsrecht der protestantischen Siedler schließt – ähnlich wie das der Weißen in Südafrika – ein gleichberechtigtes und friedliches Nebeneinander unterschiedlicher Konfessionen und Traditionen aus. Nordirland ist in seinen Augen die staatliche Verkörperung dieses Selbstbestimmungsrechtes, weshalb gesamtirischer Nationalismus bekämpft und die nichtprotestantische Minderheit von der Staatsmacht ferngehalten werden muß. In dieser Hinsicht gibt es von Paisley lediglich Lippenbekenntnisse für einen Minderheitenschutz, den eine protestantische Alleinregierung sichern werde.

In Wahrheit bedeutet sein Eintreten für den alten „Protestant State" in Reinkultur zugleich die Bereitschaft zu brutalerem Vorgehen gegen die „disloyale" Minderheit. Die Gründung der paramilitärischen „Ulster Resistance", an der Paisley und andere DUP-Politiker sich im Winter 1986 führend beteiligten, zeigt an, daß eine loyalistische „Doomsday"-Vorbereitung existiert.

Paisley ist zweifelsohne ein Mann der Gewalt. Alles, was er zu bieten hat, ist eine Eskalation repressiver Gewalt, ist die Forderung nach Zwangsmaßnahmen, sind Ausrottungsphantasien. Seine Reden sind von religiösem Fanatismus, Überlegenheitsdünkeln und unterschwelliger Blutrünstigkeit geprägt: „...Alle Tyrannei kam nur von einem Ort, und dieser Ort hieß Rom. All das, was am besten an einer freien Demokratie ist, was am besten an der britischen Freiheit ist, kommt ... direkt von der Schlacht am Boyne ..., einer Schlacht, die noch heute ihre Auswirkungen hat. ... Diese Schlacht war eine Schlacht der Wahrheit gegen die Lüge, der Tyrannei gegen die Freiheit. Eine Schlacht des Protestantismus der Bibel gegen die Ekelhaftigkeit päpstlicher Greuel... Ihr sitzt in diesem Haus heute abend, und ihr verehrt Gott im einfachen Geist der Reformation für jenen gewaltigen Sieg, und ihr habt heute besondere Vorrechte (!) ... Freiheit! Freiheit! Glorreiche Freiheit! ... Es gibt Kräfte in dieser Provinz, die euch durch dieselbe despotische Tyrannei eure hart umworbene Freiheit wegnehmen wollen, eure Vorrechte (!), die wegen der Opfer eurer Vorfahren euch gehören."

Paisleys Zöglinge spinnen solche Gedanken fort. Der DUP-Unterhausabgeordnete McCrea, wie Paisley ein Prediger, erklärte beispielsweise auf einer Parteikonferenz, aus religiösen Gründen mache es einen Unterschied, ob ein protestantisches oder ein katholisches Mädchen durch Plastikgeschosse der Polizei getötet würde.

Seine DUP-Kameraden halten Paisley für einen Stellvertreter Gottes, „von oben" entsandt, um Ulster vor der satanischen Herausforderung zu retten. Dazu zählen neben dem Papst noch die Dubliner Regierung, Moskau, die EG und natürlich Sinn Féin und IRA. DUP-Vorstandsmitglied James McClure etwa eröffnete 1986 die Parteikonferenz mit folgenden Worten: „Wir in Ulster und in der DUP genießen das Privileg, daß in dieser, Ulsters Stunde der Not, Gott einen Mann aufgestellt hat, um ihn zu vertreten." Paisley selbst pflegt diesen Wahn durch Phrasen wie „Gott hat mir erzählt" oder „Gott hat mir gezeigt" – so, als ob er sich eben mit dem Höchsten besprochen hätte. Ansätze von Kritik aus den eigenen Reihen kontert er, indem er den Allmächtigen zitiert: „Verletze nicht meine Propheten!"

Katholiken bzw. irische Nationalisten haben nach Paisleys fundamentalistischer Sicht in Nordirland keinen Platz. Zu seinen politischen Hobbys zählt es, mit seinen verhetzten Horden durch mehrheitlich katholische Gebiete zu ziehen, um protestantische Vorherrschaft zu demonstrieren und die dortige Bevölkerung zu terrorisieren: „Es gibt keine nationalistischen Gegenden in Nordirland. Ulster ist Ulster, und die Flagge sollte überall wehen."

Durch landesweite Mobilisierung versucht Paisley, in mehrheitlich katholischen Gebieten für einige Stunden eine physische protestantische Überlegenheit herzustellen. Vor jedem 12. Juni, dem jährlichen Aufmarschtag der Loyalisten, stellen sich Nordirlands Katholiken die bange Frage, wo Paisley dieses Mal den Schwerpunkt seiner Mobilisierung setzt. Loyalistische Märsche durch katholische Straßen gehören zu den schlimmsten Momenten im Leben nordirischer Katholiken.

Wenn es um Mordanschläge durch Loyalisten geht, wäscht Paisley seine Hände in Unschuld (es sei denn, sie wurden von offiziellen Sicherheitskräften verübt). Paisleys Strickmuster nach loyalistischen Morden ist stets das gleiche: Die Mörder seien „Verrückte" und keine „echten" Loyalisten; zuweilen erfolgt eine kurze Distanzierung. Gleich darauf entlastet er die Täter: Die Minderheit, die die IRA decke, sowie die lasche Regierung trieben Protestanten zu derlei Taten und trügen daher selbst einen Großteil der Schuld.

Einerseits auf ein gewisses Maß an politischer Seriosität und Reputierlichkeit bedacht, bemüht sich Paisley andererseits darum, daß sein Verhältnis zur paramilitärischen Szene keinen Schaden erleidet. Paisley ist immer wieder Gast auf den Beerdigungen von Mitgliedern der UDA und UVF und schmiedet mit diesen Organisationen gemeinsame Widerstandspläne. Das Forum für solche Komplotte sind die gegen das anglo-irische Abkommen gegründeten „Ulster Clubs". Zum Zeitpunkt der Gründung der Clubs bestand deren Führung aus John McMichael, damals führendes Mitglied der UDA und Hintermann mehrerer sektiererischer Morde, sowie zwei kommunalen Abgeordneten der angeblich gemäßigteren OUP. Ein weiteres Gründungsmitglied, der parteilose Alan Wright, sagte zur Philosophie der Clubs: Frieden könne es in der Provinz nur geben, wenn zuvor ein „neues Umfeld" geschaffen werde. Der militante Nationalismus der IRA müsse ausgerottet werden. Man könne zwar einen Traum nicht töten, wohl aber seine Träumer.

Die „Ulster Clubs“ sowie die „Ulster Resistance“ sind Beispiele dafür, in welcher Weise mit paramilitärischen Gruppen Koalitionspolitik betrieben wird: Um nicht eine offizielle Koalition zwischen DUP und der paramilitärischen UDA/UVF eingehen zu müssen, gründet man eine dritte Organisation, in der sich DUP-Politiker und Paramilitärs als Einzelpersonen einfinden.

Eine direkte Verstrickung Paisleys in sektiererische Morde konnte bislang nicht nachgewiesen werden. Allerdings erklärte einer der loyalistischen Mörder des 18jährigen Katholiken Peter Ward, der im Juni 1966 beim Verlassen eines Pubs in Belfast erschossen wurde, später vor Gericht: „Ich bedaure zutiefst, jemals von diesem Mann namens Paisley gehört zu haben und ihm gefolgt zu sein.“ Ein anderer der Täter, der ehemalige UVF-Führer Gusty Spence, verwies 1984 darauf, wie Paisley und andere loyalistische Politiker die „Paras“ für ihre Zwecke instrumentalisieren: „Ich war naiv, ich habe wirklich den Politikern geglaubt.“ Spence kritisierte die Bigotterie der etablierten protestantischen Führer Nordirlands, die sich gern der Paramiliz bedienen würden, um die eigene Karriere zu fördern. Sobald solche Kontakte ihrem Ansehen schaden könnten, würden sie diese jedoch sofort abbrechen oder leugnen. Spence warf den Politikern vor, sie hätten Mitte der 60er Jahre die UVF mit der Behauptung getäuscht, ein IRA-Mordkomplott stünde unmittelbar bevor. Dadurch hätten sie militärische Aktionen zu einem Zeitpunkt veranlaßt, als eine IRA überhaupt noch nicht wieder existierte. Er sei seinerzeit in eine Falle getappt, die „das Establishment der protestantischen Arbeiterklasse gestellt hatte“. So fragwürdig solche Aussagen im einzelnen auch sein mögen, so verdeutlichen sie doch die vielfältigen Bezüge zwischen Paisleys „legaler“ Politik und den loyalistischen Terrorakten.

Auch in publizistischer Hinsicht war Paisley nicht untätig. Schon 1966 gründete er seine eigene Wochenzeitung, den „Protestant Telegraph“. Das Motto des Blattes – „The Truth Shall Set You Free“ – wurde vom CIA entliehen. Der „Telegraph“ verteidigte die Apartheid in Südafrika, machte sich stark für den bigotten ehemaligen Gouverneur des US-Staates Georgia, Lester Maddox, und für den rechtsradikalen US-Präsidentschaftskandidaten und profilierten Gegner der schwarzen Bürgerrechtsbewegung, George Wallace.

Paisleys Verbindungen nach Nordamerika, wo er auch heute noch des öfteren herumtourt, waren für seinen politischen und religiösen Werdegang nicht unbedeutend. Paisleys Denken wurde stark vom rechtsradikalen Sektenwesen in den USA geprägt. Die Bob Jones University in Greenville verlieh ihm einen zweifelhaften „Ehrendoktor“, den er seither stolz zur Schau trägt. Bob Jones, der Gründer der „Bildungsstätte“, ist ein religiöser Fundamentalist und Rassist mit engen Beziehungen zur rechtsextremistischen John Birch Society. Die New York Times schrieb schrieb 1969 über „Doktor" Paisley: „In den Südstaaten der USA ist er ein populärer Prediger mit der Reputation eines Anti-Kommunisten der John-Birch-Schule." Mit dem US-amerikanischen Sektenwesen teilt Paisley auch seine pathologische Abneigung gegen Homosexuelle.

Der Prediger Paisley unterhält eine eigene religiöse Sekte, die strikt antiökumenisch orientierte „Free Presbyterian Church". Als Prince Charles und seine Gattin an einer Messe des Vatikans teilnehmen wollten, protestierte Paisley, daß damit die „konstitutionelle Position des Thrones unterminiert" würde. Der Papst sei ein „Anti-Christ", ein „Sohn der Verdammnis" und eine Messe mit ihm folglich „gotteslästerlich". 1988 randalierte Paisley im Europaparlament, als der Papst diesem einen Besuch abstattete.

Paisleys Philosophie und sein Agieren werden auf dem „aufgeklärten" Kontinent gewöhnlich belächelt. Das Problem ist jedoch, daß diesem Mann 40% und mehr der protestantischen Wahlberechtigten Nordirlands folgen. Für Nordirlands Katholiken ist Paisleyismus eine alltägliche Realität. Und die Distanz zwischen einer bigotten Predigt Paisleys und dem Niederbrennen katholischer Häuser ist äußerst gering.

Bobby Sands

„Natürlich kann ich ermordet werden, aber ich bleibe, was ich bin: ein politischer Kriegsgefangener, und niemand kann das ändern – nicht einmal die Briten."
Bobby Sands

Bobby Sands wurde im März 1954 in Rathcoole in Nord-Belfast geboren. Er war das älteste von vier Kindern. Rathcoole ist zwar ein protestantisches Viertel, doch lebten damals auch viele katholische Familien dort.

Bis zum Jahr 1961 führten die Sands' ein friedliches Leben in Rathcoole, da die Nachbarn davon ausgingen, das „Sands" ein protestantischer Nachname war. Bobbys Eltern waren völlig unpolitisch. Als jedoch herauskam, daß sie Katholiken waren, begannen die Schikanen und Bedrohungen. Bobby war sieben Jahre alt, als er zum ersten Mal mit dem sektiererischen Alltag Nordirlands konfrontiert wurde. Im Dezember 1961 zog die Familie schließlich ein paar Straßen weiter in eine Siedlung, die ebenfalls hauptsächlich von Protestanten bewohnt wurde. Bobby sagte später: „Obwohl ich nicht verstand, was 'Internierungen' oder 'Specials' waren, wuchs in mir die Überzeugung, daß sie Symbole des Bösen waren."

In Doonbeg Drive, wo die Familie nun wohnte, gab es zunächst keine Probleme mit den Nachbarn. Das sollte sich jedoch mit dem Beginn der Bürgerrechtsbewegung Ende der 60er Jahre ändern. Bobby hatte mit 16 Jahren eine Lehre als Karosseriebauer begonnen und war in die Gewerkschaft eingetreten. Sein familiärer Hintergrund und seine Zukunftspläne unterschieden sich durch nichts von denen anderer Jugendlicher, die in einem Getto in Nordirland aufgewachsen waren. In einem anonymen Artikel in der Sinn Féin-Zeitung „Republican News" schrieb Bobby Sands im Jahr 1978 rückblickend: „Der neue Arbeitsplatz wirkte anfangs einschüchternd auf mich, aber dann war es ganz okay, besonders am Ende der Woche, wenn's den Lohn gab. Diskos, Klamotten, Mädchen und ein paar Groschen in der Tasche eröffneten mir eine ganz neue Welt."

Doch im Januar 1969 ereignete sich etwas, das einen bleibenden Eindruck bei Bobby Sands hinterließ. Loyalisten hatten einen friedlichen Bürgerrechtsmarsch bei der Burntollet Brücke niedergeknüppelt. Bobby sah die Bilder im Fernsehen. Später schrieb er: „Dieses Ereignis brannte sich in mein Gedächtnis ein, und zum ersten Mal interessierte ich mich dafür, was sich ereignete. Ich wurde wütend."

Ein Jahr später mußte er seine Lehre abbrechen. Loyalistische „Arbeitskollegen" hatten ihn mit Gewehren bedroht und ihm empfohlen, sich aus dem Staub zu machen. Zuhause nahmen die Einschüchterungen und gewaltsamen Ausschreitungen gegen Bobby und seine Familie immer bedrohlichere Formen an. Er selbst wurde ständig von loyalistischen Jugendlichen verprügelt, nachts flogen Steine durch das Fenster. Seine Schwester Bernadette sagte, daß Bobby in seiner Jugend sowohl katholische als auch protestantische Freunde gehabt hatte. Doch jetzt nahmen auch seine protestantischen „Freunde" an den Terroraktionen teil. Nach 18 Monaten hielt es die Familie Sands nicht mehr aus. Im Wohnungsamt empfahl man ihnen, sich ein leerstehendes Haus in der neuen Twinbrook-Siedlung am Rande West-Belfasts zu suchen, dort einzuziehen und dem Wohnungsamt die Hausnummer mitzuteilen.

Familie Sands folgte diesem Rat. Die ständige Anspannung und Bedrohung war zwar nun vorbei, doch Bobby hatte die Ereignisse in Rathcoole nicht vergessen: „Ich hatte allzuoft gesehen, wie Häuser zerstört, Väter und Söhne festgenommen, Nachbarn verwundet und Freunde ermordet worden waren. Ich war gerade achtzehn geworden und hatte genug von der Randale. Was immer ich auch versuchte, wieviele Steine ich auch warf, ich konnte sie nicht schlagen – die Briten kamen immer wieder. Mit achtzehneinhalb Jahren ging ich zu den Provos, stellte mich der Macht und der Konfrontation mit einem Empire."

Im Oktober 1972 wurde Bobby Sands verhaftet. Die Polizei hatte vier Pistolen in einem Haus gefunden, in dem Bobby übernachtet hatte. Er wurde angeklagt und zu drei Jahren Gefängnis verurteilt. Der politische Häftlingsstatus war damals noch nicht abgeschafft, und Bobby kam in die „Käfige" von Long Kesh. Er nutzte diese Zeit gut, las viel, lernte gälisch und brachte sich selbst das Gitarrespielen bei. Als er 1976 entlassen wurde, kehrte er zu seiner Familie nach Twinbrook zurück. Kurze Zeit später heiratete er, doch die Ehe, aus der Bobbys Sohn Gerard stammt, scheiterte schon bald. Sofort nach seiner Entlassung hatte sich Bobby bei der IRA zurückgemeldet. Später schrieb er: „Ziemlich viel hatte sich verändert, Teile der Gettos waren verschwunden, andere Teile wurden gerade abgerissen. Noch immer tobte der Krieg, obwohl sich Taktik und Strategie geändert hatten. Die britische Regierung versuchte, den Krieg zu 'ulsterisieren', was den Versuch beinhaltete, die IRA zu kriminalisieren und die Kriegssituation zu normalisieren."

Bobby begann, sich um soziale Fragen zu kümmern. In Twinbrook gab es keine lokalen Gruppen von Sinn Féin und Green Cross, der Hilfsorganisation für die Familien von republikanischen Gefangenen. Bobby half, beide Organisationen in Twinbrook aufzubauen. Er engagierte sich in der Mietervereinigung und sorgte dafür, daß die „Black Taxis" auch nach Twinbrook fuhren. Die Black Taxis sind ein selbstorganisierter Taxidienst, der Anfang der 70er Jahre eingerichtet wurde, als der Busverkehr in die katholischen Gettos eingestellt wurde. Als die Busse später wieder verkehrten, wurden die Black Taxis beibehalten, weil sie ein weitaus billigeres und bequemeres Verkehrsmittel waren. Bobbys Aktivitäten sprachen sich in Twinbrook schnell herum. Seine Schwester Bernadette erinnert sich: „Es kam sogar soweit, daß die Leute bei uns klingelten und Bobby baten, für Rampen auf der Straße zu sorgen, damit die Autos langsamer fahren mußten und keine Kinder überfahren wurden."

Bobbys Freiheit dauerte jedoch nur sechs Monate. Im Oktober 1976 wurde ein Bombenanschlag auf eine Möbelfirma in Dunmurray verübt, nur drei Kilometer von Bobbys Elternhaus entfernt. Anschließend kam es zu einer Schießerei mit der Polizei, bei der zwei Männer verwundet wurden. Bobby und drei seiner Freunde wurden in einem Auto in der Nähe des Tatortes verhaftet. Die Polizei fand im Auto einen Revolver. Die vier Männer wurden ins Folterzentrum Castlereagh gebracht, wo sie tagelang brutalen Verhören ausgesetzt waren. Alle vier verweigerten jedoch die Aussage. Seine Erfahrungen in Castlereagh faßte Bobby vier Jahre später in einem Gedicht zusammen, das aus 96 Versen bestand.

Nach elf Monaten Untersuchungshaft fand im September 1977 die Gerichtsverhandlung statt. Obwohl der Richter zugab, daß keinerlei Beweise für die Teilnahme der vier Männer an dem Anschlag auf die Möbelfirma vorlagen, wurden sie zu 14 Jahren Gefängnis verurteilt – wegen „unerlaubten Waffenbesitzes". Die ersten vier Wochen der Haft verbrachte Bobby in Einzelhaft im Crumlin Road Gefängnis. Dann wurde er in die H-Blocks von Long Kesh verlegt und schloß sich sofort dem Deckenstreik an. Während dieser Zeit begann er, regelmäßig für die Sinn Féin-Zeitung „Republican News" zu schreiben. Er benutzte den Namen seiner Schwester Marcella als Pseudonym. Bobby schrieb seine Artikel, Gedichte und Lieder auf winzigen Stücken Toilettenpapier, die aus Long Kesh herausgeschmuggelt wurden. Zwei seiner Lieder, „Back home in Derry" und das fröhliche Trinklied „McIlhatton", gehören seitdem zum festen Repertoire des bekannten irischen Musikers Christy Moore.

Bobby Sands wurde schon bald zum Sprecher der Deckenstreikenden ernannt. Wegen dieser Funktion geriet er immer wieder in Konfrontation mit den Gefängnisbehörden, die Bobby mit Einzelhaft bestraften. Die Gefängnisleitung und die Wärter versuchten mit allen Mitteln, den Widerstand der Gefangenen gegen die Haftbedingungen zu brechen. Das gelang jedoch nicht – im Gegenteil: Die Gefangenen antworteten mit einem „Waschstreik". Als dann nach einem ersten Hungerstreik deutlich wurde, daß die britische Regierung die Gefangenen hintergangen hatte, bestand Bobby darauf, am 1. März 1981 als erster in einen neuen Hungerstreik zu treten. Neun Tage später wurde er 27 Jahre alt. Aus aller Welt kamen Sympathiebekundungen für Bobby Sands und die Hungerstreikenden, die sich ihm inzwischen angeschlossen hatten. Bei den britischen Parlamentswahlen wurde Sands zum Unterhaus-Abgeordneten gewählt. Doch Thatcher blieb weiterhin unnachgiebig. Bobby Sands starb am 5. Mai nach 65 Tagen Hungerstreik. Seine Beerdigung wurde zu einer Massendemonstration gegen die britische Nordirlandpolitik: 100.000 Menschen folgten dem Sarg.

Nach seinem Tod wurden Bobby Sands' Schriften, Gedichte und das Tagebuch, das er während der ersten 17 Tage des Hungerstreiks geführt hatte, in vielen Sprachen der Welt veröffentlicht. Im Vorwort von „Ein Tag in meinem Leben" schrieb der irische Friedensnobel- und Leninpreisträger, Sean McBride: „Bobby Sands' Tod und das Zeugnis seiner Schriften sind lediglich ein Ausschnitt der grausamen Einmischung Großbritanniens in die Angelegenheit der irischen Nation. Ich wünschte, es wäre möglich, die Verantwortlichen der britischen Politik in Irland zu verpflichten, dieses Buch zu lesen. Vielleicht würden sie dann langsam begreifen, welche tiefen Wunden ihre Politik diesem Land zugefügt hat, und versuchen, sie zu ändern."

GERRY ADAMS

Wenn ein Mitglied des britischen Unterhauses für sich politische und soziale Verankerung in seinem Wahlkreis beanspruchen kann, dann ist das ironischerweise der einzige der gegenwärtigen Abgeordneten, der dieses Parlament noch nie betreten hat: Gerry Adams, den Margaret Thatcher – gemeinsam mit dem Bergarbeiterführer Arthur Scargill – zu den „größten Feinden Großbritanniens" zählt.

Gerry Adams wurde 1949 im katholischen und proletarischen West Belfast geboren. Adams stammt aus republikanischen Verhältnissen: Sein Vater, ein Bauarbeiter, wurde in den 40er Jahren durch Polizeischüsse verwundet und eingekerkert. Seine Mutter kommt aus der traditionsreichen republikanischen Hannaway-Familie. Adams wuchs mit neun Geschwistern auf und blieb nicht der einzige Sohn der Familie, der bei der IRA landete.

Wie heute noch die Mehrzahl der Jugendlichen in West Belfast, verließ Adams die Schule im frühen Alter. Ein ehemaliger Lehrer beschreibt den Schüler Adams als einen „von dieser nachdenklichen Sorte von Jugendlichen, sehr ruhig, beinahe schweigsam. Du wundertest dich stets, was in diesem kleinen Kopf vor sich ging. Er konnte in der Klasse sein, und du warst dir kaum seiner Anwesenheit bewußt. Aber wenn du ihn anschautest, wußtest du, daß er alles in sich aufnahm." Aus dieser Fähigkeit entwickelte Adams im Laufe seines Werdegangs eine „außergewöhnliche Gabe für politische Analyse", wie ihm Irlands renommiertester Journalist, Tim Pat Coogan, 1987 bescheinigte. Da war Adams bereits zur Leitfigur der republikanischen Bewegung in Nordirland aufgestiegen.

Der junge Gerry Adams arbeitete zunächst in einem Pub, dessen Gäste vornehmlich zu den protestantischen Unterklassen zählten – eine Tätigkeit, die heute für jeden „gewöhnlichen" Katholiken lebensgefährlich wäre. Im Alter von 15 Jahren trat Adams Sinn Féin bei und wurde Vorsitzender des „Belfast Housing Committee", aktives Mitglied des Belfast „Unemployed Action Committee" und war an der Gründung der Bürgerrechtsbewegung „Northern Ireland Civil Rights Association" beteiligt.

Erfahrungen mit der protestantischen Bevölkerungsgruppe sammelte Adams nicht nur in Pub-Gesprächen. Gemeinsam mit Bürgern aus einem protestantischen Nachbarviertel engagierte sich Adams für die Einrichtung eines Fußgängerübergangs, nachdem ein Kind in seiner Gegend überfahren worden war. „Die Kampagne war erfolgreich, und wir waren hoch erfreut. Nicht nur, daß wir gewonnen hatten, sondern daß Katholiken und Protestanten zusammengekommen waren. Die Nachricht davon drang bis zum unionistischen Establishment hinauf. Einer von Paisleys Leuten betrat die Szene, und zum ersten Male hörte ich Gespräche über 'Papisten', 'Papstköpfe', 'Fenians' und 'Taigs', die nicht als Spaß zu verstehen waren. Die Protestanten von New Barnsley, die eben noch mit uns gemeinsame Sache gemacht hatten, zogen sich zurück." Solche Erfahrungen liegen Adams Einschätzung zugrunde, daß die Protestanten solange sektiererischem Denken anhängen werden, wie die britische Rückendekkung für die Union anhält.

Als die republikanische Bewegung sich spaltete, waren viele überrascht, daß der als „Linker" bekannte Adams sich den Provisionals anschloß. Der Historiker, Republikanismus-Experte und Kolumnist der „Irish Times", Seán Cronin, sah ihn dabei jedoch in der Tradition des legendären sozialistischen Republikaners James Conolly, auf den sich so ziemlich alle irischen Linken – gleich welcher Schattierung – beziehen: „Gerry Adams kam zu politischer Reife in den 70er Jahren, und seine politischen Ideen reflektieren die natürliche Radikalisierung eines bewaffneten Kampfes, der in den armen Gettos von Belfast und Derry geführt wird. Bewußt oder unbewußt steht er Conollys Analysen von 1913 näher als andere Stimmen. (...) Es gibt nach Adams zwei Wege, die protestantischen Arbeiter zu erreichen. Der erste Weg ist, die Loyalisten, die von der britischen Macht gestützt werden, zu umwerben; dies ist der Weg, den die Officials genommen haben. Der zweite Weg folgt Connolly: sich von Britannien zu befreien, 'die Stütze des Loyalismus'. Dann ist man in der Lage, radikale Politik im Rahmen einer allirischen Demokratie zu entwickeln. Man muß an zwei Fronten kämpfen, der nationalen und der sozialen. Bislang scheint diese Sichtweise auf Belfast beschränkt zu sein, auf die Kämpfer, und es mag sich dabei mehr um eine Tendenz als um eine kohärente politische Philosophie handeln. (...) Was jedoch nachweisbar war und ist..., daß Guerilla-Kämpfe letzten Endes in den Köpfen der Leute ausgefochten werden."

Welche führende Rolle Adams bei der Reorganisation der IRA spielte, verdeutlicht die folgende Episode: Adams wurde 1971 interniert, im Sommer 1972 jedoch wieder freigelassen, um an einer IRA-Delegation teilzunehmen, die von der Royal Air Force zu Gesprächen mit der britischen Regierung nach London geflogen wurde. Die Freilassung des damals gerade 23jährigen Adams war eine Vorbedingung der IRA für die Gespräche. Als der in London ausgehandelte Waffenstillstand zehn Tage später zusammenbrach, verschwand Adams im Untergrund. Im folgenden Jahr saß er wieder in Long Kesh, diesmal für drei Jahre. 1978 wurde er erneut verhaftet und der IRA-Mitgliedschaft bezichtigt. Nach sieben Monaten der Untersuchungshaft wurde die Anklage schließlich fallengelassen. Insgesamt verbrachte Adams viereinhalb Jahre in nordirischen Gefängnissen, ohne jemals von einem Gericht verurteilt worden zu sein. Seine Gefängniszeit nutzte er zur politischen Überzeugungsarbeit unter den republikanischen Gefangenen. Viele junge Aktivisten fanden in Long Kesh erstmals die Zeit, sich mit dem Konflikt analytisch auseinanderzusetzen. Die Modernisierung der republikanischen Bewegung nahm hier ihren Ausgangspunkt.

1982 wurde Adams in das kurzlebige nordirische Parlament gewählt. Im gleichen Jahr verweigerte ihm die britische Regierung die Einreise nach England, wo er auf Einladung des Londoner Stadtrates an „Friedensgesprächen" teilnehmen wollte. Als er ein Jahr darauf ins Unterhaus gewählt wurde, mußte die Regierung diesen Bann aufheben. 1987 konnte Adams, der inzwischen auch Präsident von Sinn Féin geworden war, seinen Unterhaussitz mit einer komfortablen Mehrheit verteidigen.

Obgleich zweifelsohne ein intellektueller Vordenker der Bewegung, bietet Adams nicht die typischen Angriffsflächen, die man von Leuten in seiner Position gewohnt ist. Er kann Tradition und Erneuerung in produktiver Weise miteinander verbinden, verfügt neben politischen auch über militärische Fähigkeiten und begründete bei Sinn Féin einen kollektiven Führungsstil: „Führung entwickelt sich von unten." Man erinnert sich an sein zurückhaltendes Verhalten als Schüler, wenn man Ken Livingstones Beschreibung über Adams Verhalten in Diskussionen liest: „Wenn Du Gerry Adams in einer Gruppe von Leuten siehst, so dominiert er sie nicht. Er läßt andere Leute reden, er hört einen Konsens entstehen, er versucht nicht, mit seinem Charisma zu dominieren. Ich war noch nie auf einem Sinn Féin-Parteitag, aber andere haben mir gegenüber ihre Überraschung darüber ausgedrückt, wie jeder sich hinter dem Mikrophon anstellt, um zu reden. Es sei bemerkenswert gewesen, daß Adams die Schlange verließ und seinen Platz wieder einnahm, wenn jemand den gleichen Standpunkt bereits ausgedrückt hatte. Es gibt nur wenige männliche Politiker, die sich so verhalten würden. Die klassische Position der Linken in Britannien ist durch Männer charakterisiert, die der Meinung sind, daß eine Frage nicht gelöst werden kann, bevor sie sich zu Wort gemeldet haben."

Adams' Haltung zur IRA ist unzweideutig. Er ist darauf bedacht, jeden Eindruck zu vermeiden, zwischen ihm und der republikanischen Guerilla bestünden Widersprüche. Er hat dies auch dann durchgehalten, wenn die IRA-Aktionen zivile Opfer kosteten und der politische Druck auf ihn und Sinn Féin enorm groß war. Als im Sommer 1988 eine zu früh gezündete IRA-Bombe auf der West Belfaster Falls Road zwei Zivilisten tötete, diskutierte er am Ort des Geschehens mit der Bevölkerung. Dabei bedauert er solche Ereignisse und erklärt, er sei nicht in der Lage, derartige IRA-Aktionen zu rechtfertigen. Die IRA trage eine hohe moralische Verantwortung. Zugleich weigert er sich jedoch, die IRA zu verurteilen – wenn, dann mache er das über interne Kanäle. Diese Haltung garantiert Adams sowohl innerhalb der republikanischen Bewegung als auch bei großen Teilen der katholischen Bevölkerung hohe Glaubwürdigkeit.

Unter der West Belfaster Bevölkerung ist der Stolz spürbar, mit Gerry Adams einen der bedeutendsten Politiker des heutigen Irlands hervorgebracht zu haben. Adams versteht es, der geprügelten und unterdrückten Bevölkerung Selbstbewußtsein und den Glauben an die eigenen Fähigkeiten einzuflößen. Die republikanische Bewegung lebt dort nicht nur vom sozialen Elend und ihrem britischen Feind, sondern hat gemeinsam mit der Bevölkerung in sozialer und kultureller Hinsicht viel erreicht: irische Schulen, Social Clubs oder selbstverwaltete Betriebe. Ohne diese Eigeninitiative wäre West Belfast längst noch unbewohnbarer, als es ohnehin schon ist.

Im März 1984 überlebte Adams ein Attentat loyalistischer Todesschwadrone. Von Gewehrkugeln in der Schulter und im Nacken getroffen, wurde er in das West Belfaster Royal Victoria Hospital eingeliefert. Die Gefahr, Opfer eines loyalistischen Attentates oder Opfer staatlicher

Repressionen zu werden, ist für profilierte Republikaner allgegenwärtig. Danny Morrison, ein enger Kampfgefährte Adams und Sinn Féins Direktor für Öffentlichkeitsarbeit , beschrieb seine Situation einmal wie folgt: „Du bist stets ein Ziel. Du parkst dein Auto, und die RUC notiert dein Nummernschild. Sie sagen dir, daß dies Teil ihrer nachrichtlichen Arbeit sei. Aber glaubst du, wenn einer von ihnen einen Vetter bei der UVF oder UDA hat, daß er seine Notizen nicht an diesen weitergibt? Deshalb sind Loyalisten in der Lage, Republikaner zu treffen. So entwickelst du einen Überlebensinstinkt. Du bist stets deiner Umgebung gewahr. Du pflegst keine Routine. Du hängst von Freunden ab. (...) Ich bin glücklich, wenn ich in zehn Jahren noch lebe. Ich werde wohl entweder tot oder im Gefängnis sein. Aber wenn ich getötet werde, so kann ich mich nicht beklagen. Ich hatte Freunde, die wurden im Alter von 17 Jahren erschossen. So zähle ich jeden Tag seit diesem Alter als einen Gewinn."

Pat Finucane

Als am 17. Januar 1989 das britische Unterhaus zusammentritt, um den „Prevention of Terrorism Act" zu diskutieren, nutzt der Staatssekretär im britischen Innenministerium, Douglas Hogg, die Gelegenheit, um den versammelten Parlamentariern zu erklären, daß eine Reihe nordirischer Rechtsanwälte mit der IRA sympathisieren würden. Damit die Parlamentarier und die Öffentlichkeit diese durch nichts bewiesene Unterstellung nicht als einmaligen emotionalen Lapsus interpretieren, wiederholt Hogg sie während der Debatte nicht weniger als elfmal.

Nordirlands Anwälte treffen sich umgehend zu einer Krisensitzung und reagieren mit Empörung bis Panik. Jeder von ihnen weiß, welche Folgen eine derartige Behauptung haben kann. „In Nordirland können Worte töten", erklärt später Sir Oliver Napier, Vorsitzender der regierungsoffiziellen „Standing Advisory Commission on Human Rights" und ehemaliger Führer der liberal-unionistischen, nordirischen „Alliance Party". Seamus Mallon, Unterhausabgeordneter der „Social Democratic and Labour Party" (SDLP), warnt, daß es die Schuld der Regierung und des Staatssekretärs sei, wenn nun die Kugeln der Todesschwadrone fliegen würden. Doch die Regierung weist diesen Vorwurf zurück und stellt sich ausdrücklich vor Hogg.

Es folgt die Drohung eines Abgeordneten des Oberhauses, unter dem Schutz seiner Privilegien als „Peer", die Namen von drei nordirischen Anwälten zu nennen, die seinen Erkenntnissen nach „IRA-Sympathisanten" seien. Einer dieser Namen, so erfährt die südirische Regierung, ist der Pat Finucanes. Finucane ist ein begabter und engagierter Anwalt, der in den Wochen und Monaten zuvor spektakuläre juristische Erfolge gegen die nordirische Polizei und die britische Regierung erzielt hatte.

Dublin protestiert in London und stellt sicher, daß Finucane über das Vorhaben des „Peers" informiert wird. Bei drei unterschiedlichen Gelegenheiten fordert die irische Regierung die britische Regierung auf, die schwerwiegenden Anschuldigungen Hoggs zurückzunehmen; indessen vergeblich.

Am 12. Februar, drei Tage nachdem er die Warnung erhalten hatte, wird Pat Finucane in seinem Haus in Nord-Belfast erschossen. Die Ulster Freedom Fighters (UFF), die Todesschwadron der legalen Ulster Defence Association (UDA), übernehmen die Verantwortung.

Die Ermordung Finucanes bedeutet ein Novum im nordirischen Bürgerkrieg. In den mittlerweile über 20 Jahren der Auseinandersetzung war von der IRA und ihren loyalistischen Gegenspielern noch nie ein Rechtsanwalt zum Ziel erklärt worden. In ihrem Bekennerschreiben behaupten die UFF, Finucane sei ein hoher IRA-Offizier gewesen. Sinn Féin und die IRA widersprechen umgehend. Und man darf ihnen Glauben schenken. Die IRA hat noch nie einen Hehl daraus gemacht, wenn ein getöteter Katholik Mitglied ihrer Organisation war. Auch dann nicht, wenn die Begleitumstände seines Todes wenig rühmlich waren.

Selbstverständlich hatte Finucane einen republikanischen Hintergrund. Drei seiner Brüder waren bei der IRA aktiv gewesen, was für nordirische Verhältnisse jedoch nicht außergewöhnlich ist. Einer von ihnen wurde erschossen, ein zweiter sitzt in der Republik Irland in Auslieferungshaft, ein dritter wurde vor wenigen Jahren aus der Haft entlassen, nachdem er dort mehr als die Hälfte seines jungen Lebens verbracht hatte.

Aber: Finucane gehörte zu jenen nordirischen Anwälten, die sowohl republikanische wie loyalistische Angeklagte verteidigen. Sie begründen dies mit ihrem beruflichen Ethos und mit einer Sichtweise, die IRA- wie UDA- und UVF-Mitglieder als Opfer von Verhältnissen versteht, für die nicht sie selbst, sondern hauptsächlich die britische Regierung verantwortlich zu machen sind. Auf Finucanes Beerdigung sagte der Pfarrer, daß Finucane wahrscheinlich glücklich gewesen wäre, seine Mörder vor Gericht verteidigen zu können.

Bereits vor den Äußerungen Hoggs berichteten Anwälte von einer zunehmend feindseligen Haltung der britischen Regierung und der nordirischen Polizei ihnen gegenüber. Der Hintergrund hierfür war ihr juristisches Engagement für die Angehörigen der Opfer der „shoot-to-kill"-Politik der Polizei, der gezielten Exekution von unbewaffneten IRA- und INLA-Mitgliedern. Während Regierung und Polizei daran interessiert waren, die ganze Affäre unter den Teppich zu kehren, gelang Finucane im November 1988 für nordirische Verhältnisse geradezu ein juristisches Kunststück, als er die Familien von drei getöteten IRA-Mitgliedern bei einer öffentlichen Untersuchung vertrat. Die unbewaffneten IRA-Männer waren 1982 von der nordirischen Polizei mit über hundert Kugeln regelrecht durchsiebt worden. Die beteiligten Beamten durften bei der Untersuchung nicht aussagen. Doch Finucane erwirkte in einem Präzedenzfall vor dem Obersten Gerichtshof die Genehmigung, die Polizisten dann doch zur mündlichen Aussage vorzuladen. Loyalistische Politiker und Polizei waren aufgebracht. Desweiteren erreichte Finucane die frühzeitige Freilassung eines Verdächtigen aus dem berüchtigten Folterzentrum der Polizei in Castlereagh, nachdem er beweisen konnte, daß das Trommelfell seines Mandanten während des Verhörs schwer geschädigt worden war. Diesen Fall zitierte erst unlängst ein UN-Report als Beleg für die Existenz der Folter in Nordirland.

Zwei Wochen vor seinem Tod nahm sich Finucane des Medienbannes der Regierung gegen Sinn Féin und andere kritische Stimmen an. Finucane wollte diesen Fall bis vor den Europäischen Gerichtshof für Menschenrechte tragen. Dieser hatte erst wenige Monate zuvor die Praxis der Sicherheitskräfte in Nordirland, Verdächtige ohne Haftbefehl und juristischen Beistand bis zu sieben Tage lang festzuhalten und zu verhören, als Verstoß gegen die Europäische Menschenrechtskonvention gewertet. Die britische Regierung erklärte daraufhin ihren befristeten Rückzug von der Konvention. Wäre Finucane in der Frage des Anti-Sinn-Féin-Bannes erfolgreich gewesen, so wäre die britische Regierung – so die Vermutung von Juristen und Medien – gezwungen gewesen, offiziell den Kriegszustand in Nordirland zu erklären. Denn die Menschenrechtskonvention gestattet die zeitweilige Aussetzung von Bürgerrechten nur im Falle des Krieges. Zwar wird in Nordirland permanent unter Anwendung von Notstandsgesetzen regiert, doch ist London tunlichst darauf bedacht, eine offizielle Kriegserklärung zu umgehen, da dies für die republikanische Bewegung ein enormer Propagandaerfolg wäre und die Aufmerksamkeit der internationalen Öffentlichkeit erregen würde. Kriegsrecht verhängt man nur im Ostblock. . .

Die Regierung und die nordirische Polizei hatten also gute Gründe, Finucane zum Abschuß freizugeben. Insbesondere für die Polizei war Finucane in den letzten Jahren zum Haßobjekt geworden. John Stalker, der ehemalige Polizeichef von Manchester, der die „shoot-to-kill"-Praxis der nordirischen Polizei untersuchte, zitiert in seinem Bestseller „Stalker" einen Polizisten mit der folgenden Äußerung über Finucane: „Der Anwalt ist ein IRA-Mann. Wer IRA-Mitglieder vor Gericht vertritt, ist schlimmer als diese selbst." Und loyalistische Paramilitärs erklärten, daß ihren Mitgliedern bei Polizeiverhören mehrmals gesagt worden sei, Finucane und andere katholische Rechtsanwälte würden verhindern, „IRA-Terroristen ins Gefängnis zu bringen".

Die Frage ist allein, ob die Regierung „lediglich" den loyalistischen Todesschwadronen das Stichwort gab, oder ob die nordirische Polizei gar direkt in das Attentat involviert war.

JOHN DAVEY

Als Mitte Februar 1989 das Bezirksparlament von Magherafelt zu einer routinemäßigen Sitzung zusammentrat, kam es zu einem Eklat: Der republikanische Abgeordnete John Davey beschuldigte einen loyalistischen Kollegen, die Todesschwadrone auf ihn angesetzt zu haben. Daveys Worte sollten prophetische Bedeutung erhalten: Nur wenig später wurde er auf dem Nachhauseweg von der Ulster Volunteer Force (UVF) ermordet.

War es wirklich die UVF? Oder genauer: War es nur die UVF? Waren es vielleicht nicht UVFler in Armeeuniform? Als Davey erschossen in seinem Auto aufgefunden wurde, stand dieses mitten auf der Straße, Licht ausgeschaltet und Handbremse angezogen. Ein sicherer Hinweis darauf, das Davey annahm, in eine Straßenkontrolle der Sicherheitskräfte geraten zu sein. So vermutete selbst der bekannte katholische Priester und erklärte IRA-Gegner Denis Faul, daß der 61jährige Sinn-Féin-Abgeordnete Opfer der nordirischen Armeeeinheit UDR geworden sei.

Ein erstes Attentat hatte Davey noch einige Jahre zuvor überlebt. Der Tatort: exakt die gleiche Stelle. Der Täter: Michael Stone, Nordirlands berüchtigster loyalistischer Killer, von seinen Anhängern „Rambo" genannt. Stone wurde gefaßt, nachdem er während der Beerdigung der drei IRA-Toten von Gibraltar Handgranaten in die Trauermenge geworfen hatte. Er wurde schließlich wegen sechsfachen Mordes und diverser Mordversuche zu 30 Jahren Haft verurteilt. Vorher gab Stone allerdings noch preis, daß ihn die Polizei wiederholt mit Dossiers seiner Opfer versorgt habe. Als das Urteil verkündet wurde, rief Stone: „Long live Ulster. No Surrender." Eine Gruppe protestantischer Hausfrauen von der Shankill Road applaudierte ihrem Helden begeistert und beschimpfte die ebenfalls anwesenden Angehörigen seiner Opfer als „IRA-Huren" und „Taigs" (Schimpfwort für Katholiken).

Daveys Tod war der vorläufige Höhepunkt einer sektiererischen Mordkampagne in der Mid-Ulster-Region. Bereits einige Monate zuvor hatte die UVF – aufgrund einer Verwechslung – den Bruder eines Sinn-Féin-Abgeordneten erschossen. Es folgten mißglückte Attentate auf einen weiteren Sinn-Féin-Parlamentarier und einen Wahlkampfhelfer der Partei. Eine Woche nach Daveys Tod wurde der 23jährige Katholik Henry Mullan von der Polizei zu einem einsamen See verschleppt. Mullen wurde zusammengeschlagen, bevor die Polizisten eine unmißverständliche Morddrohung aussprachen: „Der See hier ist sehr tief. Wenn wir Dich hier gefesselt hineinwerfen, wird Dich niemand finden. Es werden hier in der letzten Zeit eine Reihe von Leuten erschossen (Anspielung auf die loyalistische Mordkampagne). Wenn Du uns nicht mit Informationen versorgst, wirst Du ebenfalls erschossen werden."

Die Debatte des Bezirksparlaments über die Ermordung des Abgeordneten Davey geriet zu einem traurigen Beleg für die moralische Verrottung und Verrohung, die der lange Krieg mit sich bringt und die gespannte Atmosphäre, die in den nordirischen Parlamenten herrscht. Die Vorsitzende des Parlaments, die SDLP-Abgeordnete Mary McSorley, schlug vor, zu Ehren des ermordeten Kollegen eine Schweigeminute einzulegen. Sie beschrieb den Tod des Abgeordneten als „tragisch" und bezeichnete ihn als „milden und ruhigen Mann". Der SDLP-Abgeordnete Paddy Sweeny äußerte, er habe Davey stets als „perfekten Gentleman" empfunden. Doch die unionistischen Abgeordneten sahen dies anders: Der DUP-Abgeordnete James Milligan erklärte, er und seine Kollegen wünschten klarzustellen, daß sie mit Beileidsbekundungen des Parlaments nichts zu tun hätten. An einer Schweigeminute würden sie nicht teilnehmen. Außerdem wandten sich die unionistischen Abgeordneten gegen eine Gedenktafel für Davey im Parlamentsgebäude. Als einer der Auftraggeber des Attentats wird im übrigen kein geringerer als der „ehrenwerte" Unterhausabgeordnete für die Mid-Ulster-Region vermutet: William McCrea, ein bigotter Prediger und Gospelsänger der Free Presbyterian Church Ian Paisleys. McCrea hatte sich ausdrücklich geweigert, die Ermordung Daveys zu verurteilen.

Joe Fenton

An einem Sonntagabend im Februar wurde Joe Fenton in einer Gasse in Lenadoon (West Belfast) tot aufgefunden. Die Spätnachrichten zeigen den Tatort, mit weißen Bändern abgesperrt. Ein Polizeibeamter bückt sich, um Opfer Nr. Zweitausendsiebenhundertsoundsoviel zu fotografieren. An den Straßenecken um den Tatort stehen Panzerwagen und schwerbewaffnete Soldaten. Halbwüchsige springen johlend vor der Kamera herum, rufen „Up the Provos" und grüßen die Fernsehzuschauer mit Victory-Zeichen. Ein Anwohner berichtet, der Mann sei blutüberströmt gewesen. Ein anderer Anwohner hat Schüsse und einen davonfahrenden Wagen gehört. Die Identität des Mannes sei nicht bekannt; aus Lenadoon käme er jedenfalls nicht. Es bedarf gar nicht mehr der Erklärung der IRA, um zu ahnen, daß das Opfer wohl ein Polizeiinformant war.

Am nächsten Tag erfährt man, daß Joe Fenton von der IRA durch vier Kopfschüsse getötet wurde. Die Polizei bestreitet die IRA-Version, Fenton habe als Informant gearbeitet. Doch die Beweislage, die die IRA präsentiert, ist so erdrückend, daß Joe Fentons Vater später erklärt, er akzeptiere die Gründe für die Erschießung seines Sohnes. In West Belfast kennt man kaum eine größere Schmach, als einen Informanten in der Familie zu haben. Tote Informanten sind die unpopulärsten Opfer des Konflikts. Und doch sind sie Opfer, wie die Geschichte Joe Fentons zeigt:

Joe Fenton lebte in Andersonstown, gleich neben Lenadoon gelegen und eine IRA-Hochburg. 1981 nahm ihn die Polizei unter dem Verdacht fest, Sprengstoff für die IRA transportiert zu haben. Die RUC erzählte ihm, daß ihre Beweise ausreichen würden, um ihn für Jahre hinter Gitter zu bringen. Es sei denn, er arbeite für sie als Informant. Fenton war verzweifelt. Anstatt bei der RUC aufzutauchen, um den exakten Auftrag abzusprechen, plante er mit seiner Familie die Flucht nach Australien. Er beantragte beim australischen Konsulat in Edinburgh ein Visum. Doch die RUC war schneller: Sie informierte das Konsulat darüber, daß Fenton des Terrorismus verdächtig sei. Sein Gesuch wurde abgelehnt. Fenton saß nun fest in der nordirischen Falle, konfrontiert mit Drohungen, Erpressungen und Bestechungen durch die RUC. Zugleich wußte er genau, was Polizeiinformanten, die sich nicht von selbst bei der IRA melden, erwartet.

Die RUC verhalf Fenton zunächst zu einem sozialen Aufstieg. Mit 15.000 Pfund ausgestattet, eröffnete er ein Immobilienbüro, direkt an der republikanischen Falls Road. Fenton sollte die IRA mit „sicheren Häusern" versorgen. Mit seinem Geschäftswagen sollte er Waffen und Sprengstoff transportieren und IRA-Aktivisten zu ihren Einsatzorten fahren. Häuser und Wagen standen unter ständiger Beobachtung durch die RUC.

20 IRA-Mitglieder wanderten aufgrund Fentons Informantentätigkeit ins Gefängnis. Desweiteren konnte die RUC größere Mengen von Waffen und Sprengstoff sicherstellen. Der größte Coup gelang der RUC im Winter 1988, als sie in Andersonstown eine Mörserfabrik der IRA auffliegen ließ und dabei vier IRA-Leute festnahm. Mit diesem Coup flog aber auch Joe Fenton auf. Noch eine Woche nach seinem Tod hing das Haus, in dem die IRA sich eingerichtet hatte, im Schaufenster seines Immobilienbüros zum Verkauf aus.

Joe Fenton starb im Alter von 35 Jahren und hinterließ eine Frau und vier Kinder. Auf seiner Beerdigung beschuldigte der Pfarrer die RUC der Mittäterschaft. Die IRA forderte die Bürger Andersonstowns auf, keine Sippenhaft gegenüber der Fenton-Familie zu praktizieren. Außerdem weigerte sie sich, die Namen der Opfer Joe Fentons zu nennen, um Racheakte von deren Angehörigen gegen die Fenton-Familie zu vermeiden.

John McMichael

John McMichael wurde am 22. Dezember 1987 durch eine IRA-Bombe in seinem Auto getötet. McMichael war nicht nur ein Kommandant und strategischer Vordenker der Ulster Defence Association (UDA), der größten paramilitärischen Organisation in Europa, die in Nordirland nach wie vor legal ist. McMichael stand auch an der Spitze der Ulster Freedom Fighters (UFF), der Todesschwadron der UDA, hinter deren Etikett sich die paramilitärische Organisation stets dann verbirgt, wenn es um Mord geht. McMichael galt als Hintermann der Mordkampagne gegen katholische Zivilisten, die die UDA/UFF nach der Unterzeichnung des anglo-irischen Abkommens eröffnete. Journalisten recherchierten, daß McMichael in mindestens drei Fällen, wo Katholiken erschossen wurden, selbst den Abzug betätigte.

Nichtsdestotrotz priesen ihn nach seinem Tod einige Politiker und Kirchenführer – unter ihnen der katholische Kardinal O'Fiaich – als jemanden, der die religiöse Trennlinie überschritten habe und um Versöhnung bemüht gewesen sei. Derartige riskante Behauptungen gingen auf das UDA-Dokument „Common Sense" zurück, das maßgeblich aus McMichaels Feder stammte. Das Dokument beinhaltet den Versuch, zwischen der britischen und der irischen eine dritte – nordirische – Identität zu konstruieren, die an der Vorherrschaft protestantischer Ideologie allerdings nicht rüttelt. Immerhin wird der katholischen Minderheit eine Beteiligung an einer nordirischen Provinzregierung („power sharing") angeboten, also etwas, wogegen die UDA 1973/74 noch militant aufbegehrte. Die moderaten Fürsprecher McMichaels bissen sich stets an dieser Offerte fest, ohne zu erwähnen, was der UDA-Führer als Gegenleistung von der Minderheit verlangte: die Preisgabe ihrer politischen und nationalen Identität. Außerdem sollte sie sich an der Liquidierung der IRA beteiligen. Anderenfalls: Terror. „Common Sense" und die Mordkampagne gegenüber katholischen Zivilisten waren somit zwei Seiten derselben Medaille.

McMichael war darum bemüht, der UDA ein politischeres und seriöseres Antlitz zu verpassen, ohne deshalb die Mordkampange zur Disposition zu stellen. Die UDA hatte immer auch den Ruf einer im klassischen Sinne kriminellen Organisation, in der sich allerlei „kaputte Elemente" versammeln, die für ihr soziales und psychisches Schlechtergehen die Minderheit verantwortlich machen. Daneben tummeln sich allerlei gewöhnliche Unterweltler in der UDA. Bis heute erfolgt ihre Finanzierung nicht zuletzt über die Erpressung von katholischen Geschäftsleuten.

Nicht nur, daß die UDA bewußt auch unbeteiligte katholische Zivilisten tötete. Auch wie sie es tat, schreckte selbst unionistische Politiker ab. In mehreren Fällen wurden weibliche Opfer zunächst vergewaltigt, andere gefoltert: Es wurden ihnen Gliedmaßen abgeschnitten, Brandwunden beigebracht, Zähne ausgerissen und anderes. Anschließend wurden die Leichen oft zerstückelt oder verbrannt.

Das von dumpfer Militanz, antikatholischem Rassismus, primitiven Antikommunismus und ideologischer Konfusion bestimmte Denken der UDA-Mitgliedschaft spiegelt sich auch in der UDA-Zeitung „Ulster" wider, auf deren Inhalt McMichael großen Einfluß hatte. McMichaels „Common Sense"-Gedanken stehen dort neben Beiträgen, in denen der Celtic Glasgow-Vorstand der Homosexualität bezichtigt wird („drei Celtic-Direktoren wurden neulich zusammen im Bett gesehen..."), in denen einem „Paddy" (Schimpfwort für katholische Iren) nachgesagt wird, er habe „schrecklich gerochen", oder in denen die Ausweisung aller Katholiken und der Bau einer Mauer entlang der Grenze zur Republik als Lösung des Konflikts gefordert wird. Der katholischen Minderheit wird düster angedroht, die hohe Zahl der Sinn Féin-Wähler mache es „leider" unmöglich, zwischen „unschuldigen" und „schuldigen" Katholiken zu unterscheiden.

John McMichael stolperte schließlich über das Zuhältermilieu in seiner eigenen Organisation. Nach einer Fernsehsendung über kriminelle Machenschaften und persönliche Bereicherungen von UDA-Führern bemühte sich McMichael, der um das Image seiner Organisation bei den loyalistischen Unterklassen besorgt war, um eine Säuberung der UDA. Dabei wollte er auch die Aktivitäten des UDA-Obergangsters Jimmy Craig beschneiden, die zusehends außerhalb der Kontrolle der Organisation gerieten.

Craigs Lebenslauf ist für den eines führenden UDA-Mannes nicht untypisch: Craig war ein Ex-Boxer, der, bevor er zur UDA stieß, wiederholt wegen Körperverletzung und Diebstahl vor Gericht stand. In der UDA machte er dann schnell Karriere und stieg bald zu einem ihrer Führer auf. Er organisierte wiederholt die Entführung von UDA-Opfern, ohne selbst an deren Ermordung beteiligt zu sein. Daneben machten ihn Erpressungen zu einem wohlhabenden Mann. Daß der Gangster von der Justiz unbehelligt blieb, lag nicht zuletzt an seinen guten Beziehungen zur Polizei, die er mit Erkenntnissen über Republikaner versorgte.

Auch „Saubermann" McMichael hatte sich mit einer größeren Summe von Craigs schmutzigem Geld aushelfen lassen, nachdem sein Pub in Schwierigkeiten geraten war. Das hinderte ihn nicht, später gegen Craig vorzugehen. Craig wiederum soll daraufhin der IRA anonym die Informationen geliefert haben, die diese für den Bombenanschlag auf McMichael benötigte. Der mutmaßliche Denunziant überlebte das Opfer nicht lange. Im Oktober 1988, zehn Monate nach McMichaels Tod, wurde Jimmy Craig von den UFF als „Verräter" erschossen.

Father Desmond Wilson

Einer der dezidiertesten Kritiker der katholischen Hierarchie und des klerikalen Charakters des nordirischen Systems ist ausgerechnet selbst ein Pfarrer: Desmond „Des" Wilson, ehemaliger Kurat in West Belfast, Träger des Pax Christi-Friedenspreises und Besitzer der Ehrenwürde für Friedensstudien des Manhattan Colleges, „sanfter Rebell" oder „Volkspfarrer" genannt.

Des Wilson zog es stets vor, unter seinen Gemeindemitgliedern zu leben. Als er 1966 nach West Belfast geschickt wurde, nachdem er zuvor am St. Malachy's College gelehrt hatte, bezog er ein schlichtes Haus in Ballymurphy/Springhill, im Herzen der katholischen Gettos. Dort lebt er auch noch heute, in der Springhill Avenue 123, einem der verfallensten Straßenzüge Nordirlands.

Sein Heim ist ein Haus der offenen Tür, wo die geplagten Bürgerinnen und Bürger des Konfliktviertels für ihre Sorgen und Nöte stets Gehör findnen. „Father Dessie" kennt jeder in West Belfast.

Des Wilson legte 1975 seine kirchlichen Ämter nieder, aus Protest gegen die Kollaboration der katholischen Hierarchie mit der britischen Besatzungsmacht. Auch das Finanzgebahren des Klerus stört ihn. Sein großer Gegenspieler dabei ist der Bischof von Down and Connor, Cathal Daly. Wilson bezichtigt Daly und die katholische Hierarchie, die Kirche in West Belfast in ein „business empire" verwandelt zu haben, das nicht weniger als 500 Jobs kontrolliere und jährlich ca. 3 Millionen Pfund aus der Kasse der britischen Regierung erhalte. Dank dieser Gelder und weiterer Zahlungen aus dem Topf des „International Fund for Ireland" (IFI) könnte die katholische Kirche in den nächsten Jahren ihre traditionellen finanziellen Probleme im Armenhaus West Belfast lösen. Allerdings zu einem hohen Preis: nämlich der völligen Aufgabe moralischer Autorität und Unabhängigkeit gegenüber der britischen Regierung, die die katholische Kirche als sozialen Kontrolleur im unruhigen West Belfast benutze. Wilson hält es für „sektiererisch", wenn kirchliche Projekte gegenüber den selbstverwalteten bei der Geldervergabe bevorzugt würden. Obgleich ein Pfarrer, strebt Wilson, im übrigen ein Befürworter der Ökumene, die Überwindung der klerikalen Dominanz im Süden wie im Norden Irlands an – zugunsten einer modernen, gesamtirischen Demokratie.

Wilsons politische Philosophie ist eine Mischung aus Republikanismus, Nationalismus und Pazifismus. Trotzdem ist er nicht dazu bereit, die IRA zu verurteilen. In der Gewaltfrage hält er eher die Haltung katholischer und protestantischer Klerikaler für verlogen. Genau besehen, würden alle politischen Parteien und beide Kirchen den Gebrauch militärischer Gewalt rechtfertigen. Christliche Schulen würden Rekrutierungsarbeit für Armee und Polizei leisten, Geistliche seien Teilzeitsoldaten beim Ulster Defence Regiment (UDR), oder Reservisten bei der britischen Armee. Die christliche Kirche sei nie eine pazifistische Kirche gewesen: „Es gab und gibt christliche Pazifisten, aber christliche Theologie an sich war nie pazifistisch. Wer sie als solche einführen will, muß sie selbst schaffen."

Was die britische Regierung in Nordirland als „Terrorismus" von „Gewalttätern" und „Kriminellen" beschreiben würde, sei in Wirklichkeit eine verzweifelte Reaktion guter Menschen, die der Meinung seien, daß es Grenzen gibt für die Beleidigungen, denen man sie aussetzt. Man dürfe nicht die moralischen Motive von Leuten unterbewerten, die zu Waffen greifen. Zudem dürfe man nicht vergessen, daß die einzige Gruppe, die in Nordirland für Bezahlung zu den Waffen greife, die britische Armee sei. Auch Pazifisten könnten der traurigen Wahrheit nicht entrinnen, daß bislang sämtliche Versuche gescheitert seien, auf gewaltfreiem Wege Veränderungen in Irland zu bewirken. Solange Pazifisten nicht in der Lage seien, erfolgversprechende gewaltfreie Strategien zu entwickeln, sei es unlogisch und sinnlos, die republikanische Guerilla zu verurteilen.

Folgerichtig ist es für Wilson kein Widerspruch, die Gewaltanwendung der Regierung, nicht aber die der IRA zu verurteilen. „Die Bürger mögen keine andere Alternative haben, um Gerechtigkeit einzuklagen. Eine Regierung hat stets andere Möglichkeiten, um Gerechtigkeit zu schaffen."

Obwohl nicht mehr im Dienst der katholischen Hierarchie, ist „Father Dessie" ein äußerst beschäftigter Mann. In seiner Gemeinde gründete er ein – von Kirche und politischen Parteien unabhängiges – Erwachsenenbildungszentrum, in dem heute mehrere hundert Bürger lernen. Auch das Projekt der Conway Mill (das an anderer Stelle des Buches beschrieben wird) geht nicht zuletzt auf das Engagement Des Wilsons zurück. Des Wilson ist ein unermüdlicher Vorkämpfer gegen die soziale Diskriminierung, die soziale Verelendung in West Belfast. Seine Aktivitäten enden indessen nicht an der sogenannten „Friedenslinie", die den katholischen Teil West Belfasts vom protestantischen Shankill trennt. Seit Jahren zeigt er sich darum bemüht, einen Dialog zwischen den Armen beiderseits der „Grenze" zu initiieren.

LARRY MARLEY

Das Leben Larry Marleys, genannt „Papillon", widerspiegelt die jüngste Geschichte Nordirlands, seine Unruhen und seine brutale Unterdrükkung. Larry Marley trat der IRA bereits in den frühen Tagen des bewaffneten Konfliktes bei. Zu diesem Zeitpunkt war es schwierig, nicht in IRA-Aktivitäten verwickelt zu werden. Marley lebte in Ardoyne, einer verwundbaren katholischen Enklave im Norden Belfasts, die ständig loyalistischen Angriffen ausgesetzt war. Da die Polizei dem Getto den notwendigen Schutz verweigerte, übernahm die IRA diese Aufgabe. In den frühen 70er Jahren war es in Ardoyne leichter zu sterben als zu leben.

1973 wurde „Papillon" wegen eines Bankraubs zum ersten Mal inhaftiert. Noch in der Untersuchungshaft unternahm er zwei Fluchtversuche. Marley war der unerschütterlichen Überzeugung, die Fortsetzung des Kampfes in den Gefängnissen müsse hauptsächlich darin bestehen, Ausbrüche zu organisieren. Bis zu seiner letzten Freilassung im Frühjahr 1986 war seine Geschichte eine Kette gescheiterter oder gelungener Fluchtversuche. Nach jeder geglückten Flucht kehrte er zur IRA zurück.

An seinem größten Coup nahm Marley allerdings selbst nicht teil, da seine Freilassung ohnehin bevorstand. Im September 1983 gelang 38 IRA-Gefangenen die Flucht aus dem Maze-Gefängnis (Long Kesh), das als eines der sichersten Gefängnisse weltweit gilt. Der Massenausbruch, der einen enormen moralischen Auftrieb für die IRA bedeutete, war der größte in Europa seit dem zweiten Weltkrieg. Ironischerweise verließ der Organisator des Coups, eben Larry Marley, 30 Monate später Long Kesh völlig regulär.

Am 2. April 1987 wurde Marley von einer loyalistischen Todesschwadron in seinem Haus erschossen. Zwei Wochen zuvor war der 42jährige Vater eines fünften Kindes geworden. Die Umstände seiner Ermordung weisen auf eine Zusammenarbeit zwischen Tätern und offiziellen Sicherheitskräften hin. Zum Zeitpunkt der Tat waren die Straßen der katholischen Enklave voll mit Patrouillen der RUC und der britischen Armee. Alle Ausgänge des Gettos waren zugesperrt, mit einer Ausnahme: dem Fluchtweg der Attentäter.

Marleys Beisetzung wurde zu einem der unwürdigsten Schauspiele, die die britische Regierung seit Ausbruch der Unruhen der Öffentlichkeit geliefert hat. Die RUC bestand darauf, den Sarg Marleys auf dessen Weg zum Friedhof zu umzingeln, angeblich, um eine paramilitärische Zeremonie zu verhindern. Zwei Tage lang lieferten sich Polizei und Trauergäste Schlachten vor dem Hause Marleys. Jedesmal, wenn der Leichnam aus dem Haus getragen wurde, preschten RUC-Hundertschaften vor, prügelten auf die Trauergäste ein und versuchten, den Sarg in Beschlag zu nehmen. Am Abend des zweiten Tages demonstrierten Tausende in Ardoyne und auf der West Belfaster Falls Road gegen das Verhalten der Sicherheitskräfte.

Die internationale wie nationale Öffentlichkeit war entsetzt. Der protestantische „Belfast Telegraph" schrieb: „Die Welt mußte den Eindruck von einem Polizeistaat bekommen, wo Männer mit Helmen diktieren, wie ein Mensch zu beerdigen ist." Der amerikanische CBS rief beim Belfaster Büro des BBC an und fragte verstört: „Warum lassen sie die Leute nicht den armen Kerl beerdigen?" Am dritten Tag setzten Tausende von Belfaster Bürgern Marleys Beisetzung schließlich durch. Der Trauerzug wurde zur größten nationalistischen Demonstration in Nordirland seit dem Hungerstreik. Allein für den Sarg des toten Larry Marley bot die RUC 35 Panzerwagen auf, während Hunderte von schwer bewaffneten Polizisten und Soldaten die Trauergäste zum Milltown-Friedhof begleiteten.

Vor dem Royal Victoria Krankenhaus standen, als der Trauerzug vorbeikam, Patienten in Schlafanzug und Pantoffeln vor dem Eingangstor. Sie erwiesen „Papillon" die letzte Ehre.

MAIREAD FARRELL

Mairead Farrell wurde im März 1988 von der britischen „Anti-Terror-Einheit" Special Air Service (SAS) in Gibraltar ermordet. Drei Tage zuvor war sie 31 Jahre alt geworden. Ein Drittel ihres kurzen Lebens verbrachte sie in nordirischen Gefängnissen.

Maireads Lebenslauf liest sich wie der so vieler nordirischer Katholiken ihrer Generation. Sie war gerade elf Jahre alt, als die Loyalisten die Häuser Belfaster Katholiken niederbrannten und die britische Armee nach Nordirland entsandt wurde. Wenig später folgten die Einführung der Internierung und im Januar 1972 der Blutsonntag von Derry – jene beiden Schlüsselerlebnisse, die das Verhältnis der nordirischen Katholiken zur britischen Macht so entscheidend prägten. Wie viele andere, schloß sich auch Mairead bereits im Alter von 14 Jahren der Provisional IRA an.

1976 verurteilte sie ein Belfaster Gericht wegen ihrer Beteiligung an einem Bombenanschlag auf das am Rande Belfasts gelegene Conway Hotel zu einer langen Haftstrafe. Zivilisten waren bei dieser Operation nicht zu Schaden gekommen. Nach ihrer Freilassung erklärte Mairead, daß sie Bombenanschläge, die das Leben von Zivilisten gefährden, strikt ablehne. Von ihren beiden Mitangeklagten starb einer schon während der Haft, 1981 im Hungerstreik. Der andere wurde später von der RUC erschossen.

Im Frauengefängnis von Armagh wurde Mairead Farrell schon bald zur Kommandantin der inhaftierten IRA-Frauen gewählt. Sie beteiligte sich am ersten Hungerstreik im Winter 1980, der dann kurz vor Weihnachten abgebrochen wurde und erfolglos blieb. Während des zweiten Hungerstreiks kandidierte sie für das südirische Parlament und konnte in Cork, nicht gerade einer republikanischen Hochburg, einen Achtungserfolg erringen.

Als Mairead Farrell 1986 nach zehnjähriger Haft entlassen wurde, stand ihr als verdiente Republikanerin und Sozialistin zweifelsohne die Möglichkeit offen, sich für die Zukunft auf rein politische Aktivitäten bei Sinn Féin zu beschränken. Sie aber sah ihre Situation anders: „Du mußt realistisch sein. Dir muß klar sein, daß Du entweder getötet wirst, oder aber im Gefängnis endest", erklärte sie gegenüber dem südirischen Magazin „MAGILL". Sie sah für sich keine Möglichkeit, der Konfrontation mit der britischen Staatsmacht aus dem Weg zu gehen.

Noch während ihrer Haft hatte Mairead ein Studium der Politik und Ökonomie aufgenommen, das sie anschließend an der Belfaster Queen's University, einer Hochburg der loyalistischen Lehre, fortsetzte. Durch ihre Belesenheit und ihre Debattenbeiträge machte sie sich bald auch hier, außerhalb des radikalrepublikanischen Westens der Stadt, einen Namen. Als die Nachricht von ihrem Tod bekannt wurde, verlangte der Studentenausschuß der Universität, das Gelände schwarz zu beflaggen und die Lehranstalt für den Tag ihrer Beisetzung zu schließen.

Charles English

Im Alter von 18 Jahren wurde Charles English Mitglied der IRA. Unmittelbarer Anlaß für diesen folgenschweren Entschluß war im Jahre 1981 der Tod seines Bruders Gary.

Im Anschluß an die alljährliche republikanische Osterparade, die in diesem Jahr zum Zeitpunkt des Hungerstreiks der republikanischen Gefangenen stattfand, war es zu den üblichen kleineren Scharmützeln zwischen Jugendlichen und der britischen Armee gekommen. Gary English spielte gerade mit einigen Freunden Fußball, als sie plötzlich den dumpfen Knall von Plastikgeschossen vernahmen. Sie beendeten ihr Spiel, um zu sehen, was passiert war. Als sie den Ort des Geschehens erreichten, rasten zwei Landrover der britischen Armee mit hoher Geschwindigkeit in die unbeteiligten Zuschauer. Gary English und ein weiterer Jugendlicher wurden umgefahren. Die Landrover setzten zurück, um ein weiteres Mal über die am Boden liegenden, aber noch lebenden Körper zu fahren. Für den jungen Gary kam jede Hilfe zu spät.

Charles English hatte nun genug von der „britischen Gerechtigkeit" in Nordirland. Sein Vater versuchte vergeblich, ihn von den Vorzügen des friedlichen Widerstandes zu überzeugen. Heute gesteht er ein, daß ihm damals die Argumente ausgegangen seien. „Charles entschied, daß die einzige Antwort, die das britische Establishment verstehen würde, der bewaffnete Kampf sei. Wie viele andere junge Männer folgte er einem Weg, an den sie glaubten. Es ist ein Weg, dem ich nicht länger widersprechen möchte."

Charles English wurde im August 1985 bei einem Angriff auf die RUC getötet, als seine Panzerfaust vorzeitig explodierte. „Er hatte keine Angst vor dem Tod, da er mit dem Tod aufgewachsen war", sagte sein Vater. Als sich der „bloody sunday" in Derry ereignete, war Charles English neun Jahre alt. Als sein Bruder von der britischen Armee ermordet wurde, war es seine Aufgabe, die Nachricht über Telefon zu verbreiten. 1983 wurde Richard Quigley, sein langjähriger und bester Freund, während einer IRA-Operation gegen die britische Armee getötet.

Auf dem Transport ins Krankenhaus waren Charles Englishs letzte Worte: „Ich habe keine Angst zu sterben. Aber ich möchte nicht so alleine sterben wie mein Bruder. So bleibt bei mir."

Aus den Worten seines Vaters spricht Stolz auf den Sohn: „Dieses Kaliber von Personen muß die britische Armee und ihre Regierung besiegen, wenn sie ihre Herrschaft in Irland aufrechterhalten will. Und es gibt für sie keinen Weg, das zu schaffen, da sie gegen Leute kämpfen müssen, die Überzeugungen haben. Die britische Armee wird bezahlt. 90% ihrer Mitglieder verrichten ihren Job nur wegen des Geldes. Leute wie mein Charles verrichten ihn aus Überzeugung, aus der Tiefe ihres Herzens heraus. Es gibt keinen Weg, einen Mann wie ihn zu besiegen."

»Meine Kinder werden ohne Vater aufwachsen.«

Interview mit einem Mitglied der IRA

Ausgerechnet der „Playboy" führte Ende 1988 das folgende eindrucksvolle Interview mit einem einfachen IRA-Mitglied aus Belfast. Das Interview wurde vom „Playboy" in Großbritannien jedoch nie veröffentlicht, da die britische Gesetzgebung Interviews mit IRA-Mitgliedern untersagt.

Frage: Du bist ein „Provo", ein aktiver Soldat der IRA. Was waren Deine wichtigsten Motive, der IRA beizutreten?

IRA-Mann: Ich bin seit einem sehr frühen Alter in den Kampf verwickelt, seit meinem 12. oder 13. Lebensjahr. Ich bin nicht so vermessen zu behaupten, daß ich in diesem Alter über politisches Bewußtsein verfügte. Aber ich wußte genau, was ich tat. Meine Verwicklung in die republikanische Bewegung war eine emotionale Reaktion auf das, was um mich herum geschah. Zu einem gewissen Grade tat ich einfach, was meine Freunde auch taten: der Jugendorganisation der Republikaner beitreten (Anmerkung der Autoren: Na Fianna Eireann, eine Art Pfadfinderorganisation, die in Nordirland verboten, in der Republik Irland jedoch legal ist).

Frage: Es war also ein Akt von Rebellion?

IRA-Mann: Es war ein wenig Reiz, Abenteuer. Ich denke, jugendliche Rebellion richtet sich entweder gegen das Elternhaus oder die Schule. Meine Rebellion richtete sich gegen den Staat. Als ich einmal dabei war, wurde mir die Sache bewußter. Ich schaute hinauf zu den älteren Leute in der IRA.

Frage: War es Heldenverehrung?

IRA-Mann: Nun, sie sprachen mit mir über Politik, aber ich verstand es nicht ganz. Aber in meinem Herzen wußte ich, daß das, was ich tat, richtig war. Ich sah, daß die britische Armee und die Polizei kein Recht hatten, in unseren Straßen zu sein. Sie behaupteten, uns zu beschützen. Aber was ich sah, war, daß sie nicht für uns hier waren. Ich hatte Leute in meiner eigenen Familie, die im Gefängnis endeten. Ich hatte einen älteren Bruder, der ständig von der britischen Armee belästigt wurde. Er wurde in den Armee-Baracken einige Male übel verprügelt. Schließlich wurde er wegen IRA-Mitgliedschaft zu einer Gefängnisstrafe verurteilt. Diese Erfahrungen lösten bei mir den Wunsch aus, der IRA beizutreten und gegen die britische Herrschaft Widerstand zu leisten.

Frage: Du wußtest, daß Du nicht den Pfadfindern beigetreten warst. Aber wußtest Du auch, wie hart das IRA-Leben für Dich sein würde?

IRA-Mann: Als ich mich im Gefängnis wiederfand, war ich nicht gerade erfreut darüber. Ich war gerade siebzehn. Es war eine Erfahrung, die ich niemals machen wollte. Im Gefängnis war ich mit Hunderten von anderen Leuten zusammen, die dort aus dem gleichen Grund saßen. Hier begann ich mich politisch zu entwickeln.

Frage: Konntest Du Dich dort wirklich frei entwickeln?

IRA-Mann: Ich verbrachte fast mein ganzes Leben als Erwachsener im Gefängnis. Als ich entlassen wurde, war ich davon überzeugt, daß ich das Richtige tat. Ich bereute nichts, auch heute nicht. Ich bereute nicht, im Gefängnis gelandet zu sein. In gewisser Weise bin ich sogar stolz darauf. Meiner Erfahrung nach produziert das Gefängnis die besten Leute; allerdings auch die schlechtesten.

Frage: Was empfindest Du heute dabei, wenn Du jemandem das Leben nimmst – sei es das eines britischen Soldaten oder eines Protestanten, der gegen die IRA ist?

IRA-Mann: Ich bin nun seit einer Reihe von Jahren an IRA-Operationen beteiligt. Ich bin im Gebrauch von Waffen und Sprengstoff trainiert worden. Ich habe auf Armeepatrouillen geschossen und Minen gelegt. Ich war an Operationen beteiligt, bei denen Polizisten, UDA'ler und Mitglieder der britischen Armee getötet wurden... Ich kann für mich und andere Leute, die beteiligt waren, sagen, daß wir uns niemals wohl dabei gefühlt haben. Wir wissen, es ist etwas, was wir tun müssen. Soldaten haben Leben zu nehmen, gewöhnlich in der Weise, daß sie auf jemanden aus etwa 250 Metern schießen. Aber hier geschieht es aus nächster Nähe. Niemand von uns empfindet Freude dabei, jemandem das Leben zu nehmen. Es ist etwas, womit wir zu leben haben.

Frage: Wie verhält es sich mit den Zivilisten, die leiden?

IRA-Mann: Ich bin nicht immun gegenüber dem Leiden, das wir verursachen. Als Mitglieder der republikanischen Bewegung sind wir uns alle darüber bewußt, daß unsere Aktionen Tote auf der Seite des Feindes verursachen. Aber ich habe den Tod auch auf meiner Seite gesehen. Ich habe die Frauen, Mütter, Söhne und Töchter von Genossen gesehen, die ihr Leben gaben...

Frage: Zur IRA selbst. Es gibt Erzählungen, wonach sie sich durch Erpressungsgeschäfte, Waffen- und Drogenhandel finanziert.

IRA-Mann: Laß uns meine persönliche Situation betrachten. Ich wurde verhaftet, kurz nachdem ich die Schule verlassen hatte. Ich habe seither nicht gearbeitet. Ich habe keine Berufsausbildung, ich habe kein Einkommen. Aber...

Frage: Kannst Du kein Arbeitslosengeld von der Regierung beziehen?

IRA-Mann: Doch, aber dann hätte ich jede Woche zur gleichen Zeit eine Quittung zu unterzeichnen. Damit würden meine Bewegungen kontrollierbar werden. Sie würden wissen, wo ich mich an einem bestimmten Datum zu einer bestimmten Zeit aufhalte. Für einen aktiven IRA-Freiwilligen ist dies nicht klug.

Frage: Wie existierst Du dann ohne Einkommen?

IRA-Mann: Ich bin von meiner Familie abhängig. Sie ernähren mich und kleiden mich ein. Ich halte mich in verschiedenen Häusern auf, jede Nacht in einem anderen. Leute, die mit uns sympathisieren, besorgen mir ein Quartier. Und die IRA hilft mir. Sie lassen mich nicht verhungern oder ohne ein vernünftiges Paar Schuhe herumlaufen. Wenn ich ein Erpresser wäre, hätte ich ein hübsches Haus, ein Auto und gute Kleidung, anstatt ständig auf der Flucht zu sein.

Frage: Du warst lange Zeit untergetaucht. Wie ist das für Dich, daß es in Deinem Leben keine materiellen Annehmlichkeiten gibt?

IRA-Mann: Ich habe kein Verlangen nach diesen Dingen – Autos und so. Aber ich würde liebend gerne ein Haus haben, wo ich mit meiner Frau und meinen Kindern zusammenleben könnte. Und einen Job und einen Lohn, um meine Familie versorgen zu können. Es gibt nichts Schlimmeres für mich, als zu wissen, daß ich ihnen nicht helfen kann. Wenn ich meine Kinder sehe, bricht es mir das Herz. Ich weiß, daß ich für eine lange Zeit nicht mit ihnen zusammen sein kann. Weihnachten nähert sich: Ich würde gerne mit ihnen Weihnachten zusammen verleben, sie beobachten, wie sie morgens aufstehen, um zu sehen, was unter dem Christbaum liegt. Mit ihnen ihre Geburtstage verbringen. Meine Frau zum Essen ausführen, etwas Zeit mit ihr zusammen verbringen. Alle diese Dinge kann ich mit meiner Familie nicht machen. Es würde sie einem enormen Druck aussetzen. Ich denke, sie leiden mehr als ich.

Frage: In welchem Sinne?

IRA-Mann: Ich kann der Polizei und der Armee aus dem Weg gehen. Es gibt reichlich Leute, die mich durch ihr Haus und über ihre Mauern verschwinden lassen. Aber sie wissen, wo meine Familie ist. Ich habe eine Vergangenheit und bin eine Zielscheibe.

Frage: Zielscheibe im wörtlichen Sinne?

IRA-Mann: Kürzlich wurde ich von einem Panzerwagen angehalten. Fünf seiner Insassen umzingelten mich. Sie hatten Gewehre und schlugen mich. Dann sagten sie zu mir, daß sie mich töten würden: eine Kugel in den Rücken und eine Kugel in den Kopf. Aber so etwas ist Bestandteil des Lebens hier. Das kann mir zu jeder Zeit passieren.

Frage: Wie überlebte Deine Familie während Deiner langen Zeit im Gefängnis?

IRA-Mann: In vielerlei Hinsicht war ich besser dran als sie. Ich wußte: Wie schlimm der Tag auch immer war, an seinem Ende würde ich ein Essen und ein Bett bekommen. Aber meine Familie hatte für mich zu sorgen. Sie waren im Gerichtssaal, und sie wurden ständig von Polizei und Armee belästigt. Mein Haus wurde wiederholt durchsucht, während ich im Gefängnis war, ja, weil ich im Gefängnis war.

Frage: Wie waren im Gefängnis Deine Haftbedingungen?

IRA-Mann: Die Zellen waren ursprünglich für zwei gedacht. Wir aber steckten zu dritt, manchmal sogar zu viert in einer Zelle. Total überbelegt. Es gab keine Toilette in der Zelle, nur einen Eimer, und den durften wir zweimal am Tag leeren.

Frage: Du kamst dann in den berüchtigten H-Block. Gab es jemals ein ordentliches Gerichtsverfahren?

IRA-Mann: Ich saß da fast ein Jahr drin, bevor man mich vor Gericht brachte. Ich hatte noch nicht mal einen Verteidiger. Es gab auch keine Geschworenen. Nur einen Richter. Der verurteilte mich zu sechs Jahren.

Frage: Was empfindest Du, wenn man Dich als Terroristen bezeichnet?

IRA-Mann: Terrorismus – nun gut: War die Bombardierung deutscher Zivilisten im zweiten Weltkrieg Terrorismus? Wenn Margaret Thatcher und andere darüber reden, daß die IRA Männer, Frauen und Kinder töten würde, vergessen sie dann nicht ihre eigene Vergangenheit? Wenn Du an der Macht bist, ist es einfach, die eigenen Untaten zu entschuldigen. Über den Falklandkrieg werden nun beispielsweise Berichte über Gefangennahme und Folter an argentinischen Soldaten bekannt. Britische Marines schnitten Gefangenen die Gurgel durch. Ist das akzeptabel, nur weil es in einem internationalen Konflikt passierte? ... Wenn Du beispielsweise eine Situation wie die Bombardierung Libyens nimmst, wo Männer, Frauen und Kinder getötet wurden. War dies ein akzeptabler Kriegsakt oder Terrorismus? Staaten töten in der entsetzlichsten Weise. Alles hängt davon ab, auf welcher Seite des Zaunes sich Deine Definition von Terrorismus befindet. Wir haben keine Möglichkeit, unsere Argumente zu präsentieren, da wir einem Medien-Bann unterliegen. Nicht nur wir, sondern auch Mitglieder von Sinn Féin, einer legalen politischen Partei.

Frage: Aber könnte Politik nicht auch ein Deckmantel für Dich sein? Um persönlichen Gewinn zu erzielen?

IRA-Mann: Wenn wir so schlecht wären, warum haben wir dann die Unterstützung der Bevölkerung? Ich und die Leute, mit denen ich zusammenarbeite, könnten ohne die Hilfe und Unterstützung der Bevölkerung nicht überleben. Um in dieser Gegend operieren zu können, benötige ich Leute, die mir gestatten, in ihr Haus zu kommen. Und sie tun dies, obwohl sie ihr eigenes Leben dabei riskieren. Würden sie dies tun, wenn sie denken würden, es ginge um meinen persönlichen Gewinn? Sie tun es, weil sie unterstützen, was wir tun. Ich kann nicht die Straße mit einem Wagen herunterfahren, den wir für eine Operation benutzen wollen. Ich würde sofort geschnappt. So steuern Zivilisten den Wagen, die gewillt sind, das Risiko auf sich zu nehmen. Sie fahren unsere Waffen und unseren Sprengstoff zu einem bestimmten Punkt. Dort nehmen wir die Sachen auf, gehen in Position und greifen eine Armeepatrouille an. Dann ziehen wir uns zurück, verstecken unsere Waffen. Die Leute geben uns die Möglichkeit, sie bei ihnen zu deponieren.

Frage: Wer ist brutaler, die IRA oder die UDA?

IRA-Mann: Als ich im Gefängnis war, saßen dort auch Hunderte von UDA-Mitgliedern ein. Sie verbüßten Strafen für einige der brutalsten Morde, die jemals begangen wurden. Die UDA und die UVF haben Leute abgeschlachtet. Sie versuchten, zu terrorisieren, Angst unter der nationalistischen Bevölkerung zu verbreiten. Sie entführten Leute, verschleppten sie irgendwohin, folterten sie. Sie stachen ihnen die Augen aus, schnitten ihnen die Kehle durch, schnitten ihnen die Genitalien ab. Sie gaben freimütig zu, diese Taten begangen zu haben.

Frage: Aber sie wurden von den Briten verhaftet, oder?

IRA-Mann: Der einzige Grund, warum sie im Gefängnis saßen, war, daß ihre Methoden so schrecklich waren, daß sie zu einem Ärgernis wurden. Aber ihr Anführer, Danny Murphy, wurde entlassen.

Frage: Wieso kam er wieder heraus, wenn er Morde begangen hatte?

IRA-Mann: Er verbüßte eine Strafe für versuchten Mord an zwei Krankenschwestern.

Frage: Krankenschwestern? Wieso versuchte er, zwei wohl unschuldige Krankenschwestern zu töten?

IRA-Mann: Weil sie Katholikinnen waren. Er wurde freigelassen, und wenig später wurde ein Mann mit dem Namen Joseph Donegan im Falls-Gebiet entführt und vier Tage lang festgehalten. Er wurde in brutaler Weise ermordet. Seine Kehle war durchgeschnitten, seine sämtlichen Zähne waren herausgerissen, sein Gesicht war vor Schwellungen nicht mehr erkennbar. Sein Körper war übersät mit Brandwunden von Zigaretten. Danny Murphy war für diesen Mord verantwortlich. ... Er wurde dann von der IRA zum Ziel erklärt und tatsächlich in Shankill, einer loyalistischen Hochburg, geschnappt. Murphy wurde nicht brutal mißhandelt. Er wurde erschossen. Es gibt keinen angenehmen Weg, eine Person zu töten. Aber die IRA hält sich an ihre Normen. Da geschahen keine Mißhandlungen. Er wurde in den Kopf geschossen. Es ging schnell.

Frage: Bekommst Du jemals die Möglichkeit, Dich selbst zu fragen, was Du tust, bevor Du zu einer Operation losziehst?

IRA-Mann: Nun, wenn ich während einer Operation anhalten und nachdenken würde, würde ich möglicherweise nicht weitermachen. Aber zunächst denke ich über die Gefahr nach, die für mich selbst besteht. Ich nehme ein Gewehr in die Hand. Die Chance, daß ich dabei getötet werde, ist groß. Ich weiß um die Folgen für meine Familie. Sie werden damit für den Rest ihres Lebens leben müssen. Meine Kinder werden ohne Vater aufwachsen. Und die umgekehrte Seite ist auch wahr: Ich töte einen britischen Soldaten, für den das gleiche gilt wie für mich. Aber unglücklicherweise kannst Du unter solchen Bedingungen nicht daran denken.

Frage: Wie denkst Du dann darüber nach?

IRA-Mann: Anschließend. Ich denke, ich habe es nicht tun wollen, aber es mußte getan werden. Du weißst, zeitweise kann es Dich zermürben. Manchmal möchtest Du aufhören, weil es zuviel ist. Ich glaube, wenn ich weitermachen würde, ohne dabei Zweifel zu bekommen, wäre etwas mit mir nicht in Ordnung.

Frage: Wenn das, wofür Du kämpfst, jemals wahr werden sollte – ein wiedervereinigtes Irland –, was würdest Du Dir davon erwarten?

IRA-Mann: Wir möchten unsere eigene irische Kultur zurückbringen. Sie wurde uns genommen. Die irische Kultur hat ein anderes Wertesystem, das sagt, daß jeder dazu berechtigt sei, am Reichtum und an der Produktion des Landes teilzuhaben. Jeder habe das Recht auf gleichwertige Behandlung, unbesehen seiner Religionszugehörigkeit, seiner Hautfarbe, seines Geschlechts oder was auch immer.

Die Bogside in Derry: Mahnmal für die 14 Opfer des „Bloody Sunday".
(Foto: Dietrich Schulze-Marmeling)

»So beginnt ein neuer Tag...«

Bericht über eine Hausdurchsuchung

Der Blick aus dem Fenster fällt auf den Wohnblock gegenüber, ein Block gleich diesem. Kränklich blaue, rote und gelbe Türrahmen, die Farben der Renovierung. Wohnungen, die niemals hätten existieren dürfen; die, als sie gebaut wurden, das alte Bild der Reihenhäuser zerstörten.

Rossville in Derry ist ein Denkmal der Gegenwart. Die Häuserblocks aus Stahlbeton tragen Erinnerungen: rauhe, schwarz-weiße junge Leute, die Widerstand leisten, Feuer, Barrikaden, der Geruch von CS-Gas. Straßenproteste, zeitgenössische Rituale, Bogside-Schlachten, die zur Essenszeit unterbrochen und danach wieder aufgenommen werden. „Bloody Sunday" und Besatzung. Die Wände sind gezeichnet wie die Leute, mit Dutzenden von Einschußlöchern. Vierzehn Menschen sind hier bei diesen Wohnungen gestorben, an einem Tag im Januar 1972. Heute gehen junge Leute, die damals noch nicht geboren waren, zu den Erinnerungsmärschen dieses Tages. Eines Tages, den sie nicht selbst erlebt haben, und der doch ein Teil ihrer Identität ist.

Letzte Nacht hat es geschneit. Dennoch kann die weiße Tarnung nicht die Geschichte überdecken, kann nicht den Klang dieser durchdringenden Stiefel dämpfen, der uns aus dem Schlaf reißt. Das Denkmal unten bei den Geschäften ist in Weiß eingehüllt, aber am oberen Ende ist immer noch „Free Derry" zu lesen. 14 junge Bäume stöhnen unter dem Gewicht des Schnees auf ihren Zweigen. Ihr Überleben wird kurz sein, genau wie das der Leute, deren Leben sie symbolisieren. Eines Nachts werden sie von Soldaten aus dem Boden gerissen werden. Doch noch kämpfen sie darum, das rauhe Wetter zu überleben.

Der Wind hat den Schnee in den Winkeln der Treppen zusammengetrieben. Die Soldaten zertreten ihn. Im Tageslicht wird es scheinen, als ob sie niemals dagewesen wären, außer den Fußabdrücken, die sie im Schnee hinterlassen, und der gelben gefrorenen Pisse, die unsere Häuserwände beschmutzt.

Im Augenblick regiert die Dunkelheit. Der Schnee gibt ein täuschendes Gefühl von Helligkeit und Ruhe. Es ist so früh, daß noch nicht einmal der Milchmann Dazzy seine morgendliche Runde begonnen hat. Sie kommen im Dämmerlicht und hoffen, dadurch unseren Blicken und unserem Zorn zu entgehen. Es gab eine Zeit, als die Frauen sie mit ihren Mülltonnendekkeln begrüßt haben; Mülltonnendeckel und Pfeifen, Musik des Widerstandes, die die IRA warnen sollte. Die „Housing Executive" hat alle Metalltonnen durch Plastiktonnen ersetzt, und die Menschen sind müde geworden. Aber die Besucher bleiben nicht unbemerkt. Wir sind alle wach und beobachten sie durch die Gardinen.

Sie bewegen sich in Gruppen und gehen auf den Treppen in Position. Auf jedem Treppenabsatz, geduckt hinter Stützpfeilern, nehmen sie heroische Positionen ein, rennen von einem zum anderen Pfeiler, um sich erneut zu postieren, als wären sie im Angriff, spielen Soldaten im Dschungel. Sie legen ihre Gewehre an – auf wen? Sie sind die einzigen, die um diese Zeit durch die Gänge laufen. Eine absurde Zurschaustellung von Stärke. Das Dröhnen der Stiefel wird nun begleitet von Schlägen an Türen. Diejenigen, die nicht sofort geöffnet werden, werden eingeschlagen. Die Regeln sind einfach.

Ängstlich warten wir alle, ob die nächste Tür unsere eigene sein wird. Das Dröhnen kommt näher, die Stimmen lassen sich jetzt klar unterscheiden. Schnell ein paar Kleidungsstücke übergeworfen. Angezogen bist Du weniger verletzlich.

Beim Öffnen der Tür strömen bewaffnete Männer herein. Der Teppich, gestern gesaugt, ist jetzt mit schmutzigen Fußabdrücken bedeckt. Es ist nur der Anfang.

Sie schauen schnell durch alle Zimmer, zählen nach, wer da ist, und versammeln sich in dem engen Wohnzimmer, das mit einer dreiteiligen Sitzgarnitur und Soldaten überfüllt ist. Ihr Anführer verliest den Durchsuchungsbefehl. Dann signalisiert er seinen Soldaten, Dich zu durchsuchen, bevor sie Deine Wohnung durchwühlen. Einer von ihnen setzt sich in den Sessel, um seine Schnürsenkel neu zu binden, ganz wie zu Hause.

Ich war allein, und jetzt sind in meiner Wohnung neun britische Soldaten – acht Männer und eine Frau. Sie beugt sich über mich: ein großes, übergewichtiges Mädchen aus Glasgow, das nach Zigarettenrauch und süßem Parfüm riecht, selbst um diese frühe Stunde geschminkt, sogar Lippenstift. Die meisten Soldaten sind unter 25, kaum alt genug, um aus der Schule heraus zu sein, geschweige denn, um Gewehre zu tragen. Sie scheinen Freude zu haben.

Ich werde in einem Raum festgehalten und sehe nicht, was im Schlafzimmer geschieht. Ich höre sie Witze machen, während sie den Inhalt von Schubläden auf den Boden kippen, Bemerkungen über meine Unterwäsche machen, meine BH-Größe raten, lachen.

Kein Regal, kein Wandschrank, keine Schachtel Cornflakes, die nicht durchsucht wird, die Wohnung ist jetzt eine Müllhalde. Durch die dünne Trennwand zu meinen Nachbarn höre ich das Baby weinen. Nicht einmal das Kinderbett ist diesen Eindringlingen heilig.

Für viele Familien ist so etwas zur Gewohnheit, ist normal geworden. Heranwachsende Kinder wachen bei morgendlichen Razzien auf, kommen schon müde in die Schule, weil sie die halbe Nacht wach waren. Wenn sie das Haus verlassen, wissen sie nicht, wer bei ihrer Rückkehr noch da sein wird. Bei manchen Familien geht die Zahl der Durchsuchungen inzwischen in die Hunderte.

Unten auf dem Platz sammeln sich die Landrover. Ein junger Mann wird über ein unbebautes Grundstück gezerrt, sein Hemd hinten heraushängend, seine Schnürsenkel noch ungebunden, seine Hände auf den Rücken gedreht. Er wehrt sich vergeblich gegen seine Begleiter, sein Gang ist unbeholfen. Sie werfen ihn in den Panzerwagen. Du kannst das Geräusch seines steifen Körpers gegen den kalten Stahl hören. Die Hintertüren werden zugeworfen, und er ist unseren Blicken entzogen. Der Konvoi setzt sich in Bewegung, Reifen quietschen, Türen schlagen wie in Panik, dann Stille. Der Zielort ist unbekannt, vielleicht die Strand Road-Baracken oder Castlereagh.*

Bald werden sich die Fußwege und Treppen mit Leuten füllen, die auf dem Weg zum Arbeitsamt sind, oder zur Post, um ihr Arbeitslosengeld abzuholen. Frauen scheuern das Pflaster vor ihrer Haustür. Leute sammeln sich in Gruppen und reden über die Ereignisse des Morgens. Wer mitgenommen wurde, wessen Wohnungen oder Häuser zerstört wurden, wie groß der Schaden ist, was sie zu den „Brits" gesagt haben, was diese gesagt haben ... dies und das.

Ein junger Mann ist verschwunden, vielleicht für sieben Tage, vielleicht für immer. Sicher wird er geschlagen, gefoltert, gedemütigt und mißhandelt werden, bevor der Tag vorüber ist. Vielleicht wird eine weitere Person gebraucht, um die Gefängnisse zu füllen. Vielleicht wird seine Familie jetzt nicht mehr so oft durchsucht werden. Aber sie werden immer noch früh aufstehen, um sich fertigzumachen für die lange Fahrt ins Crum oder Kesh**, mit den Eßpaketen, Briefen und Nachrichten.

Ein wöchentliches Ereignis. Es ist schwer, damit zu leben, optimistisch zu bleiben.

So beginnt ein neuer Tag.

Pauline Younger

(aus: IRIS; Übersetzung: Rina Schiller)

*) Polizeistation in Derry bzw. Verhörzentrale in Belfast

**) Nordirische Gefängnisse

Streets of Sorrow / Birmingham Six

Oh farewell you streets of sorrow
Oh farewell you streets of pain
I'll not return to feel more sorrow
Nor to see more young men slain

Through the last six years I've lived trough terror
And in the darkened streets the pain
Oh how I long to find some solace
In my mind I curse the strain

There were six men in Birmingham
In Guildford there's four
That were picked up and tortured
And framed by the law
And the filth got promotion
But they're still doing time
For being Irish in the wrong place
And at the wrong time

In Ireland they'll put you away in the Maze*
In England they'll keep you for several long days
God help you if ever you're caught on these shores
And the coppers** need someone
And they walked through that door

You'll be counting years
First five, then ten
Growing old in a lonely hell
Round the yard and the stinking cell
From wall to wall, and back again

A curse on the judges, the coppers and screws
Who tortured the innocent, wrongly accused
For the price of promotion

And justice to sell
May the judged be their judges
When they rot down the hell

You'll be counting years
First five, then ten
Growing old in a lonely hell
Round the yard and the lousy cell
From wall to wall, and back again

May the whores of the empire lie awake in their beds
And sweats as they count out their sins on their heads
While over in Ireland eight more men lie dead
Kicked down and shot in the back of the head***

You'll be counting years
First five, then ten
Growing old in a freezing hell
Round the yard and the lousy cell
From wall to wall and back again

Dieses Lied stammt von der auch in der BRD bekannten Musikgruppe „Pogues". Die Pogues wurden damit zu einem der ersten prominenten Opfer des sogenannten Anti-Sinn-Féin-Banns. Den Rundfunk- und Fernsehanstalten wurde von der Regierung untersagt, dieses Lied, das sich den „Birmingham-Six" widmet, auszustrahlen.
(Zu den „Birmingham Six" vergleiche S. 106)

*) Maze Prison: das größte Gefängnis für politische Gefangene in Nordirland (auch „Long Kesh" genannt)

**) Coppers: Polizisten

***) Im Mai 1987 wurden acht IRA-Mitglieder in Loughgall, Nordirland, von der britischen Spezialeinheit SAS erschossen.

Nur ein toter Katholik...

Kriegsopfer und Kriegsstrategien

Rund 20 Jahre Krieg haben 2700 Todesopfer und über 26.000 Verletzte gekostet, darunter eine große Zahl Schwerverletzter. Solche Zahlen mögen sich im Vergleich zu anderen kriegerischen Konflikten wie etwa in Vietnam oder zwischen Iran und Irak nicht sonderlich dramatisch ausnehmen. Doch muß man bedenken, daß sich das alles in einem Land zuträgt, dessen Bevölkerung mit 1,5 Millionen unter der Hamburgs liegt. Auf die BRD und ihre Bevölkerungsgröße übertragen, hätte man über 100.000 Tote und eine Million Verletzter zu zählen.

Ähnliche Relationen gelten auch für folgende Zahlen: Die offizielle Statistik registrierte im Verlauf des Krieges über 30.000 Zwischenfälle mit Schußwaffen, über 8.000 Explosionen, über 6.000 Brandstiftungen und über 12.000 bewaffnete Raubüberfälle. Und 50.000 Bürger (die übergroße Mehrheit Katholiken) sahen sich gezwungen, ihre Häuser zu verlassen. Wiederum auf die BRD übertragen, wären die Bundesbürger in den letzten 20 Jahren mit über 1,2 Millionen Schießereien, über 320.000 Explosionen, über 240.000 Brandstiftungen und über 480.000 bewaffneten Raubüberfällen konfrontiert worden. Etwa zwei Millionen Einwohner hätten zwangsweise umziehen müssen – die größte Bevölkerungsbewegung in Europa seit dem 2. Weltkrieg.

Nachrichten aus Nordirland, die von Anschlägen oder Todesopfern sprechen, sind auf dem Kontinent längst zu einer Normalität geworden, die auch von vielen Bundesbürgern nur noch mit Achselzucken registriert wird. Für sie ist der Krieg in Nordirland ein sinnloses und anachronistisches Gemetzel zwischen zwei unterschiedlichen Konfessionsgruppen. Loyalistische und republikanische Paramilitärs unterscheiden sich in diesem Bild bestenfalls in der Konfession, nicht aber in der militärischen Vorgehensweise. Was bleibt, ist ein Bild von Mord und Terror, das sich jeder politischen Rationalität entzieht und keinen Zugang zum Konflikt erlaubt.

Opferstatistiken haben stets etwas Makaberes an sich. Sie lassen individuelle Schicksale unberücksichtigt und rechnen Tote gegeneinander auf. Andererseits können sie zum Verständnis des politischen Hintergrunds des Konfliktes, zum Ausräumen von Klischees und zur Widerlegung von Propaganda beitragen. Da die Wahrnehmung des nordirischen Konfliktes hierzulande stark von Klischees und Vorurteilen beeinträchtigt wird, halten wir eine differenzierte Betrachtung der Opferstatistiken dieses Krieges für unumgänglich.

Nach Bombenanschlägen durch die IRA: Belfast, Oktober 1987 (oben); Polizeistation in der Grafschaft Tyrone, September 1988. (Fotos: Pacemaker)

John Hume, der Vorsitzende der moderat-nationalistischen SDLP, bereichert seit einigen Monaten seinen Propagandakrieg gegen die IRA um eine erstaunliche Opferstatistik. Nach seinen Zahlen haben republikanische Guerillaorganisationen 62% der 2.700 Toten des Nordirlandkrieges zu verantworten, mehr als zwei Drittel davon die IRA. Zunächst einmal besagt das nicht mehr, als daß die republikanische Guerilla mehr Menschen getötet hat als die offiziellen Sicherheitskräfte. Unklar bleibt dabei, wieviele von den Opfern unbeteiligte Zivilisten waren – zweifellos eine moralisch wie politisch wichtige Frage.

Die eigentliche Brisanz der Hume-Rechnung besteht nun darin, daß die republikanischen Organisationen, die die Verteidigung der katholischen/nationalistischen Bevölkerung zum Ziel haben, für 37% der zwischen 1969 und 1988 getöteten 1194 Katholiken verantwortlich seien. Die loyalistischen Paramilitärs hätten wenig mehr Katholiken getötet: 44%. Nur bezogen auf die letzten 10 Jahre, hätten die republikanische Organisationen sogar mehr Katholiken getötet als die Loyalisten, und mehr als doppelt so viele wie die Sicherheitskräfte (37 : 29 : 17).

Eine nähere Betrachtung der Opferstatistik entlarvt Humes Rechnung indessen als hochgradig unseriös und politisch völlig untauglich. Hume unterscheidet nicht zwischen unbeteiligten Zivilisten und Akteuren der militärischen Auseinandersetzung: IRA-Aktivisten, die sich aus Versehen selbst in die Luft gesprengt haben, werden in der Statistik den „katholischen Opfern der IRA-Kampagne" genauso zugeordnet wie katholische Mitglieder der Sicherheitskräfte, die in einer militärischen Konfrontation von der IRA getötet wurden. In gewissem Sinne ist Humes Rechnung sektiererisch: Entscheidend ist für ihn, daß das Opfer Katholik ist, und nicht, ob er Zivilist ist, oder ob ihm eine politische oder gar militärische Rolle im Konflikt zukommt.

Zwar ist es richtig, Opfer der loyalistischen Kommandos und der Sicherheitskräfte getrennt aufzuführen. Hume schließt jedoch aus der niedrigeren Zahl der von den Sicherheitskräften zu verantwortenden Opfer auf eine zurückhaltende und neutrale Rolle dieser Kräfte. Um das Bild zu vervollständigen, müßte zusätzlich das Wirken von Sicherheitskräften und loyalistischen Paramilitärs in der Statistik addiert werden. Loyalistische Paras, RUC, UDR und britische Armee befinden sich in diesem Konflikt auf einer Seite der Barrikaden und kooperieren in vielfältiger Weise. Die paramilitärischen UDA und UVF wurden und werden von den offiziellen Sicherheitskräften mit Waffen, Dossiers über Republikaner und anderen

Hilfsleistungen versorgt. Oftmals handeln sie sogar direkt in deren Auftrag. Armee und Polizei werden nur dann gegen die loyalistischen Paras aktiv, wenn deren Operationen außer Kontrolle der Sicherheitskräfte zu geraten drohen oder kontraproduktiv zu deren Anti-IRA-Strategie sind.

Wesentlich seriöser und politisch aufschlußreicher als Humes Halbwahrheiten ist da schon die Statistik des katholischen Priesters Raymond Murray (Armagh), die alle Konfliktopfer zwischen August 1969 (Intervention der britischen Armee) und Ende 1986 auflistet. Murrays Statistik, die zwischen Zivilisten und Kämpfenden unterscheidet, gelangt zu einem Bild, das von dem Humes doch deutlich abweicht: Republikanische Organisationen töteten 611 Zivilisten, die britische Armee, die RUC, das UDR und die loyalistischen Paramilitärs zusammen 839. Zusätzlich töteten die IRA und andere republikanische Organisationen 756 Polizisten und Soldaten, während 106 republikanische Kombattanten Opfer der Sicherheitskräfte wurden. 110 Republikaner kamen bei eigenen Anschlägen um (vorzeitige Explosion ihrer Sprengsätze etc.), bei den Loyalisten beträgt diese Zahl 27. 14 loyalistische Kombattanten wurden durch die Sicherheitskräfte getötet, umgekehrt die gleiche Zahl Polizisten und Soldaten durch UDA und UVF.

Von den insgesamt 2.526 Opfern, die Murray in dem von ihm erfaßten Zeitraum zählt, waren 1.223 katholischer und 1.303 protestantischer Konfession. Die höhere Zahl protestantischer Opfer liegt im wesentlichen an dem Umstand, daß die offiziellen Sicherheitskräfte nahezu ausschließlich aus Protestanten bestehen. Das bestätigt sich, wenn man allein die zivilen Opfer auf Konfessionszugehörigkeit untersucht. IRA u.a. töteten 224 zivile Katholiken und 387 Protestanten, die andere Seite 654 Katholiken und 185 Protestanten. (Eine Studie der „Ireland Information Partnership" errechnete zwischen 1969 und August 1988 für die Provisional IRA 310 zivile Opfer). Die Sicherheitskräfte und ihre loyalistischen Verbündeten sind damit nicht nur für deutlich mehr zivile Tote verantwortlich als die republikanischen Organisationen; auch die Kluft zwischen katholischen und protestantischen Opfern ist bei ihnen erheblich höher, was auf eine sektiererische Kriegsführung hinweist.

Während Murray zwischen Kombattanten und Zivilisten trennt, kennt seine Statistik keine Unterscheidung zwischen „beteiligten" und „unbeteiligten" Zivilisten. So beinhaltet die Zahl ziviler Opfer, die Murray für die IRA u.a. anführt, auch loyalistische Paramilitärs und Politiker, Informanten, Mitarbeiter von Firmen, die für die Sicherheitskräfte arbeiten und deshalb als „Kollaborateure" betrachtet werden etc. Dennoch widerlegt seine Statistik die Behauptung Humes und der britischen Propaganda, die IRA habe mehr Zivilisten als militärisches Personal getötet.

Von der IRA werden zu „legitimen Zielen" ihrer militärischen Kampagne erklärt: Die offiziellen Sicherheitskräfte (RUC, UDR, britische Armee), das Gefängnispersonal, die Richter der nordirischen Sondergerichte, das britische Kabinett und andere Repräsentanten des britischen Establishments, Anführer loyalistischer Todesschwadrone, loyalistische Politiker, die als Hintermänner sektiererischer Morde agieren, sowie Leiter und Mitarbeiter von Firmen, die den Sicherheitskräften zuarbeiten (beispielsweise Polizeireviere reparieren). Letztere sind das umstrittenste Objekt der IRA-Kampagne. Die IRA ist der Auffassung, daß eine Firma, die Arbeiten an einer Basis der Sicherheitskräfte, an Gefängnissen, Folter- und Verhörzentren etc. ausführt, im Krieg Partei ergreift und sich als Kollaborateur betätigt. Ihre Leitung und Belegschaft fiele folglich nicht länger in die Kategorie „unbeteiligte Zivilisten".

Loyalistische Politiker behaupten, die IRA betreibe in den Grenzgebieten zur Republik eine Ausrottungspolitik gegenüber der potestantischen Bevölkerung. Als Beleg dafür werden sowohl die IRA-Bombe von Enniskillen (die elf protestantische Zivilisten tötete) als auch Angriffe der republikanischen Guerilla auf Mitglieder des UDR und der RUC angegeben. UDR- und RUC-Mitglieder sind aber nur deshalb Objekte der IRA-Kampagne, weil sie die Uniform des nordirischen Staates tragen; ihre Konfession ist für die IRA-Kriegsführung ohne Bedeutung. Daß über 90% der RUC- und UDR-Mitglieder Protestanten sind, ist nicht die Schuld der IRA. Auch die Bombe von Enniskillen richtete sich nach Angaben der IRA nicht gegen protestantische Zivilisten. Sie war für eine Fußpatrouille der Sicherheitskräfte bestimmt, detonierte aber versehentlich zu einem falschen Zeitpunkt. Würde die IRA tatsächlich eine Mordkampage gegen die protestantische Mehrheit planen, könnte sie tagtäglich mehrere Bomben à la Enniskillen plazieren. Es wäre für die IRA erheblich unkomplizierter und risikoärmer, Autobomben auf der protestantischen Shankill Road in Belfast explodieren zu lassen, als befestigte Polizei- und Militärstationen anzugreifen. Solche Angriffe bezahlt die IRA, wie 1987 in Loughgall, unter Umständen mit dem Tod von acht eigenen Mitgliedern.

Nach der Murray-Statistik haben loyalistische Paras deutlich mehr katholische Zivilisten getötet als die IRA und andere republikanische Organisationen protestantische. Dazu muß berücksichtigt werden, daß – von Ausnahmen abgesehen – protestantische Zivilisten zumeist unbeabsichtigte Opfer von (schlecht vorbereiteten und fehlgeschlagenen) IRA-Operationen wurden, während die Tötung von unbeteiligten Katholiken ein wesentlicher Bestandteil der loyalistischen Strategie war und ist. Dennoch gibt sich die IRA selbst gegenüber UDA und UVF zurückhaltend. Sie ist darauf bedacht, jedes Abdriften in einen sektiererischen Schlagabtausch zu vermeiden, da er vom anglo-irischen Konfliktcharakter ablenken und die britische Propaganda bestätigen würde. Sofern die IRA gezielt loyalistische Paramilitärs tötete, handelte es sich dabei um führende Akteure in Mordkampagnen gegen katholische Zivilisten.

Die berüchtigste Ausnahme liegt mittlerweile 13 Jahre zurück und ereignete sich am 5. Januar 1976 in Whitecross, South Armagh. Eine Gruppe mit dem Namen „South Armagh Republican Action Force" erschoß zehn protestantische Zivilisten, die sich auf dem Weg zur Arbeit befanden. Die IRA lehnte jede Verantwortung für das Massaker ab, distanzierte sich jedoch nicht. Es ist höchst unwahrscheinlich, daß zu dieser Zeit eine gut ausgerüstete republikanische Guerillaorganisation im „Provoland" von South Armagh existierte, die völlig unabhängig von den Provisionals war. Vermutlich handelte es sich bei der ominösen, bis dahin völlig unbekannten „South Armagh Republican Action Force" sehr wohl um IRA-Mitglieder, die jedoch ohne die Zustimmung ihrer Führung operierten und deshalb ein anderes Etikett benutzten. Am Vortag, dem 4. Januar, waren nördlich von Whitecross fünf katholische Zivilisten von der loyalistischen „Protestant Action Force" getötet worden. Der Norden der Grafschaft Armagh und die katholischen Enklaven im Norden, Osten und Süden Belfasts sind für Mordanschläge gegen katholische Zivilisten berüchtigt. In den Augen einiger Provos hatten die Loyalisten mit ihren Aktionen vom 4. Januar offenbar das Faß zum Überlaufen gebracht. Das Whitecross-Massaker sollte ihnen wohl verdeutlichen, daß auch die protestantische Bevölkerungsgruppe – insbesondere in Gegenden wie dem Süden Armaghs – verwundbar ist, weshalb es im gegenseitigen Interesse sei, die sektiererische Kriegsführung einzustellen.

1988 stieg die Zahl der zivilen Opfer von IRA-Aktionen nach Jahren der Abnahme wieder deutlich an. Ed Moloney, der Belfaster „Sunday Tribune"-Korrespondent, konstatierte eine Korrelation zwischen der Quantität von IRA-Operationen und der Zahl ziviler Opfer im nordirischen Krieg. Das sei schon in der ersten Hälfte der 70er Jahre zu beobachten gewesen, als sich die militärische Kampagne der IRA auf ihrem Höhepunkt befand. Die Feststellung Moloneys sagt allerdings noch nichts darüber aus, ob die IRA zivile Opfer billigend in Kauf nimmt oder nicht. Sie liefert allerdings einen Hinweis darauf, daß es unter den spezifischen Bedingungen Nordirlands sehr schwierig ist, einen „sauberen" Guerillakrieg zu führen, und daher mit jeder Intensivierung der Militäraktionen das Risiko für Zivilisten steigt. Diese spezifischen Bedingungen bestehen darin, daß die IRA innerhalb eines vom Kontrahenten militärisch besetzten Raumes zu operieren hat; daß es sich bei Nordirland um ein relativ enges Territorium handelt; daß es sich bei den Zentren der Auseinandersetzung nicht zuletzt um Städte mit dichter Infrastruktur und dichter Besiedelung handelt; daß die paramilitärischen Loyalisten eine zusätzliche Komponente in den Krieg einbringen; daß die offiziellen Sicherheitskräfte ihre Einrichtungen mit Vorliebe inmitten von Wohngebieten installieren – nicht nur, um die Bevölkerung besser kontrollieren zu können, sondern auch, um den politischen Preis für IRA-Attacken hochzuschrauben.

Bezeichnenderweise hat es seit dem Beginn des Krieges im ländlichen und dünnbesiedelten South Armagh, einer Hochburg von IRA-Aktivitäten, kaum zivile Opfer gegeben (von der erwähnten sektiererischen Aktion ausgenommen). Hier war die IRA in der Lage, einen nahezu „sauberen" Guerillakrieg zu führen; sie traf geographisch auf Bedingungen, die denen von Guerillaarmeen in der Dritten Welt ähnlich sind. Anders sieht die Statistik für Städte wie Belfast, Strabane, Newry, Enniskillen, Armagh etc. aus.

In den frühen 70er Jahren führte die Unerfahrenheit der IRA-Guerilla zu einer Vielzahl unbeabsichtigter Todesfälle. Dennoch zeigte sich die IRA auch schon damals bemüht, zivile Opfer zu vermeiden. So berichten Bishop/Mallie in ihrem Buch „The Provisional IRA" (London 1987; die Autoren sind im übrigen alles andere als IRA-Sympathisanten) über die Vorgehensweise von Martin McGuinness, dem damaligen IRA-Führer von Derry und heutigen Sinn Féin-Vizepräsidenten. Er habe seine Leute angewiesen, jede Bombenmission abzubrechen, wenn sich die geringste Gefahr für unbeteiligte Zivilisten ergab. Sie sollten das Stadtzentrum mit dem Sprengstoff durch die Sperren von Armee und Polizei verlassen – auch auf die Gefahr hin, dabei festgenommen zu werden und für Jahre ins Gefängnis zu wandern.

In anderen Städten war die IRA allerdings weniger erfolgreich. Ende der 70er Jahre wurden daher die Angriffe auf zivile (ökonomische) Ziele deutlich reduziert, die Autobombe verschwand vorübergehend in der Requisitenkammer. Erst vor wenigen Jahren wurde auf sie wieder zurückgegriffen, wobei die seither gezündeten Bomben darauf schließen lassen, daß die IRA heute erheblich besser mit dieser Technik zu hantieren versteht. So hat die IRA unter anderem ein optisches und akustisches Warnsystem für die Bevölkerung eingebaut, das sie unabhängiger von der Befolgung ihrer telefonischen Warnungen an die Sicherheitskräfte machen soll.

Die Verluste der Sicherheitskräfte

Die offiziellen Sicherheitskräfte verloren im Zeitraum August 1969 bis Oktober 1988 846 Mitglieder (britische Armee: 412; UDR: 179; RUC: 255). Auch das ist, gemessen an der Bevölkerungszahl, eine enorme Zahl. Die britische Armee verlor in Nordirland mehr Soldaten als in jeder anderen kriegerischen Auseinandersetzung seit Ende des zweiten Weltkrieges.

Andererseits hat für die 900.000-köpfige protestantische Siedlergemeinschaft der Tod von über 400 ihrer Polizisten und UDR-Soldaten eine ungleich größere Bedeutung als der Tod von einer nahezu gleichgroßen Zahl von Soldaten für die ungefähr 55 Millionen zählende Bevölkerung der britischen Insel. Nahezu jeder nordirische Protestant ist mit einem Mitglied der Sicherheitskräfte bekannt oder gar verwandt. Relativ zur Bevölkerungsgröße liegen die Verluste der nordirischen Protestanten an Polizisten und Soldaten schon heute um 50% über denen der amerikanischen Bevölkerung während des Vietnamkrieges.

Die britische Ulsterisierungsstrategie schiebt die nordirischen Sicherheitskräfte in die vorderste Linie der Auseinandersetzung, um so die eigenen Verluste möglichst gering zu halten. Je geringer diese Verluste, desto größer die Akzeptanz der Bevölkerung auf der britischen Insel für die Nordirlandpolitik ihrer Regierung. Oder genauer: Je weniger die englische Öffentlichkeit durch die Heimtransporte toter Soldaten mit der Politik ihrer Regierung in der Provinz konfrontiert wird, desto weniger interessiert sie sich dafür.

Die nordirischen Sicherheitskräfte hingegen sind für die Regierung und die englische Öffentlichkeit nicht mehr als Kanonenfutter. Entsprechend widmen Regierung und Medien dem Tod von RUC- und UDR-Mitgliedern erheblich weniger Aufmerksamkeit als dem Tod britischer Soldaten. Ein toter Soldat ist stets eine Hauptschlagzeile in den britischen Nachrichten wert. Ein toter Polizist hingegen taugt zumeist nur für die nordirischen Regionalnachrichten.

Der britischen Ulsterisierungsstrategie kommt entgegen, daß die nordirischen Sicherheitskräfte selbst darauf erpicht sind, sich in den Vordergrund zu drängeln und eine größere Rolle im Kampf gegen die IRA zu spielen. Allerdings sind RUC und UDR, wollen sie das Patt mit der IRA halten, unverändert auf den Beistand von über 10.000 britischen Soldaten angewiesen. Obwohl London die nordirischen Sicherheitskräfte im Zuge des Krieges erheblich aufgestockt hat (1969 zählte die RUC noch 3.061 Mitglieder, 1985 hingegen 12.800), erscheint der Regierung eine noch weitgehendere Ulsterisierung der Konfliktaustragung nicht möglich.

Da der Tod britischer Soldaten in der englischen Öffentlichkeit nicht so leicht übergangen werden kann und weil andererseits die Ulstersierung des Konfliktaustrags die Spaltung der nordirischen Gesellschaft, den Haß und die Verbitterung vertiefen würde, konzentriert sich die IRA seit 1988 wieder stärker auf Angriffe auf die Armee. Es ist jedoch für sie völlig unmöglich, die über 20.000 Mitglieder der Sicherheitskräfte, die sich als Kämpfer gegen den Republikanismus begreifen, und die die Minderheit ständig belästigen oder gar terrorisieren, zu ignorieren und ihnen auszuweichen. Das Blutvergießen zwischen den Iren könnte erst aufhören, wenn sich RUC und UDR aus den katholischen Gebieten zurückziehen würden.

Maskierte und bewaffnete loyalistische Paramilitärs bei einer Kundgebung mit dem DUP-Unterhausabgeordneten Peter Robinson im August 1986. (Foto: Pacemaker)

Statistik der Todesopfer des Konfliktes
August 1969 bis Dezember 1988

Opfer \ Verantwortliche Organisationen	Sicherheitskräfte	Republik. Paramilitärs	Loyalist. Paramilitärs	Täter unbekannt	**Insgesamt**	%
Sicherheitskräfte	13	823	10	4	850	42,6
Republikan. Paramilitärs	123	144*	18	8	293	10,6
Loyalistische Paramilitärs	12	18	36	3	69	3,2
Katholische Zivilisten	148	170**	492	73	883	26,6
Protestant. Zivilisten	25	371**	107	63	566	13,8
Zivilisten unbekannter Religion	5	21	11	1	38	2,1
Gefängniswärter	0	23	2	0	25	1,1
Gesamt	**326**	**1570**	**676**	**152**	**2724**	**100**

*) Hierbei handelt es sich vor allem um republikanische Paramilitärs, die durch vorzeitig explodierte Bomben getötet wurden. Ein geringerer Teil der Todesopfer geht auf bewaffnete Rivalitäten vor allem zwischen der Official IRA und der IRSP/INLA bzw. innerhalb der IRSP/INLA zurück.

**) Diese Zahlen berücksichtigen nicht nur unbeteiligte Zivilisten, sondern auch z.B. von republikanischen Paramilitärs getötete Leiter von Firmen, die für die Sicherheitskräfte arbeiteten etc.

Verantwortlichkeit der Konfliktparteien in %

	Gesamte Todesopfer	Zivile Todesopfer	Verhältnis zivile : gesamte Todesopfer
„Sicherheitskräfte"	12,0	11,8	54,6
Republikan. Paramilitärs	57,6	38,7	37,3
Loyalistische Paramilitärs	24,8	40,5	90,5
andere*	5,6	9,1	90,1

*) Hierbei handelt es sich auch um Opfer von militärischen Operationen, die in die Verantwortung der Geheimdienste und loyalistischen Todesschwadrone fallen dürften.

Quelle: Irish Information Partnership, London, und eigene Berechnungen

Die IRA als Polizei

Das System der „parallelen Justiz"

Auch außerhalb des Landes ist das Ansehen des staatlichen Justizwesens in Nordirland ziemlich gering. Gerichtsverfahren ohne Geschworene mit nur einem Richter; Kronzeugen, die selbst straffrei ausgehen und mit einem Haufen Geld und neuer Identität belohnt werden – der Glaube an staatliche Gerechtigkeit ist stark erschüttert. Die dritte Gewalt in Nordirland, so behaupten Kritiker, hat als einziges Ziel, eine möglichst hohe Zahl im Form von Verurteilungen verdächtiger „Terroristen" zu produzieren. Die Internationale Vereinigung Demokratischer Rechtsanwälte bezeichnete während ihrer Konferenz im Jahr 1985 diese Praxis als verschleierte Internierungen.

Ähnlich gering ist das Vertrauen in die Polizeikräfte Nordirlands. Die Republikaner haben die fast ausschließlich protestantische Royal Ulster Constabulary (RUC) noch nie akzeptiert, was verständlich ist, konzentrierte sie ihre Interessen doch schon immer weitaus stärker auf republikanische Aktionen. Seit dem anglo-irischen Abkommen sieht sie sich unter Beschuß auch ihrer eigenen Glaubensbrüder. Die Protestanten akzeptieren es nicht, daß ihre eigene Polizei sich dazu hergibt, ein Abkommen durchzusetzen, das sie „an den Papst ausliefert". (O-Ton des eifernden Protestantenführers Paisley. Er meint damit die Dubliner Regierung.)

In diesem Klima besteht die Möglichkeit, daß das System der „parallelen Justiz" wieder aufblühen wird. Seit Beginn der siebziger Jahre sind über 1000 Menschen von loyalistischen oder republikanischen paramilitärischen Organisationen aus Nahdistanz ins Bein geschossen worden. Die Opfer sind fast ausschließlich Jugendliche ab 16, denen Einbrüche, Diebstähle oder andere „anti-soziale Aktivitäten" vorgeworfen werden. Im günstigsten Fall behält das Opfer Narben zurück. Einige Bestrafungsaktionen sind aber auch tödlich ausgegangen, und in anderen Fällen bleiben die Opfer für den Rest ihres Lebens Krüppel. Die Ärzte und Ärztinnen des „Royal Victoria Hospitals" in Belfast sind inzwischen weltweit anerkannte Experten und Expertinnen für Knieoperationen. Angeblich können sie an der Schußrichtung feststellen, welche Organisation dafür verantwortlich war.

Wir haben uns die Situation im republikanischen West Belfast genauer ansehen. Ein IRA-Sprecher erklärt die Gründe für die Bestrafungsaktionen: „Die Republikaner hatten zu Beginn der 70er Jahre die RUC aus ihren Vierteln vertrieben. Die Bevölkerung erwartete von der wiedererstarkten IRA, daß sie die Funktion der Polizei übernahm." Während die IRA zwar die republikanischen Gettos mehr oder weniger kontrollierte, hatte sie natürlich nicht die Mittel einer voll ausgerüsteten Polizei, um das Vakuum zu füllen. Die IRA konnte gegen die Getto-Bevölkerung gerichtete Aktionen nicht detektivisch verfolgen, sondern nur versuchen, sie durch bestimmte Maßnahmen zu verhindern: Die bekannten Täter (sogenannte „Hoods") wurden durch Beinschüsse bestraft. Es sind diese Fälle, die Schlagzeilen machen, obwohl sie erst am Ende einer Reihe von gescheiterten Versuchen stehen, die „Hoods" wieder in das Leben im Getto zu integrieren. Alex Maskey, Sinn-Féin-Stadtrat für West-Belfast, erklärte, daß bei einem ersten Fall von „anti-sozialem Verhalten" zunächst mit den Eltern gesprochen wird. Die Täter werden aufgefordert, durch Arbeit den Schaden auszugleichen. Im Wiederholungsfall erfolgt der Verweis aus dem Viertel. Nur bei notorischen „Hoods" wurden Beinschüsse angewandt.

Beinschüsse, Teeren und Federn

1975 war der Höhepunkt dieser Bestrafungsaktionen mit 189 Fällen. Seitdem ist die Zahl ständig gesunken. Gleichzeitig stiegen die Fälle, in denen die „Hoods" zusammengeschlagen wurden. Ende 1985 wurde ein Jugendlicher sogar geteert und gefedert. Bis zu Beginn der siebziger Jahre war Teeren und Federn ein brutales Mittel, um katholische Frauen für das Fraternisieren mit britischen Soldaten zu bestrafen. Obendrein wurde den Frauen der Kopf rasiert, und sie wurden an einen Laternenpfahl gebunden. Ein Schild um den Hals kündete von ihrem Vergehen.

Die sinkende Zahl der Beinschüsse hat verschiedene Gründe. Zum einen war diese Taktik innerhalb der IRA schon immer umstritten, weil sie die Freiwilligen nur unnötigen Risiken aussetzt und Kräfte bindet, die im Kampf gegen die britischen Besatzer und die RUC dringender benötigt werden. Zum anderen erschienen der IRA die Bestrafungsaktionen wenig effektiv – eine Ansicht, die von den meisten Opfern geteilt wird. Ein ca. 17jähriger Jugendlicher erzählte von seinem Freund, dem nach einem Knieschuß wegen wiederholten Autodiebstahls ein Teil des Beines amputiert werden mußte: „Kaum war er aus dem Krankenhaus raus, saß er schon wieder hinterm Steuer. Er benutzte seine Krücke zum Gasgeben, bis er mit seinem künstlichen Bein umgehen konnte." Ein anderer Jugendlicher ist während eines Autodiebstahls von der britischen Armee in den Rücken geschossen worden. Er verbrachte einen Monat auf der Intensivstation. Als er nach mehreren Monaten aus dem Krankenhaus entlassen wurde, klaute er sofort wieder Autos für Spazierfahrten: „Meine Freunde meinten, daß ich Angst hätte, nachdem ich angeschossen worden war. Also mußte ich ihnen beweisen, daß ich noch der Alte war." Kurze Zeit später wurde er von einer „Bürgerwehr" geteert und gefedert. Auch das hinderte ihn nicht daran, weiterhin drei bis vier Autos pro Woche „auszuleihen". Die Warnungen der IRA beeindruckten ihn wenig: „Zuerst war ich etwas nervös, als ich hörte, daß die IRA Leute aus dem Viertel verbannt, aber inzwischen mache ich mir keine Sorgen mehr." Ein Sozialarbeiter erzählte uns, daß bisher 13 Kinder von Polizei und britischer Armee in geklauten Autos erschossen wurden, was aber andere nicht davon abhielt weiterzumachen.

Zum Schutz vor „Joyridern" wurden hier in Lenadoon, West Belfast, große Steine plaziert. An der Hauswand steht zweimal „Venceremos" – einmal auf gälisch. (Foto: Dietrich Schulze-Marmeling)

Alex Maskey sagt dazu, daß niemand nur für dieses „Joyriding" von der IRA bestraft worden sei. Die Joyrider, die bestraft wurden, hätten auch andere Sachen auf dem Kerbholz gehabt, z.B. Einbrüche oder Überfälle: „Die bürgerliche Presse stellt die Fälle dann so dar, als ob die IRA harmlose Jugendliche, die aus Langeweile ein Auto klauen, ins Bein schießt." Nun enden diese Spritztouren in geklauten Autos nicht immer friedlich. In den letzten Jahren sind viele Fußgänger getötet oder verletzt worden, weil der jugendliche Autodieb die Kontrolle über den Wagen verlor. Ältere Leute trauen sich kaum noch auf die Straße. Es ist die Getto-Bevölkerung, die unter den Autodieben und Kleinkriminellen am meisten leidet. Fast täglich kommen Leute in die Beratungsstellen von Sinn Féin und fordern, daß die IRA härter gegen die „Hoods" und „Joyrider" durchgreift. Alex Maskey: „1985 gab es sogar eine relativ große Demonstration aufgebrachter Bürger zum Sinn-Féin-Büro in Andersonstown (West Belfast). Die Leute forderten auf Transparenten und mit Sprechchören die IRA auf, der Kleinkriminalität in den republikanischen Vierteln ein Ende zu bereiten."

Diese Forderungen bringen die IRA in eine schwierige Lage. Die RUC, die zwar längst nicht mehr aus den republikanischen Vierteln vertrieben ist, läßt die Jugendbanden weitgehend unbehelligt. Einmal hofft sie wohl, damit die Moral der Bevölkerung zu schwächen und ihre eigene Rolle zu stärken, und außerdem benutzt die RUC einige der Jugendlichen zu Spitzeldiensten. Ein 18jähriger, der für wiederholte Einbrüche mit einem Knieschuß bestraft wurde, versorgte danach die Polizei mit Informationen. Dafür schoß ihm die IRA ins andere Knie, und er sitzt seitdem im Rollstuhl. Dennoch arbeitet er weiter als Polizeispitzel. In seinem Viertel ist er unter dem Namen „Squeals on Wheels" (Verräter auf Rädern) bekannt.

Seit Anfang der 80er Jahre setzt sich bei IRA und Sinn Féin immer mehr die Erkenntnis durch, daß mit Bestrafungsaktionen allein das Problem nicht zu lösen ist, obwohl „sie in einigen Fällen nötig sind", sagt Maskey. Vor einigen Jahren hat die IRA eine Liste mit zwölf Namen von „Hoods" veröffentlicht und ihnen 48 Stunden Zeit gegeben, das Land zu verlassen. Maskey: „Einige von ihnen erklärten, daß sie ihre kriminellen Aktivitäten einstellen würden und wurden vorerst begnadigt."

Die Gründe für die Zunahme der Kleinkriminalität liegen laut Jim McCorry, Sozialarbeiter in West-Belfast, auf der Hand: „Den Leuten geht es viel schlechter als noch vor einigen Jahren. Die ökonomische Lage hat sich verschlimmert, sowohl was die Arbeitslosigkeit als auch Schwarzarbeit betrifft, und Sozialleistungen sind beschnitten worden." Fehler in der Stadtplanung und die Zerstörung der großfamiliären Strukturen tun ein Übriges. Für die arbeitslosen Jugendlichen in den republikanischen Gettos gibt es kaum Möglichkeiten, die Freizeit auszufüllen. Die wenigen von der Stadtverwaltung betriebenen Jugendclubs sind äußerst streng: „Wer flucht, bekommt Hausverbot", sagt ein 16jähriger. „Wir werden nie gefragt, was wir machen wollen, sondern uns wird z.B. gesagt, daß wir jetzt Billard spielen sollen, auch wenn wir gerade gar keine Lust dazu haben."

In Teilen West Belfasts haben Bürgerinitiativen und Sinn Féin die „Hoods" zu Diskussionen eingeladen, um herauszufinden, wie die Lage der Jugendlichen verbessert werden kann. Alex Maskey hat die Veranstaltungen mitorganisiert: „Zum ersten Treffen kamen nur drei Leute. Die anderen hatten wohl Angst vor uns. Aber dann hat sich herumgesprochen, daß wir ihnen wirklich helfen wollen, und die nächsten Treffen waren gut besucht."

Aus diesen Veranstaltungen entwickelte sich der Plan, einen Jugendclub selbst zu organisieren. An zwei Abenden in der Woche kamen ca. 70 Jugendliche in den Club, und einige ehemalige Autodiebe helfen bei der Organisation. 1986 lief ein Projekt, an dem zwölf „Hoods" teilnahmen. In einem Intensivkurs wurden sie in Sport, Literatur und Sozialarbeit unterrichtet. Die Kurse wurden von Fachleuten aus dem Viertel geleitet.

Ein weiteres Projekt, das vor allem auf die „Joyrider" zielte, war die West Belfaster Autogruppe. Auf einem alten Fabrikgelände bastelten die Jugendlichen alte Autowracks wieder zusammen und konnten auf dem Gelände herumfahren. Böse Zungen behaupteten, daß das Projekt einzig dazu diente, Autodiebe zu besseren Fahrern zu machen. „Selbst wenn das alles wäre, würden wir der Bevölkerung damit einen Dienst erweisen", sagte Jim McCorry, der Leiter des Projekts. Der Erfolg gab ihm recht. Die meisten Jugendlichen waren damit zufrieden, auf dem Fabrikhof herumzusausen, ohne daß sie Angst haben mußten, erschossen zu werden.

Es fehlt jedoch eine Zukunftsperspektive, und die Jugendlichen wissen natürlich auch, daß sie nicht bis zum Rentenalter in Schrottautos auf einem Fabrikhof herumkurven können. „Und wenn wir nur zwei oder drei von ihnen von anti-sozialen Aktivitäten abbringen können, ist es die Sache dennoch wert", sagte Jim McCorry. Den anderen bleibt wohl die traditionelle Problembehandlung vorbehalten: der Beinschuß.

SOZIALE REALITÄT IM APARTHEID-STAAT

Die soziale Realität in Nordirland ist stark geprägt von den ungleich verteilten Möglichkeiten, Arbeit – und, wenn möglich, qualifizierte Arbeit – zu finden. 1971, also in den Anfangsjahren des Konfliktes, betrug das Verhältnis zwischen katholischer und protestantischer Arbeitslosigkeit 17,3 % zu 6,6%. Zu diesem Zeitpunkt konnte die britische Regierung noch behaupten, die Kluft sei ein Relikt sektiererischer Politik der unionistischen Provinzregierung. 1972 übernahm die britische Regierung die direkte Kontrolle über Nordirland, Parlament und Regierung der Provinz wurden suspendiert. Seither hat sich die soziale Kluft noch vergrößert.

1981 betrug das Verhältnis katholischer zu protestantischer Arbeitslosigkeit 30,2% zu 12,4%. Die protestantische Arbeitslosigkeit verdoppelte sich damit zwar gegenüber 1971, doch die katholische Arbeitslosigkeit wuchs absolut im gleichen Zeitraum weitaus schneller. Die jüngste Untersuchung („Continuous Household Survey" von 1983/84) spricht von 35% katholischer und 14% protestantischer Arbeitslosigkeit. Zusätzlich muß berücksichtigt werden, daß die Arbeitsplätze der Katholiken im allgemeinen schlechter bezahlt sind, während die Protestanten in besser dotierten Stellungen deutlich überrepräsentiert sind.

Während Nordirlands Gesamtarbeitslosigkeit nicht nur über der Englands liegt, sondern auch der Schottlands und Wales', bewegt sich die protestantische Arbeitslosenquote nur geringfügig über dem Durchschnitt des Vereinigten Königreiches (1981: 12,4% zu 11,3%). Anders verhält es sich bei der katholischen Arbeitslosigkeit Nordirlands: Mit 30,2% lag sie 1981 deutlich über der höchsten regionalen Arbeitslosenquote auf der britischen Insel (Merseyside mit 19,1%). Damit nicht genug: Sie lag auch noch über der Quote der sozial benachteiligsten Minderheit auf der britischen Insel, der „West Indians" (1983/84: 35% zu 28%). Nordirlands Katholiken sind somit im Vereinigten Königreich die sozial diskriminierteste Bevölkerungsgruppe.

Diese soziale Kluft prägt auch das Bewußtsein der Unterklassen in Nordirland. Solange die protestantische Arbeitslosigkeit deutlich unter der katholischen liegt, sehen die protestantischen Unterklassen keinen Anlaß, über Loyalismus und Sektierertum nachzudenken und auf ihre katholischen Mitbürger zuzugehen. Diese bittere Erfahrung beweist sich im Alltag immer wieder aufs Neue. Im West Belfaster Protestanten-Viertel Lower Shankill ist die Arbeitslosigkeit und soziale Not nicht viel geringer als im benachbarten katholischen Lower Falls-Gebiet. Dennoch kommt es bestenfalls sporadisch zu gemeinsamen Aktionen. Wenn der protestantische Osten Belfasts vom Staat einseitig begünstigt wird, gehen Shankills Protestanten keineswegs mit den Katholiken aus der Falls gemeinsam dagegen auf die Straße. Im Gegenteil: Sie partizipieren ideell daran. Zwar gibt es auch für sie im Osten der Stadt keine Perspektive, doch dient ihnen dessen bessere Situation als Bestätigung dafür, daß Protestanten den Katholiken überlegen sind und es sich lohnt, ein Loyalist zu sein.

URSACHEN DER SOZIALEN KLUFT

Die britische Regierung bietet für die Diskrepanz zwischen protestantischer und katholischer Beschäftigung die folgenden beiden Erklärungsmuster an:

● Die protestantische Erwerbslosigkeit sei deshalb niedriger, weil Protestanten überwiegend im der britischen Insel zugewandten und ökonomisch besser entwickelten Osten des Landes leben. Abgesehen davon, daß das eine kolonialistische Vorgeschichte hat, kann diese Erklärung nicht begründen, warum die Katholiken Belfasts von dieser Regel ausgenommen sind. Während 1981 die männliche Gesamtarbeitslosigkeit Belfasts mit 21,3% nur geringfügig über dem Landesdurchschnitt von 19,1% lag, betrug sie im katholischen Westen der Stadt ca. 50% (Whiterock: 56,4%, Falls: 52,6%). In den im Norden der Stadt gelegenen katholischen Gebieten New Lodge und Ardoyne betrug sie 45,7% bzw. 40,8%. Desweiteren zeigt die Statistik, daß Katholiken überall in Nordirland ungleich stärker von Arbeitslosigkeit betroffen sind als Protestanten. Die größte Diskrepanz existiert in Cookstown (Mid Ulster), wo 43,3% der Katholiken und 14,4% der Protestanten ohne Arbeit sind. Nicht viel besser sieht es in Armagh, Craigavon, Dungannon, Fermanagh, Limavady, Lisburn, Derry und Omagh aus. Stets ist die katholische Arbeitslosigkeit zweieinhalb- bis dreimal so hoch wie die der Protestanten. Dieses Phänomen läßt sich nur mit einer flächendeckenden Diskriminierung von Katholiken erklären.

● Das zweite Erklärungsmuster „bedauert", daß sich Investitionen nach den Gesetzen der Marktwirtschaft dorthin orientieren, wo sie die notwendigen infrastrukturellen Voraussetzungen und ein genügend qualifiziertes Arbeitskräftereservoir antreffen. Das sei vorwiegend in protestantischen Gebieten der Fall. Dieses Erklärungsmuster liefert einen Hinweis darauf, wie die sektiererische Vergabe von Arbeitsplätzen heute funktio-

In den Falls, West Belfast (Foto: Belfast Exposed)

»*Haut ab und kommt nicht wieder!*«

Das folgende Flugblatt wurde von Loyalisten im April 1988 bei der Firma Shorts, Nordirlands größtem industriellen Arbeitgeber, in Umlauf gebracht. Es verdeutlicht die sektiererischen Angriffe auf Katholiken, über die einer Umfrage zufolge jeder 4. Katholik am Arbeitsplatz klagt.

„Die Papisten bei Shorts:

... (Name): wurde auf der Beerdigung des Bastards Brady* gesehen.
... (Name): die Hälfte seiner Familie von Bastarden ist in IRA-Verbrechen verwickelt.
... (Name): ein Sinn Féin-Helfer und persönlicher Freund von Danny Morrison*.
... (Name): dieser Manager hat einen sehr seltsamen Bettgenossen, niemand anderen als Tom Hartley!*.
... (Name): dieser Knabe trinkt stets im Hatfield House.*

Die genannten Personen sind nur einige der 'fenian' Bastarde, mit denen wir zu arbeiten haben. Ich bin nicht länger dazu bereit, ihre Anwesenheit zu tolerieren.
Sie lachen über den Tod von George Seawright und John McMichael**...
Sie lachen, wenn unsere Fahnen abgehängt werden.
Aber vor allem lachen sie darüber, daß wir so doof sind, sie neben uns arbeiten zu lassen. Von nun ab wird jedes Fraternisieren mit den Taigs*** als Zustimmung zu ihrem Verbleib hier interpretiert werden.

Den aufgelisteten Personen wird geraten, nicht zum Arbeitsplatz zurückzukehren. Anderenfalls werden gegen sie – wie gegen alle Kollaborateure – Maßnahmen ergriffen werden.
Haut ab und kommt nicht wieder.
Republikaner, Eure Zeit ist abgelaufen!"

*) Brady wurde auf der Beerdigung der drei IRA-Toten von Gibraltar von einem loyalistischen Killer ermordet; Morrison ist Sinn Féins Direktor für Öffentlichkeitsarbeit; Tom Hartley ist Generalsekretär von Sinn Féin; das Hatfield House ist ein Treffpunkt für republikanische Aktivisten der IRSP.
**) George Seawright, ein fanatischer loyalistischer Abgeordneter, der die öffentliche Verbrennung von Katholiken forderte, und John McMichael, Hintermann zahlreicher loyalistischer Morde, wurden von republikanischen Paramilitärs erschossen.
***) Taigs ist ein Schimpfwort für Katholiken.

niert. Die Internationalisierung der nordirischen Ökonomie in den 60er und 70er Jahren relativierte die Bedeutung des klassischen protestantischen/unionistischen Arbeitgebers, der – aus politischen und religiösen Gründen – bevorzugt Mitglieder der eigenen Bevölkerungsgruppe einstellte. Dennoch hat das Eindringen internationaler Konzerne bis heute keine Verringerung der Beschäftigungskluft zwischen Protestanten und Katholiken zur Folge gehabt. Bis zur Einführung der Direktherrschaft sorgten die protestantischen Provinzregierungen dafür, daß sich externe Investoren in protestantischen Gebieten niederließen, wo sie eine großzügige Infrastruktur bereitstellten. Die Übernahme der Regierungsgeschäfte durch London hat bis heute nichts daran geändert, daß das Gros externer Investitionen in protestantischen Gebieten getätigt wird. Es genügt – aufgrund der traditionell besseren Infrastruktur in den protestantischen Gebieten – eine Haltung des Laissez faire, um die Fortsetzung der protestantischen Begünstigung zu garantieren.

Aber selbst wenn ausländische Investoren den Weg in katholische Gebiete finden, bedeutet das noch nicht, daß die dortige Bevölkerung die Arbeitskräfte stellt. Dies zeigt das Beispiel der in West Belfast liegenden Firmen Sirocco (Südafrika) und Ford (USA). 1983 waren nur 4% der bei Sirocco Beschäftigten Katholiken, bei Ford waren es (1981) 9%. Es würde also nicht genügen, Investitionen in die bislang benachteiligten Gebiete zu lenken. Vielmehr muß zusätzlich etwas unternommen werden, um das katholische Arbeitskräftepotential für die neuen Arbeitsplätze zu qualifizieren. Oder aber die neuen Arbeitsplätze müßten dem Bedarf im betreffenden Gebiet angepaßt sein. In West Belfast existiert heute keine einzige Ausbildungsstätte, die für moderne Industriearbeit im auslaufenden 20. Jahrhundert qualifiziert.

Das Beispiel der Firmen Sirocco und Ford deutet noch auf ein anderes Phänomen hin: Während Protestanten offensichtlich keine Probleme haben, Arbeitsplätze in katholischen Vierteln einzunehmen, stehen im umgekehrten Fall katholische Arbeitnehmer vor erheblichen Problemen. Bereits die Anfahrt zu einem in einer loyalistischen Hochburg gelegenen Arbeitsplatz ist für Katholiken mit Risiken für Leib und Leben verbunden. East Belfast und die dortigen Anlagen von Harland & Wolff und Shorts haben eine lange Tradition in der Vertreibung von Katholiken. Die Belegschaften beider Firmen sind im loyalistischen Sinne politisiert. Sie sind in der Vergangenheit u.a. für die Internierung aller aktiven Republikaner und gegen eine Beteiligung von Katholiken an der Regierungsgewalt auf die Straße gegangen. Die sektiererische Einstellungspraxis beider Firmen konserviert dieses Denken. Für einen Katholiken ist es nur möglich, in East Belfast zu arbeiten, wenn er seine politische und religiöse Identität leugnet. Selten bewerben sich daher überhaupt Katholiken auf ausgeschriebene Stellen solcher Firmen.

Selbstverständlich stehen der Regierung Mittel zur Verfügung, gegen die physische Belästigung von katholischen Arbeitnehmern einzuschreiten. Die in den USA populären McBride-Prinzipien beispielsweise verlangen, daß der Arbeitgeber für die Sicherheit des Arbeitnehmers auch bei seinem Weg zum und vom Arbeitsplatz zu sorgen hat. Aber die britische Regierung lehnt die Prinzipien mit der Begründung ab, sie seien investitionsfeindlich.

Die Ergebnisse solcher Praktiken sind statistisch eindeutig: Einer offiziellen Untersuchung zufolge befand sich Ende der 70er Jahre unter den Facharbeitern bei Harland & Wolff nicht ein einziger Katholik. Bezüglich Shorts schätzte die Studie, daß lediglich 4,5% bis 8% der qualifizierten Arbeitskräfte Katholiken seien. Diese Zahlen sind umso bemerkenswerter, als es sich bei beiden Firmen nicht nur um die bedeutendsten industriellen Arbeitgeber Nordirlands handelt; beide Firmen sind zudem verstaatlichte Betriebe.

Daß Diskriminierung tatsächlich keineswegs nur ein Problem im privaten Wirtschaftssektor ist, zeigt auch die konfessionelle Zusammensetzung der Beschäftigung im öffentlichen Dienst. Zwar hat die Ausweitung der öffentlichen Dienste dazu geführt, daß heute immerhin 30,5% der dort Beschäftigten Katholiken sind. Das allerdings hat nichts mit einer bewußten Förderung der Minderheit zu tun. So haben beispielsweise die Katholiken eine relativ starke Stellung in den Bereichen Erziehung und Gesundheit. Das liegt vor allem an der großen Zahl von katholischen Krankenschwestern und Lehrern. Die große Zahl von katholischen Krankenschwestern ist ein Produkt religiöser und sexueller Diskriminierung: „Nursing" ist einer der wenigen Berufe, die ausgebildeten katholischen Frauen offenstehen. Die große Zahl katholischer Lehrer ist eine Folge der religiösen Trennung im Schulwesen: Kinder werden in Nordirland normalerweise von Mitgliedern ihrer jeweiligen Konfessionsgruppe unterrichtet. Katholiken unterrichten Katholiken und Protestanten unterrichten Protestanten. Da die katholischen Familien gewöhnlich größer ausfallen, werden proportional mehr katholische Lehrer benötigt.

Doch der Anteil der katholischen Beschäftigten im öffentlichen Sektor liegt mit 30,5% noch immer unter ihrem Anteil an der nordirischen Gesamtbevölkerung von 38,3%. Vor allem aber wird die Zahl der Katholiken umso geringer, je höher man die Berufsränge und Besoldungsgruppen hinaufsteigt. 1981 waren in der ranghöchsten und bestdotiertesten Berufsgruppe 87,3% Protestanten und 12,7% Katholiken. Lediglich in den rangniedrigen und schlecht dotierten Berufsgruppen des öffentlichen

Dienstes entspricht der Anteil der Katholiken ungefähr ihrem Anteil an der nordirischen Gesamtbevölkerung. Eine Aufschlüsselung der zwölf Verwaltungsdepartments des britischen Staates in Nordirland ergänzt dieses Bild: In sämtlichen Departments sind Protestanten in der Mehrheit, wobei ihr Anteil sich zwischen 89% (RUC - Police Authority) und 57% (Health and Social Services) bewegt. In der Verwaltung des Nordirlandministeriums sind die Beschäftigten zu 79,1% Protestanten.

Die britische Regierung hat in der Beschäftigungsfrage seit Ausbruch des Konflikts nichts anderes als Propaganda betrieben. Zwar wurde 1976 die „Fair Employment Agency" (FEA) geschaffen, doch sie diente vor allem dem Zweck, das durch den Konflikt und das traditionelle Sektierertum ramponierte Image der nordirischen Wirtschaft aufzupolieren. Wie die FEA arbeitete, zeigt das Beispiel der schon erwähnten Firma Shorts: Obgleich die ungerechte Einstellungspraxis offensichtlich war, stellte die FEA der Firma Anfang der 80er Jahre einen „Persilschein" aus, um ihr zu einem Auftrag des Pentagon zu verhelfen, der in der amerikanischen Öffentlichkeit umstritten war. Als Gegenleistung unterzeichnete Shorts eine Absichtserklärung, in Zukunft eine offene Einstellungspraxis zu betreiben. Geändert hat sich seither kaum etwas: Von den Neueinstellungen bei Shorts 1983 und 1984 waren 85,4% Protestanten und 14,6% Katholiken. Seitdem die FEA existiert, hat sich die Kluft zwischen katholischer und protestantischer Beschäftigung nicht verkleinert, sondern weiter vergrößert.

Auch die jüngsten Fair Employment-Maßnahmen der britischen Regierung folgen dieser Tradition. Sie enthalten keine konkrete Zielsetzung und keinen festgelegten Zeitplan (wann soll der Beschäftigungsanteil der Katholiken wieviel betragen?). Darüber hinaus gelten sie nur für den privaten Sektor und schließen dabei noch den traditionellen protestantischen Klein- und Mittelbetrieb aus. Sie sind daher kaum dazu geeignet, an der sektiererischen Realität etwas zu ändern. Dagegen läßt sich die Regierung einen Propagandafeldzug für ihre Maßnahmen und gegen die wesentlich konkreteren McBride-Prinzipien einiges kosten – nämlich 15 Millionen Pfund. Das sind 5 Millionen Pfund mehr, als etwa dem benachteiligten West Belfast an Hilfsgeldern zugesagt wurde.

Eine wirkliche Fair-Employment-Strategie müßte strafrechtlichte Regelungen gegenüber der diskriminierenden Einstellungspraxis schaffen und einen konkreten Zeitrahmen benennen, in dem ein ausgewogenes Beschäftigungsverhältnis verwirklicht werden soll. Zusätzlich müßte eine gezielte Ausbildungs- und Investitionsförderung in den benachteiligten Regionen erfolgen.

Das Sozialamt im republikanischen West Belfast. Gitter, Stacheldraht und Kameras sichern das Gebäude. (Foto: Sabine & Mario Böhne-Di Leo)

Seit dem Amtsantritt Thatchers hat die britische Nordirlandpolitik im sozialen und ökonomischen Bereich eine Reihe von Veränderungen erfahren. Die konservative Regierung ist nicht mehr der Auffassung, die katholischen/nationalistischen Unterklassen ließen sich durch soziale und ökonomische Maßnahmen integrieren. Sie befürchten vielmehr, daß eine Verbesserung der sozialen Lage der katholischen Unterklassen von diesen als Bestätigung ihrer emanzipatorischen Ansprüche aufgefaßt würden. Dies würde jedoch wiederum das protestantische/loyalistische Klientel verunsichern – insbesondere dann, wenn eine Verbesserung der sozialen Situation die Emigration der Katholiken eindämmen würde. Heute ist die katholische Emigrationsrate höher als die protestantische und kompensiert damit die Abwanderung von Teilen der protestantischen Mittelklassen, die in der Konfliktprovinz keine Zukunft mehr für sich sehen. Die zahlenmäßige Kluft zwischen Protestanten und Katholiken bleibt somit erhalten.

Die unionistischen Regierungen Nordirlands verfolgten stets eine bewußte Emigrationsstrategie gegenüber der disloyalen katholischen Minderheit. Soziale Diskriminierung sollte deren Emigrationsrate hoch halten und die höhere katholische Geburtenrate neutralisieren. Als Ende der 60er Jahre der Konflikt ausbrach, entschied sich die britische Regierung gegen den Widerstand radikaler Loyalisten zunächst gegen eine schärfere Emigrationsstrategie. Stattdessen sollte die katholische Minderheit durch eine Politik der sozialen Integration für den unionistischen Standpunkt gewonnen werden. Das hat sich unter der Thatcher-Regierung offenbar wieder geändert. Da sie nicht über die Ressourcen verfügt, die notwendig wären, um das protestantische Klientel bei der Stange zu halten und gleichzeitig die gesamte katholische Minderheit mit dem politischen Status quo zu versöhnen, ist sie von der bisherigen Integrationspolitik abgerückt. Stattdessen ist sie – wenn auch im moderneren Gewand – zur bewußten Emigrationsstrategie der nordirischen Regierungen zurückgekehrt. Es geht dabei nicht darum, die gesamte Minderheit aus der Provinz zu vertreiben, sondern um die Sicherung von pro-britischen Mehrheitsverhältnissen.

Was eine bewußte Emigrationsstrategie bedeutet, wird am Beispiel West Belfasts deutlich, wo die Arbeitslosigkeit heute rund 50% beträgt. Damit lebt jeder achte nordirische Arbeitslose in diesem Stadtteil. Trotzdem wird das katholische West Belfast bei der Vergabe von Hilfsgeldern klar benachteiligt. Eine Infrastruktur fehlt dem Stadtteil weitgehend. In

West Belfast befindet sich keine Ausbildungsstätte, die auf qualifizierte Arbeit vorbereitet. Für 150.000 Bewohner gibt es nicht eine einzige Telefonzelle und lediglich ein Postamt, das allerdings von der Schließung bedroht ist. Dagegen hat der protestantische Osten Belfasts erst kürzlich ein großzügiges neues Schwimmbad erhalten.

Es gehört zum System des Thatcherismus, daß die sozialen Dienste stagnieren, mittlerweile sogar ihr Abbau betrieben wird. Der Umfang des „Sicherheitssektors" ist dagegen in den vergangenen Jahren enorm gewachsen. Im öffentlichen Dienst findet somit – parallel zum Versuch einer militärischen Konfliktlösung – eine Umverteilung von den Sektoren Erziehung, Gesundheit etc. zum „Sicherheitssektor" statt. Der Nordirlandhaushalt 1988/89 veranschlagt für „Law and Order" 630 Millionen Pfund, was mehr als zwei Dritteln der Ausgaben für Erziehung und Gesundheit entspricht. Da Katholiken in den Sektoren Gesundheit und Erziehung relativ stark vertreten sind, die Sicherheitskräfte dagegen nahezu ausschließlich von Protestanten gestellt werden, hat diese Entwicklung Auswirkungen auf die konfessionelle Zusammensetzung der Beschäftigung im öffentlichen Dienst. Zwischen 1979 und 1985 stieg die Zahl der Vollzeitbeschäftigten bei der RUC um nicht weniger als 38%. 1985 waren ca. 30.000 nordirische Bürger bei Polizei, Sondereinheiten oder Gefängnissen beschäftigt. Jeder zehnte beschäftigte Protestant arbeitet heute im „Sicherheitssektor".

Auch mit den Geldern aus dem Topf des „International Fund for Ireland" (IFI) wird nach thatcheristischen Prinzipien verfahren. Von den 130 Millionen Dollar, die die USA als größter Zahler in den Topf gegeben haben, sind bislang weniger als ein Prozent in West Belfast angekommen, obgleich das IFI-Projekt angeblich den besonders benachteiligten Gebieten helfen soll. Das mehrheitlich katholische Derry, die von hoher Arbeitslosigkeit geplagte zweitgrößte Stadt Nordirlands, erhielt nur gut sechs Prozent der bisher verteilten IFI-Mittel. Konsequenterweise hat die britische Regierung inzwischen erklärt, der IFI sei nicht als Wohlfahrtsfond zu begreifen. Investiert würde dort, wo die Investitionen Gewinn und Expansion versprächen. Die überwiegende Mehrheit der Projekte, die diese Kriterien erfüllen, befinden sie in protestantischen Gebieten. Für sie ist der Geldsegen vom IFI oft nicht mehr als ein willkommener Extraprofit. Die so betriebene ökonomische Erholung Nordirlands geht an den katholischen Unterklassen vorbei.

Mehrere Indizien lassen darauf schließen, daß die britische Regierung nicht länger gewillt ist, Nordirland in ökonomischen Fragen anders zu behandeln als die britische Insel selbst. Neben dem bereits erwähnten Abbau sozialstaatlicher Elemente ist insbesondere die geplante Privatisie-

Viele Häuser in den katholischen Gettos sind stark reparaturbedürftig. (Foto: Dietrich Schulze-Marmeling)

rung von Harland & Wolff und Shorts zu nennen. Beide Firmen waren bislang nur aufgrund öffentlicher Subventionen überlebensfähig. Diese Entscheidung deutet auf eine konsequentere Umsetzung des Thatcherismus auch in den bevorzugten protestantischen Regionen hin, die bislang aus politischen und psychologischen Motiven ausgespart waren.

Die Katholiken Nordirlands, insbesondere die katholischen Unterklassen, haben mit den Schwarzen Südafrikas vieles gemeinsam. Beide Bevölkerungsgruppen leben als Benachteiligte in einer politischen, ökonomischen und kulturellen Apartheidgesellschaft. Aus der Sicht des republikanischen Widerstandes existiert allerdings ein wesentlicher Unterschied: Die Schwarzen Südafrikas sind in einer überwältigenden Mehrheit; ohne sie würden das südafrikanische System und seine Ökonomie nicht funktionieren. Im Falle der nordirischen Katholiken verhält es sich anders. Sie befinden sich in der Minderheit und verdanken ihre Anwesenheit letztlich der Tatsache, daß die Ansiedlung einer englandhörigen protestantischen Gesellschaft und die Vertreibung der katholischen einheimischen Bevölkerung aus Ulster seinerzeit nicht vollständig realisiert werden konnte. Die nordirische Ökonomie ist auf die katholische Minderheit kaum angewiesen und würde durch deren massenhafte Auswanderung kaum tangiert werden. Die Katholiken verfügen deshalb über keinen starken ökonomischen Arm. Die katholischen Arbeitslosen, die mittlerweile nahezu 40% der arbeitsfähigen katholischen Bevölkerung ausmachen, sind aus der Sicht der Herrschenden nicht mehr als ökonomischer und politischer Ballast. Ihre Existenz dient bestenfalls dazu, den protestantischen „Underdogs" vorzuführen, daß es noch Schlimmeres gibt als die eigene soziale Situation. Als abschreckendes Beispiel sollen sie stabilisierend für die Ideologie des Unionismus und des Loyalismus wirken – zu mehr sind die katholischen Arbeitslosen nach dieser Sicht nicht nutze.

TABELLEN ZUR ARBEITSLOSIGKEIT

Tabelle I zeigt, daß die Arbeitslosenquote in mehrheitlich protestantischen Städten und Gegenden deutlich geringer ausfällt.
Tabelle II dokumentiert, daß Katholiken überall in Nordirland von Arbeitslosigkeit ungleich stärker betroffen sind als Protestanten – unabhängig davon, ob sie in mehrheitlich katholischen oder in mehrheitlich protestantischen Gegenden leben.
Tabelle III zeigt, daß a) sich die Kluft zwischen katholischer und protestantischer Beschäftigung seit Anfang der 70er Jahre weiter vergrößert hat, und b) die Arbeitslosigkeit in Nordirland stets deutlich über der im gesamten Königreich lag.

Arbeitslosigkeit und Konfessionszugehörigkeit in Nordirland 1981 (Tabelle I)

Kommunaler Verwaltungsbezirk	**Arbeitslosigkeit in %**		**% Anteil der Katholiken an der Bevölkerung**
	Männer	**Frauen**	
Strabane	32,4	18,3	60,6
Newry and Mourne	30,9	18,8	74,1
Derry	29,0	15,5	68,1
Cookstown	28,9	20,3	53,1
Dunngannon	25,9	18,6	53,3
Omagh	22,1	14,2	64,2
Belfast	21,3	13,5	38,5
Coleraine	19,7	11,5	23,5
Banbridge	14,7	12,9	28,4
Ballymena	13,1	10,1	18,9
Lisburn	11,9	11,0	21,1
North Down	7,7	7,7	9,0

Tabelle I und II beruhen auf den Daten des Census of Population von 1981. Dieser Zensus wurde damals von Teilen der katholischen Unterklassen boykottiert, weshalb seine Resultate teilweise auf Schätzungen beruhen. Es wird angenommen, daß die tatsächliche katholische Arbeitslosigkeit noch über den Angaben des Zensus liegt. Zudem ist sie seither weiter gestiegen. In einigen Vierteln West Belfasts – wie Divis Flats und Ballymurphy/Springhill – wird sie heute auf über 80% geschätzt.

Die konfessionelle Verteilung der Arbeitslosigkeit in %
(Tabelle II)

Kommunaler Verwaltungsdistrikt	**Männer** Katholiken	Protestanten	**Frauen** Katholikinnen	Protestantin.
Antrim	24,5	10,5	15,5	9,6
Ballymena	22,1	11,1	14,0	9,0
Banbridge	23,1	11,0	18,9	9,8
Belfast	31,4	15,6	18,3	10,6
Cookstown	43,3	14,4	26,6	12,6
Craigavon	30,4	11,0	19,5	9,6
Dungannon	36,7	12,7	24,1	11,6
Fermanagh	30,1	11,1	17,1	10,4
Lisburn	22,1	8,8	15,8	9,6
Derry	35,8	14,4	17,6	10,1
Newry and Mourne	35,5	14,8	20,1	12,0
Omagh	27,2	10,9	15,6	9,4
Strabane	39,0	21,9	20,4	13,6

Entwicklung der Arbeitslosigkeit in Nordirland in %
(Tabelle III)

	1971	**1981**	**1983/84**
Männer			
Katholiken	17,3	30,2	35
Protestanten	6,6	12,4	15
durchschnittliche Arbeitslosigkeit in Nordirland	10,3	19,1	24
... in Großbritannien	5,5	11,3	14
Frauen			
Katholikinnen	7,0	17,1	17
Protestantinnen	3,6	9,6	11
durchschnittliche Arbeitslosigkeit in Nordirland	4,7	12,6	13
... in Großbritannien	4,7	7,4	10

Quelle: Bob Rowthorn / Naomi Wayne: Northern Ireland. The Political Economy of Conflict, Cambridge 1988

Das Schicksal katholischer Selbsthilfeprojekte

Da die britische Regierung die katholischen Viertel ökonomisch extrem benachteiligt, gab es immer wieder Ansätze der örtlichen Bevölkerung, Selbsthilfeprojekte ins Leben zu rufen. Das gilt vor allem für West Belfast. Die folgenden beiden Beispiele zeigen, wie solche Projekte durch massive Eingriffe des Staates in ihrer Existenz bedroht und zum Teil im wörtlichen Sinne zerstört werden.

Das Ende der Whiterock-Cooperative

Anfang der 70er Jahre gründeten West Belfaster Bürger die Whiterock Co-operative Industrial Estates LTD, um der hohen Arbeitslosigkeit in den katholischen Vierteln zu begegnen. An der Springfield Road, oberhalb der katholischen Gettos Turf Lodge, Ballymurphy und Whiterock, wurde ein größeres Stück Land erworben, um es an externe Investoren und örtliche Geschäftsleute zu vermieten. Außerdem wurde auf dem Gelände ein Ausbildungszentrum eröffnet, das erste überhaupt im katholischen Westteil der Stadt. Bis dahin hatten katholische Jugendliche den Weg in die weit entfernten und für sie nicht ungefährlichen protestantischen/loyalistischen Gebiete Castlereagh und Whiteabbey anzutreten, wenn sie eine Ausbildung erhalten wollten. Viele hörten vorzeitig auf, nachdem sie wiederholt bedroht worden waren.

Zunächst gewährte die Regierung dem Projekt eine gewisse Unterstützung. Mitte der 70er Jahre änderte sich das im Zuge einer immer offeneren allgemeinen Diskriminierungspolitik. Das Department of Manpower Service verlegte die Ausbildungsstätte auf ein anderes Gelände, das es zuvor selbst erschlossen hatte. Das Department of Commerce erklärte, daß es nicht mehr länger für die Bezahlung der Sicherheitsleute auf dem Gelände der Kooperative aufkommen würde. Armeepatrouillen begannen nun, die Zäune um das Gelände zu zerschneiden, mit der Begründung, sie brauchten ungehinderten Zugang. Ohne den Schutz durch Sicherheitsleute und Zäune kam es zu einer Reihe von ominösen Brandstiftungen und Zerstörungen. Die Täter wurden nie gefaßt. Aber nicht wenige Bürger in West Belfast vermuten, daß es die „Sicherheitskräfte" selbst waren.

1979 befanden sich noch zwei Firmen auf dem Gelände. Eine hatten örtliche Gruppen mit eigenen Mitteln in Höhe von 60.000 Pfund selbst errichtet, die andere war vom Department of Commerce finanziert worden. Beide Firmen liefen recht gut. Doch als an einem Montagmorgen im Oktober 1979 die Arbeiter das Gelände betreten wollten, wurden sie von der Armee angehalten, an die Wand gestellt und durchsucht. Den Besitzern der Firmen wurde mitgeteilt, sie hätten zwei Wochen Zeit, um das Gelände zu räumen. Ersatzgelände oder eine finanzielle Entschädigung wurden nicht angeboten. Die Firmen mußten schließen.

Wenig später sah man den Grund für diese Maßnahme: Die britische Armee begann, auf dem Gelände der Whiterock Co-operative Enterprise LTD ein Fort zu errichten. Fort Pegasus ist heute die größte Einrichtung der Besatzungstruppen im katholischen/nationalistischen West Belfast.

Das Ringen um die Conway Mill

Die Conway Mill ist sicherlich eines der beeindruckendsten und größten selbstverwalteten Projekte in Westeuropa. Es wurde von der örtlichen Bevölkerung aufgebaut. Das Projekt ist in einer alten Leinenmühle an der West Belfaster Falls Road untergebracht, das einige Jahre leer stand. Die Viertel um die „Falls" gehören zu den sozial benachteiligsten Gegenden Nordirlands.

1979 wurde die Conway Mill vom Pound Loney Social Club, einem der bekanntesten republikanischen Treffpunkte Belfasts, aufgekauft. Da der Social Club nur einen kleinen Teil der Mühle für seine Zwecke benötigte, übergab er den Rest an eine Gesellschaft, die die ansässige Bevölkerung repräsentierte, das Conway Street Development Project. Ihre Direktoren sind Pfarrer Desmond Wilson, der populäre „Volkspfarrer" von West Belfast, Frank Cahill, ein langjähriger lokaler Aktivist, und Colm Bradley, Jurist und als „community worker" beim Belfaster Stadtrat angestellt. Die Gesellschaft wollte in der Mühle Arbeitsplätze schaffen und kulturelle sowie schulische Projekte unterbringen.

Das Projekt lief zunächst gut an. Die Gesellschaft hatte Verhandlungen mit den diversen Regierungsagenturen aufgenommen – der Local Enterprise Unit (LEDU), dem Enterprise Ulster und dem Department of Economic Development (DED) –, die allesamt Unterstützung signalisierten. Da sich die Conway Mill innerhalb der Belfaster „Enterprise Zone" befand, war sie von der Steuer befreit und mußte sich keinem Planfeststellungsverfahren unterziehen.

Mitte der 80er Jahre war das Projekt im Begriff, 250 Arbeitsplätze und ein Ausbildungszentrum zu schaffen. Ein von der LEDU in Auftrag gegebenes Gutachten bescheinigte der Conway Mill wirtschaftliche Lebensfähigkeit. Der Weg schien frei, von den Regierungsstellen finanzielle Unterstützung einzufordern. Die Gesellschaft bat um 40.000 Pfund für die erste Phase der Entwicklung. Eine äußerst bescheidene Bitte: lediglich 160 Pfund Subvention für jeden Arbeitsplatz. Zum Vergleich: Jeder Arbeitsplatz bei der japanischen Firma IWAX wurde seit 1985 mit insgesamt 21.739 Pfund subventioniert. 1989 schloß die Firma ihre Produktionsstätte in Nordirland...

Doch die Regierung verweigerte der Conway Mill die weitere Entwicklung. 1985 wurden zunächst die ABM-Mittel für zwei Mitarbeiter des Kindergartens gestrichen, der in der Mühle untergebracht war. Die Regierung behauptete, sie seien ein „Sicherheitsrisiko", da sie angeblich Verbindungen zu den republikanischen Paramilitärs unterhielten. Danach weigerte sich das DED, die Subvention von Belfaster Projekten fortzusetzen, falls diese in die Conway Mill einziehen würden. Als die Conway Street-Gesellschaft die LEDU darum bat, Gewerbeflächen in der Conway Mill einzurichten, lehnte die Agentur dies ohne nähere Begründung ab. Es wurde lediglich inoffiziell mitgeteilt, „Leute an höchster Stelle" seien dagegen. Offensichtlich soll das Projekt zu Fall gebracht werden. Inzwischen hat das Northern Ireland Office sämtliche Mittel dafür blockiert.

Der Conway Mill wird vorgeworfen, sie diene der Finanzierung der IRA. Der Vorwurf ist abstrus und konnte niemals auch nur ansatzweise belegt werden. Es ist aber damit klar, daß hier aus politischen Motiven die Mittel verweigert werden – und zwar einseitig. Wenn es um protestantische Projekte geht, sind die Behörden nicht so zimperlich. So wurde beispielsweise bis 1988 in Ballynahinch eine Firma von der LEDU subventioniert, in der (illegal) Waffen für loyalistische Paramilitärs produziert wurden. Laut LEDU war für die Förderung lediglich ausschlaggebend, daß die Firma eine solide wirtschaftliche Basis hatte. Was dort in Wahrheit produziert wurde, hatte die Behörden nicht näher interessiert. Bei einem katholischen Projekt wie der Conway Mill hingegen reicht eine hingeworfene Verleumdung, um die Subventionen zu streichen.

Es ist nicht der Kampf der IRA, der in West Belfast Arbeitsplätze vernichtet und die ökonomische und soziale Entwicklung des Stadtteils verhindert. Vielmehr sind die republikanische Bewegung und die örtliche Bevölkerung verzweifelt darum bemüht, Arbeit in den Westen zu holen. Dabei scheuen sie auch nicht davor zurück, mit staatlichen Behörden zusammenzuarbeiten und um auswärtige private Investoren zu werben. Doch es scheint zur Politik der britischen Regierung zu gehören, derlei Pläne zu

Die Conway Mill
in West Belfast
(Foto: Dietrich
Schulze-Marmeling)

durchkreuzen. Denn auch Arbeitslosigkeit kann den Herrschenden eine Waffe sein, die die Menschen entmutigt und den Zusammenhalt und die sozialen Strukturen einer Bevölkerungsgruppe zerstört.

Die Conway Mill existiert immer noch. Gegenwärtig sind dort untergebracht: ein Kindergarten, eine „Volkshochschule" (wo Jugendliche die für ein Universitätsstudium notwendige Qualifikation erlangen können), eine öffentliche Kantine, eine Snooker-Halle, diverse Werkstätten und Veranstaltungsräume.

Soll das Projekt weiter überleben, bedarf es der politischen und finanziellen Solidarität. Die Unterstützung der Conway Mill ist eine Möglichkeit, einen gewaltfreien Beitrag zur Beseitigung des sozialen Elends zu leisten, das den Konflikt wesentlich mitbedingt.
Anschrift: Conway Mill, Conway Street, Belfast 12

Religion im Bürgerkrieg

Die Rolle der Kirchen in Nordirland

Eine in Westeuropa weit verbreitete Sichtweise des nordirischen Konflikts vermutet dort einen Religionskrieg, ausgetragen zwischen zwei anachronistischen, in den Denkmustern des frühen Mittelalters verharrenden Traditionen. London dagegen wird gerne nicht nur die Rolle eines Vermittlers zugesprochen, sondern auch die eines säkularen Modernisierers.

Tatsächlich sind religiöses Sektierertum wie die enge Verquickung von Religion und Politik englischen Ursprungs. Die Glorious Revolution von 1688 war keine bürgerlich-demokratische, sondern eine protestantische Revolution für protestantische Bürger. Für die irische Insel bedeutete sie religiöse Intoleranz. Das Oberhaupt der Monarchie hat seither ein Protestant zu sein. Die Queen ist unverändert auf den Eid verpflichtet, die Rechte und Privilegien der anglikanischen Kirche zu bewahren. Die Ernennung der Bischöfe erfolgt nicht durch die Kirche selbst, sondern durch Queen und Premierministerin. Im Oberhaus sind Plätze für den Klerus reserviert, und Mitglieder der anglikanischen Hierarchie sitzen auch im Privy Council, einem „dritten Parlament", dessen Mitglieder wie die Abgeordneten des Oberhauses nicht vom Volk gewählt, sondern von der Queen ernannt werden, und dessen Diskussionen geheim bleiben.

Die Verquickung von Religion und Politik, Kirche und Staat ist in Großbritannien deutlich stärker ausgeprägt als in der „katholischen" Republik Irland. Der Artikel 44 der südirischen Verfassung, der der katholischen Kirche eine besondere Rolle im Staat einräumte, wurde 1972 abgeschafft. Dennoch ist der Einfluß der katholischen Kirche auf das politische Leben der Republik äußerst groß, insbesondere im Erziehungswesen.

Indessen ist es falsch, zu unterstellen, das britische System sei „säkular", das irische hingegen „klerikal" und die religiöse Komponente des Konfliktes „typisch irisch". In der Provinz wird der anachronistische, bigotte und sektiererische Charakter des britischen Systems nur deshalb erheblich offensichtlicher als auf der britischen Insel, weil es mit einer relevanten religiösen Minderheit konfrontiert ist, die sich gegenüber der Krone disloyal verhält.

Daß Religion heute im nordirischen Konflikt eine wichtige Rolle spielt, liegt in der britischen Kolonialpolitik gegenüber der irischen Insel begründet. Die Urbevölkerung der irischen Insel war katholisch, während die von der britischen Insel stammenden Siedler protestantischen Glaubens waren. Noch heute sind nahezu alle Katholiken Nationalisten, und nahezu alle Protestanten sind Unionisten. Diese Lagerbildung ergab sich aus der religiös vorgetragenen Unterdrückung der Ureinwohnerschaft durch die englische Kolonialmacht einerseits, sowie andererseits durch die privilegierte Einbindung der Siedlergemeinschaft in das System des englischen Kolonialismus.

Nebenbei bemerkt: Es wäre falsch, Katholiken als „Iren" und Protestanten als „Briten" zu bezeichnen. Katholiken wie Protestanten sind Iren, wenngleich letztere dies oftmals nicht wahrhaben wollen. Das militante Eintreten für die Union mit Großbritannien ist nicht zuletzt auch Ausdruck einer doppelten Identitätskrise unter den nordirischen Protestanten. Während sie in der Provinz eine privilegierte Stellung einnehmen, sind sie innerhalb des Vereinigten Königreichs lediglich Bürger zweiter Klasse, denen Engländer mit weit mehr Skepsis begegnen als den Schotten und Walisern. Die nordirischen Protestanten gelten nicht als Briten, sondern als pro-britische Iren. Auf der anderen Seite unternehmen sie kaum Anstalten, sich mit einer irischen Identität anzufreunden, die für sie gälisch und katholisch besetzt ist. Nordirlands Protestanten sind somit identitätslos, bzw. sie frönen einer künstlichen Identität, die zusammenbrechen würde, wenn sich London aus Nordirland zurückziehen würde. Sämtliche Symbole, an denen die Protestanten heute – in Ermangelung einer natürlichen Identität – so fanatisch hängen, wie etwa das obligatorische Bild der Queen im Wohnzimmer, müßten verbannt werden, ohne daß akzeptabler Ersatz parat wäre.

Sind Protestanten liberaler als Katholiken?

Es ist eine von ihnen selbst gern verbreitete Behauptung, daß die nordirischen Protestanten in moralischen Fragen eine liberalere Einstellung als Katholiken hätten. Deshalb sei ihnen eine Vereinigung mit der „katholischen" Republik nicht zuzumuten. Die Wahrheit ist erheblich komplexer: Während in Nordirland die Ehescheidung – gemäß britischer Gesetzgebung – erlaubt ist, verbietet die südirische Verfassung die Scheidung. 1986 fand dazu in der Republik ein Referendum statt, bei dem die Mehrheit der Urnengänger (die allerdings nur eine Minderheit der Abstimmungsberechtigten darstellten) für die Beibehaltung des Scheidungsverbots votierte. Andererseits sprechen alle Umfragen in der Republik von einer Mehrheit für eine Liberalisierung. Auch im Norden befürworten viele Katholiken die Möglichkeit der Ehescheidung. Protestantische und katholische Auffassungen in Sachen Ehescheidung dürften somit recht ähnlich sein. Die katholische Kirche konzentrierte ihre Propaganda während des Scheidungsreferendums übrigens nicht auf theologisch-moralische Fragen, sondern auf die negativen sozialen Folgen für die geschiedene Frau. Offensichtlich ist sich auch die Hierarchie der Veränderungen bewußt, die bestimmte religiös geprägte Ansichten in der irisch-katholischen Gesellschaft erfahren.

Noch anders verhält es sich in Sachen Abtreibung. Obwohl auch hier protestantische und katholische Auffassungen nah beieinander liegen. In diesem Fall allerdings in konservativer Hinsicht: In der Republik verdammte ein altes britisches (!) Gesetz – das „Offences Against the Person Act" von 1861 - für über ein Jahrhundert die Abtreibung zu einer illegalen Angelegenheit. 1983 wurde dann das Verbot der Abtreibung per Referendum in der Verfassung verankert. Wie später bei der Scheidungsfrage war es allerdings eine Minderheit der Abstimmungsberechtigten, die für diesen reaktionären Schritt votierte.

Als in den 60er Jahren in Großbritannien die Liberalisierung der Abtreibungsbestimmungen zur Diskussion stand, agitierte in Nordirland ein Zweckbündnis von fundamentalistischen Protestanten und katholischer Kirche dagegen. Mit dem Ergebnis, daß die Provinz schließlich von der Reform ausgenommen blieb. Somit gilt in Nordirland unverändert das „Abortion Act" der Zeit von vor 1972, das die Abtreibung nur zuläßt, wenn die Schwangerschaft das Leben der Frau gefährdet. Um eine Abtreibung zu erhalten, müssen nordirische Frauen genauso nach England fahren wie die südirischen.

Insgesamt sind Nordirlands Protestanten in ihrer Gesamtheit in moralischen Fragen kaum liberaler als ihre katholischen Mitbürger. Tiefergehende Differenzen, die als Motiv für Haß und Fanatismus herhalten könnten, finden sich dabei nur im Weltbild der protestantischen Fundamentalisten. Diese – wie Paisleys Wahlerfolge belegen – nicht gerade kleine Gruppe steht ideologisch deutlich rechts von allen anderen Strömungen. Protestantische Fundamentalisten agitieren gegen die „Ausbreitung" der Homosexualität, für die Schließung von Pubs und öffentlichen Parkanlagen am „Tag des Herrn" etc. Der von loyalistischen Protestanten dominierte nordirische Fußballverband läßt sonntags keine Soccer-Spiele zu, während die gälischen Sportarten von ihren katholischen Akteuren vornehmlich an diesem Tag zelebriert werden.

Als im Sommer 1988 der umstrittene Film „The last Temptation of Jesus Christ" in den nordirischen Kinos anlief, legten die protestantischen Parteien OUP und DUP in den kommunalen Parlamenten Anträge vor, die das Werk als „blasphemisch" denunzierten und die Bürger zu seinem Boykott aufforderten. Die „katholischen" Parteien Sinn Féin und SDLP stimmten in der Regel gegen diesen Antrag oder enthielten sich der Stimme, da sie gegen jede Form der Zensur seien.

In politischer Hinsicht – und hier insbesondere, was demokratische Grund- und Bürgerrechte anbelangt – sind Nordirlands Katholiken deutlich liberaler und progressiver als die Protestanten. Im Norden wie im Süden haben die Katholiken ein eher laxes bis antiautoritäres Verhältnis zum Staat und seinen Institutionen. Manchen erinnert ihre Einstellung zum Staat an italienische Zustände, während die protestantische Siedlergemeinschaft eher preußische Assoziationen weckt.

Dieses Verhalten hat seine Entsprechung in der politischen Orientierung der Parteien. Die protestantischen Parteien sind im rechtskonservativen bis halbfaschistischen Lager angesiedelt, die „katholischen" Parteien verstehen sich als sozialdemokratisch bzw. sozialistisch.

Protestantische und „katholische" Parteien

Wenn die Bezeichnung der SDLP und Sinn Féins als „katholische" Parteien mit Vorbehalten bzw. in Anführungszeichen erfolgt, so hat dies den folgenden Grund: Die beiden nationalistischen Parteien sind in dem Sinne „katholisch", daß sich ihre Wählerschaft nahezu ausschließlich aus der katholischen Bevölkerungsgruppe rekrutiert. Von ihrer politischen Ausrichtung her sind sie säkular und – insbesondere Sinn Féin – interkonfessionell. Nationalismus und Republikanismus dominieren als politische Ideologien über den durch das protestantische und staatliche Sektierertum eher aufgezwungenen katholischen Charakter ihrer Wählerschaft. Kein führendes SDLP- oder Sinn Féin-Mitglied bekleidet ein klerikales Amt.

Anders sieht dies bei den beiden großen unionistischen/loyalistischen Parteien aus, der OUP und der DPU, die zusammen über 50% der nordirischen Wählerschaft auf sich vereinigen. OUP und DUP stehen unter dem starken Einfluß religiöser Führer, und Katholiken haben zu diesen Parteien faktisch keinen Zutritt. Der Führer der DUP, Ian Paisley, ist zugleich fundamentalistischer Prediger. Der organisatorische Vorläufer seiner Organisation trug die Bezeichnung „Protestant" noch offen im Namen. Die Ersetzung des Etiketts „Protestant" durch „Democratic" erfolgte seinerzeit aus rein taktischen Erwägungen; am sektiererischen Charakter der Partei änderte sich dadurch nichts.Paisley wie auch sein Parteikollege William McCrea, der ebenfalls im britischen Unterhaus sitzt und ansonsten nicht nur als Prediger, sondern auch als religiöser Gospel-Sänger sein Unwesen treibt, bemühen die Kirchenkanzel als politische Bühne. Auch die OUP wird vom protestantischen Klerus stark beeinflußt, u.a.

über den Orangeisten Orden. Dieser „Orange Order", die größte politische Organisation der Protestanten, in der sich DUP- wie OUP-Politiker einfinden, wird derzeit von dem Prediger Martin Smyth angeführt.

Die SDLP war von Beginn an darauf bedacht, keine klerikale Partei wie die alte Nationalist Party, die sie als konstitutionell-nationalistische Partei ablöste, zu werden. Allerdings versucht die katholische Führung immer wieder, auf die SDLP Einfluß zu nehmen, was ab und an in einer inoffiziellen und stillen Koalition mündet. Diese richtet sich aber gewöhnlich nicht gegen die Protestanten/Loyalisten, sondern gegen die Herausforderung im „eigenen Lager", also Sinn Féin und IRA. Die katholische Hierarchie unterstützt die SDLP, um den radikalen Republikanismus zu schwächen. Das einzige, was diesen mit dem Katholizismus verbindet, ist, daß er als Anwalt für die diskriminierten katholischen Unterklassen agiert. Ansonsten befinden sich der radikale Republikanismus und der herrschende Katholizismus in einer ideologischen Frontstellung zueinander: Die republikanische Ideologie ist säkular und antimonarchistisch. Dieser Antimonarchismus wendet sich nicht nur gegen die britische Krone, sondern auch gegen die monarchistische Struktur und Ideologie des Katholizismus. Schon der theoretische Vater des Sinn Féin-/IRA-Republikanismus und Anführer des Aufstands der United Irishmen (1798), Wolfe Tone, war antipapistisch, antimonarchistisch und von Kirchen und Pfaffen wenig angetan.

Umgekehrt zählt die katholische Hierarchie zu den schärfsten Kritikern der IRA. Um die katholische Bevölkerungsgruppe nicht dem radikalen Republikanismus zu überlassen, versucht sie sich zugleich immer wieder als wahrer Anwalt der unterdrückten Minderheit zu gebärden. Seit der Bürgerrechtsbewegung, die den partiellen Zusammenbruch der traditionellen, vom Klerus und gemäßigten Politikern dominierten internen Hierarchie der Minderheit verursachte, hat die katholische Führung mit Autoritätsverlusten zu kämpfen. Die starke Unterstützung, die die IRA – trotz des Bannstrahls durch den Klerus – bei der katholischen Bevölkerung erfährt, ist hierfür sicherlich der sichtbarste Ausdruck. Aber auch die Unmenge von politischen und sozialen Initiativen, die sich im Zuge des Konflikts und unabhängig vom kirchlichen Gemeindeleben in den katholischen Gettos etabliert haben, symbolisieren eine Emanzipation der Katholiken an der Basis von ihrer klerikalen Führung. Viele Katholiken trennen zwischen Politik und Religion: „The People take their politics from home and their religious from Rome", wie es in West Belfast heißt.

Vor den 83er Wahlen zum britischen Unterhaus ließ die katholische Hierarchie von den Kanzeln verkünden, kein guter Katholik könne Sinn Féin wählen. Über 40% der katholischen Wählerschaft mochten diese

Auffassung nicht teilen. Auch die Aufforderung der katholischen Kirche an ihre Schafe, gegen die IRA-Aktionen mit den staatlichen Sicherheitskräften zusammenzuarbeiten, stieß kaum auf Widerhall. Selbst ein Großteil der gemäßigten Nationalisten ist nicht bereit, ihre IRA-Nachbarn der Polizei auszuliefern. Mit ihrer Aufforderung waren die Bischöfe eindeutig zu weit gegangen, zumal sie nicht nur die IRA, sondern auch deren Helfer und Helfershelfer sowie alle Katholiken, die den Sicherheitskräften Informationen vorenthalten, denunzierten.

Wenngleich die Unterstützung von Sinn Féin und IRA als unvereinbar mit der katholischen Lehre erklärt wird, hält sich die katholische Hierarchie mit den eigentlich fälligen Konsequenzen zurück. Massenhafte Kirchenausschlüsse würden eher die Rebellion von Teilen der Basis und die Bildung eines befreiungstheologisch orientierten Flügels heraufbeschwören, als die Kirchenhierarchie stärken.

Die katholische Kirche als Ordnungsfaktor

Obwohl die katholische Kirche ein nationalistisches Image hat, sind ihre Beziehungen zum britischen Staat zumindest ambivalent. Tatsächlich ist die starke Stellung der Kirchen – auch der katholischen – ein historisches Produkt der Herrschaftspraxis des britischen Kolonialismus und Imperialismus. Die Spaltung entlang konfessioneller Linien schuf für die Kirchen ideale Voraussetzungen, um im gesellschaftlichen und politischen Leben dominante Positionen einzunehmen. Die Unterdrückung der einheimischen irischen Bevölkerung trieb diese in die Arme der katholischen Hierarchie, so wie die Bevorteilung der britischstämmigen Siedler die Hegemonie der protestantischen Kirchen in ihrem Denken und Handeln festigte.

Die Beseitigung der inneririschen Grenze würde die Macht der klerikalen Hierarchien zwangsläufig schwächen: Im Norden würde die katholische Identität in dem Moment an Bedeutung verlieren, wo sich die Katholiken nicht mehr dem Druck einer protestantischen Mehrheit ausgesetzt sehen. Die protestantischen Kirchen, die seit seiner Gründung dem nordirischen Staat ihren Stempel aufgedrückt haben, würden noch drastischer an Einfluß verlieren. Sie würden nicht länger eine von London gedeckte Mehrheit repräsentieren, sondern nur noch eine relevante Minderheit. Aus einer solchen Position heraus sind Privilegienherrschaft und Sektierertum jedoch kaum mehr möglich, womit die Bindung zwischen Religion und Politik auch im protestantischen Lager an Bedeutung verlieren würde. Die katholische Kirche im Süden wiederum, die heute dort keine Herausforderung durch eine andere Konfession kennt, müßte sich damit auseinandersetzen, daß nahezu ein Viertel der Bevölkerung der gesamten Insel einer anderen Glaubensrichtung folgt. Daher kann der irische Einheitsstaat weder ein protestantischer (wie der heutige nordirische Staat) noch ein katholischer (wie der heutige Staat im Süden) sein. Wahrscheinlich würde das gesamte politische und gesellschaftliche Leben eine gewisse Säkularisierung erfahren, mit dem Ergebnis, daß sich die Bedeutung der Kirchen und der Religion mittelfristig etwa der in der BRD annähert.

Vor diesem Hintergrund erstaunt es nicht, wenn nicht nur das britische Establishment und die protestantischen Kirchen wenig Lust auf eine irische Wiedervereinigung verspüren, sondern auch die katholische Hierarchie sich diesbezüglich zurückhält. Trotz aller nationalistischer Imagepflege zieht die Hierarchie den katholischen Teilstaat im Süden einer konfessionell gemischten gesamtirischen Republik vor. Dies gilt auch und gerade für den Vatikan.

Das britische Establishment ist wohlweislich darauf bedacht, die Autorität der katholischen Kirche im Norden aufrechtzuerhalten. Es betrachtet die katholische Kirche als einen den Status quo bewahrenden und an einer Eindämmung des radikalen Republikanismus interessierten Ordnungsfaktor. Die Kirche wird somit zum Agenten britischer Herrschaft.

Ein Beispiel dafür, was dies in der Praxis bedeutet, liefert der rebellische Westen Belfasts. Da die britische Regierung keinen Zugang zu der dortigen Bevölkerung findet, baut sie die katholische Kirche als sozialen Kontrolleur auf. Während den von der Kirche unabhängigen und selbstverwalteten Projekten, die Erstaunliches hinsichtlich der Bewahrung sozialer Zusammenhänge und der Bekämpfung der Arbeitslosigkeit geleistet haben, die staatlichen Mittel entzogen werden, fließen für die katholische Kirche die Gelder reichlich. Sie ist heute dank britischer Hilfe der größte Arbeitgeber für Katholiken in West Belfast, der u.a. nicht weniger als 1.000 staatlich subventionierte ACE-Jobs (vergleichbar mit ABM in der Bundesrepublik) kontrolliert und keine finanziellen Sorgen mehr kennt. Durch eine Umverteilung der Beschäftigung soll die politische und soziale Stellung der Kirche in dieser IRA-Hochburg gestärkt werden. Auch die Gelder aus dem „International Fund for Ireland" (IFI) werden nach diesem Prinzip verteilt: Sofern katholische Gegenden überhaupt bedacht werden, wandern die Gelder in die Taschen der katholischen Kirche und ihrer Unternehmen.

Auch aus der Sicht des englischen Establishments ist der nordirische Konflikt eben kein Glaubenskrieg, sondern geht es dabei um höchst weltliche Interessen. Und britischen wie katholischen „Monarchisten" ist ein Interesse allemal gemeinsam: Jede Eigeninitiative der Erniedrigten, die die herkömmlichen Autoritäten unterläuft, muß im Keim erstickt werden.

Belfaster Frauen bilden auf einer republikanischen Beerdigung Ketten.
(Foto: Sean McKernan/Belfast Exposed)

„Hier bist du dauernd im Belagerungszustand"

Frauen in Nordirland

Vieles wird zusehends schlechter,
anderes wegsehend nicht besser.
Helmut Qualtinger

Das Entstehen des „Civil Rights Movement" 1968 veränderte das Leben in Nordirland. Der Anteil, den Frauen daran hatten, wird jedoch in der Regel unterschätzt: Die ersten Haus- und Wohnungsbesetzungen in

Derry und Belfast wurden von Frauen durchgeführt, die es satt hatten, in heruntergekommenen Löchern zu wohnen, während Protestantinnen und Protestanten in der Stadtverwaltung bevorzugt Mitgliedern der eigenen Religionsgemeinschaft bessere Wohnungen zuteilten. Frauen gingen auf die Straße und forderten Freiheit, Jobs, bessere Häuser und demokratisches Wahlrecht. Frauen, die vorher von dem Gedanken beherrscht waren, wie sie das nächste Dinner auf den Tisch kriegen können, blockierten Straßen, bauten Barrikaden und Molotow-Cocktails, brachen in aller Selbstverständlichkeit das Gesetz und ließen sich auch nicht von Polizeiknüppeln und Tränengas vertreiben. Immer wieder blockierten im Zentrum von Belfast Hunderte von Frauen den Verkehr, die sich einfach auf die Straße setzten und sangen. Als aufgehetzte, um ihre Privilegien fürchtende Protestantinnen und Protestanten katholische Häuser überfielen, nahmen Hunderte von Frauen, Müttern, Schwestern und Töchtern aktiv an der Verteidigung ihrer Viertel teil. Sie bewachten die Zugangsstraßen zu den Katholikenvierteln. Mit Trillerpfeifen und Mülldeckeln alarmierten sie die Nachbarn. Selbstverständlich kontrollierten sie die Straßen, mal mit ihren Familien, mal ohne sie, am hellichten Tag genauso wie mitten in der Nacht.

Als 1969 die britische Armee das Land besetzte, wurde das Leben noch sorgenreicher. Scharmützel und Schießereien hielten Einzug in das tägliche Leben. Die Armee schlug ihr Lager mit Vorliebe neben Schulhöfen auf. Damit wurde beispielsweise der Schulweg von Kindern zu einer Nervenprobe für alle. Die Verspätung eines Kindes auf dem Schulweg, die Nachricht von einem Schußwechsel brachte Angst und Unruhe in die Familien. War das Kind verletzt, verhaftet oder hatte es sich auf der Flucht verlaufen? Von Anfang an ließen die britischen Besatzer keinen Zweifel daran, daß sie auch auf das Leben von Kindern keine Rücksicht nehmen. In den letzten 20 Jahren haben Kinder die Erfahrung gemacht, daß zum Leben Polizei- und Soldatenübergriffe, Inhaftierung und Verfolgung von Eltern, Geschwistern und anderen nahestehenden Menschen gehören. Freundinnen und Freunde wurden vom RUC und Soldaten durchsucht, gehänselt, gefoltert, schlimmstenfalls von Gewehr- oder Gummigeschossen verletzt oder getötet. Sie kennen das „freundliche" Gesicht der Gewalt, die ihnen Süßigkeiten verspricht, wenn sie ihre älteren Geschwister verraten oder Geheimnisse der republikanischen Bewegung preisgeben.

Niemand konnte von einer geregelten Bettruhe ausgehen, da den Sorgen des Tages willkürliche nächtliche Hausdurchsuchungen folgten, deren Ergebnis eine methodisch verwüstete Wohnung war. Ein Lieblings„scherz" der Soldaten ist es, sich mit einem lauten, fröhlichen Dank für das tolle

Schäferstündchen zu verabschieden, um die Frauen in ihrer Nachbarschaft als „Britenflittchen" zu diskriminieren.

Ein anderer „Spaß" ist, bei Straßenkontrollen Frauen jeden Alters sexuell anzumachen. Je nach „Geschmack" und Situation werden sie betatscht und bedroht. Anderen werden genüßlich vermeintlich körperliche Mängel drastisch beschrieben. Die Begegnung endet mit Zoten und Morddrohungen gegenüber anderen Familienmitgliedern.

Die Krisensituation führt u.a. dazu, daß es viele alleinerziehende Mütter gibt, weil die Männer interniert, im Gefängnis, im politischen Auftrag unterwegs oder auf der Flucht sind (nach einer Untersuchung von 1981 sind das 10 % aller Familien). 33,5 % (1981) aller Haushalte und 6 von 10 Haushalten mit nur einem Elternteil leben unter der Armutsgrenze.

Für die meisten Frauen gibt es keine Alternative zur Sozialhilfe, der Arbeitsmarkt „bietet" nur wenige unqualifizierte Tätigkeiten und kaum Qualifizierung für Frauen. Staatlich finanzierte Kindertagesstätten gibt es keine.

Regelmäßige Gefängnisbesuche gehören ebenso zum Frauenalltag wie anderswo die wöchentliche Kaffeeklatschrunde. Zur Vorbereitung dieser Besuche bei Mann, Tochter oder Sohn gehören das Organisieren von Lebensmittelpaketen und Geld für Sonderwünsche der Gefangenen, um das Leben im Gefängnis etwas zu erleichtern. Besucherinnen und Besucher müssen sich demütigenden Leibesvisitationen unterwerfen und aggressive Anmache des Personals hinnehmen. Gleichzeitig müssen sie die Kraft haben, Stärke zu vermitteln und den Kampf des Angehörigen zu unterstützen. Und die Kraft, den Schmerz zu verbergen, den jeder Besuch in dieser verhaßten Institution hervorruft.

Die Lebenshaltungskosten erzwingen die Erwerbstätigkeit von Mann und Frau, aber meistens hat nur eine/r Arbeit. In der Regel eher die Frau, weil ihre Arbeitskraft billiger ist. Die Berufstätigkeit der Frau bedeutet in der Mehrzahl keinesfalls, daß der Mann dafür mehr im Haushalt tun würde. Wie fast überall verschwenden auch irische Männer keinen Gedanken daran, wie sie ihre Frauen entlasten können und halten selbst bei eigener Erwerbslosigkeit Hausarbeit und Kindererziehung für unter ihrer Würde.

Eine wichtige Stütze im täglichen Überlebenskampf ist der kulturelle und soziale Zusammenhalt in den katholischen Vierteln. Nachbarn teilen sich die Versorgung der Kinder, nehmen teil an den Freuden und Sorgen der anderen. Nähe und Geschlossenheit der Community bedeuten für die Bewohnerinnen und Bewohner Schutz, gegenseitige finanzielle und materielle Unterstützung, aber auch soziale Kontrolle und ein Leben auf dem Präsentierteller. Sexuell aktive Frauen und Frauen, die viel ausgehen und die Männerbekanntschaften haben, werden verachtet und sozial isoliert.

Die Frauen gewöhnten sich daran, ohne Mann in der Familie und außerhalb Entscheidungen zu treffen und dafür einzutreten. Politisch engagierten sie sich für inhaftierte Angehörige und gegen die Besatzer. Gleichzeitig kämpften sie für eine Rückkehr zu einem Familienleben, das durch das Herausreißen der Männer gewaltsam unterbrochen wurde. Es ist ihre Aufgabe, inmitten des Krieges die Institution Familie aufrechtzuerhalten, kinderreiche Familien in übervollen und lärmerfüllten Häusern.

Die Rolle als politische Aktivisten und der tägliche Lebenskampf ohne die Männer gab den Frauen Stärke und Selbstbewußtsein in einem Maß, von dem sie früher nie zu träumen gewagt hätten. Die Männer hatten bei der Rückkehr Probleme, diese neue Frau zu akzeptieren, die weit davon entfernt war, den Platz des Familienoberhauptes freizumachen oder ihr politisches Engagement einzuschränken, um wieder treusorgende Hausfrau und Mutter zu werden.

Gewalt und Brutalität prägen den Alltag und auch die Menschen. Sozialgesetzgebung und -behörden, Gerichte, alle Institutionen benachteiligen die katholische Bevölkerung. Kaum eine Familie, in der nicht ein Mitglied umgebracht, ernsthaft verletzt, eingeknastet, auf der Flucht war. Das Leben an und unter der Armutsgrenze – all das führt neben dem solidarischen Zusammenhalt und den Freuden, die das Leben auf jeden Fall bietet, auch zu einer Abstumpfung und Verrohung, die die Hemmschwelle gegenüber körperlicher und sexueller Gewalt an Frauen herabsetzen. Dieses Leben hat u.a. dazu geführt, daß Irland eines der Länder mit dem höchsten Verbrauch an Beruhigungsmitteln ist. „Mothers little helpers" sind ein so gängiges Hausmittel, wie anderswo vielleicht Kopfschmerztabletten (Männer bleiben ihrer traditionellen Droge Alkohol treu).

Frauenbewegung und bewaffneter Kampf

Als in den 70er Jahren in Irland die Frauenbewegung entstand, bezog sie ihre Impulse von der Frauenbewegung in den USA und Westeuropa, der Nordirlandkonflikt spielte so gut wie keine Rolle. Gleichzeitig fand in der republikanischen Bewegung keine Auseinandersetzung um die Befreiung der Frau statt. Klassische Themen der Frauenbewegung wie Verhütung, Abtreibung, Scheidung, Zwangsheterosexualität und Sexismus etc. waren tabu. So war es für die Frauenbewegung einfach, sich nicht von der republikanischen Bewegung angesprochen zu fühlen. Britische und südirische Feministinnen haben häufig Solidaritätsprobleme mit ihren nordirischen Schwestern. Der republikanische Kampf spaltete die Frauenbewegung, da dieser „Männersache" sei. Der Weg in eine bessere Zukunft ginge nicht über einen Abzug der britischen Armee. Die Macht würde nur aus der Hand englischer Männer in die der irischen Männer gelegt werden. Und frau wäre kein bißchen geholfen. Der bewaffnete Kampf sei ein Mittel der Männer, produziere männliche Strukturen und sei deswegen abzulehnen.

Sie führen an, daß die Frauen im Norden durch die britischen Besatzer in einem ideologisch liberalen Raum leben würden. Unabhängig davon, daß auch im Norden der reaktionäre/repressive Druck der katholischen Kirche enorm ist, ist dieser liberale Raum ein erleichterter Zugriff auf Verhütungsmittel und Scheidung. Schwangerschaftsabbruch ist genauso strikt verboten wie im Süden. Und so treffen sich protestantische und katholische Nordirinnen in Englands Abbruchkliniken. Nur mit dem feinen Unterschied, daß die Protestantin bei Entdeckung ihres Geheimnisses nicht fürchten muß, von der Polizei erpreßt zu werden. Oder, daß man ihr droht, die Nachricht in der Nachbarschaft zu verbreiten (im Fall einer „wire-widow", Frau von einem politischen Gefangenen, der eine lange Haftstrafe absitzt, eine existentielle Gefährdung). Daß die Besatzungsmacht Gelder für Frauenhäuser lockermacht, ist fast absurd, denn die Besatzer tragen entscheidend zu dem Klima bei, das Gewalt gegen Frauen fördert.

Einige Frauengruppen sahen das Allheilmittel in einer Gewaltfreiheit fordernden Koalition von Katholikinnen und Protestantinnen. Schließlich sei es ohne weiteres möglich, daß katholische und protestantische Frauen gemeinsam in Frauenhäusern leben könnten (daß Katholikinnen lieber weiter in ihrem Viertel leben, als außerhalb in überkonfessionellen Wohnprojekten zu leben, wurde von dieser Seite nie ernsthaft untersucht).

Frieden im Norden hat für jede Gruppe einen unterschiedlichen Preis. Katholikinnen können sich nicht aussuchen, auf welcher Seite sie stehen wollen, ist ihr Aktionsradius doch von vornherein durch die herrschende Diskriminierung eingeengt. Es gibt keinen Frieden, der den protestantischen Frauen ihre Privilegien beläßt, und ein Einstellen des bewaffneten Kampfes der IRA verbessert nicht die Lebensbedingungen der Katholikinnen und Katholiken. Daran sind bisher alle überkonfessionellen Ansätze gescheitert.

Teile der Frauenbewegung hatten sich geweigert, Solidaritätsaktivitäten für die im Schmutzprotest und Hungerstreik befindlichen Frauen in Armagh zu unterstützen, mit Hinweis auf deren IRA-Aktivitäten. Aber in der Auseinandersetzung darüber haben sich dann andere Frauengruppen in Abgrenzung zu dieser Entsolidarisierung gebildet. Sie wollen mit ihrer Arbeit den politischen Kampf der Frauen im Frauengefängnis unterstützen und betrachten sich gleichzeitig als Bestandteil der autonomen Frauenbewegung. Durch ihre Tätigkeit haben diese Gruppen dazu beigetragen, daß auch feministische Inhalte in der republikanischen Bewegung diskutierbar geworden sind.

Die Gesellschaft im Süden und in England diskriminiert die Parteinahme für den Unabhängigkeitskampf des irischen Volkes. Ein Grund mehr für die Frauenbewegung, Distanz zur republikanischen Bewegung zu halten. Muß sie doch Angst haben, als Unterstützerin der Provos gesellschaftlich geächtet zu werden.

Nell McCafferty, aus Derry stammende feministische Journalistin, mußte im vergangenen Jahr diese Erfahrung machen, als sie nach langen Jahren der politischen Selbstzensur in einer Live-Radiosendung den Kampf der IRA für notwendig erklärte. Ein Auftrittsverbot in allen Fernseh-Livesendungen wurde gegen sie verhängt. Bei ihren Vorüberlegungen hatte sie sich gute Chancen ausgerechnet, Gehör zu finden. Seit 18 Jahren arbeitete sie für Zeitungen, Funk und Fernsehen und hatte den Ruf einer verdienten Feministin. Über Nacht war alles vergessen, was sie in den Jahren gemacht hatte. Sie war nur noch eine Unterstützerin der IRA, sonst nichts. Termine bei Wohltätigkeitsveranstaltungen mit ihr, u.a. für eine Anti-Vergewaltigungsgruppe wurden storniert, weil die Initiativen nicht mehr mit ihr in Verbindung gebracht werden wollten. Ihre Hoffnung, durch ihr Verhalten den Menschen in der Republik einen Denkanstoß zu verpassen, über die IRA und den Nordirlandkonflikt nachzufragen und zu -denken, hat sich nicht erfüllt.

Irlands Geschichte, Tradition und Kunst feiern tapfere Männer, die ausziehen um für „Mutter Irland" zu sterben. Die Frauen werden geehrt als Mutter, keusche Jungfrau und treues Eheweib. Aber es ist eine historische Tatsache, daß auch Frauen selbstbewußt gegen diejenigen kämpfen, die sie unterdrücken. Die Frauen in der republikanischen Bewegung und die sie unterstützenden Frauengruppen begreifen sich in dieser Tradition. Sie organisieren Frauenzentren, Demos gegen Vergewaltigung und Strip Searching, setzen sich für den Abzug der britischen Truppen aus Nordirland ein und arbeiten an der Entwicklung eines neuen Irlands.

Maria Geeh

Maria Geeh, Jahrgang 1950, ist Mitherausgeberin und Mitglied der Redaktion der Irland-Informationen. Ansonsten in der Anti-§-218-Bewegung aktiv.

Bomben, Bälle, Hurling-Schläger

Sport und Revolution in Irland

Wenn in der nordirischen Grenzstadt Crossmaglen die Teams auf das Feld laufen, um ein Gaelic Football-Match auszutragen und vor dem Anpfiff die irische Hymne erklingt, spielen die britischen Soldaten auf den Beobachtungstürmen des benachbarten Armeeforts verrückt. Sie brüllen Obszönitäten und Flüche herüber oder versuchen, mit „God Save The Queen" gegen die verhaßte republikanische Weise anzugröhlen. Während des Spieles knattern Helikopter auf ihrem Weg zum Fort im Tiefflug über den Platz, so daß die Partie unterbrochen werden muß. Der irisch-nationalistische Sport ist den britischen Besatzern ein Dorn im Auge, und das bereits seit mehr als 100 Jahren.

So ist der Hymnenkrieg von Crossmaglen lediglich eine der modernen Ausprägungen des Konflikts zwischen englischen Kolonialisten und irischen Kolonisierten, zwischen „gälischen" und „britischen" Sportarten, zwischen katholischen und protestantischen Sportvereinen; eines Konflikts, der in der Republik Irland heutzutage kaum mehr eine Rolle spielt, in Nordirland aber, und sogar jenseits der Irischen See, in Schottland, nach wie vor eine beträchtliche Brisanz besitzt.

Im Jahre 1884 besann sich die Bewegung des irischen Nationalismus, damals vor allem repräsentiert durch die „Fenians", deren Rebellion 1867 von der britischen Besatzungsmacht blutig unterdrückt worden war, auf die althergebrachten gälischen Sportarten, die sich teilweise bis zur Zeit vor Christi Geburt zurückverfolgen ließen. Sieben Gründungsmitglieder um Michael Cusack, darunter vier „Fenians", riefen die Gaelic Athletic Association (GAA) ins Leben. Die Schirmherrschaft übernahmen Charles Stewart Parnell, Führer der „Land League" und damaliges politisches Idol der Iren, sowie Erzbischof Croke von Cashel, nach dem heute Dublins Riesenstadion „Croke Park" benannt ist, in dem alljährlich von 80.000 Zuschauern das Finale im Gaelic Football ausgetragen wird. Der GAA gelang es in der Folgezeit, vor allem die Sportarten Hurling und Gaelic Football als Nationalsportarten zu etablieren. Den „englischen" Formen der Körperertüchtigung wie Rugby, Golf oder Fußball hingegen brachte sie tiefempfundene Verachtung und Feindschaft entgegen.

Im überwiegend protestantischen Schottland war an eine solche Pflege des gälischen Sportes natürlich nicht zu denken. Hier wandte sich auch der eingewanderte irisch-katholische Bevölkerungsteil hauptsächlich dem ständig an Popularität gewinnenden Fußball zu. Im Jahre 1888 wurde in Glasgow unter der Schirmherrschaft des früheren Fenians und Führungsmitgliedes der irischen Land League, Michael Davitt, und des katholischen Erzbischofs der Stadt der Fußballclub „Celtic" gegründet. 1892 tat Davitt den ersten Spatenstich zum Bau eines 50.000 Menschen fassenden Stadions an der Parkhead Avenue, indem er eine Erdscholle, die eigens aus Dungloe im irischen Donegal herbeigeschafft worden war, festklopfte. Celtic wurde der Club der irisch-katholischen Minderheit in Schottland und seine Rivalität mit den streng protestantischen „Glasgow Rangers" sorgt bis in die Gegenwart für Zündstoff in der schottischen Hafenstadt. Rangers-Niederlagen sind auch heute noch Labsal für die keltischen Seelen in Glasgow, und nachdem die Rangers jüngst in Dunfermline aus dem Pokal geworfen wurden, machte folgende Ausgeburt der Schadenfreude die Runde: „Was haben der Kennedy-Mord und Dunfermline Athletic gemeinsam?" – „In künftigen Jahren werden die Leute überall in der Lage sein, ihren Enkeln genau zu erzählen, wo sie waren, als die Rangers aus dem Cup flogen."

Zu der Zeit, als Celtic seine ersten – durchaus erfolgreichen – fußballerischen Gehversuche machte, verfolgte „Dublin Castle", wo das manchmal leicht debile Gehirn der britischen Besatzungsmacht residierte, längst mit mißtrauischen Argusaugen die Aktivitäten der ebenso obskuren wie rührigen neuen Organisation namens GAA. 1890 war ein Geheimagent der Engländer einzig und allein damit befaßt, die Sportveranstaltungen der GAA in und um Dublin zu besuchen und der dort vermuteten Subversion auf die Spur zu kommen. Für die Briten war die GAA nichts als eine Tarnorganisation der Fenian-Nachfolgegruppe „Irish Republican Brotherhood".

Auch wenn das nicht ganz den Tatsachen entsprach, sondern in der GAA durchaus Leute aktiv waren, die eine gemäßigtere politische Meinung vertraten, war kaum zu leugnen, daß unter den gälischen Sportlern die Sympathien für eine gewaltsame Befreiung Irlands groß waren. So taucht der ehemalige Fenian Club der Ortschaft Killeevan im County Monaghan, der nach dem gescheiterten Aufstand von 1867 in einen Jagd- und Fußballverein umgewandelt worden war, später in alter Frische als Club der GAA wieder auf. Und zumindest die beim Hurling benutzten Keulen eigneten sich vorzüglich dazu, bei Demonstrationen den Säbeln der Königlichen Irischen Polizei Paroli zu bieten. Bereits in einem vorbereiteten Artikel zur Gründung der GAA wird die enge Beziehung zwischen

Hurling, eine alte gälische Sportart

Befreiungskampf, Kultur und Sport hervorgehoben: „Keine Bewegung, die die soziale und politische Emanzipation einer Nation von der Tyrannei importierter und aufgezwungener Sitten und Gebräuche zum Ziel hat, ist perfekt, wenn sie nicht die Förderung und Kultivierung der nationalen Freizeitgestaltung berücksichtigt."

Charakteristisch für die eher auf dem Lande verwurzelte gälische Sportbewegung war der Siegespreis eines Turniers in Ennis, County Clare: ein fettes Schaf, das anschließend den Familien von Kärrnern gestiftet wurde, die im Gefängnis saßen, weil sie sich geweigert hatten, Transporte für die Polizei durchzuführen. Clubs und Veranstaltungen wurden nach Parnell oder dem legendären Wolfe Tone, Führer der Rebellion von 1798, benannt, Delegiertenversammlungen forderten die Freilassung aller politischen Gefangenen, oder richteten Grußadressen an inhaftierte Freiheitskämpfer, etwa den erwähnten Patron von Celtic Glasgow, Michael Davitt. Bei einem Turnier 1916 in Louth sollten die Sieger sogar Gewehre erhalten, ein Vorhaben, dem der – gescheiterte – Osteraufstand zuvorkam.

Dessen Folgen bekam auch die GAA heftigst zu spüren: „Keine Organisation sandte eine größere Anzahl von Mitgliedern in die Schlacht als die GAA, und als der Aufstand niedergeschlagen war und die Internment-Camps in Trongoch und Ballykinler vollgestopft waren mit Rebellen, gab es keinen GAA-Club oder -Verband, der nicht einige seiner Besten innerhalb des Stacheldrahtes wußte."

Auch während des Unabhängigkeitskrieges nach dem Osteraufstand, als die berüchtigten „Black and Tans", eine britische Söldnertruppe, in Irland wüteten, blieben die Clubs der GAA Keimzellen der Rebellion. So wußten die Black and Tans am ersten „Bloody Sunday" dieses Jahrhunderts genau, daß sie zumindest Sympathisanten der IRA treffen würden, als sie 1920 bei einem Football-Spiel im Dubliner Croke Park das Feuer auf Zuschauer und Spieler eröffneten. 13 Menschen, darunter der Kapitän des Tipperary-Teams, wurden bei dieser Vergeltungsaktion für einen Anschlag der IRA gegen den britischen Geheimdienst getötet.

Nach der Teilung des Landes und der Schaffung des Freistaates Irland hatte die Verfolgung des gälischen Sports – zumindest im Süden – ein Ende, und die GAA wurde zur mächtigsten Sportorganisation des Landes.

Die von der GAA mit Inbrunst betriebenen gälischen Spiele zeichnen sich vor allem dadurch aus, daß es bei ihnen um einiges rauher zugeht als bei den Sportarten der Söhne Britanniens. „Rugby" heißt es in Irland, „ist ein Spiel für Raufbolde, das von Gentlemen gespielt wird. Fußball ist ein Spiel für Gentlemen, das von Raufbolden gespielt wird, und Gaelic Football ist ein Spiel für Raufbolde, das von Raufbolden gespielt wird."

Gaelic Football ähnelt einer Mischung aus Rugby und Fußball, ist jedoch einige Jahrhunderte älter. Es ist eines der schnellsten Mannschaftsspiele der Welt und wird mit großem körperlichen Einsatz betrieben. Der runde Lederball darf mit der Hand oder mit dem Fuß gespielt werden.

Jede Mannschaft besteht aus einem Torwart und 14 Feldspielern. Ein Schuß ins Tornetz zählt drei Punkte, ein Schuß über die Querlatte zwischen den verlängerten Pfosten hindurch bringt einen Punkt. Wird der Ball in der Hand getragen, muß er nach spätestens acht Schritten abgespielt oder mit dem Fuß berührt werden. Diese Regel führt dazu, daß die Spieler, sofern sie genügend Raum haben, sich den Ball in vollem Lauf auf den Fuß werfen, um ihn sofort wieder aufzufangen. Trotz aller Rauheit werden die Grenzen der Fairneß traditionell selten überschritten.

Die Punkte beim Hurling werden auf dieselbe Weise erzielt wie beim Gaelic Football. Der Ball von der Größe eines Tennisballes wird mit einem Gerät gespielt, das einem Hockeyschläger ähnelt – dem Hurl. Die Hand darf nur zum Fangen und Spielen (zwischen Hand und Hurl) benutzt werden. Oft wird der Ball wie beim Eierlaufen auf dem abgeflachten Kopf des Schlagholzes balanciert. Das Spiel ist ungemein rasant und es kommt häufig zu spektakulären, lebensgefährlich aussehenden Luftkämpfen, wenn zwei Spieler gleichzeitig nach dem heranfliegenden Ball schlagen. Platzwunden und Knochenbrüche sind keine Seltenheit.

Hurling und Gaelic Football erfreuen sich heute in Irland höchster Beliebtheit und die Finalspiele werden von 80.000-90.000 Zuschauern gesehen. Allerdings kamen schon zu Beginn des Jahrhunderts manchmal 50.000 Leute zu den Endspielen, was nicht unbedingt hieß, daß sie stattfinden mußten. Damals herrschte nämlich chronische Unpünktlichkeit im gälischen Sport. Und waren beide Teams eine halbe Stunde nach dem angesetzten Spielbeginn nicht zu erblicken, wurde die Partie kurzerhand abgesagt.

Ärger gab es auch mit der Kirche. War Bischof Croke der Bewegung noch durchaus wohlgesonnen, brachten ihr seine Nachfolger weit weniger Sympathie entgegen. Ihnen paßte die rebellische Ader, die in der GAA bestimmend war, ganz und gar nicht in den Kram. Um die Sache in den Griff zu bekommen, predigten sie gegen die „Geheimbünde", warnten vor den „moralischen Gefahren" und benutzten besonders gern den Hebel der angeblich gestörten „heiligen Sonntagsruhe".

Verdächtigungen, daß die Eintrittsgelder für „unlautere Zwecke" verwendet würden, und bischöfliche Spielverbote heizten die Stimmung so auf, daß im County Galway sogar in das Haus eines Ortspfarrers geschossen wurde, während sich der Bischof dort aufhielt – im tiefgläubigen Irland ein geradezu unerhörter Vorgang. Im Jahre 1910 legte der Bischof von Cloyne Bedingungen für das Abhalten sportlicher Veranstaltungen an Sonntagen fest: Die Spiele sollten zu einer Uhrzeit stattfinden, die den Besuch der Messe und bei Auswärtsspielen die Rückkehr vor Einbruch der Dunkelheit gestattete, außerdem sollten die Sportstätten in gebührendem Abstand zu den Gastwirtschaften liegen. Die letzte Forderung löste nicht nur bei den durstigen Sportlern, sondern vor allem bei den Wirten tiefe Empörung aus, veranstalteten diese doch häufig selbst Wettkämpfe, um ihren Umsatz in die Höhe zu treiben.

Doch nicht nur die Kirche stellte unmißverständlich klar, welche Art von Sportlern ihr mißfielen. Auch die GAA selber hielt damit keineswegs hinter dem Berg. Zuallererst wurden im Jahre 1886 die Angehörigen der Polizei ausgeschlossen, 1902 flog das Militärpersonal hinaus und 1914 waren schließlich die Gefängniswärter an der Reihe. Gegen die „ausländischen Spiele" wurde baldigst und konsequent vorgegangen. Wer sich nach 1886 noch bei einem Rugby- oder Fußballspiel erwischen ließ, mußte mit einer Sperre zwischen drei Monaten und zwei Jahren rechnen, später wurde den Mitgliedern der GAA sogar der Besuch der fremdländischen Sportarten verboten.

Die in Ulster beheimateten Katholiken waren, was etwa den Fußball betraf, nicht so zimperlich wie die Dubliner Wächter über die Reinheit des gälischen Sports. Der Fußballverein der Katholiken in Belfast, das 1881 gegründete „Belfast Celtic", lieferte sich schon vor dem 1. Weltkrieg tendenziell gewalttätige Duelle mit dem stockprotestantischen Lokalrivalen Linfield, der bis zum heutigen Tag in den Farben des Union Jack dem Balle nachhetzt. Als die Sicherheitskräfte 1920 bei einem Cup-Match in die Menge schossen und 80 Zuschauer verletzten, zog sich Celtic für vier Jahre vom Spielbetrieb zurück, um dann nach der Teilung Irlands in alter Frische zurückzukehren und für lange Zeit die nordirische Liga zu beherrschen. In den 40 Jahren wurden die Derbys gegen Linfield zunehmend Anlaß zu gewalttätigen Auseinandersetzungen, und nachdem Linfield-Anhänger einem Celtic-Spieler 1948 nach Spielschluß ein Bein gebrochen hatten, beschloß das Celtic-Management, nicht länger „Leib und Leben" zu riskieren. Der Verein wurde aufgelöst.

Seine Nachfolge trat in jüngster Zeit „Derry City" an. In den bewegten Zeiten um 1971, als „Free Derry" in voller Blüte stand, hatte sich der Club aus Derrys Stadtteil Brandywell, aus der „Irish League" zurückgezogen, nachdem der loyalistisch beherrschte nordirische Fußballverband der Mannschaft verboten hatte, im heimischen Stadion zu spielen. Grund für diese Maßnahme war die Entführung und öffentliche Einäscherung des Mannschaftsbusses vom exklusiv protestantischen Gegner „Ballymena United" durch 20 jugendliche City-Anhänger gewesen. Erst 13 Jahre später wurde Derry City wiedergeboren, diesmal in der Liga der Republik Irland, wo das neuformierte Team sogleich für Furore sorgte. Unterstützt von seinen enthusiastischen Zuschauern im stets ausverkauften Brandywell-Stadion, das 10.000 Menschen faßt, zog die Mannschaft 1988 ins

Pokalfinale ein und schaffte sogar den Sprung in den Europacup, wo allerdings in der ersten Runde Cardiff in Wales Endstation war.

Aber obwohl Derry City 1989 tatsächlich den ersten Meistertitel schaffte, Liebling der nordirischen Katholiken ist dennoch Celtic Glasgow. Nach seiner Gründung 1888 wurde dieser Club schnell zum „Stolz der irischen Rasse" (ein Vorstandsmitglied) in Glasgow, wo die Iren sonst nicht allzuviel zu lachen hatten. Bis zum 19. Jahrhundert hatte es in dieser calvinistischen Stadt sehr wenige Katholiken gegeben, die nichtsdestotrotz heftig angefeindet wurden. 1790 ergab eine Zählung, daß zwar 43 antikatholische Vereinigungen existierten, in der Stadt aber nur 39 Katholiken lebten.

Im 19. Jahrhundert setzte eine massive Einwanderung von katholischen Iren ein, die oft als Streikbrecher in die Stadt am Clyde, wo die Gewerkschaftsbewegung schon sehr stark entwickelt war, geholt wurden. Glasgow war die erste britische Stadt, die wegen eines industriellen Arbeitskampfes unter Kriegsrecht gestellt wurde (1787). Die irischen Immigranten wurden von den Unternehmern mit Vorliebe dazu benutzt, die Löhne zu drücken, und waren bei den Schotten mindestens so unbeliebt wie einige Jahrhunderte zuvor deren Vorfahren in Irland, als diese sich im Zuge der „Plantation" die besten Ländereien der Insel unter den Nagel rissen.

Das fröhliche trinkfeste Volk, bei dem sich nicht einmal die Priester vor Kneipenbesuchen scheuten, wurde von den bigotten Schotten nach Kräften verachtet und, wo es nur ging, diskriminiert. Die Iren lebten in eigenen Vierteln, bauten eigene Institutionen auf, eigene Kirchen, Schulen, Clubs, Freizeitzentren und, last not least, ihren eigenen Fußballclub, der zum Ruhme des Papstes auf Torjagd ging. „Wir haben alle drei Cups gewonnen, Eure Heiligkeit", telegrafierten die stolzen Kicker 1891 an den Vatikan und waren schwer bestürzt, als sie keine Antwort erhielten.

Bis zum heutigen Tag werden bei den Derbys die Celtic-Fans dadurch zur Weißglut gebracht, daß Rangers-Anhänger den Papst (und die IRA) beleidigen. Die Celtic-Supporters kontern mit Schmähungen der Queen.

Die Politisierung des Sports, die in Irland und Schottland vor 100 Jahren ihren Anfang nahm, ist virulent wie eh und je. Und solange in Crossmaglen britische Soldaten „God Save The Queen" über das Gaelic Football-Feld gröhlen, werden in Glasgow die Graffiti „Celtic 2 – Rangers 1" und „British Army 0 – IRA 3" weiterhin einträchtig die Wände verzieren.

Mathias („Matti") Lieske

Matti Lieske, geb. 1952, ist Mitglied der Redaktion in der „Irland Information", Sportredakteur der „tageszeitung" sowie Stürmer der taz-Betriebsmannschaft.

Teil III

Zu Besuch im Bürgerkriegsland

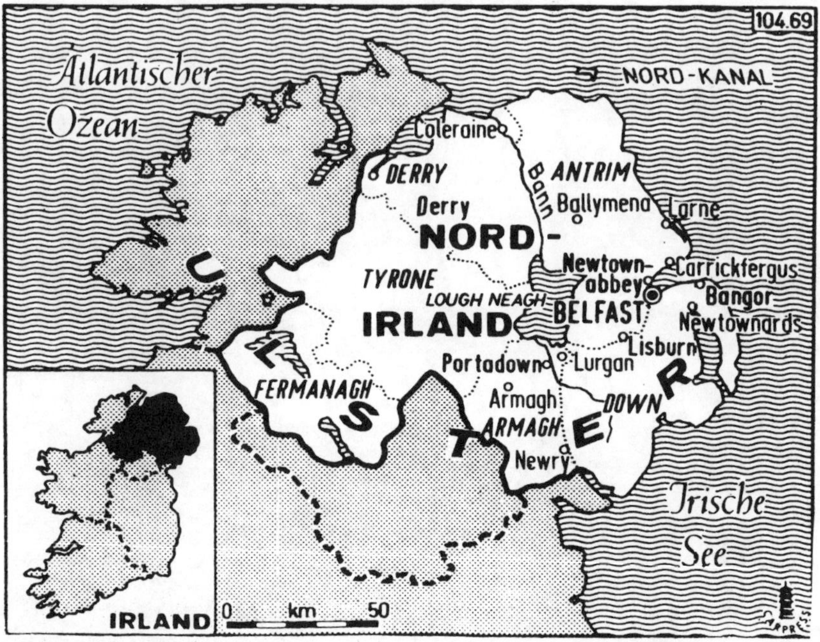

NORDIRLAND IM ÜBERBLICK

Irland liegt zwischen dem 51,5. und 55,5. nördlichen Breitengrad und dem 5,5. und 10,5. westlichen Längengrad. Die Insel umfaßt 84.412 Quadratkilometer. Davon entfallen 14.139 auf Nordirland. Das entspricht ungefähr der Größe Schleswig-Holsteins. Irland besteht aus 32 Grafschaften, die auf vier historische Provinzen aufgeteilt sind. Die Provinz Ulster im Norden umfaßt neun Grafschaften. Der Begriff „Ulster" wird oft synonym für Nordirland verwendet, was jedoch historisch falsch ist. Als Irland im Jahr 1921 geteilt wurde, blieben sechs Grafschaften Ulsters unter britischer Verwaltung: Down, Antrim, Fermanagh, Tyrone, Derry und Armagh. Diese „Six Counties" bildeten das größtmögliche Gebiet, in dem die Protestanten eine komfortable Mehrheit hatten. Das Land ist seit 1973 in 26 Verwaltungsbezirke eingeteilt.

Nordirland hat 1,6 Millionen Einwohner. Davon sind ca. 40 Prozent katholisch. Die Bevölkerungsdichte ist im Vergleich zu Großbritannien gering: Mit ungefähr 118 Bewohnern pro Quadratkilometer beträgt sie nur die Hälfte Großbritanniens. Belfast ist mit 400.000 Einwohnern die einzige Großstadt Nordirlands. Derry, die zweitgrößte Stadt, hat ca. 70.000 Einwohner. Lurgan und Portadown, die sechs Kilometer voneinander entfernt in der Grafschaft Armagh liegen, sind zu der „linealen Stadt" Craigavon zusammengefaßt worden. Nur 55,3 Prozent der Nordiren leben in Städten – gegenüber 77 Prozent in England.

Der größte Beschäftigungszweig ist das Dienstleistungsgewerbe, in dem 58 Prozent aller Beschäftigten arbeiten. Die industrielle Beschäftigung in Nordirland lag 1984 um 40% unter dem Niveau von 1974. Heute ist nur noch ein vergleichsweise kleiner Teil der Bevölkerung mit der Produktion verkäuflicher Waren beschäftigt, also Nahrungsmitteln, Brennstoffen etc. Statistisch gesehen produziert ein nordirischer Bürger davon gerade halb soviel wie ein Bürger des Vereinigten Königreichs.

Die industrielle Produktion in Nordirland wird heute von internationalen Firmen dominiert, die in Nordirland lediglich Produktionssatelliten unterhalten. Die industrielle Produktion ist extrem exportorientiert und damit durch Entwicklungen auf dem Weltmarkt sehr verletzbar. Die Arbeitslosenquote liegt weit über der Englands, Schottlands oder Wales; die Löhne zählen zu den niedrigsten in Westeuropa.

85 Prozent der gesamten Grundfläche Nordirlands werden landwirtschaftlich genutzt, und weitere fünf Prozent sind mit Wald bedeckt. Der Großteil des Landes wird als vererbbares Grundeigentum bestellt; ein Fünftel wird zeitweilig verpachtet.

Neben dem im folgenden Kapitel näher beschriebenen South Armagh finden sich in Nordirland noch weitere landschaftlich interessante Gebiete. Die Mourne Mountains an der Ostküste haben zwölf abgerundete Gipfel – der höchste davon ist der 852 Meter hohe Slieve Donard. An der Küste am Fuß der Mourne Mountains gibt es noch einige Wachtürme der Küstenwache aus dem 18. Jahrhundert, als der Schmuggel von der Insel Man nach Nordirland in voller Blüte stand. Heute werden Waren eher aus Nordirland herausgeschmuggelt – in die Republik Irland, wo wegen der höheren Mehrwertsteuer vor allem Alkohol und Elektrogeräte weitaus teurer sind.

Nordöstlich der Mourne Mountains liegt das Strangford Lough, wo sich bei schönem Wetter die Robben sonnen, sofern sie die Nordsee überlebt haben. Auf der anderen Seite des Belfast Lough beginnt die Küste von Antrim mit ihren Stichtälern und dem Giant's Causeway, der aus 40.000 Basaltsäulen besteht. Im Landesinneren liegt Lough Neagh, ein 400 Quadratkilometer großes Binnenmeer, an das fünf der sechs nordirischen Grafschaften grenzen. Nicht unerwähnt bleiben dürfen die Sperrin Mountains mit ihren öden Mooren im Westen Nordirlands, sowie die Seenplatte der Grafschaft Fermanagh im Südwesten.

Eine Rundreise durch den nordirischen Alltag

Nordirland ist natürlich mehr als nur Krieg und Unterdrückung. Die Landschaft, Kultur und viele andere Dinge, die die Republik Irland zu einem beliebten Reiseziel gemacht haben, hören an der künstlichen Grenze keineswegs abrupt auf. Allerdings – und vielleicht zum Glück – ist der Norden noch weniger touristisch erschlossen als der übrige Teil der Insel. Im landschaftlich reizvollen South Armagh beispielsweise fehlen die in der Republik so beliebten „Bed & Breakfast"-Möglichkeiten, und eine Übernachtung irgendwo am Straßenrand in einem Campingbus verbietet sich in dieser Bürgerkriegsregion ohnehin.

Erholungssuche und politisches „Sightseeing" fallen bei einem Nordirland-Besuch fast immer zusammen. So auch in unseren Vorschlägen für eine Rundtour, die wir im Folgenden machen. Diese Tour bietet lediglich einen Ausschnitt dessen, was in Nordirland zu sehen und zu erleben ist. Ausgespart bleiben Fermanagh, South Tyrone und Mid-Ulster, obwohl (Polit-)Touristen hier kaum weniger fündig würden als in South Armagh. Außerdem gibt es auch in den vorgestellten Städten und Regionen noch mehr zu sehen und zu erleben, doch möchten wir Ersttouristen nicht überfordern. Ohnehin bietet unsere Route ein gerade noch verdaubares Maß an Eindrücken.

Zudem soll die Reisebeschreibung in diesem Buch einen Einblick in den nordirischen Bürgerkriegsalltag geben. Schon deshalb mußten wir uns auf einige markante Städte und Regionen beschränken.

Unser Touren-Vorschlag führt von Newry durch das „Banditenland" von South Armagh nach Belfast und von dort nach Derry. Wer danach noch Zeit und Lust hat, mehr zu sehen, sollte den Rückweg über Strabane, Omagh, Cookstown, Stewartstown, Coalisland, Dungannon oder über Strabane, Castlederg, Enniskillen, Aughnacloy jeweils zurück nach Armagh und Newry wählen. Wir sind bei unserer Route davon ausgegangen, daß Touristen Nordirland nicht direkt anreisen, sondern sich vom Süden in Richtung Norden begeben, um an den Urlaub in der Republik eine Woche im „anderen Irland" anzuhängen. Das entspricht jedenfalls unseren Erfahrungen.

Foto S. 294/295: Straßenkontrolle in South Armagh

Die wilde Schönheit South Armagh's (Foto: Dietrich Schulze-Marmeling)

NEWRY UND SOUTH ARMAGH

Die letzte südirische Stadt vor der Grenze zum Norden ist **Dundalk**, von hoher Arbeitslosigkeit und derben Umweltproblemen geplagt. Für letztere sind insbesondere die atomare Wiederaufarbeitungsanlage Windscale/Sellafield auf der gegenüberliegenden Seite der Irischen See verantwortlich, aber auch die lokalen Industrien (Brauereiwesen, Tabak und Leder). Die Einwohnerzahl der Grenzstadt dürfte um die 25.000 betragen. Dundalk ist eine radikalrepublikanische Hochburg im Süden, wo Sinn Féin bei Kommunalwahlen mehr als zehn Prozent der Stimmen erhält. Seit Ausbruch des Konfliktes hat die Stadt den aus dem Norden geflüchteten Republikanern immer wieder Aufnahme gewährt. 1981 wählten Dundalks Bürger, um die irische Regierung für ihren probritischen Opportunismus in der Hungerstreikfrage zu bestrafen, einen im Norden einsitzenden IRA-Mann (der früher in Dundalk lebte) ins südirische Parlament. Als sich 1986 Paisleys Stellvertreter, Peter Robinson, vor einem Dundalker Gericht verantworten mußte, empfingen ihn und seine mitgereisten Anhänger Hunderte von Dundalker Jugendlichen mit Benzinbomben und lieferten der südirischen Polizei und den Loyalisten eine heiße Schlacht.

Wie stark der Republikanismus in Dundalk verankert ist, dokumentierte im März 1988 die Beisetzung der drei IRA-Mitglieder, die in Gibraltar von einer britischen Spezialeinheit erschossen worden waren. Als der Konvoi mit den Särgen über die Dundalker Hauptstraße zog, standen nahezu 10.000 Bürger schweigend am Straßenrand, um den „Gibraltar Three" die letzte Ehre zu erweisen. Zum Entsetzen der britischen Medien ließ eine Gruppe von Polizisten nicht davon ab, den vorbeiziehenden Särgen militärisch zu salutieren.

Ansonsten hat Dundalk – neben proletarischen Kneipen, lokalem Bier, Hunderennen und einem recht erfolgreichen Fußballclub – vor allem den tristen Charme einer Grenzstadt zu bieten. Vor einigen Jahren allerdings ließen nur die zahlreichen Tankstellen und Alkoholläden ca. 10 Kilometer nördlich der Stadt auf die Existenz der Grenze schließen. Alkohol und Sprit sind in Nordirland billiger als im Süden, weshalb Dundalks Bürger gerne eine Runde um das südirische Grenzhäuschen drehen. Heute ist dies anders: Einige hundert Meter hinter der südirischen Grenzstation weisen gelbe Schilder auf eine Kontrollzone hin. Für die nächsten drei Meilen ist es strikt untersagt, mit dem Auto am Straßenrand anzuhalten und es zu verlassen. Diese Kontrollzone wurde von den Briten errichtet, nachdem die IRA auf dieser Straße Anfang 1987 Lord Justice Gibson, den zweithöchsten Richter Nordirlands, mit einer Autobombe getötet hatte. Doch weder die Kontrollzone noch die zahlreichen Beobachtungstürme der Armee auf den Bergen beiderseits der Straße (ebenfalls ein Indiz, daß man nun in Nordirland ist) konnten verhindern, daß die IRA 15 Monate später an der nahezu gleichen Stelle abermals einen Anschlag verübte. Diesmal galt er Gibsons Kollegen Lord Justice Higgins, traf jedoch eine dreiköpfige Familie aus Hillsborough – wohl einer der tragischsten Irrtümer in der militärischen Kampagne der IRA.

Die Kontrollzone mündet in einen stark gesicherten, ständig besetzten Kontrollpunkt von Polizei und Armee, der von Beobachtungstürmen umgeben ist und dennoch wiederholtes Angriffsziel der IRA war. Die Anlage wird wegen der Gefahr von Landminen und anderen Anschlägen per Helikopter aus der Luft versorgt.

Bis zum Stadtzentrum von Newry ist es von hier aus nur noch eine Meile. Kontrollpunkt und Beobachtungstürme provozieren den Unmut der lokalen Bevölkerung. Eine nahegelegene Schule muß ständig den Unterricht unterbrechen, weil der Lärm tieffliegender Hubschrauber eine Verständigung unmöglich macht.

Wer den Checkpoint und eventuelle Wartezeiten vermeiden will, kann hinter Dundalk in Richtung Carlingford abbiegen, um dann die landschaftlich äußerst reizvolle Route durch die Berge nach **Omeath** zu nehmen. Omeath ist ein etwas vergammelt wirkendes, nichtsdestotrotz (oder: deshalb) sympathisch wirkendes südirisches „Seebad", in dem sich im Sommer viele West Belfaster Katholiken tummeln. Ungefähr 1,5 Meilen hinter Omeath ist der Grenzübergang, der allerdings lediglich aus einem Holzhäuschen des südirischen Zolls besteht. Ab und an patrouillieren hier auch die südirische Armee und Polizei. Auf nordirischer Seite können britische Soldaten warten, die auf der Straße von Omeath nach Newry zuweilen Kontrollen durchführen. Die Soldaten meiden jedoch – aufgrund der Gefahr von Anschlägen, die südirisches Territorium als Ausgangspunkt haben – die Nähe zur Grenze.

Für die britische Armee und die nordirischen staatlichen Sicherheitskräfte ist der Grenzübergang bei Omeath seit Jahren ein Ärgernis. Insbesondere seit dem spektakulären IRA-Anschlag im benachbarten nordirischen Seebad Warrenpoint, bei dem die britische Armee im August 1979 ihren schwersten Verlust in einem Einzelgefecht mit der republikanischen Guerilla erlitt. Kurz vor der Grenze geht ein Weg nach Narrow Water ab, einer Wasserenge zwischen Republik und dem Norden. Vom südirischen Ufer aus zündete die IRA eine auf nordirischer Seite gelegte Bombe. Mehrere Soldaten einer vorbeifahrenden britischen Patrouille wurden erfaßt. Als Verstärkung erschien und in einer nahegelegenen Ruine Schutz suchte, explodierte dort eine zweite Bombe. Insgesamt starben 18 Soldaten. Eine Tafel auf südirischer Seite erinnert an das 19. Opfer, einen englischen Touristen, der als zufälliger Augenzeuge von den in Panik geratenen Soldaten erschossen worden war.

Die Straße von Omeath in den Norden führt am Newry-Canal entlang. Die in den Farben der irischen Trikolore angemalten Bürgersteigkanten des nationalistischen Drumalane-Viertels signalisieren dann, daß man die nordirische Grenzstadt **Newry** erreicht hat.

Die Angaben bezüglich Newrys Einwohnerzahl schwanken zwischen 11.000 (zuwenig) und über 30.000 (zuviel), was nicht untypisch für die Insel ist. Die Bevölkerung ist zu über 80% katholisch. Das Stadtzentrum macht zwar einen geschäftigen Eindruck, ist aber eher unansehnlich und hat vor allem unter den ersten Jahren des Bürgerkrieges stark gelitten. Nach der Einführung der Internierung im August 1971 brannten aufgebrachte Bürger, nachdem Bewohner des republikanischen Derrybeg-Viertels abgeholt worden waren, zahlreiche Geschäftsgebäude in der Hill Street, der Fußgänger- und Einkaufszone nieder.

Das Derrybeg-Viertel in Newry (Foto: Dietrich Schulze-Marmeling)

Der Grenzstadtcharakter Newrys ist unübersehbar: Das Überangebot an Geschäften ist auf Kundschaft aus dem Süden ausgerichtet. Doch wenn auch Newrys Geschäftswelt heute von der inneririschen Grenze profitiert, so sind doch die negativen sozialen und ökonomischen Konsequenzen der Teilung unübersehbar. Mit einer offiziellen Erwerbslosenquote von über 30% belegt Newry hinter einer anderen mehrheitlich katholischen Grenzstadt, Strabane, in der Städtestatistik der nordirischen Arbeitslosigkeit den zweiten Rang. Seit der Teilung erlebte Newry den Abstieg von einem aufstrebenden Industriezentrum zu einer der Städte Westeuropas, die am stärksten von ökonomischer Depression betroffen sind. Im 19. Jahrhundert war Newry noch zur viertgrößten Handelsstadt in Irland avanciert, wobei der relative Wohlstand der Stadt allerdings auf ihrer Einbindung in englische Wirtschaftsinteressen beruhte. Aufgrund seiner günstigen Lage zwischen Belfast und Dublin sowie seines guten Verkehrssystems, insbesondere des Hafens, konnte Newry sich rasch ausbreiten. Über den 1842 fertiggestellten Newry-Canal wurden die agrarischen und handwerklichen Produkte aus dem umliegenden Gebiet ausgeführt.

Die Produktion von Leinen und anderen Textilien für den Export waren die Basis der Industrie im Raum Newry. Doch mit der Teilung begann der ökonomische Niedergang der Stadt. Zur Grenze gesellte sich noch die diskriminierende Politik der unionistischen Regierungen, die Newry jeden Entwicklungsbeistand verweigerten. Die Strukturschwäche Newrys wird wohl am besten dadurch symbolisiert, daß das Daisy Hill Hospital heute der größte Arbeitgeber am Ort ist. Die Einwohnerzahl stagniert aufgrund der anhaltend hohen Emigrationsrate. Obgleich in der Mehrheit, sind Katholiken in Newry vornehmlich in un- und angelernten Jobs beschäftigt, während sich beispielsweise der Strom- und Telefonservice fest in protestantischen Händen befindet.

Die republikanischeren Viertel gruppieren sich um das Stadtzentrum. Im Westen sind dies Derrybeg, Carnagat und Barcroft, im Süden Drumalane, im Osten die North Street Flats, Hennessy Park u.a.m. Das Derrybeg-Viertel macht einen heruntergekommeneren Eindruck als die anderen. Die Arbeitslosigkeit ist hier besonders groß; ebenso die Belästigung der Bewohner durch staatliche Sicherheitskräfte. Verlassene Häuser zeugen von einer hohen Emigrationsrate. Von Derrybeg aus startete die große Bürgerrechtsdemonstration nach dem „Bloody Sunday", als sich 60.000 am Stadtrand Newrys versammelten. Viele führende Bürgerrechtsaktivisten – darunter Bernadette Devlin-McAliskey und der heutige SDLP-Führer John Hume – verbrachten die Nacht vor dem Marsch in Derrybeg, da sie befürchteten, die britische Armee würde sie vor oder während der Anreise nach Newry festnehmen.

An der Ecke Main Avenue / Third Avenue erinnert eine Tafel an den zwölfjährigen Kevin Heatley, der hier 1973 von britischen Soldaten erschossen wurde. Nicht nur Mauern und Hauswände sind mit antibritischen Parolen verziert, sondern auch einige Dächer. Dort oben gilt der Protest Armeehubschraubern, die im Tiefflug zuweilen bereits in den frühen Morgenstunden die Bewohner des Viertels terrorisieren.

Das Barcroft-Viertel ist für seine republikanischen Wandbilder und sein ausgeprägtes Community-Leben bekannt. Wie Derrybeg unterhält das Viertel ein Community Center, desweiteren einen recht erfolgreichen Fußballclub (Barcroft United) sowie einen Boxverein. Der „große" Fußballclub Newrys, Newry Town, der in der ersten nordirischen Liga spielt, findet in Newry kaum Begeisterung. Die von loyalistischen Funktionären und Vereinen dominierte Liga interessiert Nordirlands Katholiken kaum, seitdem die nationalistischen Vereine Belfast Celtic und Derry City dort nicht mehr spielen. Community-Vereine wie Newry Celtic, Barcroft United, der South Armagh-Club Camlough Rovers u.a., die die lokalen Ligen stellen, ziehen zusammengenommen erheblich mehr Zuschauer an.

Von ihrem Aussehen her gleichen sich die Viertel zumeist: graue, zweistöckige aneinandergereihte Ein- oder Zweifamilienhäuser, mit allen Merkmalen schnellen und billigen Bauens ausgestattet. Viele dieser Häuser sind zudem überbelegt. Zu Ostern wird der triste Anblick durch Erneuerung der Trikoloren auf Hausdächern und Telefonmasten sowie der irischen Farben an den Bordsteinkanten etwas relativiert. Abwechslung bieten im übrigen die Pubs, von denen wir insbesondere das „Bootlegger" empfehlen (Ecke Francis Street / Corn Market).

Für Polit-Touristen interessant ist noch der Republican Plot auf dem Friedhof (Chapel Hill), auf dem alle gefallenen IRA-Mitglieder aus Newry beigesetzt sind, sowie am Eingang zum Friedhof ein Denkmal für zwei 1974 gefallene IRA-Mitglieder. Die Art dieser Gedenktafeln ähnelt sich: Neben dem Namen des „Volunteers" (= Freiwilliger, abgekürzt mit „Vol.") die Wappen der vier historischen Provinzen Irlands, eingerahmt von zwei uniformierten IRA-Soldaten, die sich gesenkten Hauptes auf ihr Gewehr stützen. Dazu noch manchmal der Starry Plough, das Symbol der sozialistischen Republik, sowie die irische Trikolore. Wurde der „Volunteer" während einer militärischen Operation getötet, heißt es: „Killed in Action".

Der Republikanismus ist unter Newrys katholischen Unterklassen stark verbreitet. Zugleich sind die Stadt und vor allem die umgebende South Down-Region ein Zentrum der katholischen Mittelklasse, die freilich nicht in den genannten Vierteln Newrys wohnt, sondern eigene Siedlungen am Stadtrand oder im benachbarten Warrenpoint unterhält. Diese Mittelklassen machen bei den Wahlen die moderate SDLP mit über 40% zur stärksten Partei, während es Sinn Féin auf knapp 20% bringt.

Republikanismus steht in Newry ganz unter dem Namen eines Mannes: John Mitchell. Das örtliche Sinn Féin-Büro heißt John Mitchell House; in der Hill Street findet sich ein John Mitchell Place mit einer Statue des lokalen Heroes. Mitchell, geboren 1813, war ein protestantischer (presbyterianischer) Republikaner, der zunächst für die Zeitung der Young-Ireland-Bewegung, „Nation", schrieb, um dann 1848 ein Blatt mit dem Titel „United Irishman" zu gründen, von ihm selbst als „Organ der Revolution" bezeichnet. Mitchell wurde von den Briten verhaftet, eingesperrt und deportiert. Ihm gelang schließlich die Flucht in die USA, wo ihm in New York ein triumphaler Empfang bereitet wurde, und von dort aus die Rückkehr nach Irland. 1875 kandidierte Mitchell in Tipperary erfolgreich für das britische Parlament, nahm seinen Sitz dort jedoch nicht ein. Wenig später begab er sich zurück in seine Heimat Newry, wo er im März 1875 starb.

Seit Juli 1986 ist wieder die britische Armee auf den Straßen Newrys präsent, nachdem die Grenzstadt zuvor von der britischen Propaganda

Bild oden: Republikanisches Wandbild im Barcroft-Viertel, Newry. Bild unten: Das „Einkaufszentrum" im Derrybeg-Viertel von Newry. (Fotos: Schulze-Marmeling)

als Beispiel für den Erfolg ihrer Ulsterisierungspolitik gepriesen wurde, die die direkte Bekämpfung der IRA den nordirischen Sicherheitskräften überläßt und die Armee im Hintergrund hält. Doch 18 tote RUC-Beamte innerhalb von 18 Monaten veranlaßten die demoralisierte Polizei, erneut den Beistand der Armee zu erbitten. Letzter Auslöser dafür war die Erschießung dreier Polizisten in der Hill Street, der Fußgängerzone. Die spektakulärste IRA-Attacke jedoch ereignete sich Anfang 1985, als die republikanische Guerilla die stark gesicherte RUC-Kaserne in der Catherine Street / Edward Street von der Pritsche eines LKWs aus mit Raketen beschoß. Neun Polizisten wurden getötet, nachdem eine der Raketen durch das Dach der Station eindrang (seither haben die RUC-Festungen in Nordirland in der Regel Stahldächer). Bis heute ist dies der größte Verlust, den die RUC bei einer IRA-Attacke in Nordirland erleiden mußte. Daß nach Zeitungsberichten anschließend viele Autofahrer mit einem „fröhlichen Hupkonzert" an der RUC-Station vorbeifuhren, zeigt den Grad der Polarisierung in der nordirischen Grenzstadt.

Bei weiteren Angriffen auf Polizeistationen und Gerichtsgebäude in Newry wurden zwei weitere Sicherheitsbeamte getötet, aber auch 35 Zivilisten verletzt, als Raketengeschosse über ihr Ziel hinausflogen und ein Privathaus zerstörten. Bereits im September 1984 waren 70 Zivilisten verletzt worden, als auf der Monaghan Road eine Autobombe explodierte.

Hinter Sugar Island (wo die Stadthalle liegt) und dem massiv gesicherten Gerichtsgebäude werden Newry und Nordirland protestantisch.

Der „Republican Plot" auf dem Friedhof in Newry (Foto: Schulze-Marmeling)

Rechts der Downshire / Belfast Road wohnen die betuchteren protestantischen Schichten (Windsor Hill, Windsor Avenue), aber auch katholische Oberklässler, während die Siedlung der gemeineren protestantischen Bevölkerung am Ortsausgang und links der A1 liegt, zu erkennen an den blau-weiß-rot gestrichenen Bürgersteigen. Hier, im protestantischen Teil der Stadt, befindet sich auch das örtliche Industriegebiet (Carnbarne) sowie das einzige Hotel am Ort, das Mourne Country-Hotel, das im Sommer 1988 von der IRA zerbombt wurde. Die IRA behauptet, im Hotel hätten sich wiederholt RUC-Beamte mit Informanten getroffen; der Inhaber sei mehrfach gewarnt worden, dem Treiben ein Ende zu bereiten. Da die IRA Hotel, Polizei und Presse rechtzeitig von dem Anschlag informierte, konnte die Stätte evakuiert werden und niemand kam zu Schaden.

Auch die Tatsache, daß sie weniger als 20% der Bevölkerung stellen, hält loyalistische Protestanten in Newry nicht davon ab, Anspruch auf territoriale Kontrolle über die gesamte Stadt sowie offensives Überlegenheitsdenken zu demonstrieren. Mit der Staatsmacht im Rücken befinden sie sich in einer ungleich besseren Situation als Katholiken in einer mehrheitlich protestantischen Stadt. Als die Loyalisten am 12. Juli 1988 ihren traditionellen Marsch veranstalteten, beschränkten sie sich nicht auf ihre eigenen Viertel, sondern marschierten auch über die katholische Monaghan Road. IRA-Bombendrohungen und Bombenattrappen verhinderten zunächst diese Provokation. Unter massivem Armee- und Polizeischutz wurde das fehlende Stück Route in den frühen Morgenstunden des nächsten Tages nachgeholt. Aus Angst vor den Marschierern hielten die Bürger des Derrybeg-Viertels Türen und Fenster verrammelt. In ihren verschlossenen Wohnungen hörten sie die sektiererischen Schmährufe der vorbeiziehenden Loyalisten.

Bevor wir uns dem sogenannten „Banditenland" von South Armagh widmen, noch einige Sätze zu der Region südöstlich von Newry. Eine großzügige vierspurige Straße führt von Newry in das bereits erwähnte Warrenpoint, wo viel katholische Mittelklasse lebt. Warrenpoint ist ein altes Seebad, das jedoch arg unter den Folgen des Bürgerkrieges leidet, der auf Touristen nicht gerade anziehend wirkt. Die ungerechte Weise, in der die britische Regierung eigene wie internationale Gelder verteilt, verzögert die Wiederbelebung des Tourismus in dieser mehrheitlich katholischen Gegend. In mehrheitlich protestantischen Gegenden wie Carrickfergus, Ballymena, dem Norden Downs, Coleraine, Ards etc. wurden dagegen erheblich größere Summen investiert, auch wenn sie von dem Konflikt weitaus weniger heimgesucht wurden als etwa Warrenpoint oder Rostrevor.

Rostrevor ist der nächste Ort an der Küstenstraße, ein für nordirische Verhältnisse ungewöhnlich idyllisches Nest, ein wenig an Agathe Christie-Filme erinnernd. Was man beim ersten Anblick des Ortes kaum vermuten mag: Rostrevor verfügt über eine republikanische Tradition. Und obgleich der Ort vergleichsweise ruhig ist, sind auch hier immer wieder IRA-Leute aktiv. 1983 wurden zwei RUC-Mitglieder erschossen; fünf Jahre später machte der Ort durch einen großen Sprengstoffund von sich reden.

Wer eine eher gemütliche republikanische Atmosphäre sucht, dem sei das „Murphy" empfohlen, der führende Pub am Platze. Jeden Dienstagabend geht es bei Murphy hoch her: „Irish Folk" und „Jackpot", eine Art Kneipenlotterie. Murphy liegt direkt an der Hauptstraße, ist somit nicht zu verfehlen. Im örtlichen Social Club der Gaelic Athletic Association (GAA) finden des öfteren freitagabends sehr attraktive Folkveranstaltungen statt, organisiert vom Lokalmatador Tommy Sands, einem auch bei uns bekannten irischen Musiker. Im August findet in Rostrevor alljährlich das „Feedlers Green Festival" statt, das den Ort zu einem kleinen Mekka der Folkmusik macht. Erwähnt sei auch noch der Kilbroney Park mit seinem Café, von dem aus man einen wunderschönen Blick auf die Carlingford-Bucht hat.

Rostrevor zieht heute nicht zuletzt Leute an, die es sich leisten können, außerhalb der verdreckten Luft Newrys zu wohnen. Bei der Idylle des Ortes und der Schönheit seiner Umgebung wundert es nicht, daß sich auch einige deutsche Seelen eingeheiratet haben, die man ansonsten höchstens an der irischen Westküste, aber kaum im Norden trifft. Also nicht wundern, wenn man im Kilbroney-Café plötzlich auf deutsch begrüßt wird.

Flattert in Rostrevors Zentrum die irische Trikolore, so bietet sich im Fischerort **Kilkeel**, ca. 15 km weiter südöstlich gelegen, ein gänzlich anderes Bild. Kilkeel ist eine Enklave und Hochburg des militanten Loyalismus im mehrheitlich katholischen South Down. Die Hauptstraße „schmücken" Holztafeln mit Symbolen der loyalistischen Todesschwadrone UFF und PAF. Die RUC-Polizei und das UDR, deren Kollaboration mit dem loyalistischen Untergrund in Kilkeel ein offenes Geheimnis ist, sehen offenbar keinen Anlaß, diese offiziell wirkenden sektiererischen Bekundungen zu entfernen. Für Kilkeels katholische Minderheit gehören Belästigungen und Terrorisierung zum Alltag.

Westlich von Newry liegt das „Bandit Country", wie die Briten **South Armagh** zu nennen pflegen. Die Region ist dünn und überwiegend von Katholiken besiedelt, die sich – sofern sie nicht in Newry oder auf der anderen Seite der Grenze arbeiten – vor allem in der Landwirtschaft verdingen. Das hügelige, steinige Land, in das die Katholiken Ulsters während des Plantation-Prozesses abgedrängt wurden, ergibt nur bescheidene landwirtschaftliche Erträge. Folglich ist die Mehrzahl der Bauern im „Bandit Country" relativ arm.

South Armagh kann auf eine lange republikanische Tradition verweisen. Da es eine Grenzregion ist, besitzt es für die IRA eine hohe strategische Bedeutung. Polizei und Armee üben im „Bandit Country", wo sie nicht mit der geringsten Kooperation seitens der Bevölkerung rechnen können, nur eine stark eingeschränkte Territorialherrschaft aus. Aus Angst vor Minen und anderen IRA-Attacken verzichten die staatlichen Sicherheitskräfte auf den Gebrauch von Panzerwagen. Patrouillen nehmen ihren Weg von den vier Forts in Bessbrook, Forkhill, Crossmaglen und Newtownhamilton aus, oder sie werden von Helikoptern zum Einsatzort transportiert. Dem Autofahrer kann es passieren, daß unmittelbar vor oder neben ihm ein Armeehelikopter landet, der eine Horde Soldaten ausspuckt, die eine Straßenkontrolle durchführen („Adlerpatrouille"). Der Helikopter ist das einzige Transportmittel, was den Sicherheitskräften in dieser Region geblieben ist.

Helikopter versorgen auch die 18 Beobachtungsposten, die die Armee auf den Bergen und Hügeln South Armaghs unterhält. Die Wachtürme sollen Aufschluß über grenzüberschreitende Bewegungen liefern und die eingeschränkte Territorialkontrolle kompensieren. Die Türme sind mit aufwendiger Technologie bestückt, mit der Autobewegungen bis mehrere Kilometer tief in nord- oder südirisches Territorium verfolgt werden können. Im Radius von einer Autostunde um Crossmaglen gerät man nur an wenigen Stellen aus der Sicht der Beobachter. Jährlich 32.000 Helikopterflüge sind notwendig, um diese Beobachtungstürme und die Forts zu versorgen sowie direkt aus der Luft Observationen vorzunehmen. Für die Anwohner sind diese Flüge eine ständige Belästigung. Die Bauern beklagen eine hohe Rat von Totgeburten in der Viehwirtschaft, für die sie niedrigfliegende Armeehubschrauber verantwortlich machen. Außerdem zerschneiden Armeepatrouillen ständig die Weidezäune, was nach Ansicht der Bauern die Ausbreitung von Seuchen forciert.

Nach der Unterzeichnung des anglo-irischen Abkommens wurde die Zahl der Beobachtungstürme weiter erhöht. Die neuen Türme wurden unmittelbar an der Grenze und auf dem flacheren Weideland errichtet. Das Land dafür wurde – was nach der nordirischen Notstandsgesetzgebung möglich ist – von den Bauern konfisziert. Die lokale Bevölkerung spricht von Landraub, Besatzungsterror und dem Bau eines „Hillsborough Walls".

Von der britischen Armee abgesehen, gibt es in dieser Region zwischen Katholiken und Protestanten nicht die geringsten Reibereien. Die Protestanten sind in einer verschwindenden Minderheit und auf ein pflegliches Auskommen mit ihren katholischen Mitbürgern bedacht. Niemand hindert sie an der Ausübung ihrer religiösen Freiheiten. Weder müssen Katholiken vor Protestanten geschützt werden, noch umgekehrt. Die britische Armee wird von allen Seiten als Besatzungsmacht begriffen, deren Anwesenheit niemand befürwortet. Die Bevölkerung South Armaghs wollte noch nie etwas mit dem nordirischen Staat zu tun haben und richtete stattdessen ihr Leben auf den Süden aus. Die Verbindungen zu den südirischen Städten Dundalk und Castleblaney sind auch heute noch ungleich zahlreicher und ausgeprägter als die in den Norden der Grafschaft Armagh. Hier wohnen Iren, die die britische Flagge über den Armeeforts nur als Provokation ansehen können.

Von Newry aus führt die Camlough Road (A 25) ins „Bandit Country". Unmittelbar hinter Newry und rechts von der A 25 liegt **Bessbrook**, ein Ort, über den George Bernard Shaw (zu Recht) schrieb, er sei so langweilig, daß selbst die Schwäne auf dem örtlichen Weiher an Langeweile sterben würden. Ehedem gehörte diese Leinenstadt der Familie Richardson, Quäkern, deren Moral einiges zu der Langeweile beitrug. Noch heute gibt es in dem Ort keinen Pub und keines der sonst obligatorischen Wettbüros. Die Dominanz der Familie Richardson machte bis in die 40er Jahre eine Polizei in Bessbrook überflüssig. Heute dient das Gebäude der ehemaligen Leinenfabrik der britischen Armee als Hauptquartier für South Armagh. Die Hubschrauberbasis gilt als die geschäftigste in ganz Westeuropa. Entsprechend penibel sind die Kontrollen an vorbeifahrenden Wagen. An beiden Enden der Hauptstraße befinden sich permanente Checkpoints der britischen Armee, die jedes Auto anhalten und untersuchen.

Ein Stück weiter an der A 25 liegt dann **Camlough**. Am Ortseingang signalisieren irische Trikoloren dem Besucher, daß er sich nun tatsächlich im „Bandit Country" befindet. Auf Schritt und Tritt begegnet er nun sowohl der nationalistischen Tradition dieser Gegend wie der blutigen Geschichte des Bürgerkrieges. Im Mai 1981 wurden fünf britische Soldaten in der Nähe Camloughs getötet, als sie mit ihrem Panzerwagen auf eine Landmine der IRA fuhren. Zwei Tage später starb der IRA-Hungerstreiker Raymond McCreesh, ein Bürger Camloughs. Seine Beisetzung wurde zum größten Massenauflauf, den der Ort jemals erlebt hat. Weit über zehntausend Menschen versammelten sich in Camlough, um dem in der Region populären IRA-Mann die letzte Ehre zu erweisen.

Hinter Camlough biegt die B 30 in Richtung Crossmaglen ab. Sie führt vorbei am Camlough Reservoir, dem vielleicht schönsten See South Armaghs. Die Idylle wird lediglich periodisch durch den Lärm der Armee-

Narrow Water bei Warrenpoint in South Armagh (Foto: Schulze-Marmeling)

helikopter gestört, die die Beobachtungsposten auf den benachbarten Camlough Mountain und Sugarloa Hill versorgen. Hinter dem See führt eine kleine Straße durch hügeliges Gelände hoch zum Ballytemple Viewpoint, der – vorausgesetzt, das Wetter spielt mit – einen guten Blick auf den See und seine weitere Umgebung bietet. Vom Viewpoint aus, in dessen Rücken der Slieve Gullion, der höchste Berg und das Wahrzeichen South Armaghs liegt, kann ein Spaziergang in die Einsamkeit und Wildheit der Gegend unternommen werden.

Die schmale Straße, die von der B 30 in Richtung Ballytemple Viewpoint abbog, führt dann – vorbei am Slieve Gullion – auf die B 113, die Newry mit **Forkhill** verbindet. Forkhill, ein Nest von wenigen hundert Einwohnern, wird überschattet von einem gigantischen Armeefort und dessen Wachtürmen. Auf dem Hügel gegenüber befindet sich zudem noch ein Beobachtungsturm, so daß kaum eine Bewegung im Ort unregistriert bleibt. Im „Welcome Inn", der unterhalb des Forts liegt und der Familie des SDLP-Unterhausabgeordneten Seamus Mallon gehört, finden regelmäßig attraktive Musikveranstaltungen statt. Ein Foto an der Wand erinnert an einen prominenten Gast, der Forkhill und dem Pub erst im Frühjahr

1988 einen Besuch abstattete: Joe Kennedy, Mitglied des amerikanischen Kongresses und Sohn des ermordeten ehemaligen US-Präsidentschaftskandidaten Robert Kennedy. Der Sprößling der prominenten irischen Auswandererfamilie fand bei dieser Gelegenheit einige starke Worte gegen die britische Besatzungspolitik in South Armagh, die die anwesende SDLP-Prominenz etwas in Verlegenheit brachten. South Armagh bezeichnete er als eine der schönsten Gegenden, die er jemals gesehen habe, und er äußerte die Hoffnung, eines Tages über die Berge South Armaghs wandern zu können, wenn die Briten ihre militärischen Einrichtungen dort abgebaut hätten...

Wer nach solchen Träumen das Pub zu später Stunde verläßt, wird gewöhnlich Zeuge des real existierenden Besatzungsterrors: Während auf der Straße schwerbewaffnete Soldaten mit geschwärzten Gesichtern ihr Unwesen treiben und mit ihren Gewehren solange auf nächtliche Passanten zielen, bis sie vorbeigegangen sind, wird das Fort, zur „Freude" der schlafenden Bürger, von lärmenden und mit Suchscheinwerfern ausgerüsteten Helikoptern angeflogen.

In Forkhill und im benachbarten Mullaghbane findet traditionell alljährlich ein Sängerfestival statt, das weit über South Armagh hinaus Bekanntheit errungen hat.

Auf der Weiterfahrt nach Crossmaglen verläßt man für kurze Zeit nordirisches Territorium. Erkennen kann man dies am deutlich schlechteren Zustand der Straße sowie an einer gelben Markierung auf dem Asphalt, die den britischen Helikopterpiloten als Orientierungshilfe dient. Bei Creggan, mehr eine Siedlung denn ein Ort, stößt die Straße wieder auf die B 30. Im März 1988 wurden hier zwei prominente IRA-Mitglieder durch ihre eigene Bombe getötet; bei ihrer Beerdigung kam es zu einem brutalen Armeeeinsatz gegen die vermummten und mit IRA-Uniformen bekleideten Sargträger. Ganz in der Nähe, in Silverbridge, holte die IRA im Sommer 1988 erstmals einen Armeehelikopter vom Himmel. Auch die zehn Kreuze an der Kreuzung A 29 / B 30 verweisen auf den Bürgerkrieg: Sie erinnern an die Hungerstreikenden von 1981.

Crossmaglen, die heimliche Hauptstadt des „Banditenlands", liegt in unmittelbarer Nähe zur inneririschen Grenze. Am Marktplatz, auf dem allein bis 1985 17 britische Soldaten ihr Leben ließen, befindet sich ein Beobachtungsturm der Sicherheitskräfte. Das von der Bevölkerung errichtete Denkmal auf dem Markt ist allerdings den Gefallenen der IRA gewidmet. Schräg gegenüber dem Beobachtungsturm befindet sich das Sinn Féin-Büro, unschwer zu erkennen an den IRA-Plakaten im Schaufenster. Dort sitzt der republikanische Abgeordnete Jim McAllister, ein popu-

IRA-Mitglieder im „Banditenland" South Armagh

lärer Mann in South Armagh. Er ist stets für eine Führung durch die Gegend und für Auskünfte zu haben.

1974 verhängte die Armee eine Ausgangssperre über den Ort, der jedoch von der Bevölkerung unterlaufen wurde. Die Pfarrer Denis Faul und Raymond Murray (von denen insbesondere Faul alles andere als ein IRA-Freund ist) haben in ihrem Buch „Terror Tactics of the British Army" allerhand Material über das Verhalten der Besatzungsmacht im Raum Crossmaglen zusammengestellt: Soldaten schossen die gesamte Straßenbeleuchtung aus, schlugen Bürger mit Gewehrkolben, drohten ihnen Exekution an, hielten ungeladene Gewehre an ihre Köpfe und drückten den Abzug durch, fügten ihnen Stichwunden zu, durchschnitten Bremsschläuche an den Autos von Katholiken, zerstörten sonstiges privates Eigentum, verschleppten Anwohner ins Fort, wo sie sie besonderen Grausamkeiten aussetzten: psychologische Folter, Prügel, barfuß durch Glasscherben laufen usw. Die Soldaten betrachten die gesamte Bevölkerung als IRA-

Sympathisanten, während diese ihnen jede Form der Kooperation verweigert. In die Schlagzeilen gelangt Crossmaglen indessen nur, wenn dort wieder einmal eine spektakuläre IRA-Operation stattgefunden hat.

Wer hier ein Pub aufsucht, muß sich darauf gefaßt machen, daß Wirt und Gäste ihm zunächst mit Skepsis bis offener Ablehnung begegnen. Man hat Angst vor britischen Geheimdiensten und kennt böse Erfahrungen mit der „losen Zunge". Der Besucher sollte von vorneherein klarmachen, daß er kein Brite ist und zudem in touristischer Absicht in Crossmaglen weilt. Das Beste ist, zielstrebig Paddy Shorts anzusprechen, der hinter der Theke des gleichnamigen Pubs steht. Shorts ist ein altgedienter Bürgerrechtler und Republikaner, in dessen Schulter eine Kugel der britischen Armee steckt. Shorts hatte 1974 in einer der üblichen Crossmaglen-Nächte versucht, in eine Auseinandersetzung zwischen Bürgern und Soldaten einzugreifen. In einem Moment, in dem ihn die Scheinwerfer eines heranfahrenden Autos blendeten, zielte ein Soldat plötzlich mit seinem Gewehr auf den Kopf des Republikaners. Ein Jugendlicher fiel dem Soldaten in den Arm, so daß die Kugel lediglich Shorts Schulter traf.

Von Crossmaglen führt die B 135 nach Cullyhanna, wo an einer Stelle, an der man gewöhnlich die Statue der Jungfrau Maria vermutet, ein großes Denkmal an Michael McVerry erinnert. McVerry, 1949 in Cullyhanna geboren, war „Officer in Command" der South Armagh Brigade der IRA, als er im November 1973 bei dem Versuch, die RUC-Station in Keady zu sprengen, von der britischen Armee getötet wurde.

Auch **Whitecross** ist ein Ort mit einer tragischen Bürgerkriegsgeschichte. Whitecross erreicht man, wenn man auf der A 25 zurück Richtung Newry fährt und hinter Bellecks abbiegt (B 134). In Whitecross ermordete eine republikanische Organisation 1976 bei einem sektiererischen Vergeltungsschlag zehn protestantische Arbeiter (siehe Kapitel „Kriegsopfer..."). Wenige Monate später, im August 1976, ermordete hier die britische Armee die zwölfjährige Majella O'Hare, als diese sich mit Freunden auf dem Weg zur St. Malachy's Church im benachbarten Ballymoyer befand. Als der Vater Majellas herbeieilte und das sterbende Mädchen in seine Arme nahm, wurde er von den britischen Soldaten noch übel beschimpft. Das Hauptquartier der britischen Armee in Lisburn behauptete zunächst, Majella sei durch IRA-Kugeln getötet worden, als republikanische Freischärler das Feuer auf die Armeepatrouille eröffnet hätten. Zwei Stunden später hieß es, die Armee hätte zurückgefeuert, und das Mädchen sei im Kreuzfeuer umgekommen. Augenzeugen berichteten hingegen, die IRA wäre überhaupt nicht anwesend gewesen, und es wäre nicht ein Schuß auf die Patrouille abgegeben worden. Diese Version wurde schließlich durch eine offizielle Untersuchung bestätigt.

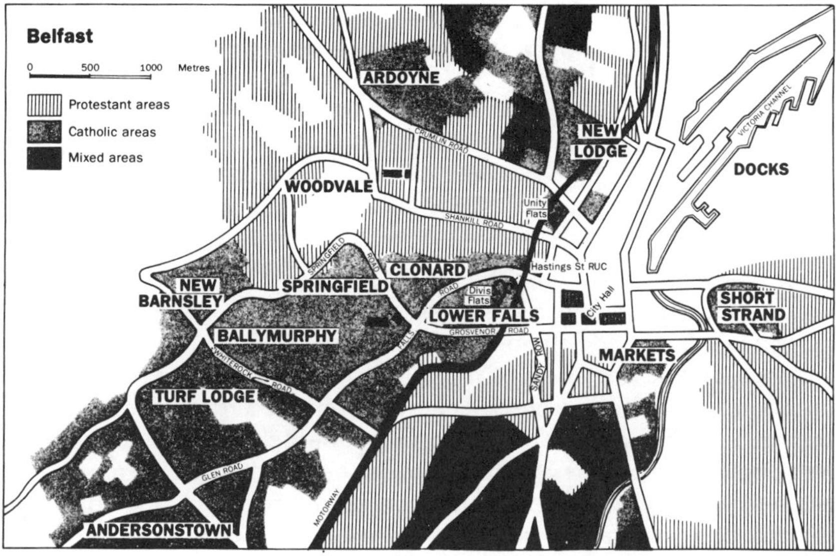

BELFAST

Belfast hat 400.000 Einwohner und ist damit die weitaus größte Stadt Nordirlands. Das zahlenmäßige Verhältnis zwischen Katholiken und Protestanten entspricht ungefähr dem im gesamten Nordirland. Die Wohnviertel erscheinen auf den ersten Blick weniger streng konfessionell getrennt als in anderen Städten wie etwa Derry. Es gibt zahlreiche katholische Enklaven in protestantischen Gebieten und umgekehrt. Doch die Gräben dazwischen sind nicht weniger tief. Gerade wegen der unübersichtlichen Aufteilung sind nächtliche Spaziergänge wenig ratsam, weil man sich dabei möglicherweise zwischen den verschiedenen Vierteln bewegt. Auf einen Spaziergang bei Tageslicht sollte dennoch nicht verzichtet werden. Meistens kann man an den unterschiedlichen Wandmalereien und den in irischen oder britischen Farben angemalten Bürgersteigkanten erkennen, wo man sich befindet.

Der folgende Rundgang ist vermutlich nicht an einem Tag zu bewältigen, besonders dann nicht, wenn man unterwegs einige Pubs ansteuert.

Wir beginnen unseren Spaziergang an einem historischen Ort, der Ecke Castle Place und High Street. Oberflächlich gesehen sind hier sämtliche Zeichen der Vergangenheit ausgelöscht, denn wir befinden uns im modernen Einkaufsviertel Belfasts. Unter uns jedoch, unter dem Pflaster der beiden Straßen, fließt der **Farset** auf seinem Weg zum größeren und bekannteren Fluß Lagan, in den er in der Nähe des Custom House einmündet. Dieser kleine und streckenweise unsichtbare Fluß hat Belfast seinen Namen gegeben: Béal Feirste, wie Belfast auf irisch heißt, bedeutet „Mündung des Farset". An den Ufern des Farset – dort, wo wir jetzt stehen – entstanden die ersten strohgedeckten Hütten. Bis ins 17. Jahrhundert war Belfast relativ bedeutungslos und stand im Schatten der Hafenstadt Carrickfergus.

Von der **High Street** (in Richtung Albert Memorial) gehen rechts drei winzige Gassen ab, die High Street mit Ann Street verbinden: Crown Entry, Joy's Entry und Pottinger's Entry stammen aus dem 17. Jahrhundert und wurden nach den Besitzern der in den Gassen gelegenen Häusern benannt. Gleich nach Church Lane liegt, etwas zurückgebaut, die St. George's Kirche. Sie ist das älteste Gebäude Belfasts, was darauf hinweist, daß das moderne Stadtzentrum der historische Stadtkern war. Vor uns liegt jetzt das Albert Memorial. Der Uhrenturm wurde 1867 bis 1869 gebaut, und wer genau hinsieht, wird erkennen, warum er auch „der schiefe Turm von Belfast" genannt wird.

Zu einem Stück Belfaster Historie gelangt man auch von der High Street aus zum Sugarhouse Entry, einer kleinen Gasse, die 1941 durch einen deutschen Bombenangriff vollständig zerstört wurde. In dieser Gasse lag damals die Kneipe „Doktor Franklin", in der die Rebellen der „United Irishmen" im späten 18. Jahrhundert ihre Geheimtreffen abhielten. Einer von ihnen war Henry McCracken, der nach der Rebellion im Jahre 1798 nur wenige Schritte von hier entfernt aufgehängt wurde.

Hinter uns liegt **City Hall**, das Belfaster Rathaus, das im Jahr 1906 fertiggestellt wurde. Die Wände der Eingangshalle bestehen aus italienischem Marmor. Eine mit Schnitzereien verzierte Holztreppe führt in den ersten Stock, vorbei an sieben Fenstern, die mit Szenen aus der Belfaster Stadtgeschichte verziert sind. Früher stand auf dem Gelände des Rathauses die White Linen Hall aus dem Jahre 1784. In dieser Ansammlung georgianischer Häuser waren die Büros der Leinenindustrie untergebracht, einer der Schlüsselindustrien bis ins 20. Jahrhundert, die für das schnelle und unorganische Wachstum der Stadt verantwortlich waren. In der Linen Hall war auch die Belfaster Bibliothek untergebracht. Ihr erster Bibliothekar, Thomas Russell, war einer der Führer der United Irishmen und wurde 1803 in Downpatrick gehängt, weil er an Robert Emmets fehlgeschlagener Rebellion teilgenommen hatte. Heute liegt die Bibliothek, die jetzt Linenhall Library heißt, schräg gegenüber des Rathauses im Donegall Square North. Sie beherbergt die größte Sammlung an Büchern und Zeitschriften über den Konflikt. An der Vorderseite des Rathauses hängt seit 1985 ein großes Plakat mit den Worten „Belfasts Says No" – eine Demonstration der protestantischen Stadtverwaltung gegen das anglo-irische Abkommen. Das Rathaus ist also unübersehbar ein Bollwerk protestantischer Vormachtstellung, und trotz des italienischen Marmors sollte ein kurzer Blick aus der Entfernung ausreichen.

Erfreulicheres findet der Besucher, wenn er links in die winzige Bank Street abbiegt. Am Ende der Straße, kurz vor dem Zaun, der das gesamte Stadtzentrum aus „Sicherheitsgründen" umgibt, liegt **Kelly's Cellars**, eines der ältesten und schönsten Pubs Belfasts. Es öffnete im Jahre 1720 als Rastplatz für Pferdekutschen und Reisende. Allzuviel hat sich seitdem in der Kneipe wohl nicht verändert. Durch die Doppeltür an der Rückseite des Gebäudes wurden früher die Pferde auf den Hof geführt, wo die Ställe lagen. Kelley's Cellars war ein weiterer geheimer Treffpunkt von Henry McCracken und den United Irishmen, wenn man den Geschichten glauben darf. Einer der ersten Manager der Kneipe war Joe Devlin, ein nationalistischer Westminster-Abgeordneter für West Belfast. Bevor wir in der Kneipe versacken, gehen wir wieder zurück zur Royal Avenue und biegen links ab.

Ein Stück weiter geht links die Berry Street ab, an deren Ende der **Smithfield Market** liegt. Früher ein Basar, auf dem man nahezu alles kaufen konnte, hat der Smithfield Market im Laufe der Jahre seinen Charakter verloren, bis er 1988 schließlich abgerissen wurde. Die Marktstände wurden in einen Neubau an der Ecke Winetavern Street verlegt, doch aufgrund der hohen Mieten ist die Vielfalt doch noch geringer geworden. Da lohnt eher der Besuch von Just Books in der Winetavern Street, des besten und gemütlichsten Buchladens Nordirlands. Neben einem großen Angebot an Büchern und politischen Broschüren gibt es auch Poster, Buttons, Postkarten und politische Schallplatten.

Auf der anderen Seite des Smithfield Marktes geht die King Street ab, durch die man, vorbei an diversen Colleges, zur Great Victoria Street gelangt. Auf der rechten Seite liegt die Belfaster Oper aus dem Jahr 1895 – zweifellos das auffälligste Gebäude der Gegend, seit es im Zuckerbäkkerstil renoviert wurde. Neben der Oper, auf der anderen Straßenseite, stand früher ein kleines, zweistöckiges **Bahnhofsgebäude** mit sehr schmalen Bahnsteigen. Der Bahnhof aus dem Jahr 1844 lag am Anfang der 35 Meilen langen Eisenbahnlinie nach Armagh. Die Eisenbahngesellschaft wurde schließlich ein Opfer der irischen Teilung, da ihre Züge die kurvenreiche Grenze an 17 Stellen überqueren mußten und jedesmal Grenzkontrollen erforderlich waren. Der alte Bahnhof in der Great Victoria Street wurde mehr als einmal durch Bombenanschläge schwer beschädigt und schließlich abgerissen. Heute steht dort das **Europa Hotel**. Kein

Gebäude der Welt mußte mehr Bombenanschläge über sich ergehen lassen als dieses Hotel. Es hat über 30 Anschläge überstanden, war zwar zeitweilig geschlossen, aber seit einigen Jahren ist es wieder für Gäste geöffnet. Zeitweilig hieß es Hotel Forum International, wohl, um von dem Image eines Pulverfasses wegzukommen. Hier zu übernachten, kann nur Leuten mit dicker Brieftasche empfohlen werden. Gemütlicher als das Hotel-Restaurant sind die beiden gegenüberliegenden Kneipen, Robinson's und die Crown Bar. Hier bekommt man mittags eine komplette und nicht allzu teure Mahlzeit. In der Crown Bar mit ihrer eindrucksvollen Fassade und der langen Holztheke wurde vor einer Generation der Film „Der Ausgestoßene" mit James Mason gedreht.

Am Ende stößt die Great Victoria Street auf den Shaftesbury Square. Um den Platz herum liegen viele kleine und relativ billige Restaurants und Fast-Food-Läden. Über die Botanic Avenue gelangt man dann zum **Botanischen Garten**. Der Garten wurde in den letzten 150 Jahren kontinuierlich aufgebaut. Besondere Aufmerksamkeit verdienen der gläserne Dom des Palmenhauses, das vermutlich älteste Beispiel dieser Bauweise in der Welt, und das Ulster Museum, das am Rande des Botanischen Gartens liegt. In der Kunstgalerie des Museums hängen die unvermeidlichen Porträts von 13 US-amerikanischen Präsidenten, denen nachgesagt wird, daß ihre Vorfahren aus Ulster kamen.

Gleich nebenan liegt das imposante Gebäude der Queen's University. Der rote Backsteinbau im viktorianischen Stil stammt aus dem Jahr 1849. Von der University Road gelangt man links in die **Malone Road**. Die Gegend zwischen der Malone Road und dem Lagan ist noch immer sehr grün. Weil es sehr viele Quellen gab, war hier früher das Wasserreservoir Belfasts. Gleich am Anfang der Malone Road liegt auf der rechten Seite das Methodist College. Ursprünglich sollten hier Theologie-Studenten ausgebildet werden, doch heute ist das College eine protestantische Oberschule. In den Häusern der Malone Road und ihrer Seitenstraßen wohnen protestantische und katholische Oberschicht einträchtig nebeneinander. Vom Krieg ist hier kaum etwas zu spüren. Gepflegte Vorgärten und teure Autos in den Einfahrten bestimmten das Bild dieses – gepflegt langweiligen – Wohnviertels. Die Malone Road führt vorbei an der protestantischen Fisherwick-Kirche, zahllosen Sportplätzen und Parks und schließlich (an der Einmündung in die Balmoral Avenue) zur King's Hall, in der viele Boxveranstaltungen stattgefunden haben. Hier trugen die Unionisten im Jahr 1912 fast 500.000 Unterschriften gegen die Einführung einer eigenen Regierung in Irland zusammen.

Die Verlängerung der Balmoral Avenue auf der anderen Seite der Lisburn Road heißt Stockman's Lane. Links liegt der Musgrave Park mit

Die Queen's University im Süden Belfasts. (Foto: rs)

Sportanlagen sowie dem Musgrave Park Hospital, wo 1981 zehn republikanische Gefangene im Hungerstreik für ihre Anerkennung als politische Gefangene starben. Am Ende von Stockman's Lane und am Anfang von Kennedy Way deutet eine Schranke darauf hin, daß man auf dem Weg in ein republikanisches Viertel ist. Besonders in den 70er Jahren wurden die Schranken nachts von Polizei und britischer Armee regelmäßig geschlossen, damit sie die Zufahrtsstraßen in die republikanischen Viertel besser kontrollieren konnten.

Unser Rundweg führt – über Kennedy Way und Andersonstown Road – nach **Andersonstown**. Dieser Stadtteil hieß früher Whitesidestown, benannt nach einer einflußreichen Familie, die hier wohnte. Im Zentrum von Andersonstown liegt Avoca Park, ein flacher Ladenkomplex, an dem zahlreiche Demonstrationen – vor allem während des Hungerstreiks 1981 – mit einer Kundgebung endeten. Von Avoca Park zum „PDF", einem „Social Club" mit Kneipe und Billardraum, sind es nur wenige Schritte. Die Profite aus dem PDF gehen an die Familien republikanischer Gefangener. Der Eingang ist mit einem Drahtkäfig und einer Kamera gesichert, um sich vor Überfällen der Loyalisten zu schützen. Zugang zum Club haben nur

Mitglieder und ihre Gäste. Von solchen Clubs gibt es eine ganze Reihe im katholischen West Belfast, aber auch an der Shankill Road und im Ostteil der Stadt, wo die Gewinne an die Familien loyalistischer Gefangener gehen.

In Andersonstown sind einige der schönsten Wandgemälde zu sehen, die viele Giebelwände in den Gettos zieren. Hier von „Graffitti" zu sprechen, würde den Gemälden Unrecht tun. Sie sind von erstaunlichem künstlerischen Niveau, vor allem wenn man bedenkt, daß die Arbeit der Künstler nicht ungefährlich ist. Es ist vorgekommen, daß die RUC Maler erschossen hat, weil sie den Pinsel angeblich für eine Pistole gehalten hat. Oft beschlagnahmen die Soldaten die Farbtöpfe unter dem Vorwand, sie auf Sprengstoff hin untersuchen zu müssen. So stehen an den Straßenecken Kids mit Trillerpfeifen, die die Maler warnen. Britische Armeepatrouillen werfen im Vorbeifahren gerne Farbbeutel auf die Gemälde, die jedoch in den meisten Fällen schon am nächsten Tag wieder restauriert sind.

Die Verlängerung der Andersonstown Road führt in die Außenbezirke des katholischen West Belfast, in die „Suburbs" Suffolk, Lenadoon und Twinbrook. Unsere Route führt jedoch zurück, am Kennedy Way und einem festungsartigen Polizeirevier vorbei zum **Milltown Cemetry**, einem katholischen Friedhof. Am unteren Ende des Friedhofs, nur hundert Meter von der Autobahn M 1 entfernt, liegt der republikanische Teil. Hier sind die Belfaster IRA- und INLA-Mitglieder beerdigt, die im Laufe des 20jährigen Bürgerkriegs ums Leben gekommen sind. Die bekanntesten davon sind neben Bobby Sands die drei IRA-Leute Mairead Farrell, Sean Savage und Dany McCann, die im Jahr 1988 von der britischen Sondereinsatzgruppe SAS in Gibraltar ermordet worden waren. Bei ihrer Beerdigung richtete ein loyalistischer Attentäter ein Blutbad auf dem Milltown-Friedhof an, als er Handgranaten in die Trauermenge warf und wahllos Schüsse aus zwei Pistolen abfeuerte. Drei Menschen starben bei der Verfolgung des Attentäters, über hundert wurden verletzt.

Vom Friedhof aus führt die Route nach rechts in die **Falls Road**. Der Name der Straße bezieht sich nicht etwa auf einen Wasserfall, sondern stammt von dem Wort „Fals" (Hecken) ab. Die Geschichte dieser Straße spiegelt die Geschichte Belfasts wieder. Im Jahr 1835 lagen vier der zehn großen dampfgetriebenen Flachsspinnereien in der Falls Road. Die meisten Häuser in dieser Gegend wurden bis zur Jahrhundertwende gebaut. Sie gehörten meist den Fabrikbesitzern, die den Arbeitern die Miete vom Lohn abzogen. Die Häuser waren nicht sehr stabil gebaut, und die älteren von ihnen wurden ab 1890 schon wieder abgerissen. Da die Bevölkerung von Belfast in der zweiten Hälfte des letzten Jahrhunderts explosionsartig

Bild oben: In den Falls, West Belfast (Foto: Belfast Exposed). Bild unten: Nach der Explosion einer Autobombe 1982 im City Center von Belfast (Foto: Pacemaker).

anwuchs, waren viele Häuser überbelegt. Manchmal wohnten ganze Familien in einem kleinen Zimmer. Noch zu Anfang des 19. Jahrhunderts lebten nur 20.000 Menschen in Belfast, im Jahr 1851 waren es noch unter 100.000, aber schon fünfzig Jahre später wohnten 350.000 Menschen in der Stadt, von denen nur ein Fünftel in Belfast geboren war. Seit dem Niedergang der Schlüsselindustrien in den 30er Jahren und besonders seit Ausbruch des Konflikts stagniert die Bevölkerungszahl.

Im Gegensatz zu Andersonstown, das zum Teil erst nach dem zweiten Weltkrieg aufgebaut worden ist, wirkt das obere Ende der Falls Road ziemlich heruntergekommen. Auf der linken Seite liegt der große Falls Park mit dem katholischen Stadt-Friedhof. Der Park verdankt seine Existenz einem Zufall. Die Stadtverwaltung hatte Mitte des letzten Jahrhunderts das gesamte Gelände als Friedhof vorgesehen. Da sie sich jedoch mit dem damaligen katholischen Bischof Dorrian nicht über bestimmte Rechte einigen konnte, kaufte dieser ein Stück Land und legte den Milltown-Friedhof an. Der Falls Park wurde 1878 eröffnet. Hinter dem Park liegen die Viertel Ballymurphy und Turf Lodge. Bei Wahlen gewinnt Sinn Féin-Präsident Gerry Adams hier nahezu ohne Gegenstimmen. Gegenüber den Vierteln befinden sich zwei große Festungen der Sicherheitskräfte, Fort Pegasus und New Barnsley, Symbole militärischer Besetzung.

Wir gehen ein Stück weiter die Falls Road herunter, bis wir zur Donegall Road kommen. Am Fuß der Straße, kurz vor der Autobahn, lag früher der **Celtic Park**. In diesem Fußballstadion trug die Mannschaft von Belfast Celtic ihre Heimspiele aus. Celtic gewann in den Jahren 1936 bis 1941 sechsmal hintereinander die nordirischen Fußballmeisterschaften. Der „katholische" Verein war lange Zeit der größte Rivale des „protestantischen" FC Linfield, doch seit 1949 gibt es Belfast Celtic nicht mehr. Der Name des Vereins wurde keineswegs vom Glasgower Namensvetter übernommen, sondern umgekehrt: Belfast Celtic war sechs Jahre älter. Im Jahr 1912 hielt Winston Churchill im Celtic Park eine Rede, in der er sich für eine eingeschränkte irische Selbstverwaltung aussprach. Er mußte das Stadion danach unter Polizeischutz verlassen, weil er von wütenden Unionisten bedroht worden war. An der Stelle des historischen Stadions findet man heute nur noch einen Supermarkt.

Ein Stück weiter die Falls Road hinunter liegt der **Dunville Park**. Hier beginnen die meisten Demonstrationen und die Ostermärsche zur Erinnerung an den Aufstand von 1916. Der Park wurde nach William Dunville benannt, der 1869 in der Grosvenor Road die größte Whiskeybrennerei Belfasts errichtete. Die Brennerei expandierte kontinuierlich und wurde schließlich zur größten Destille im „Vereinigten Königreich von Großbritannien und Nordirland". Völlig überraschend kam daher am 31. Dezember 1936 die freiwillige Bankrotterklärung der Brennerei. 400 Arbeiter verloren ihren Job. Der Park, in dessen Zentrum ein Springbrunnen steht, war der Stadt von den Dunvilles geschenkt worden.

Ein paar Schritte weiter auf der linken Seite steht das **Sinn Féin-Hauptquartier**, in dem auch das Belfaster Büro der Zeitung „An Phoblacht / Republic News" untergebracht ist. Vor dem Gebäude auf dem Gehweg liegen in dichtem Abstand mehrere große Steinblöcke. Sie sollen Anschläge mit Autobomben verhindern. Im Erdgeschoß befindet sich ein Buchladen von Green Cross, einer republikanischen Gefangenen-Hilfsorganisation. Der Buchladen hat zwar keine sehr große Auswahl, ist aber in republikanischer Literatur gut sortiert. Ein Stück weiter geht links die Conway Street ab. Hier liegt die **Conway Mill**, ein altes Fabrikgelände, das von verschiedenen Kooperativen übernommen und wieder aufgebaut wurde. Das Selbsthilfe-Projekt der Arbeitslosen umfaßt eine Glasschleiferei, eine Möbeltischlerei, ein Café, eine Galerie, eine „Volkshochschule" und anderes mehr. Die Conway Mill steckt jedoch in finanziellen Schwierigkeiten. Die britische Regierung hat sämtliche Mittel gestrichen, weil die Kooperative angeblich Verbindungen zu „Terroristen" hat. Genauso erging es allen anderen Projekten in West Belfast. Ihnen wurde erklärt, daß die Gelder sofort wieder fließen würden, wenn sie sich außerhalb West Belfasts ansiedelten. So ist dafür gesorgt, daß dieses Viertel weiterhin zu den ärmsten Regionen in der Europäischen Gemeinschaft gehört. Unterdessen fließen die Gelder, die zur Hälfte aus Mitteln der EG stammen, in den protestantischen Ostteil der Stadt, dem sogar ein neues Schwimmbad spendiert wurde, während in West Belfast die Arbeitslosigkeit bis zu 80 Prozent beträgt.

Die Rückwand der Conway Mill stößt – wie sollte es anders sein – an ein Militärfort mit Wachtürmen (North Howard Street-Barracks). Rechts und links von diesem erstreckt sich eine insgesamt 1,5 km lange Mauer. Diese **„Friedenslinie"** riegelt sämtliche Verbindungsstraßen zwischen den „Lower Falls" und der loyalistischen Shankill Road ab. Anfang der siebziger Jahre, vor dem Bau der „Friedenslinie", kam es fast jede Nacht zu loyalistischen Überfällen auf die Falls und zu regelmäßigen Schießereien zwischen beiden Vierteln. Als Folge davon verließen viele Katholiken ihre Häuser, die dann von Armee und Polizei aus Angst vor Heckenschützen zugemauert wurden. Die Gegend der Lower Falls glich einer Trümmerlandschaft. Inzwischen hat die Stadtverwaltung dieses Gelände beiderseits der Falls Road und ihrer Verlängerung, der Divis Street, mit neuen Einfamilienhäusern bebaut. Am Ende der Divis Street stehen auf der rechten Seite die Überreste der **Divis Flats**, einer Hochhaussiedlung aus den 60er Jahren. Bei der Planung der Wohnblocks hatte die britische Armee

Bild oben: Black Taxis auf der Falls Road. Bild unten: Die aus EG-Mitteln finanzierte Mauer, die den katholischen Teil West Belfasts von den benachbarten protestantischen Vierteln trennt. (Fotos: Sabine & Mario Böhne-Di Leo)

ein Mitspracherecht. So gab es nur wenige Ausgänge, was die Überwachung des Blocks erleichterte. Auf dem „Tower", dem höchsten Gebäude der Divis Flats, richtete die Armee einen Stützpunkt ein, der per Hubschrauber versorgt werden muß. Von hier lassen sich weite Teile der Lower Falls überwachen. Dennoch entwickelten sich die Divis Flats zu einer Hochburg republikanischer Guerillaaktivitäten. Es gelang der Armee nie, die Blocks unter Kontrolle zu bringen. Inzwischen sind viele Wohnblocks wieder abgerissen, der Tower mit dem Armee-Stützpunkt soll jedoch stehen bleiben. Direkt hinter den Divis Flats verläuft die neue Stadtautobahn, der Westlink. Da er sehr tief gelegen ist, hat er die gleiche Wirkung wie eine Mauer und beschränkt die Zufahrt nach West Belfast auf wenige Hauptstraßen, die natürlich leichter kontrolliert werden können – Stadtplanung als Mittel der Aufruhrkontrolle.

Die Divis Street geht am Ende in die Castle Street über, die ins Stadtzentrum führt. Auf der linken Seite liegt ein großer Parkplatz. Ein Teil davon ist abgeteilt und in einen Taxi-Halteplatz umgewandelt. Es sind jedoch keine normalen Taxis, die hier halten, sondern die **„Black Taxis"**, die schwarzen Linientaxis. Das Black-Taxi-System, das es auch in Derry gibt, ist ein selbstorganisierter Taxidienst, der 1971 zur Zeit der „No Go Areas" entstand. Damals wurde der Busverkehr in die katholischen und protestantischen Gettos eingestellt. Als die Busse später wieder fuhren, wurden die Black Taxis beibehalten, da sie wesentlich billiger und bequemer sind. Außerdem sind sie zuverlässiger, da sie regelmäßig verkehren, während beispielsweise ins abgelegene Twinbrook nur selten Busse fahren. Die Taxis werden gebraucht in England gekauft, ihre Lebensdauer beträgt zwei bis drei Jahre. Auf der Falls Road fahren etwa 400 Taxen, auf der Shankill Road und in Derry sind es jeweils ca. 300. Jeder Fahrer fährt auf eigene Rechnung, gefahren wird ab drei Uhr morgens. Zuerst waren diese Taxis nicht versichert, was die britische Regierung zum Anlaß nahm, gerichtlich gegen sie vorzugehen. Die Fahrer mußten sich daher bei einer englischen Gesellschaft versichern. Diese wurde von London jedoch unter Druck gesetzt und kündigte schließlich den Vertrag. Daraufhin gründeten die Taxifahrer eine eigene Versicherungsgesellschaft. Der britischen Regierung ist diese Selbstorganisation ein Dorn im Auge, doch alle Versuche, den Taxifahrern Verbindungen zu paramilitärischen Organisationen nachzuweisen und die Black Taxis von den Getto-Straßen zu verbannen, sind fehlgeschlagen.

Vom Taxi-Halteplatz kann man auch ein republikanisches Black Taxi in die katholischen Enklaven im Norden Belfasts nehmen. Hier sind insbesondere Ardoyne und New Lodge zu nennen. In den letzten Jahren sind die Straßen im Norden der Stadt immer mehr zu „killing fields" geworden.

Bild oben: Militärpatrouille in Divis Flats, West Belfast (Foto: Pacemaker)
Bild unten: Drahtverhaue und Kameras gegen loyalistische Überfälle: ein Pub in North Belfast (Foto: Dietrich Schulze-Marmeling)

Nirgendwo in Nordirland wurden so viele katholische Zivilisten von loyalistischen Todesschwadronen ermordet wie in North Belfast. Über 500 der insgesamt 2700 Konfliktopfer entfallen auf den Belfaster Norden.

Nach Ardoyne führt die Crumlin Road, an der auch das berühmt-berüchtigte Gericht liegt, in dem viele der politischen Prozesse stattfanden. Ein historischer Bau, auf dessen Dach eine Statue Justitias steht und der von Stahlzäunen, Wachtürmen und Kameras eingerahmt wird.

Ardoyne ist die größte der katholischen Enklaven in mehrheitlich protestantischen Gebieten Belfasts. Das Viertel ist von Mauern und hohen Wellblechzäunen umgeben. Die Arbeitslosigkeit beträgt hier ca. 70%. Das Viertel selbst bietet kaum Arbeitsmöglichkeiten. Doch viele Bürger haben Angst, Arbeit außerhalb des Viertels anzunehmen. Der Weg dorthin, wäre mit Risiken für Leib und Leben belastet. Gegenüber dem Eingang der Enklave signalisiert eine in britischen Farben angemalte Straßensperre aus Betonklötzen, daß hier loyalistisches „Feindesland" beginnt. Zu Fuß wagt sich kaum jemand die Crumlin Road hinunter. Deshalb ist die Taxi-Verbindung für die Bewohner Ardoynes von großer Bedeutung. Aber auch die Black Taxis wurden wiederholt angegriffen. Nach 18 Uhr gibt es keinen Black Taxi-Verkehr in den Belfaster Norden.

New Lodge liegt rechts der Antrim Road, auszumachen an einem Block von Hochhäusern („Artillerie Flats"), auf dem sich – wie in Divis Flats – eine Militärstation befindet, sowie einem vergitterten Beobachtungsposten der Polizei gegenüber dem Eingang zum Viertel. In der Antrim Road-Gegend liegen protestantische und katholische Straßen manchmal direkt nebeneinander. Zuweilen werden sie – wie bei Duncairn Gardens – durch einen Stahlzaun voneinander getrennt. Es empfiehlt sich kaum, in dieser Gegend ein Pub aufzusuchen. Gerade Kneipen sind immer wieder Objekte von Brand- und Bombenanschlägen.

Nach dem überwiegend katholischen Westen der Stadt ist die soziale Situation im konfessionell gemischten Norden die miserabelste in Belfast. Aber auch hier sind Katholiken deutlich stärker von Arbeitslosigkeit betroffen als ihre protestantischen Mitbürger. North Belfaster Protestanten füllen die unteren Lohngruppen bei den größten Unternehmen, Harland & Wolff und Shorts, während die Facharbeiterstellen zumeist den Kollegen aus dem Osten der Stadt vorbehalten bleiben.

An der Cliftonville Road, die links von der Antrim Road abbiegt, befindet sich im übrigen **„Solitude"**, das Stadion des Cliftonville F.C. „Die Roten", wie der Club aufgrund seiner Trikotfarben genannt wird, sind der einzige nationalistische Verein in der von Loyalisten dominierten nordirischen Fußball-Liga.

Während North Belfast ebenso wie West Belfast mit Polizei- und

Armeestationen übersät ist, bietet sich dem Besucher auf der anderen Seite des Flusses Lagan, im **Ostteil** der Stadt, ein anderes Bild. Polizei und Armee trifft man hier, wo der Großteil der protestantischen Arbeiter und der Industrie beheimatet ist, nur in der kleinen katholischen Enklave Short Strand massiver an. Die Wahrzeichen East Belfasts sind „Samson" und „Goliath", die beiden großen Kräne der Schiffswerft Harland & Wolff.

Es ist eine Gegend, in der sich Loyalisten zu Hause fühlen. An der Newtownards Road ist das Hauptquartier der Ulster Defence Association (UDA). Unweit davon befindet sich ein Mahnmal für alle getöteten UDA- und UFF-Mitglieder aus East Belfast. Auch in diesem Teil Belfasts gibt es an vielen Häuserwänden bunte **Wandgemälde**. Immer wiederkehrende Motive der loyalistischen Bilder sind König Wilhelm von Oranien, der in der legendären Schlacht am Boyne (1690) seinen katholischen Thronwidersacher James II. besiegte und damit die protestantische Vorherrschaft militärisch zementierte, und die britische Krone.

Mehr als die Wandbilder der katholischen Viertel schwelgen die protestantischen Malereien in der Vergangenheit. (Bei den Katholiken ist das – allerdings weniger strapazierte – Gegenstück zur Schlacht am Boyne der Dubliner Osteraufstand gegen die englische Kolonialherrschaft im Jahre 1916). Neben der Verherrlichung der Schlacht von 1690 begegnet man immer wieder Bildern, die daran erinnern, daß die loyalistische Ulster Volunteer Force (UVF) im ersten Weltkrieg an der Seite der Krone kämpfte und nahezu vollständig vernichtet wurde. Das beeindruckendste Gemälde dieser Art befindet sich an der Außenwand der Orange Cross-Bar, dem an der Shankill Road gelegenen Social Club der heute illegalen UVF-Paramilitärs. In den Bildern kommt zugleich eine gewisse Verbitterung über die „Undankbarkeit" der Krone gegenüber ihren Treuesten zum Ausdruck: Die Aufzählung der Schlachten, die die UVF für die Krone geschlagen hat, endet mit dem Hinweis auf Long Kesh, dem 1971 eröffneten Internierungslager in Nordirland, in dem in den frühen 70er Jahren neben vielen Republikanern auch einige UVF'ler saßen.

An dieser Stelle noch ein kleiner Schlüssel für die zahlreichen Kürzel an den Belfaster Hauswänden und Mauern. Wie man IRA, INLA, UDA, UVF, UFF und PAF zu übersetzen hat, wissen wir bereits (bzw. können es im Anhang dieses Buches nachschlagen). Aber was bedeuten UTP, FTQ und FTP? Das sind keine paramilitärischen Splittergruppen, sondern diskrete Abkürzungen für allseits bekannte Parolen. UTP bedeutet „Up The Provos" („Provos" für Provisional IRA) und findet sich daher zumeist in katholischen Vierteln. Das gleiche gilt für FTQ, das für „Fuck The Queen" steht. FTP lesen wir hingegen in der Regel nur an protestantischen Häuserwänden: „Fuck The Pope".

Wandbilder der IRA (oben) in Divis Flats sowie der UVF (unten) in Shankill.
(Fotos: Böhne-Di Leo; Schulze-Marmeling)

Wer noch Zeit und Lust hat, sollte sich noch einige weitere Konfliktviertel in Belfast anschauen. In diesen Vierteln erhält man immer den realistischsten Einblick in das, was der Nordirland-Konflikt im Alltag des Volkes bedeutet.

Zu den Problemvierteln gehört sicherlich auch **Markets**, das in unmittelbarer Nähe zum Hauptbahnhof liegt. Von dem bereits genannten Short Strand trennt Markets nur die Albert Bridge bzw. der Lagan. Wie die Enklave im Osten ist auch Markets, das zum Süden Belfasts gerechnet wird, immer wieder loyalistischen Attacken ausgesetzt. Markets ist ein Beispiel dafür, was man in Belfast „Redevelopment" nennt. An die Stelle der alten, halbverfallenen, oftmals auch während der Auseinandersetzungen ausgebrannten Häuser traten Reihen von roten Ziegelsteinhäusern mit auffallend kleinen Fenstern. Von ähnlichen Neubausiedlungen in protestantischen Gegenden unterscheidet sich Markets nur durch die IRA-Parolen an den Wänden und durch die zweisprachigen (englischen und gälischen) Straßenschilder, mit denen die Bürger ihr Viertel ausstatteten. Mittlerweile ist der „Redevelopment"-Prozeß ins Stocken geraten, da es an öffentlichen Mitteln dafür fehlt.

Überragt wird Markets vom Skelett des Kessels der Belfaster Gaswerke. Er wurde in den 70er Jahren von der IRA in die Luft gejagt. Noch heute erzählen Belfaster von dem Tag, an dem sich nach einem ohrenbetäubenden Knall der Himmel über der Stadt tiefrot färbte.

Als weiteres Konfliktviertel soll noch **Sandy Row** erwähnt werden, ebenfalls im Süden der Stadt. Gemeinsam mit „The Village" bildet Sandy Row ein loyalistisches Siedlungsgebiet, das sich vom Shaftesbury Square, entlang der Donegall Road bis zum Motorway 1 / Westlink erstreckt. Hier befinden sich u.a. die Halle des Belfaster Orangeisten Ordens und der Social Club der Anhänger von Rangers Glasgow, ein bekannter Treffpunkt militanter Loyalisten. Nicht weit davon entfernt ist der Windsor Park, das Stadion des loyalistischen Fußballclubs Linfield F.C., der eine führende Rolle im nordirischen Fußball spielt. Im Windsor Park werden auch die Spiele der nordirischen „National"mannschaft ausgetragen. Die Lage des Stadions gewährleistet, daß zu den Länderspielen kaum Katholiken kommen.

Zum Abschluß unseres Rundgangs noch ein heißer Tip für den Abend: Gleich rechts vom bereits erwähnten Smithfield Market (nahe dem Halteplatz der republikanischen Black Taxis) liegt **Madden's**, eine äußerlich unscheinbare Kneipe, deren Obergeschoß jedoch mit viel Holz und echten Gaslampen restauriert worden ist. Montags und mittwochs finden hier Musik-Sessions statt, die einen Besuch allemal lohnen.

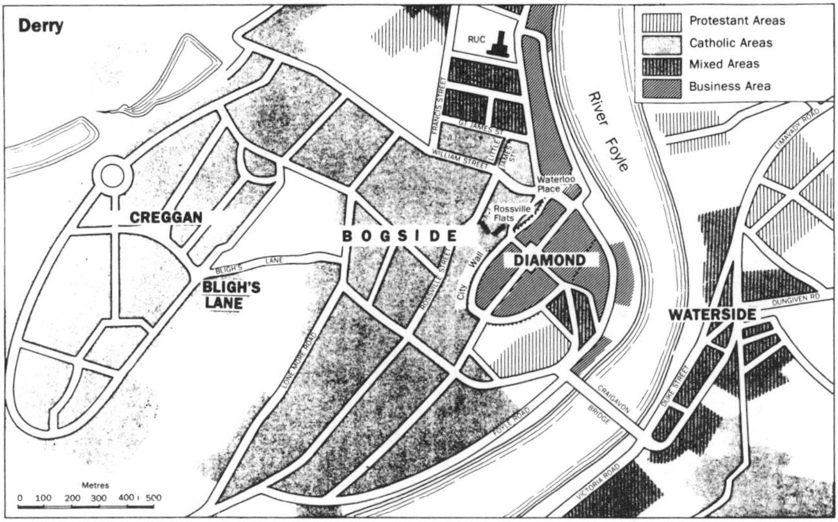

DERRY

Derry ist eine mehrheitlich katholische Stadt, die jedoch für beide Konfessionsgruppen ein geschichtsträchtiger Ort ist. Der Name der Stadt ist gälischen Ursprungs: „Doire" (Eiche). Bei den nordirischen Protestanten und den Briten heißt Derry seit drei Jahrhunderten „Londonderry". Die Stadt erhielt diesen Namenszusatz im 17. Jahrhundert von einem englischen Unternehmen, das die Ansiedlung von englischen und schottischen Protestanten in Ulster betrieb. Seither beharren die Unionisten auf diesem Zusatz ebenso zäh, wie die Nationalisten ihn ablehnen. Wer auf dem Weg nach Derry in eine Straßenkontrolle der staatlichen Sicherheitskräfte gerät, sollte die Frage nach dem Zielort besser mit „Londonderry" statt „Derry" beantworten, sofern er eine Diskussion oder gar Schikanen vermeiden will. Insbesondere dann, wenn er es mit dem loyalistischen Ulster Defence Regiment (UDR) zu tun hat.

Für Protestanten wie Katholiken ist Derry eine Stadt mit hoher symbolischer Bedeutung. 1689 wurde sie von James II. belagert, der mit Hilfe irischer-katholischer Verbündeter Irland erorbern und von dort aus den englischen Thron von seinem protestantischen Widersacher, William von Oranien, zurückgewinnen wollte. Als er sich mit seinen Truppen der Stadt näherte, flüchteten 35.000 Protestanten hinter die Stadtmauern und schlossen die Tore. Während der englische Gouverneur der Stadt bereit war, mit James II. zu verhandeln, verkündete eine Gruppe militanter Protestanten, die „Apprentice Boys", ihr „No Surrender". Die Belagerung James II. brach schließlich zusammen.

Noch heute zelebrieren die Loyalisten an jedem 12. August ihren erfolgreichen Widerstand gegen die katholischen Belagerer. Ihre Paraden münden gewöhnlich in Angriffe auf die katholischen Gettos Bogside und Brandywell, die direkt unterhalb der Stadtmauern liegen. Meist sind es an die 30.000 Loyalisten aus allen Teilen Nordirlands, die an diesem Tag in der mehrheitlich katholischen Stadt protestantische Überlegenheit demonstrieren. Nach dem 12. Juli (an dem 1690 James II. in der Schlacht am Boyne durch Wilhelm von Oranien besiegt wurde) ist der 12. August der bedeutendste loyalistische Gedenk- und Kampftag.

Die symbolische Bedeutung Derrys für die Katholiken bestimmt sich vor allem aus zwei zentralen Ereignissen des derzeitigen Bürgerkrieges: der „Battle of the Bogside", als 1969 die Bewohner des Katholikenviertels ihr Gebiet gegen Polizei und loyalistische Horden verteidigten, und den „Bloody Sunday" 1972. Es ist kein Wunder, daß Derry von Anfang an ein zentraler Schauplatz des Bürgerkrieges war.

Für die Katholiken war Derry stets das Beispiel schlechthin für die diskriminierenden Folgen unionistischer Vorherrschaft. Viele Jahre lang garantierten das Mehrfachwahlrecht und die Festlegung der Wahlkreisgrenzen der protestantischen Minderheit eine klare Mehrheit im kommunalen Parlament. Ohne die innerirische Grenze, die Derry von seinem natürlichen Hinterland abschneidet, hätte sich der Ort zum Wirtschaftszentrum des westlichen Ulster entwickeln können. Stattdessen landete Derry im geografischen und ökonomischen Abseits. In den 47 Jahren zwischen der irischen Teilung und dem Ausbruch des Konfliktes 1968 wurde fast keine neue Fabrik in Derry eröffnet. Die internationalen Investitionen der 50er und 60er Jahre flossen ebenfalls an Derry vorbei. 1964 lehnte die nordirische Regierung den Ausbau des Hafens ab, der während des zweiten Weltkriegs für die US-Army eine gewisse Rolle gespielt hatte. Später wurde Derry auch noch verwehrt, die zweite Universitätsstadt Nordirlands zu werden. Stattdessen erhielt die benachbarte, erheblich kleinere (aber eben protestantische) Marktstadt Coleraine den Vorzug. 1968 waren 20,1% der erwachsenen Bevölkerung Derrys arbeitslos, während seinerzeit die Arbeitslosigkeit im gesamten Nordirland 8,1% und in Großbritannien gar nur 2,6% betrug.

Im Verlauf des Bürgerkriegs änderte sich daran nichts. Mit knapp 30% zählt Derry auch heute noch zu den Städten mit der höchsten Arbeitslosenquote. Zwar haben sich mittlerweile einige internationale Investoren in der Umgebung der Stadt niedergelassen, aber trotzdem wird die Stadt

Gedenkmarsch für die Opfer des „Bloody Sunday", Derry, 1984.
(Foto: AnPhoblacht/Republican News)

bei der Vergabe von Subventionen – ob für die industrielle oder touristische Infrastruktur – nach wie vor diskriminiert. So ist diese zweitgrößte Stadt Nordirlands und viertgrößte der Insel zum Armenhaus geworden.

Immerhin hat es Derry der Wahlkreisreform und der Abschaffung des Mehrfachwahlrechts zu verdanken, daß die Zusammensetzung des Stadtrats heute dem politischen und konfessionellen Kräfteverhältnis der Bevölkerung entspricht. Seit den Kommunalwahlen von 1985 bilden SDLP und Sinn Féin eine nationalistische Mehrheit im Stadtrat. Während in Belfast Sinn Féin die führende nationalistische Partei ist, spielt in Derry die SDLP die größere Rolle. Die Gründe hierfür sind eine deutlich größere Zahl von katholischen Mittelklässlern in Derry und Umgebung sowie die hohe Reputation, die der SDLP-Vorsitzende John Hume hier genießt. Er ist Bürger der Stadt und ehemaliger Bürgerrechtler. 1983 wurde mit John Hume erstmals in der Geschichte Derrys ein nicht-unionistischer Abgeordneter Mitglied des britischen Unterhauses.

Aufgrund der britischen Direktherrschaft sind die Kompetenzen der nationalistischen Stadtratsmehrheit mit denen der früheren unionistischen kaum zu vergleichen. Die Erfolge der SDLP/Sinn Féin-Mehrheit sind deshalb zumeist symbolischer Natur. Die Stadtratsmehrheit organisiert Besuche bei aus Derry stammenden republikanischen Gefangenen in englischen Gefängnissen, fordert deren Repatriierung nach Nordirland und unterstützt bei bestimmten politischen Gefangenen die Forderung nach ihrer Freilassung. Hohen Symbolgehalt hatte auch die Rückbenennung der Stadt in „Derry" (statt „Londonderry"). Das stieß erwartungsgemäß auf heftigen Widerspruch der Loyalisten. Auf Geheiß der britischen Regierung gilt diese Umbenennung nur für Angelegenheiten, die in die Kompetenz des Stadtrates fallen. Bis zum Ortseingang bleibt Derry also weiterhin Londonderry und ist auf Hinweisschildern auch so benannt.

Auch der rasante Wiederaufstieg von **Derry City** (siehe auch Kapitel „Bomben, Bälle, Hurlingschläger") wäre ohne die nationalistische Stadtratsmehrheit nicht denkbar gewesen. Der Stadtrat fördert die Tätigkeiten des Vereins, dessen Stadion im katholischen Brandywell-Getto liegt. Im Stadion selbst steht eine große Stelltafel mit den Worten: „Sport für alle! Der Stadtrat von Derry!" Die Bedeutung des Vereinslebens für die katholischen Bürger Derrys soll nicht unterschätzt werden: Derry City ist heute das Aushängeschild der Stadt schlechthin, und die Erfolge des Vereins tragen nicht unwesentlich zur Moral der nationalistischen Bevölkerungsgruppe bei. Zwar war die Wiederbelebung des Vereins nicht zuletzt ein Projekt cleverer Geschäftsleute, doch das Gros der Fans und Vereinsaktiven stellen die republikanischen Gettos. Sie werden auch „The Red Army" genannt. Kein anderer irischer Fußballverein – ob im Norden oder im Süden – hat so hohe Zuschauerzahlen bei seinem Heimspielen wie Derry City. Dennoch kam es bislang noch nie zu Ausschreitungen – wohl eine Folge der Tatsache, daß sich Polizei und Armee von den Heimspielen in Brandywell fernhalten. Zu den prominentesten Stammgästen zählen dort neben Bischof Edward Daly auch Eamonn McCann, ein profilierter linker Schriftsteller, sowie Martin McGuinness, ehemaliger IRA-Führer und heute Vizepräsident von Sinn Féin. Sein Bruder zählte zu dem Team, das Derry City vor zwei Jahren in die höchste südirische Spielklasse führte. Alles in allem also kein Wunder, daß der Verein bei Derrys Loyalisten statt Fanclubs nur Haß und Verachtung findet.

Derry gilt heute als die westeuropäische Stadt, die am stärksten militärisch geprägt ist und – gemessen an der Einwohnerzahl – die höchste Dichte an Polizei- und Militäreinrichtungen hat. Dabei könnte Derry eine sehr schöne, ruhige und atmosphärische Stadt sein: die alte Innenstadt mit ihren Stadtmauern und Stadttoren, die Lage am Fluß Foyle, der hier ins Meer mündet, die Nähe zur wilden Schönheit Donegals... Doch die britische Vorherrschaft und der Bürgerkrieg haben die Stadt zugrundegerichtet. 300 Jahre nach der Belagerung durch James II. gleicht das **historische Stadtzentrum** wieder einer umkämpften Festung. Die alte Stadtmauer ist nicht begehbar, da die Armee über jedem Stadttor Wellblech- und Stacheldrahtbarrieren errichtet hat. Auf einem der Stadttore, dem Bishop's Gate, haben die Sicherheitskräfte zusätzlich eine Beobachtungsstation errichtet. Zwei weitere Stationen verunzieren die Grand Parade der Stadtmauer, zu deren Füßen an dieser Stelle die katholischen Unruheviertel Bogside und Brandywell liegen. Seitlich von den Beobachtungsstationen erstreckt sich eine ca. 100 Meter lange und vier Meter hohe Barrikade aus Wellblechplatten, Stahlrohren, Betonquadern und Stacheldrahtrollen. An dieser Stelle kommt es am 12. August immer wieder zu Auseinandersetzungen zwischen Loyalisten und Nationalisten.

Die alte Innenstadt ist noch immer von den IRA-Bomben der 70er Jahre gezeichnet. Hübsche alte Gebäude, wie man sie in der Belfaster Innenstadt kaum zu sehen bekommt, wechseln sich mit zerstörten Häusern und häßlichen, gesichtslosen Neubauten ab. Von den insgesamt acht Stadttoren laufen alle Straßen auf „The Diamond" zu; einem Platz mit einem Monument, das an die Bürger Derrys erinnert, die in den beiden Weltkriegen in der britischen Armee kämpften und fielen. Die zentrale Bishop Street ist für den öffentlichen Verkehr teilweise gesperrt. An ihrem Ende – wie sollte es anders sein – befindet sich eine Armee- und Polizeifestung. Aus dem gleichen Grund ist auch das dahinter liegende Bishop's Gate geschlossen. Dennoch werden von der IRA immer wieder Autobomben vor der Festung plaziert.

Der von den historischen Mauern umgebene Teil des Stadtzentrums bildet (zusammen mit dem loyalistischen Fountain-Viertel) eine protestantische Enklave auf der ansonsten katholischen Westseite des Foyles. Die Mehrheit der Protestanten lebt auf der Ostseite des Flusses („Waterside"), wohin die Craigavon-Bridge führt. Auf der „Westbank" dagegen liegen alle bedeutenderen Katholikengettos wie Bogside, Creggan, Brandywell und Shantallow. Die Bogside ist dabei das bekannteste und traditionsreichste. Man gelangt dorthin durch das Castle Gate.

Die meisten Sehenswürdigkeiten befinden sich gleich hier, entlang der **Rossville Street**: das Mahnmal für die 14 Toten vom „Bloody Sunday", errichtet von der Northern Ireland Civil Rights Association; eine alleinstehende Giebelwand mit der Begrüßung „You are now entering Free Derry" und das Pub „Bogside Inn". Während die Häuserzeile hinter der Giebelwand längst abgerissen ist, wird dieses Relikt aus den frühen 70er Jahren,

Bild links: Wellblechbarrieren verunzieren das historische Stadttor zur Bogside.

Bild unten: Giebelwand am Eingang zu „Free Derry“. Links im Bild ein Beobachtungsposten der Armee auf der alten Stadtmauer.

(Fotos: Dietrich Schulze-Marmeling)

als die katholischen Gettos sich von der britischen Herrschaft abkoppelten und einen republikanisch-sozialistischen Ministaat „im Staate" bildeten, wie ein Denkmal gepflegt. Jedes Jahr wird die Wand neu gestrichen. Außerdem wurde sie vor einigen Jahren mit Stützpfeilern versehen. An ihrer Spitze flattert zu Ostern die irische Trikolore. „Free Derry" fiel am 31. Juli 1972, als sich 5.000 britische Soldaten den Weg in die Gettos bahnten. Erstmals kamen dabei schwere Panzer in Nordirland zum Einsatz.

Hinter der Giebelwand liegt das „Bogside Inn", ein republikanisches Pub, das jedoch mit seiner Holzverkleidung und seinen ornamierten Fenstern gegen die Social Clubs in Belfast geradezu gediegen wirkt. Das war nicht immer so. Vor seiner Renovierung war das Gebäude ein unansehnlicher Betonklotz, dessen schmale Fenster eher Schießscharten glichen. Zur Zeit von „Free Derry" diente es der IRA als Hauptquartier.

Wen's interessiert, der kann hinter dem Pub noch das Büro der gälischen Sprachorganisation besuchen. Auch das Frauenhaus und eine kleine Ladenzeile befinden sich dort. Ansonsten geht der Rundgang weiter von der Rossville Street über die Lecky Road und die Brandywell Road zum Stadion von Derry City, das zugleich als Hunderennbahn dient. Hunderennen erfreuen sich bei den katholischen Unterklassen größter Beliebtheit.

Hinter dem Stadion liegt an einem Hang der städtische **Friedhof**. Er wirkt zugleich als „grüne Lunge" inmitten der Katholikengettos, deren Kohleöfen einem (wie in Belfast auch) den Atem verschlagen. Der untere Teil des Friedhofs gleicht mehr einem Park. Von halber Höhe aus schaut man in das Brandywell-Viertel, dahinter sieht man den Foyle. Im oberen Teil des Friedhofs ist der Republican Plot mit einem Denkmal für alle getöteten IRA-Mitglieder aus Derry. Hier steht man auch oberhalb der historischen Innenstadt, die wie eine mittelalterliche Festung auf dem gegenüberliegenden Hügel thront.

Hundegebell und Kohlegestank zeigen an, daß das nächste Viertel nicht weit entfernt sein kann. Hinter der Friedhofsmauer beginnt Creggan, das größte der katholischen Gettos. Von dort ist es übrigens nicht mehr weit bis zur inneririschen Grenze. Viele der IRA-Leute, die aus Derry flüchten mußten, leben heute „gegenüber" in Donegal. Über die „grüne Grenze" sickern sie immer wieder in die Stadt ein, um ihre Freunde und Verwandten zu besuchen.

Nennenswerte „Sehenswürdigkeiten" gibt es in Creggan nicht. Das trostlose Geschäftszentrum befindet sich am Central Drive, wo zu Ostern 1989 ein Mahnmal für die getöteten IRA-Akivisten aus dem Getto enthüllt wurde. Der Platz ist oft auch Ausgangspunkt republikanischer Demonstrationen, die sich dann den Berg hinunter in die Bogside schlängeln.

Über die Rossville Street und die William Street erreicht man wieder das Stadtzentrum. Gegenüber zwei Stadttoren, dem Magazine Gate und dem Ship Quay Gate, liegt die alte **Guildhall**, in der das Stadtparlament tagt. In den 70er Jahren versuchte eine Gruppe von IRA-Aktivisten, die Guildhall in die Luft zu sprengen. Ein Mitglied dieser Gruppe sitzt heute ironischerweise als Sinn Féin-Parlamentarier in eben diesem Gebäude (nachdem er zuvor zehn Jahre im Gefängnis zubringen mußte).

Vor dem Magazine Gate geht nach links die **Strand Road** ab, eine katholische Geschäftsstraße außerhalb des umwallten Stadtkerns. Hier befindet sich auch die bekannteste der zahlreichen Polizeistationen Derrys. Nach einer Reihe von IRA-Anschlägen errichtete die Polizei 1988 Barrieren vor der Station. Für Autos ist dieser Teil der Strand Road nicht mehr befahrbar; Fußgänger werden kontrolliert und müssen sich in die Tasche schauen lassen. Die Barrieren stoßen auf den heftigsten Protest der Geschäftsleute, die dazwischen angesiedelt sind, und wurden zum kommunalpolitischen Dauerthema. Unter welchem Blickwinkel auch immer, der nordirische Konflikt ist allemal prägend für das Leben der Menschen in diesem Land.

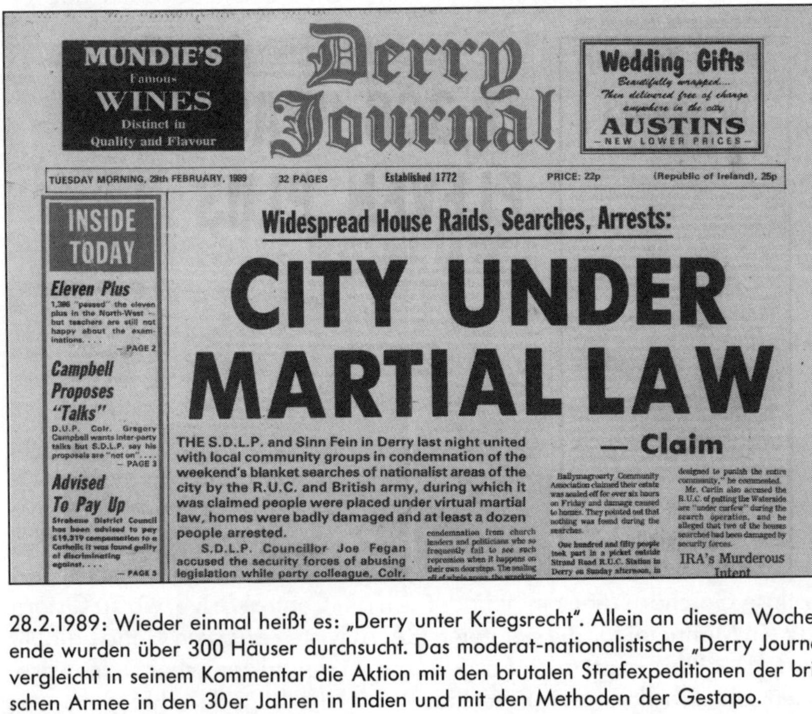

MUNDIE'S Famous WINES Distinct in Quality and Flavour

Derry Journal

Wedding Gifts Beautifully wrapped.... Then delivered free of charge anywhere in the city AUSTINS —NEW LOWER PRICES—

TUESDAY MORNING, 28th FEBRUARY, 1989 | 32 PAGES | Established 1772 | PRICE: 22p | (Republic of Ireland), 25p

INSIDE TODAY

Eleven Plus

1,386 "passed" the eleven plus in the North-West — but teachers are still not happy about the examinations. . . .
— PAGE 2

Campbell Proposes "Talks"

D.U.P. Colr. Gregory Campbell wants inter-party talks but S.D.L.P. say his proposals are "not on". . . .
— PAGE 3

Advised To Pay Up

Strabane District Council has been advised to pay £19,319 compensation to a Catholic it was found guilty of discriminating against. . . .
— PAGE 5

Widespread House Raids, Searches, Arrests:

CITY UNDER MARTIAL LAW

— Claim

THE S.D.L.P. and Sinn Fein in Derry last night united with local community groups in condemnation of the weekend's blanket searches of nationalist areas of the city by the R.U.C. and British army, during which it was claimed people were placed under virtual martial law, homes were badly damaged and at least a dozen people arrested.

S.D.L.P. Councillor Joe Fegan accused the security forces of abusing legislation while party colleague, Colr.

condemnation from church leaders and politicians who so frequently fail to see such repression when it happens on their own doorsteps. The sealing

Ballymagroarty Community Association claimed their estate was sealed off for over six hours on Friday and damage caused to homes. They pointed out that nothing was found during the searches.

One hundred and fifty people took part in a picket outside Strand Road R.U.C. Station in Derry on Sunday afternoon, in

designed to punish the entire community," he commented.

Mr. Carlin also accused the R.U.C. of putting the Waterside are "under curfew" during the search operation, and he alleged that two of the houses searched had been damaged by security forces.

IRA's Murderous Intent

28.2.1989: Wieder einmal heißt es: „Derry unter Kriegsrecht". Allein an diesem Wochenende wurden über 300 Häuser durchsucht. Das moderat-nationalistische „Derry Journal" vergleicht in seinem Kommentar die Aktion mit den brutalen Strafexpeditionen der britischen Armee in den 30er Jahren in Indien und mit den Methoden der Gestapo.

The Town I Loved So Well

In my memory I will always see
The town that I have loved so well.
Where our school played ball by the Gas-yard wall,
And we laughed through the smoke and the smell.
Going home in the rain, running up the dark lane
Past the jail and down behind the fountain,
Those were happy days, in so many, many ways,
In the town I loved so well.

In the early morning the Shirt Factory horn,
Called women from Craigeen, The Moor and The Bog.
While the men on the dole played the mother's role,
Fed the children, and then walked the roads.
And when times got rough, there was just about enough,
But they saw it through without complaining,
For deep inside was a burning pride,
For the town I love so well.

There was music there in the Derry air,
Like a language that we could all understand.
I remember the day, when I earned my first pay
As I played in the small pick-up band.
Then I spent my youth, and to tell you the truth,
I was sad to leave it all behind me,
for I'd learned about life and I'd found me a wife,
In the town I loved so well.

But when I returned, how my eyes were burned,
To see how a town could be brought to its knees.
By the armoured cars and the bombed-out bars,
And the gas that hangs on to every breeze.
Now the Army's installed by the old Gas-yard wall,
And that damned barbed wire gets higher and higher,
With their tanks and guns, oh my God what have they done,
To the town I love so well.

TIPS UND HINWEISE

Anreise

Obwohl Belfast wie auch die irische Hauptstadt Dublin weniger als 1000 km Luftlinie entfernt liegen, gestaltet sich die Anreise nicht so einfach wie nach Spanien oder Italien: rein ins Auto, in die Bahn, in den Flieger, bis zum Ende durchfahren – und ankommen.
Nicht so nach Irland: Vom Direktflug nach Dublin abgesehen, geht es auf die Grüne Insel zumeist erst mal über eine andere Insel: Großbritannien. Das bedeutet, daß man in der Regel mehrere Male umsteigen muß: vom Fernreisezug ins Schiff nach England, dort mit der Bahn bis London, Bahnhofswechsel, weiter bis zum englischen Ablegehafen, erneut aufs Schiff, Ankunft im irischen Hafen – und selbst das ist ja noch nicht die Endstation.
Man muß auf Anschlüsse achten, Autofahrer müssen Spielraum für Verspätungen und Unvorhergesehenes einkalkulieren, Bus-Übergangszeiten müssen beachtet werden.
Neben den teils schwierigen Verbindungen nach (Nord)Irland spielt bei der richtigen Auswahl eines Verkehrsmittels die Preisfrage eine Rolle. Weil hier oft recht abenteuerliche und ungeprüfte Zahlen genannt werden, folgt dazu eine kurze Übersicht (Stand: Frühj. '89):

		1	2	3	4
nach Dublin		Linienflug	Linienbus	Twentours Transalpino	normaler Bahntarif
von Berlin	Winter	566/754	414	531	823
	Sommer	714/952	449	531	823
von Düsseld.	Winter	397/529	303	392	657
	Sommer	507/475	338	392	657
von Frankf.	Winter	435/579	304	452	725
	Sommer	562/531	339	452	725
von Hamburg	Winter	467/622	405	458	758
	Sommer	605/575	422	458	758
von München	Winter	449/599	355	566	911
	Sommer	449/599	390	566	911
von Wien	Winter	–	–	–	öS 6484
	Sommer	öS 9560	–	–	öS 6484
von Zürich	Winter	–	–	–	sfr 632
	Sommer	sfr 399	–	–	sfr 632

Kurzhinweise: 1: Erste Zahl: nur für Jugendl./Stud. unter 22/26 Jahre. Zweite Zahl: preiswerter Direktflug ohne Altersbeschränkung. 2: Ab vielen deutschen Städten möglich bis London; weiter mit Supabus in eine Vielzahl (nord-)irischer Städte. 3: Verbilligtes Bahnfahren für Leute unter 26 Jahre.

Fähr-, Flug- und Busgesellschaften schikken gerne ihre aktuellen Kataloge zu. Doch hat man mehr als zwei nebeneinander liegen, wird es unübersichtlich: jeder „carrier"

hat seine Tarife, Fahrpläne und Verbindungen anders aufgebaut. Das Herausfinden von Preisen fällt schon den Fachleuten aus den Reisebüros schwer. Es gibt zwar weit über 60 große und kleine Irland-Reiseveranstalter, die gerne ihre Pauschalreisen verkaufen, aber nur ein einziges, ausschließlich auf Irland spezialisiertes Reisebüro, welches das Verkaufen dieser schwierigen Anreise zum Hauptgegenstand seiner Arbeit gemacht hat. Die Kontaktaufnahme empfiehlt sich gleich aus mehreren Gründen: Das jährlich im April herausgegebene Tarifdschungelbuch (kostenlos gegen Rückporto) beschreibt alle Anfahrtsmöglichkeiten minutiös und stellt die Preise von Fluggesellschaften, Fähren usw. im direkten Vergleich gegeneinander. Zudem enthält es eine Fülle von jeweils auf den neuesten Stand gebrachten (Reise-)Tips, komplette Anschriftenverzeichnisse von Jugendherbergen, hostels, Radverleihern, Festivaldaten – und: Politik wird nicht ausgeklammert!
Kontakt: Reisebüro Gaeltacht-Irland Reisen, Schwarzer Weg 25, 4130 Moers 1, Telefon: 0 21 51-40 90 42

...mit dem Flugzeug
Die interessanten Angebote, sowohl was die Anzahl der Direktflüge als auch die Preise betrifft, gibt es nur für die Republik Irland. So kostet ein Hin- und Rückflug von Düsseldorf nach Dublin für Studenten unter 26 Jahren 397 Mark. Und das innerirische Flugnetz wächst. Neben Cork, Shannon, Galway und Sligo können ab Sommer 1989 auch Killarney und Waterford angeflogen werden, ab dem Jahr 1990 auch Carrickfin in der Grafschaft Donegal – für vier Mark (Hin- und Rückflug) im Anschluß an alle Direktflüge von Aer Lingus aus der BRD nach Dublin! Fast alle großen westeuropäischen Fluggesellschaften fliegen Dublin an.
Nach Belfast gibt es solche Angebote nicht. Keiner der beiden Flughäfen, Aldergrove und Belfast International, wird vom Kontinent direkt angeflogen, dafür jedoch von allen britischen Fluggesellschaften. Der Umweg über London lohnt nicht. Kombiniert man den billigsten Tarif von Düsseldorf nach London (293 Mark) mit dem „innerbritischen" Tarif von 302 Mark, kostet die Reise nach Belfast schon 595 Mark. Es empfiehlt sich also der Umweg über Dublin. Der Intercity-Zug von Dublin nach Belfast benötigt nicht einmal zweieinhalb Stunden und kostet ca. 35 Mark.
Adresse der Fluggesellschaft: Aer Lingus Irish Airlines, An der Hauptwache 7-8, 6000 Frankfurt 1, Tel. 0 69/28 24 88

...mit Bus und Bahn
Auch hier gilt: Nach Belfast und Nordirland ist es ein wenig, aber nicht drastisch teurer als nach Dublin. Kommt man mit den Bussen vom Kontinent zwischen 7.00 und 8.00 Uhr morgens in London Victoria Coach Station an, kann man ganzjährig um 8.00 Uhr vom gegenüberliegenden Bussteig gleich nach Belfast weiterfahren. Die Ankunft in Belfast ist um 22.30 Uhr.
Komplizierter ist das Bahnfahren. Wegen der hohen Kosten für Menschen über 26 Jahren ist die Bahn ohnehin problematisch.London ist ein Verschiebebahnhof: Es geht immer am anderen Bahnhof weiter.
Hier kommt man/frau an: London Victoria aus Richtung Aachen, Dover oder London Liverpool Stn. aus Richtung Bentheim, Harwich. Und so geht's weiter: London Paddington nach Südirland via Rosslare oder London Euston nach Dublin/Westirland und Nordirland.
Ein Tip für Transalpino- oder Twentoursfahrer (nur für Jugendliche unter 26 Jahren): Alle (wenigen) Städte mit Bahnstation in Nordirland sind gleich tarifiert. Also läßt man sein Ticket gleich bis Derry ausstellen. Innerhalb der Gültigkeit des Tickets darf man seine Bahnreise beliebig unterbrechen...
Adressen der Bus-Liniengesellschaften nach London: Deutsche Touring (ab BRD-Süd), Am Römerhof 17, 6000 Frankfurt 90, Tel. 069/79030
Continentbus GmbH (ab BRD-Nord), Brokkesstr. 1, 2000 Hamburg 1, Tel. 040/2801151

Bayernexpress (ab Berlin), Mannheimer Str. 33/34, 1000 Berlin 31, Tel. 030/870511
Transline GmbH (ab BRD-West/Nord), Rathausstr. 21, 4402 Greven 1, Tel. 02571/1321
nach (Nord)Irland: Gaeltacht Irland Reisen (Generalagent für Supabus), Schwarzer Weg 25, 4130 Moers 1, Tel. 02151/409042

...mit dem eigenen PKW

Gültiger nationaler Führerschein, Nationalitätskennzeichen und Zulassungspapiere reichen für (Nord)Irland und die Länder, die man auf dem Weg dorthin durchqueren muß, aus. Die Grüne Versicherungskarte ist nicht vorgeschrieben, aber bei Unfällen hilfreich.

Viele Fährgesellschaften bieten „Durchbuchungstarife" an: ein Preis für alle 4 Strekken (hin und zurück) über England. Innerhalb des Streckennetzes des jeweiligen „carriers" kann man aussuchen und auch die Anschlußfähren nach oder von Irland zu jedem beliebigen Zeitpunkt reservieren. Unterbrechungen oder längere Aufenthalte in England lassen sich bequem einbauen.

Marktführer bei den Fährgesellschaften sind ganz eindeutig P&O, die auf der Irischen Strecke mit der staatlichen B&I-Linie kooperieren, und Sealink British Ferries, die über beide Meere eigene Schiffe einsetzen. Beides sind auch die preiswertesten Anbieter. Im Gegensatz dazu fällt Irish Ferries (früher Irish Continental Line) aus dem Rahmen: „Direkt und ohne Umweg", wie sie es selbst nennen, aber (mit Ausnahme der Wintersaison) wesentlich teurer – und länger. 21 Stunden ist man auf See... Zielpunkt der Reise sind Cork (nur einmal pro Woche) und Rosslare.

Wer nach Irland will, fährt über England preiswerter. Mit dem Wagen erhöht sich die Mobilität vor Ort und man umgeht die Probleme eines nur unterdurchschnittlich entwickelten öffentlichen Verkehrsnetzes.

Fährkosten (Stand: 1989):

In die Republik Irland eigener PKW, hin und zurück, **pro Person,**					nach Nordirland	
besetzt mit	2 Personen		4 Personen		2 Pers.	4 Pers.
via nach	England Dublin, Rosslare	Frankreich Cork, Rosslare	England Dublin, Rosslare	Frankreich Cork, Rosslare	via England Larne	
Winter	290	374	185	223	210	140
Frühj./Herbst	300	445	185	299	250	173
Sommer	430	642	247	439	275	183

Fährgesellschaften (* = Generalagent):
P&O European Ferries, Graf-Adolf-Str. 41, 4000 Düsseldorf 1, Tel. 0211/387060
J.A. Reinecke* für B&I, Hohe Bleichen 11, 2000 Hamburg 36, Tel. 040/351951
K. Geuther* für Irish Ferries, Martinistr. 58, 2800 Bremen, Tel. 0421/14970
Sally Line* (auch für Swansea Cork-Ferries), Neue Mainzer Str. 22, 6000 Frankfurt 1, 069/236798
Hoverspeed* (auch für Sealink), Oststr. 122, 4000 Düsseldorf 1, Tel. 0211/3613021
Olau-Line, Immermannstr. 54, 4000 Düsseldorf 1, Tel. 0211/353388
Seetours* für Brittany Ferries, Seilerstr. 23, 6000 Frankfurt 1, Tel. 069/13330
Scandinavian Seaways, Jessenstr. 4, 2000 Hamburg 50, Tel. 040/389030
North Sea Ferries, Postfach 1123, NL 3180 Rozenburg Z.H., Tel. 0031-1819/55555

Autofahren

In Großbritannien und Irland wird links gefahren und rechts überholt. Man gewöhnt sich relativ leicht daran. Vorsicht ist beim Abbiegen und bei Kreisverkehren geboten, da man hier leicht Fehler machen kann. Die Geschwindigkeitsbegrenzungen betragen 48 km/h (30 mph) in geschlossenen Ortschaften, 97 km/h (60 mph) auf Landstraßen und 113 km/h (70 mph) auf mehrspurigen Landstraßen und auf Autobahnen. Geschwindigkeitsbegrenzungen und Entfernungen sind in Meilen angegeben. Eine Meile entspricht 1,6 Kilometer. Für Aufenthalte bis zu einem Jahr gilt der normale Führerschein. Die grüne Versicherungskarte ist zwar nicht vorgeschrieben, aber empfehlenswert.

Die Verkehrszeichen entsprechen den international üblichen. Darüberhinaus gibt es einige Besonderheiten. Die doppelte gelbe Linie am Straßenrand bedeutet absolutes Halteverbot. An einer einfachen gelben Linie darf zu bestimmten Zeiten geparkt werden. Diese Zeiten sind auf kleinen gelben Schildern angegeben. Auf keinen Fall sollte man auf den Zickzacklinien vor Fußgängerüberwegen parken. In vielen Stadtzentren weisen gelbe Schilder auf eine „Control Zone" hin. Auch hier darf der Wagen nicht unbeaufsichtigt abgestellt werden, da er sonst als „Sicherheitsrisiko" angesehen wird. In Nordirland besteht Anschnallpflicht.

Das Benzin ist in verschiedene Kategorien eingeteilt: 2 Sterne (90 Oktan), 3 Sterne (94 Oktan) und 4 Sterne (97 Oktan). An manchen Tankstellen wird das Benzin gallonenweise verkauft. Eine Gallone entspricht 4,5 Litern.

Mietwagen sind sehr teuer, besonders bei den Zweigstellen der Autovermietungen an den Flughäfen. Unter 400 Mark pro Woche einschließlich Versicherung und freier Kilometerzahl geht es aber auch bei billigeren Firmen nicht ab. Manchmal kann man eine (teurere) Anreise buchen, die einen Mietwagen mit einschließt. Auf jeden Fall sollte man sich beim Abschluß des Mietwagenvertrags danach erkundigen, ob die Versicherung auch für die Republik Irland gilt. Umgekehrt gilt das auch, wenn man den Wagen in der Republik Irland mietet. Im Falle einer Panne kann man die Automobile Association (AA) rufen, die einen Pannendienst rund um die Uhr betreibt – wenn man Mitglied einer Schwesterorganisation ist. Andernfalls muß man einen Pannendienst (breakdown service) bestellen. Die Telefonnummern sind im Branchenbuch (Yellow Pages) verzeichnet. Bei Mietwagen ist die Vermieterfirma zu benachrichtigen.

Bibliotheken

Central Library, Belfast, Royal Avenue, Tel. 243 233

Zweigstelle Andersonstown, Slievegallion Drive, Tel. 615 786

Zweigstelle Ardoyne, 446 Crumlin Road, Tel. 716 579

Buchläden

Buchläden findet man in allen nordirischen Städten. Deshalb sei die Auswahl hier auf einige wenige beschränkt.

Just Books, 7 Winetavern Street, Belfast BT1 IJQ. (Auf einen Besuch dieses Buchladens sollte man auf keinen Fall verzichten. Neben einer großen Auswahl an linker Literatur gibt es hier auch Postkarten, Poster, Badges und einige Schallplatten. Mittwochs ist der Laden geschlossen.)

Bookworm Community Bookshop, 16 Bishop Street, Derry.

H.M.S.O. Bookshop, 80 Chichester Street, Belfast 1, Tel. 234 488, (offizieller Buchladen für Regierungspublikationen).

Mullan & Son, 12 Donegall Place, Belfast 1, Tel. 233 184, (großes Buchgeschäft mit umfangreicher Auswahl).

University Bookshop, 91 University Road, Belfast 7, Tel. 666 302/666 378/662 552, (Fachbücher in großer Auswahl).

P&B Rowan, Careton House, 92 Malone Road, Belfast 9, Tel. 666 448, (Antiquariat).

Siopa an Phobail, 51-53 Falls Raod, Belfast (gute Auswahl an republikanischer Literatur).

Diplomatische Vertretungen

Es gibt in Nordirland – außer einem Konsulat der USA – keine diplomatischen Vertretungen. In Notfällen muß man sich an die Botschaften in London oder Dublin wenden. Für besondere Fragen vor der Reise kann man sich an die britischen Botschaften wenden.

In der Republik Irland:
Botschaft der Bundesrepublik Deutschland, Booterstown, Dublin, 31 Trimleston Ave., Tel. 01/693011/693582
Österreichische Botschaft, Dublin 4, 15 Ailesbury Court, 91 Ailesbury Road, Tel. 01/694577
Schweizer Botschaft, Dublin 4, 6 Ailesbury Road, Tel. 01/692515

Irische Botschaften:
D-5300 Bonn 2, Godesberger Allee 119, Tel. 0228/376937-39
A-1030 Wien, Hilton Hotel, 16. Etage, P.O. Box 139, Tel. 0222/754246/7
CH-3007 Bern, Eigerstraße 71, Tel. 031/462352

In Großbritannien:
Botschaft der Bundesrepublik Deutschland, London SW1X8PZ, 23 Belgrave Square, Tel. 01/2355033
Honorarkonsulat der Bundesrepublik Deutschland, Ballymena/Northern Ireland, c/o Elastic Knitting (N.I.) Ltd., Galgorm, Industrial Estate, Tel. 0266/41412
Botschaft Österreichs, London SW1X8HU, 18 Belgrave Mews West, Tel. 01/2353731
Schweizer Botschaft, London W1H 2BQ, 16-18 Montague Place, Tel. 01/7230701

Britische Botschaften:
D-5300 Bonn 1, Friedrich-Ebert-Allee 77, Tel. 0228/234061
A-1030 Wien, Reisnerstr. 40, Tel. 0222/731575/9
CH-3005 Bern, Thunstraße 50, Tel. 031/445021/6

Einkaufen

Die Läden im Stadtzentrum von Belfast sind von Montag bis Samstag von 9.00 bis 17.00 Uhr geöffnet. Mittwoch nachmittags sind jedoch viele Geschäfte geschlossen. Dieser „Ruhenachmittag" ist von Stadt zu Stadt verschieden. Die meisten kleineren Geschäfte schließen über Mittag. Die Supermärkte in den größeren Städten haben meist Donnerstag und Freitag verlängerte Öffnungszeiten bis 21.00 Uhr. In den Konfliktvierteln gibt es oft kleine „Tante-Emma-Läden", die täglich bis 22.00 Uhr, am Wochenende gar manchmal bis 23.00 Uhr geöffnet haben.

Einreise/Zoll/Haustiere

Bürger der BRD benötigen zur Einreise einen gültigen Reisepaß oder Personalausweis und erhalten das Formular IS 120, das den Aufenthalt auf sechs Monate begrenzt. Staatsangehörige Österreichs, Liechtensteins, Monacos und der Schweiz können ihren Personalausweis benutzen und müssen bei der Einreise in der Regel eine Landekarte ausfüllen. Aufenthalte von über sechs Monaten müssen beantragt werden: The Under Secretary of State, Home Office, Immigration and Nationality Departement, Lunar House, Wellesley Road, Croydon CR9 2BY, Tel. 01/6860688. Impfbescheinigungen sind nicht erforderlich. Die Einfuhrbestimmungen entsprechen den EG-üblichen Vorschriften.

Freie Einfuhrmöglichkeiten:

A. Waren, die zoll- und steuerfrei in der EG auf einem Schiff oder in einem Flugzeug oder die außerhalb der EG erworben wurden:
Tabakwaren: 200 Zigaretten oder 100 Zigarillos oder 50 Zigarren oder 250 g Tabak, doppelte Mengen bei Wohnsitz außerhalb Europas. Alkoholische Getränke: 2 Liter Tafelwein und 1 Liter alkoholische Getränke mit mehr als 22 Vol. % Alkohol oder 2 Liter alkoholische Getränke mit weniger als 22 Vol. % Alkohol, oder angereicherter Wein oder Schaumwein zuzüglich oder noch 2 Liter Tafelwein. Parfum: 50 g (60 ccm oder 2 fl. oz.). Toilettenwasser: 250 ccm (9 fl. oz.). Andere Waren im Wert von £28.

B. Waren, die verzollt und versteuert in der EG erworben wurden:

Tabakwaren: 300 Zigaretten oder 150 Zigarillos oder 75 Zigarren oder 400 g Tabak. Alkoholische Getränke: 5 Liter Tafelwein und 1,5 Liter alkoholische Getränke mit mehr als 22 Vol. % Alkohol oder 3 Liter alkoholische Getränke, mit weniger als 22 Vol. % Alkohol, oder angereicherter Wein oder Schaumwein zuzüglich oder noch 3 Liter Tafelwein. Parfum: 75 g (90 ccm oder 3 fl. oz). Toilettenwasser: 375 ccm (13 fl. oz.). Andere Waren im Wert von £207.

Haustiere und Fleischprodukte unterliegen strengen Einfuhrbestimmungen, die den Ausbruch von Tollwut und der Maul- und Klauenseuche verhindern sollen. In die Republik Irland darf man überhaupt keine Fleischprodukte einführen und Haustiere müssen in eine sechsmonatige Quarantäne. Genaue Auskünfte über Importeinschränkungen nach Nordirland gibt das Departement of Agriculture, Animal Health Branch, Dundonald House, Upper Newtownards Road, Belfast BT4 3SB, Tel. 650111, App. 289, 255 und 642.

Ein Exportgenehmigung wird für die meisten Waren nicht verlangt. Ausgenommen hiervon sind: Kontrollierte Drogen, Waffen und Munition, fotografische Negative und Positive, die älter als 60 Jahre und einen Wert von mehr als £200 haben, ferner alle Waren, die älter als 50 Jahre sind (einschließlich Kunstgegenständen), die einen Wert von mehr als £8.000 haben. Eine Exportgenehmigung ist unabhängig vom Wert für Dokumente, Manuskripte und Archive (keine gedruckten Bücher) mit einem Alter von mehr als 50 Jahren und für alle archäologischen Materialien erforderlich. Weitere Informationen durch: HM Customs and Excise, Kent House, Upper Ground, London SE1 9PS.

Elektrische Geräte

Die Stromspannung beträgt 240 Volt und 50 Hertz Wechselstrom, man kann die mitgeführten elektrischen Geräte also problemlos benutzen. Allerdings gibt es ein anderes Steckdosensystem als auf dem Kontinent und in der Republik Irland. Zwischenstecker sind in jedem Elektro- und Haushaltswarengeschäft erhältlich.

Essen

Fish-&-Chips-Läden sind in Nordirland nie weit entfernt, und auch an chinesischen Imbissen und Restaurants – die im übrigen nicht sehr teuer sind – mangelt es nicht. Rund um den Shaftesbury Square und in der Great Victoria Street in Belfast gibt es eine Reihe kleiner Restaurants und Schnellimbisse, die (manchmal) recht abwechslungsreich sind. Allerdings sollte man vorher die Preise, die im Schaufenster hängen, überprüfen, damit man keine Überraschung erlebt. Viele Restaurants bieten zwischen 12.00 und 14.00 Uhr besonders günstige Menüs an. Um die Mittagszeit kann man auch in vielen Pubs ein warmes Essen bekommen. Viele Restaurants haben keine Lizenz für Alkoholausschank. In vielen Fällen darf man eine Flasche Wein mitbringen. Vom Northern Ireland Tourist Board gibt es die Broschüre „Where to eat in Northern Ireland". Sie kostet 1,25 Pfund und enthält auf 144 Seiten die Adressen und Telefonnummern von Restaurants, Cafés, Teashops, Bistros, Pubs und Hotels. Darüber hinaus werden die Läden kurz beschrieben und die Preise angegeben. Die mit Sternen ausgezeichneten Restaurants sind besonders hervorgehoben. Die Angaben sind sehr übersichtlich geordnet.
(Bezugsadresse: siehe Informationen)

Fahrräder

Trotz des Klimas und der hügeligen Landschaft ist das Fahrrad ein sehr empfehlenswertes Verkehrsmittel in Nordirland. Das Land ist nicht sehr groß, und auf dem Fahrrad sieht man mehr und bekommt auch leichter Kontakt zur Bevölkerung, als wenn man im Auto durch die Landschaft rast. Es gibt ein Netz von Fahrrad-Läden in Nordirland, wo man Fahrräder reparieren lassen kann. Den nächsten Laden findet man im Branchenbuch (Yellow Pages). Fahrradvermietungen sind dagegen selten. Uns ist nur ein Laden bekannt: Bike-Rite, The Cycle-Centre, 481 Lisburn Road, Belfast 9, Tel. 681868.

Feiertage und Gedenktage
Irische Feiertage sind der 1. Januar (Neujahr), der 17. März (St. Patrick's Day, zu Ehren des irischen Schutzpatrons), Karfreitag und Ostermontag, sowie der 25. und 26. Dezember. Dazu kommen noch die „Bankfeiertage" (1. Montag im Juni und August sowie letzter Montag im Oktober) und in Nordirland der 12. Juli, an dem die Protestanten den Sieg Wilhelms von Oranien über seinen katholischen Widersacher James II. feiern. Die Schlacht fand 1690 im Boyne-Tal statt, aber wer einmal den 12. Juli in einer protestantischen Hochburg erlebt hat, möchte meinen, daß es erst gestern war. Oftmals enden die Feierlichkeiten mit einem Überfall auf ein katholisches Getto.
Weitere politische Gedenktage:
30. Januar: Bloody Sunday. 1972 erschoß die britische Armee in Derry 14 Demonstranten.
Ostersonntag: Osteraufstand 1916.
5. Mai: Hungerstreik. 1981 starb Bobby Sands während des Hungerstreiks im Lager Long Kesh.
9. August: Schlacht um das katholische Bogside-Viertel 1969 in Derry.

Fundbüro
Das Fundbüro befindet sich im Musgrave-Polizeirevier, Ann Street, im Zentrum Belfasts. Tel. 237 212, App. 50. Wer etwas im Citybus liegen gelassen hat, rufe 583 45 an (Belfast).

Geld, Banken, Euroschecks
In Nordirland gilt das britische Pfund Sterling. Verschiedene Banken geben eigene Banknoten heraus, die nur in Nord-Irland gültig sind. Den besten Wechselkurs erhält man in Banken. Die Öffnungszeiten sind Montag bis Freitag von 10.00-12.30 und von 13.30-15.30 Uhr. Länger geöffnet hat: Thomas Cook, 11 Donegall Place, Belfast 1 (Montag bis Freitag 9.00-17.30, sonntags 9.00-12.00 Uhr). In Notfällen, z.B. an Wochenenden oder an Bankfeiertagen, kann man auch in Hotels tauschen, allerdings zu einem schlechteren Kurs. Reise- und Euroschecks, sowie Kreditkarten werden außer in Banken auch vielen Hotels, Restaurants und Geschäften eingelöst. Hinweisschilder an den Eingangstüren geben Auskunft darüber.

Informationen (Tourist Offices)
Tourist Information Centre, Northern Ireland Tourist Board, River House, 48 High Street, Belfast BT1 2DS

Folgende Broschüren sind dort (auch per Post) erhältlich. Alle genannten Preise schließen die Kosten für Porto und Verpackung bereits ein. Wenn kein Preis angegeben ist, wird das Exemplar kostenlos zugeschickt.
Where to eat in Northern Ireland (£ 1,25)
Where to stay in Northern Ireland (£ 1,95)
All the places to stay (Unterkunftsverzeichnis), 95 p.
Farm & country holidays (illustrierte Broschüre mit über 100 Angeboten, 50 p)
The disabled tourist in Northern Ireland (illustrierte Broschüre für körperbehinderte TouristInnen in Nordirland, die ihnen Sehenswürdigkeiten und Unterkunftsmöglichkeiten vorschlägt, 50 p)
From here to the White House (illustrierte Broschüre über die Beziehungen Ulsters zu den USA)
Events (Prospekt über populäre Veranstaltungen in Nordirland)
Sea fishing
Game fishing (Sportfischen)
The coarse angler, coarse fishing
Golfing
Ireland North (Landvermessungskarte, spezielle Ferienausgabe, £1,80)
Armagh Die Stadt der Heiligen und geistliches Zentrum Irlands
Ballymena & Mid-Antrim
Belfast Die Hauptstadt Nordirlands
The Causeway Coast – Sensationelles Segelgebiet und achtes Weltwunder
The Clogher Valley
The Fermanagh Lakeland
The Glens of Antrim
Heart of Down & Brontë Homeland
Derry & the Foyle Valley
Lough Neagh – Ulster's Binnenmeer

The Mourn Mountains, Slieve Gullion & Newry
North Down & the Ards
Rathlin Island – Heimat von robusten Menschen und Vogelschutzgebiet
South East Antrim
The Sperrin Mountains
Self-catering holiday accomodation

Für Informationen vor der Reise:
Nordirische Fremdenverkehrszentrale, Neue Mainzer Str. 22, 6000 Frankfurt/Main 1, Tel. 069/234504
oder
British Tourist Authority, Limmatquai 78, CH-8001 Zürich, Tel. 01/474277 oder 474297
Für politische Informationen:
Irland Informationen, Postfach 311248, 1000 Berlin 31
AK (z.H. Irland-Kommission), Hamburger Satz- und Verlagskooperative, Lindenallee 4, 2000 Hamburg 20
Nordirland-Gruppe Freiburg, c/o Buchladen Jos Fritz, Wilhelmstr. 15, 7800 Freiburg i.Br.

Kneipen

Die Kneipen schließen um 23 Uhr. Seit Ende 1987 sind sie – zum Entsetzen der Presbyterianer – auch sonntags geöffnet, allerdings nur bis 22 Uhr. Danach hat man noch eine halbe Stunde zum Austrinken. Alkoholische Getränke „zum Mitnehmen" gibt es in Spezialläden, den „Off Licenses", die oft an eine Kneipe angeschlossen sind.

Klima

Das Klima in Nord-Irland ist mild. Die Temperatur steigt im Sommer zwar nicht so hoch wie auf den entsprechenden Breitengraden auf dem Festland, aber dafür wird es im Winter auch nicht so kalt. Die sonnigsten Monate sind Mai und Juni mit ca. 6 Stunden Sonne pro Tag. Die trockensten Monate sind März, April, Mai und Juni. Die durchschnittliche Regenmenge ist sehr hoch. Sie beträgt 1.095 mm jährlich. Die Durchschnittstemperatur von Mai bis September liegt bei 16° Celcius. Charakteristisch für das Klima in Nord-Irland sind starke Südwestwinde, viele Wolken und viel Regen.

Krankheit

Ausländische Besucher können bei Unfällen, Notfällen oder Infektionskrankheiten eine kostenlose Behandlung in einem Krankenhaus, das dem Nationalen Gesundheitsdienst angeschlossen ist, erhalten, vorausgesetzt, es ist kein Aufenthalt in einem Krankenhaus erforderlich. Die Kosten für Besucher aus den Ländern der Europäischen Gemeinschaft sind jedoch durch ein Länderabkommen gedeckt. Besuchern aus anderen Ländern wird geraten, eine ausreichende Versicherung für ärztliche Behandlung abzuschließen.

Landkarten und Stadtpläne

Das Landesvermessungsamt Nordirland hat eine Landkarte im Maßstab 0,25 Inch : 1 Meile und 0,5 Inch : 1 Meile herausgegeben. Eine neue Serie von 18 Einzelkarten im Maßstab 1:50.000 ist jetzt ebenfalls erhältlich. Die Karten sowie einen Stadtplan von Belfast und Umgebung (Ordnance Survey of Northern Ireland, Maßstab 1:10.000) gibt es in Buchhandlungen und Zeitungsläden, vom Government Bookshop in Belfast oder vom Tourist Information Centre. Sehr empfehlenswert sind die Karten vom Dubliner Landvermessungsamt. Die Serie besteht aus 25 Teilen für die gesamte Irische Insel, im Maßstab 0,5 Inch : 1 Meile.

Maße und Gewichte

Längenmaße:
1 mile = 1,61 km; 1 yard = 91,44 cm = 3 feet; 1 foot = 30,48 cm = 12 inches; 1 inch = 2,54 cm
Flächenmaße:
1 square yard = 0,84 qm; 1 acre = 0,40 ha; 1 square mile = 2,59 qkm
Hohlmaße:
1 pint = 0,57 l; 1 gallon = 4,54 l = 8 pints; 1 barrel = 1,63 hl = 36 gallons
Gewichte:
1 ounce (oz) = 28 g; 1 pound (lb) = 453 g
Thermometer:
Temperaturen werden generell in Fahrenheit angegeben.

°C		°F	°F		°C
10	=	50	0	=	-18
20	=	68	20	=	- 7
30	=	86	30	=	4
37	=	98,6	60	=	16
40	=	104	80	=	27

Museen und Galerien

Armagh County Museum, The Mall East, Armagh, Tel. 523070

Arts Council Gallery, Bedford House, 16 Bedford Street, Belfast, Tel. 321402

Crescent Arts Centre, 2/4 University Road, Belfast, Tel. 242338

Down Museum, English Street, Downpartrick, Tel. 5218

Larne & District Historical Society, Carnegie Buildings, Victoria Road, Larne, Tel. 79482

Lisburn Museum, 14 Market Square, Lisburn, Tel. 72624

Motorworld, 90 Causeway Street, Portrush, Tel. 824728

Newry & Mourne Arts Centre, 1a Bank Parade, Newry, Tel. 66232

Octagon Gallery, 1 Lower Crescent, Belfast, Tel. 246259, (Citybus 83, 85)

Orchard Gallery, Orchard Street, Derry, Tel. 269675

Shipquay Gallery, 4 Shipquay Street, Derry, Tel. 263054

Transport Museum, Witham Street, Belfast, Tel. 51519, (Citybus 16, 20, 21, 22, 24, 26; Mo-Sa 10-17 Uhr)

Ulster American Folk Park, Camphill, Castletown, Omagh, Tel. 3292

Ulster Folk & Transport Museum, Cultra Manor, 153 Bangor Road, Holywood, Tel. 5411, (Mo-Sa 11-18 Uhr, So 14-18 Uhr; berühmtes Freilichtmuseum, 13 km von Belfast Richtung Bangor)

Ulster Museum & Art Gallery, Stranmillis Road, Belfast, Tel. 668251, (Citybus 65, 69, 71; Mo-Sa 10-17 Uhr, So 14-17 Uhr)

Musik

Nordirland hat zwar einige hervorragende Rockgruppen hervorgebracht (Van Morrison, Stiff Little Fingers, Undertones, That Petrol Emotion), aber große Rockkonzerte sind leider selten. Informationen darüber vom Tourist Office, durch die Zeitschrift „Fortnight" (wo auch Veranstaltungen im Belfaster Opera House angekündigt und besprochen werden) oder durch (unübersehbare) Plakate.

Etwas mehr tut sich auf dem Gebiet der Folk-Musik. Es gibt drei Folk-Clubs, in denen Musiker auftreten, und einige Kneipen, in denen regelmäßig Sessions stattfinden. Es ist empfehlenswert, sich vorher zu erkundigen, ob die angegebenen Termine noch stimmen.

Im September findet das Belfast Folk Festival mit internationaler Besetzung statt. Im August das West Belfast-Festival, organisiert von Community Groups und Sinn Féin.

Folk-Clubs:

City Folk Club (ehem. Sunflower), Parador Hotel, 473 Ormeau Road, Belfast (Sonntag)

Downpatrick Folk Club, Pillowell Lane, Downpatrick (Samstag, Sessions jeden Abend)

Rostrevor Folk Club, St. Bronagh's GAA Club, Rostrevor (Freitag)

Sessions:

Phoenix Bar, Park Avenue, Rosemount, Derry (Dienstag)

Dunloe Bar, Waterloo Street, Derry (Donnerstag, Samstag)

Balloo, Killinchey (bei Comber) (Dienstag)

Crosskeys Inn, Toome, Co. Antrim (Samstag). (Eine der schönsten Kneipen Irlands. Das Crosskeys Inn ist eine alte Pferdekutschen-Station mit strohgedecktem Dach. Sie liegt zwischen Portglenone und Randalstown.)

Skerry Inn, Newton Crommelin (Samstag)

Madden's Bar, Smithfield, Belfast (Montag, Mittwoch)

Kelly's Cellars, Bank Street, Belfast (Dienstag; montags Blues und Jazz)

Pat's Bar, Dock Street, Belfast (Freitag)

Liverpool Bar, Donegall Quay, Belfast (Samstag, Sonntag)

Naturparks

Forstparks:

In der Grafschaft Tyrone allein liegen 4 der nordirischen Forstparks – Gortin Glen, Davagh, Drum Manor und Pakanaur. Andere Forstparks sind Grenariff, Gosford und Slieve Gullion (beide im Co Armagh), Castlewellan und Tollymore (beide im Co Down), Florence Court, Co Fermanagh. Zusätzlich zu den genannten besitzt Nordirland 60 Waldgebiete mit Wanderwegen, Picknickplätzen, Waldlehrpfaden und Aussichtstürmen. Sie alle sind geöffnet von 10 Uhr bis Einbruch der Dämmerung. Reisende mit Wohnwagen können in den meisten Forstparks kurze oder längere Ferien verbringen. Einzelheiten von: Forest Service, Department of Agriculture, Dundonald House, Upper Newtownards Road, Belfast BT4 3SE. Tel. Belfast 650111.

Country Parks:

Castle Archdale (nordöstliches Ufer des Lough Erne) – Yachthafen (Bootsvermietung), Zugang zu den Inseln, großangelegter Campingplatz, Café, Laden.

Crawfordsburn (südl. Ufer des Belfast Lough) – schöne Strände, Wanderwege an Fluß und Küste, Café und Laden, Schießplatz in Grey Point.

Lagan Valley Regional Park (Gegend von Belfast/Lisburn) – 14,5 km langer Treidelpfad am Lagan River entlang, vorbei an öffentlichen Parks wie dem Belvoir Park Forest, Clement Wilson Park Barnett Demesne, Sir Thomas and Lady Dixon Park.

The Ness (11 km Londonderry) der höchste Wasserfall Nordirlands, Wanderweg durch Eichen- und Birkenwälder, Waldlehrpfad.

Peatlands Park (The Birches, nördlich der Ausfahrt Loughgall an der M1) – Torfflächen, Rhododendren, kleiner See.

Redburn (in der Nähe von Holywood) – Waldwanderwege, Aussicht auf die Hügel und den Lough von Belfast.

Roe Valley (in der Nähe von Limavady) – Wandern am Fluß entlang, der durch das Waldgebiet fließt, Kanufahren und Angeln, kleiner Caravan-Platz, Laden, Café, Visitor Centre. (Das ganze Jahr über geöffnet, Montag-Freitag von 9.00-17.30 Uhr, Samstag und Sonntag ab 12.00 Uhr. Eintritt frei).

Scrabo/Killynether (in der Nähe von Newtownards) – Scrabo Tower ist eine geologisch interessante, stillgelegte Schiefergrube.

Für Einzelheiten über Öffnungszeiten und Läden usw.: Department of the Environment, Tel. Belfast 768716.

Notfälle

Mit der Notrufnummer 999 kann man einen Krankenwagen, die Polizei, Feuerwehr und die Küstenwache alarmieren. Bei Diebstahl meldet man den Vorfall beim nächsten Polizeirevier und läßt sich das entsprechende Formular aushändigen, damit die Reiseversicherung zahlt.

Politische Organisationen

Alliance Party, 88 University Street, Belfast 7, Tel. 324274, Telex: 74589

Democratic Unionist Party, 296 Albertbridge Road, Belfast 5, Tel. 58597, Telex: 748059 (Hauptquartier); 66 Wellington Place, Ballymena, Tel. 41421; 74 Market Square, Lisburn, Tel. 72484; 73 Frances Street, Newtownards, Tel. 811377

East Belfast Unionist Association, 342a Newtownards Road, Belfast 5, Tel. 59150

Ulster Unionist Council, 3 Glengall Street, Belfast 12, Tel. 224601

Lagan Valley Unionist Association, 38 Railway Street, Lisburn, Tel. 71845

Limavady Unionist District Office, 76 Main Street, Tel. 63657

Londonderry Unionist Association, 5 Society Street, Derry, Tel. 262161

South Down Unionist Association, 21 Moss Road, Ballynahinch, Tel. 561566

Strangeford Constituency Unionist Association, 6 William Street, Newtownards, Tel. 814123

Ulster Unionist Advice Centre, 69 Church Street, Antrim, Tel. 60776

(Hinweis: Unionist Association = Official Unionist Party)

Social Democratic and Labour Party, 38 University Street, Belfast 7, Tel. 323428, Telex: 747848 (Hauptquartier); 2 Mill Street, Newry, Tel. 67143; 6 Seven Houses, Armagh, Tel. 526800
The Workers Party, 6 Springfield Road, Belfast 12, Tel. 228663, Telex: 748076 (Hauptquartier) und Trevor Hill, Newry, Tel. 4092

Sinn Féin:
51-53 Falls Road, Belfast 12, Tel. 246841, Telex: 733074 (Hauptquartier)
6-County-Office, Conway Mill, Conway Street, Belfast 12, Tel. 241429
Andersonstown-Office, Belfast 11, Tel. 301719/301039
Ardoyne Office, Belfast, Tel. 713272
Beechmount-Office, 5 Beechmount Avenue, Belfast 12, Tel. 230390
Lower Falls-Office, Belfast 12, Tel. 230227
New Lodge-Office, New Lodge Road, Belfast, Tel. 751297
Short Strand-Office, 3 Moira Street, Belfast 5, Tel. 731297
Turf Lodge-Office, Belfast 12, Tel. 731297
15 Cable-Street, Derry (Bogside), Tel. 368926/361949
Shantallow-Office, Derry, Tel. 359747
Waterside-Office, Derry, Tel. 49540
East-Derry-Office, Gullaghduff, Knockleghrim, Tel. (0648)43814
Enniskillen-Office, Enniskillen, Tel. 26854
60 Irish Street, Dungannon, Tel. 25776
Birney Square, Coalisland, Tel. 48689
152 Main Street, Dungiven, Tel. 42117
2 Nicholsons Court, Newry, Tel. 68538
8 Tamlaght Road, Omagh, Tel. 41438
Newtown Road, Camlough, Tel. 838465
38 The Square, Crossmaglen, Tel. 861948
Old Exchange Building Circular Road, Castlewellan, Tel. 71171
Creggan Road, Carrickmore/Sixmilicross, Tel. 744
North Street, Lurgan, Tel. 6795

Frauenadressen:

Falls Women Centre, 170a Falls Road, Belfast 12, Tel. 227672
Dove House, 32 Dove Garden's, Derry, Tel. 269327

sonstige politische Adressen:

Springhill Community House, 123 Springhill Avenue, Belfast 12, Tel. 226722

OBAIR – The Campaign for Employment in West Belfast, c/o Conway Mill, Conway Street, Belfast 12, Tel. 238353

OBAIR ist gälisch und heißt übersetzt „Arbeit". 1987 brachte Gerry Adams, der Sinn-Féin-Unterhausabgeordnete für West Belfast, verschiedene Individuen und Initiativen an einen Tisch, um die chronische Arbeitslosigkeit im Westteil der Stadt zu diskutieren. Hieraus entstand „OBAIR – The Campaign for Employment in West Belfast".
Im Mai 1988 präsentierte OBAIR eine „Charta of Employment Rights", in der ein Ende der sozialen Diskriminierung und die Schaffung von Arbeitsplätzen in West Belfast gefordert wird. Im September 1988 veröffentlichte OBAIR einen Report über die Arbeitslosigkeit in West Belfast, die erste seriöse und umfassende Analyse des Problems.

Second Hand
In Belfast gibt es zahlreiche Second-Hand-Läden. Die Profite gehen in Projekte der Dritten Welt. Die Öffnungszeiten sind begrenzt und zwischen den einzelnen Läden verschieden. Deshalb sollte man vorher anrufen.
Oxfam Shops:
12 Lower Crescent, Belfast 7, Tel. 230220
416 Ormeau Road, Belfast 7, Tel. 643043
Ware on Want Shops:
203 Shankill Road, Belfast 13, Tel. 248457
17 Upper Dunmurry Lane, Belfast 17, Tel. 617910
156 Albertbridge Road, Belfast 5, Tel. 53379
3 Duncairn Gardens, Belfast 14, Tel. 746655
1 Rugby Avenue, Belfast 7, Tel. 232064
13 Rugby Avenue, Belfast 7, Tel. 241294

Sport
Vom Tourist Information Centre sind zahlreiche Broschüren erhältlich, die über

Sportveranstaltungen und aktiven Sport informieren (siehe „Informationen").

Telefonieren

In den meisten (nord-)irischen Telefonzellen kann man sich anrufen lassen. Die Nummer ist auf dem Telefon angegeben. Die Vorwahl für die BRD ist 01049, für Österreich 01043 und für die Schweiz 01041. Die Ortsvorwahl dann ohne „0" wählen. Die Vorwahl von der BRD, Österreich und der Schweiz für Nordirland ist 0044, gefolgt von der Ortskennzahl (z.B. Belfast 232) und der Rufnummer. Die neueren Telefone sind problemlos zu bedienen. Bei älteren Modellen muß man zuerst die Rufnummer wählen und dann, wenn die Verbindung hergestellt ist und ein Piepton zu hören ist, das Geld einwerfen.

Übernachten

Vom Northern Ireland Tourist Board (Adresse siehe „Informationen") wird die Broschüre „Where to stay in Northern Ireland" herausgegeben. Sie wird jedes Jahr auf den neuesten Stand gebracht und kostet 1,95 Pfund. Die Broschüre enthält auf 162 Seiten Angaben über Hotels, Pensionen, Farmhäuser, Jugendherbergen, Wohnwagen- und Campingplätze. Preise, Ausstattung und Verpflegung sind verzeichnet. Außerdem enthält die Broschüre eine Landkarte und Tips für die Anreise.

Es gibt acht Jugendherbergen in Nordirland. Im Juli und August und zu Ostern sollte man sich vorher anmelden. Auskünfte erteilt die Youth Hostel Association of Northern Ireland, 56 Bradbury Place, Belfast BT7 1RU.

Seh- und Körperbehinderte können beim National Trust (36 Queen Anne's Gate, London SW1H 9AS, Tel. 2229251) eine Broschüre anfordern, in der Häuser mit besonderen Einrichtungen für Behinderte beschrieben sind. Das Northern Ireland Tourist Board gibt eine Broschüre mit allgemeinen Informationen für Behinderte in Nordirland heraus.

Theater und Oper

Ardhowen Theatre & Arts Centre, Dublin Road, Enniskillen, Tel. 23233
Arts Theatre, Botanic Avenue, Belfast, Tel. 324936
Field Day Theatre, Northern Counties Building, Waterloo Place, Derry, Tel. 260196
Grand Opera House, Great Victoria Street, Belfast BT7 HR, Tel. 249129 (Info), 241919 (Buchungen)
Group Theatre, Bedford Street, Belfast, Tel. 229685
Lyric Players Theatre, 55 Ridgeway Street, Belfast, Tel. 660081
Riverside Theatre, Green Room, University of Ulster, Coleraine, Tel. 4093
Strand Theatre, 156 Holywood Road, Belfast, Tel. 673500

Veranstaltungen

Neben zahlreichen Veranstaltungen und Festivals, die von Jahr zu Jahr verschieden sind (Informationen beim Tourist Office), gibt es einige, die alljährlich stattfinden. Zwar sind die meisten rein touristische Ereignisse, aber manchmal lohnt der Besuch trotzdem.

St. Patrick's Day 17. März. Prozessionen und Pilgerfahrten.
Meisterschaften im Pflügen mit Pferden – Mitte März, Ballycastle.
Klassisches Angelfestival – Mitte Mai, Fermanagh. Hier in diesem ergiebigsten Rauhfischgewässer Europas werden regelmäßig Weltrekorde gebrochen.
Landwirtschaftsausstellung der Royal Ulster Agricultural Society – dritte Maiwoche, Belfast.
Fleadh Amhran agus Rince – dritte Juniwoche, Ballycastle. Traditionelle Lieder und Tänze.
Black Bush Amateurgolfturnier – Anfang Juni, Causeway-Küste. Für jedermann zugängliche Veranstaltung über 4 Plätze.
Game & Country Fair – Ende Juni, Antrim. Nordirlands Haupt-Feldsportereignis.
Maracycle – Ende Juni, Belfast und Dublin. Zwei riesige Teams (3.000 Radfahrer) fah-

ren auf der Strecke zwischen beiden Städten zweimal aneinander vorbei.
Internationale Rosenprüfungen – Juli-September, Belfast. Mehr als 100.000 Rosen blühen im Dixon Park. Rosenwoche und Endausscheidung (katalogisierte Rosen) – dritte Juliwoche.
Sham Fight – Mitte Juli, Scarva (bei Tandragee). 200 Jahre altes historisches Festspiel mit Lanzenturnier zwischen zwei berittenen Königen des 17. Jh. – symbolische Neuinszenierung der Schlacht von Boyne (1690).
Mittelalterlicher Markt von Lughnasa – Ende Juli, Carrickfergus Castle. Einschließlich Kunsthandwerksmarkt. Lughnasa war eins der vierteljährlichen Feste im altirischen Jahresablauf.
Großer Preis von Ulster Weltmeisterschaftslauf – Ende Juli, Dundrod (Belfast). Internationales Motorradrennen.
Ausscheidungswettkämpfe im Straßenbowls für Gesamt-Irland – Anfang August, Armagh City. Metallkugeln werden über eine 3 km lange gewundene Straßenstrecke geworfen.
Oul' Lammas Fair – Ende August, Ballycastle. Irlands ältester Markt (seit 1606).
Pferdemarkt in Dromore – Ende September, Dromore (Co. Down). Reiterfestzug und Ausstellung in kleiner Domstadt.
Belfast Festival zu Queen's – 3 Wochen im November. Theater, Oper, Filme, Musik.

Verhaltensregeln im Umgang mit der Polizei und der Armee

Abgesehen von normalen Straßenkontrollen ist es wenig wahrscheinlich, daß Touristen in Schwierigkeiten mit der Polizei oder der Armee geraten. Dennoch sollte man einige Dinge wissen.
Die nordirische Polizei (RUC) und die britische Armee haben in Nordirland sehr weitgehende Rechte. Wer von Polizisten und Soldaten angehalten und befragt wird, ist verpflichtet, den Namen und die aktuelle Wohnadresse in Nordirland anzugeben. Außerdem muß man mitteilen, wo man herkommt, wo man hinwill und was man über terroristische Aktivitäten weiß. Bei der Frage nach dem Geburtsdatum hat man das Recht, die Antwort zu verweigern. Das Geburtsdatum gilt ausschließlich als Code-Nummer für den Computer.
Polizei und Armee haben auch das Recht, eine körperliche Durchsuchung durchzuführen. Bei Kindern unter elf Jahren muß mindestens ein Elternteil anwesend sein. Frauen dürfen nur von weiblichen Beamten durchsucht werden.
Auf das Polizeirevier muß man nicht mitgehen, es sei denn, man wird verhaftet. In Nordirland gelten zahlreiche Sondergesetze, die es Polizei und Armee ermöglichen, jede Person unter Verdacht und unter verschiedenen Vorwänden (falsches Parken!) vorübergehend zu inhaftieren. Die Polizei muß dabei den Abschnitt des Gesetzes mitteilen, unter dem die Verhaftung vorgenommen wird. Die Armee ist dazu nicht verpflichtet.
Beim Verhör haben Touristen nichts zu befürchten. Auf Verlangen muß ein Dolmetscher hinzugezogen werden. Nach 48 Stunden hat man das Recht, einen Anwalt zu sehen. Die Polizei ist verpflichtet, eine Liste mit Rechtsanwälten vorzulegen; im folgenden zwei Rechtsanwaltsorganisationen:
Association for Legal Justice, 25 Divis Street, Belfast 12, Tel. 616424, 222689, 622854.
N.I. Association of Socialist Lawyers, c/o 22 Lombard Street, Belfast 1, Tel. 666776 (im Notfall).

Verkehrsmittel in und von Belfast

Bahn:
Von Belfast Central Station gibt es drei Hauptverbindungen: Nach Derry (über Ballymena und Coleraine), nach Bangor und nach Dublin (über Lisburn und Newry). Die Fahrkarten sind relativ teuer. Von April bis Oktober gibt es ermäßigte 7-Tage-Tikkets. Die Züge zur Fähre in Larne fahren vom York-Street-Bahnhof ab. Werktags verkehrt ein Sonderbus alle zehn Minuten zwischen dem Hauptbahnhof und dem York-Street-Bahnhof.

Bus:
Orte, die keine Bahnverbindung haben, können mit dem blau-weißen Ulsterbus erreicht werden. In der Hauptreisezeit werden auch Halbtagesausflüge zu den Glens of Antrim, zum Giants's Causeway, zu den Mourne Mountains und nach Armagh angeboten. Diese Busse fahren in der Great Victoria Street hinter dem Europa-Hotel ab. Nähere Informationen erteilt Ulsterbus, Tel. 220011. Die roten Doppeldecker sind für den lokalen Busbetrieb da. Sie sind jedoch teurer als die Black Taxis.

Taxis:
Die „Black Taxis" sind ein selbstorganisierter Taxidienst in Belfast und Derry. Sie sind billiger, als die städtischen Busse und verkehren nach vorgegebenen Linien. Normale Taxis, die nicht nach vorgegebenen Linien fahren, findet man am Flughafen, am Bahnhof, am Schiffshafen und auch im Stadtzentrum. Es gibt keinen zentralen Funkdienst, so daß man eine der zahllosen Firmen anrufen muß, die im Branchenbuch (Yellow Pages) aufgeführt sind. Da manche Taxen keine Taxameter besitzen, sollte man sich vorher über den Preis einigen.

Zeit/Sommerzeit
Die Uhren müssen in Großbritannien und Irland gegenüber dem Kontinent um eine Stunde zurückgestellt werden. Lediglich von Ende September bis Ende Oktober herrscht kein Zeitunterschied, da Großbritannien und Irland erst einen Monat später auf Normalzeit umstellen.

Zeitungen und Zeitschriften

Tageszeitungen:
Belfast Telegraph, 124 Royal Avenue, Belfast, Tel. 221242 (gemäßigt konservativ, pro-britisch)
Irish News, 113 Donegall Street, Belfast, Tel. 322226 (katholisch/nationalistische, der SDLP nahestehende Zeitung)
News Letter, 51/67 Donegall Street, Belfast, Tel. 226622 (konservativ, pro-britisch)

Zeitschriften:
An Phoblacht/Republican News, 51 Falls Road, Belfast 12, Tel. 246841 (Wochenzeitung von Sinn Féin)
Andersonstown News, Owenvarragh Buildings, Belfast, Tel. 619000 (lokale Wochenzeitung)
Fortnight, 7 Lower Crescent, Belfast, Tel. 232353 (linksliberal, erscheint monatlich)
Ulster, 2 Gawn Street, Newtownards Road, Belfast 4 (Monatsmagazin der Ulster Defence Association)

Daneben gibt es zahlreiche lokale Tageszeitungen. An den meisten Kiosken sind die britischen und südirischen Tageszeitungen und Zeitschriften erhältlich. Broschüren und unregelmäßige Publikationen kleinerer politischer Gruppen und Initiativen gibt es bei Just Books, 7 Winetavern Street, Belfast. Dieser Buchladen hat einen Katalog „Just Books on Ireland" herausgegeben, in dem auf 38 Seiten Bücher, Magazine, Pamphlete usw. zum Thema Irland aufgelistet sind (30 Pence plus Porto).

WAND-BILDER

Zwei Motive aus der keltischen Geschichte, gesehen in der Bogside (Bild rechts) und in Springhill, West Belfast. (Bild unten)

(Fotos: Bützler-Danielzig, Schulze-Marmeling)

Loyalistische Wandbilder in Shankill / West Belfast (oben) und in „The Village", South Belfast (unten). Das untere Bild zeigt Wilhelm von Oranien, den „Herold" nordirischer Loyalisten. (Fotos: Dietrich Schulze-Marmeling)

Bild rechts:
Von der katholischen Kirche gesponsert: Christliches Wandbild in Nord-Belfast als Alternative zu den republikanischen Gemälden.

Bild unten:
Wandbild zu Ehren von getöteten UDA-Mitgliedern aus East Belfast.

(Fotos: Schulze-Marmeling)

Bild oben: Friedlich in einem Wandbild vereint: Bobby Sands, Che Guevara, Lenin und die katholische Kirche.
Bild unten: Wandbild für Joe Doherty, einem IRA-Mann aus New Lodge (North Belfast), der z.Zt. in Auslieferungshaft in den USA sitzt.
(Fotos: Dietrich Schulze-Marmeling)

Nordirische Chronologie

Dezember 1920: Nach einem zweijährigen Unabhängigkeitskrieg der IRA verabschiedet das englische Parlament den „Government of Ireland Act", wonach Irland geteilt werden soll: Nordirland mit sechs der Grafschaften Ulsters, Südirland mit den übrigen 26 Grafschaften. Beide Teile sollten ein eigenes Parlament erhalten und in Westminster vertreten sein.

11. Juli 1921: Das Waffenstillstandsabkommen wird unterzeichnet.

6. Dezember 1921: Während der Friedenskonferenz in London unterzeichnet die fünfköpfige Sinn-Féin-Delegation unter Führung von Arthur Griffith den Vertrag: Irland wird zum Freistaat und verbleibt im „Commonwealth", Nordirland bleibt Teil des vereinigten Königreichs. Am 7. Januar 1922 ratifiziert das irische Parlament den Vertrag mit knapper Mehrheit (64:57).

Juni 1922: Die ersten Wahlen zum neuen Parlament enden mit einem Sieg der Befürworter des Vertrages. Große Teile der „Irisch-Republikanischen Armee (IRA)" lehnen den Vertag ab.

22. Juni 1922: Zwei IRA-Mitglieder, Reginald Dunne und Joseph O'Sullivan, ermorden den britischen Feldmarschall Henry Wilson in London. Wilson war militärischer Berater der Regierung in Belfast und hatte während des Befreiungskrieges für unbarmherziges Durchgreifen plädiert.

28. Juni 1922: London stellt der irischen Regierung ein Ultimatum und fordert sie auf, unverzüglich gegen die IRA einzuschreiten. Die irische Regierung läßt das Dubliner Gerichtsgebäude, das die IRA besetzt hält, mit Kanonen beschießen. Der Bürgerkrieg beginnt. Nach fünf Tagen ist der Widerstand in Dublin gebrochen, doch die Kämpfe werden auf dem Land in Form eines Guerillakriegs fortgesetzt.

22. August 1922: Der Regierungschef und militärische Führer im Unabhängigkeitskrieg, Michael Collins, wird ermordet. Die neue Regierung greift hart gegen die Republikaner durch und erläßt Kriegsgesetze. 77 Männer werden hingerichtet.

Mai 1923: De Valera, der Führer der Republikaner, sieht sich gezwungen, einen Waffenstillstand einzugehen. Er selbst wird zu einem Jahr Gefängnis verurteilt. Die IRA geht in den Untergrund, da es keine Amnestie gibt.

1924: Die Grenzkommission bestätigt die Teilung Irlands. Die Unionisten in Nordirland festigen ihre Macht. Während des Bürgerkrieges, der auch auf Nordirland übergegriffen hatte, stellten sie eine protestantische Polizeitruppe, die „B-Specials" auf, um sich gegen die Republikaner zu schützen.

1926: De Valera gründet seine eigene Partei: „Fianna Fáil (Soldaten des Schicksals)" und bricht mit der IRA.

1932: Nach den Wahlen ist „Fianna Fáil" stärkste Partei in der Republik Irland und De Valera wird Regierungschef. Er schafft den Treueeid auf den englischen König ab.

1932-1935: Es kommt zu Streiks und Unruhen in Nordirland, an denen protestantische und katholische Arbeiter gemeinsam teilnehmen. Durch politisch-konfessionelle Hetze wird diese Solidarität jedoch zerstört.

September 1933: Die faschistische „Nationalgarde" des ehemaligen Polizeichefs O'Duffy, die Bauernpartei und Cosgraves „Cumann na nGaedheal" vereinigen sich unter O'Duffys Führung zu „Fine Gael (Stamm der Gälen)". O'Duffy wird wegen seiner Hetzreden gestürzt und nimmt mit 700 Gefolgsleuten am spanischen Bürgerkrieg auf Francos Seite teil.

Frühjahr 1936: Die IRA ermordet den englischen Vizeadmiral Henry Boyle Sommerville und wird zur illegalen Organisation erklärt.

1937: Irland erhält eine neue Verfassung,

in der weiterhin Anspruch auf Nordirland erhoben wird. Irland legt den Dominion-Status ab, verbleibt aber als „Assoziierte Republik" im Commonwealth. Douglas Hyde wird erster Präsident.

1938: Nordirlands Unionisten reagieren auf die neue Verfassung mit der Simon-Deklaration und stärkerer Anbindung an Großbritannien.

1939-1945: Irland bleibt im 2. Weltkrieg neutral, leidet aber unter den wirtschaftlichen Folgen des Krieges. Nordirland nimmt am Krieg an Englands Seite teil, obwohl das britische Wehrpflichtgesetz nicht für Nordirland gilt. Die Kriegsindustrie verhilft Nordirland zu wirtschaftlichem Aufschwung, nachdem seit Anfang der dreißiger Jahre die Schlüsselindustrien Schiffbau und Textilien immer mehr an Bedeutung verloren hatten.

1949: Die irische Regierung ruft die Republik Irland aus. Dieser Schritt hat keine Auswirkungen auf die Beziehungen zu Großbritannien.

1956-1962: Die IRA führt eine erfolglose Bombenkampagne gegen die Teilung Irlands („Border Campaign").

1963: Terence O'Neill wird Premierminister in Nordirland. Er versucht, eine Entspannung zwischen beiden Teilen Irlands einzuleiten und besucht Regierungschef Lemass in Dublin. Er wird von radikalen Protestanten, vor allem von dem presbyterianischen Pfarrer Ian Paisley, deswegen scharf kritisiert.

1964: Vor den Wahlen im Herbst kommt es im katholischen West Belfast zu schweren Unruhen, nachdem die Polizei die irische Fahne im Haus der „Republikanischen Partei" beschlagnahmt hat. Im gleichen Jahr wird die „Campaign for Social Justice" gegründet.

1965: Sean Lemass kommt zu Gesprächen in den „Stormont", das Regierungsgebäude in Belfast, was Proteste der radikalen Unionisten auslöst.

1966: Nach zahlreichen Morden an Katholiken wird die „Ulster Volunteer Force (UVF)" zur illegalen Organisation erklärt. Im selben Jahr gewinnt Gerry Fitt als erster Nicht-Unionist die Stimmenmehrheit in seinem Wahlkreis West Belfast und zieht ins Westminster-Parlament ein.

Februar 1967: Die Bürgerrechtsbewegung „Northern Ireland Civil Rights Association (NICRA)" wird gegründet. Sie tritt für die bürgerlichen Grundrechte ein und will auf legalem Weg soziale und religiöse Diskriminierung beenden.

1968: An der Belfaster Universität wird „People's Democracy (Volksdemokratie)" gegründet, eine sozialistische Organisation, die sich bald der NICRA anschließt und deren linken und überkonfessionellen Flügel bildet.
Im August organisiert die NICRA einen Protestmarsch gegen die ungerechte Verteilung von Wohnraum in Dungannon. Paisley antwortet mit einer Gegendemonstration. Beide Demonstrationen verlaufen friedlich.
Für den 5. Oktober plant die NICRA eine Demonstration quer durch Derry, um gegen die Wohnungsvergabe und die Arbeitslosigkeit zu protestieren. Die orangeistischen „Apprentice Boys of Derry" melden für denselben Tag eine Demonstration an, die derselben Route folgen soll. Innenminister Craig verbietet beide Demonstrationen. Die NICRA führt ihre Demonstration dennoch mit etwa 2.000 Menschen durch. Die Polizei geht mit Knüppeln und Wasserwerfern gegen die Demonstranten vor, von denen 77 schwer verletzt werden. Premierminister Wilson setzt eine Untersuchungskommission ein.
Am 22. November veröffentlicht O'Neill ein Reformprogramm, das fünf Punkte umfaßt, u.a. die Zuteilung von Wohnraum. Der NICRA gehen die Reformen nicht weit genug, weil in ihnen keine Zusage über das allgemeine Wahlrecht enthalten ist. Sie plant einen Marsch durch Armagh. Die Stadt wird daraufhin von Paisley und seinen Anhängern besetzt und der Demonstrationszug aufgehalten.

Am 11. Dezember entläßt O'Neill seinen Innenminister Craig, der zum rechten Flügel der Unionisten gehört.

1969: „People's Democracy" organisiert einen Neujahrsmarsch von Belfast nach Derry. Am 4. Januar, bevor der Marsch sein Ziel erreicht, wird er bei Burntollet Bridge von Paisleys Anhängern und der Polizei überfallen. Die Demonstranten werden brutal mißhandelt.
Am 23. Januar tritt O'Neills Stellvertreter Brian Faulkner zurück.
Bei den Wahlen am 23. Februar gewinnt O'Neill zwar knapp gegen Paisley, aber sein Rückhalt in der Partei schwindet.
Am 28. April tritt O'Neill schließlich zurück. Sein Nachfolger wird Major James Chichester-Clark.
Im April wird die 22jährige Bernadette Devlin, Mitglied der „People's Democracy", bei einer Nachwahl ins britische Unterhaus gewählt. Sie ist das jüngste Mitglied des Londoner Parlaments.
Am 12. August feiern die „Apprentice Boys" den Widerstand der Stadt Derry im Jahr 1689 gegen den katholischen König James II. Die „Apprentice Boys" versuchen, die katholischen Viertel Derrys zu stürmen, wo sich die Bewohner verbarrikadiert haben. Die Schlacht dauert drei Tage, doch die Barrikaden halten stand. Die Kämpfe greifen auf Belfast über, wo es sechs Tote gibt. Chichester-Clark setzt die „B-Specials" ein, die den Widerstand jedoch nicht brechen können. Am 14. August um 17 Uhr ruft der Premierminister die britische Armee zu Hilfe. Die „B-Specials" werden aufgelöst. Die Soldaten werden von der katholischen Bevölkerung zunächst freudig begrüßt. Man einigt sich, daß sie die katholischen Wohnviertel in Ruhe lassen sollen. „Free Derry" und „Free Belfast" entstehen als Gemeinden mit eigener Verwaltung und Verteidigung.
Das „Ulster Defence Regiment (UDR)", eine protestantische Armee-Einheit, übernimmt die Aufgaben der „B-Specials".
Im November kommt es zum Bruch innerhalb der IRA und ihres politischen Flügels, Sinn Féin. Generalstabschef Goulding hatte sich geweigert, die IRA-Einheiten in Nordirland zu bewaffnen. Er wollte den politischen Kampf mit Hilfe der NICRA führen. Bei den Angriffen der Protestanten im Sommer war die IRA daher machtlos gewesen. Die Kritiker Gouldings innerhalb der IRA erhielten Schützenhilfe aus Dublin. Finanzminister Haughey und Landwirtschaftsminister Blaney verlangten den Einmarsch irischer Truppen in Nordirland. Die Regierung Lynch stellte 2 Millionen Mark für einen Hilfsfond für die katholischen Opfer der Unruhen zur Verfügung. Der gleiche Betrag wurde den Goulding-Opponenten von „hochgestellten Persönlichkeiten" in der irischen Regierung versprochen, wenn die IRA ihre Aktivitäten auf den Norden beschränkt und dem sozialistischen Programm abschwört. Goulding gewinnt bei der Sitzung des Armeerats zwar eine Mehrheit für seinen Kurs, aber eine bedeutende Minderheit unter Sean McStiofain verläßt die Organisation und gründet die „Provisorische IRA". Haughey und Blaney werden von Lynch wegen Waffenschmuggels für die IRA entlassen, aber in dem folgenden Gerichtsverfahren freigesprochen.

1970: Beide IRA-Flügel beginnen, sich zu bewaffnen, wobei vor allem die „Provisorische IRA" Unterstützung von der nationalistischen „Northern Aid" in New York erhält.
Im April wird die gemäßigte katholische Sozialdemokratische Partei (SDLP) gegründet.
Im Frühsommer beginnt die britische Armee, die katholischen Gettos mit unbeschreiblicher Brutalität nach Waffen zu durchsuchen, während die protestantischen Viertel verschont bleiben. Diese Maßnahmen verstärken die Unterstützung für die „Provisorische IRA".

1971: Am 6. Februar wird der erste britische Soldat bei einem Schußwechsel zwischen der Armee und der „Provisorischen IRA" im Belfaster Stadtteil Ardoyne getötet. Vier IRA-Männer sterben bei dem Gefecht.
Im März weicht Premierminister Chichester-

Clark dem Druck des rechten Flügels der Unionisten und tritt zurück. Sein Nachfolger wird Brian Faulkner.

Am 8. März beginnt eine bewaffnete Auseinandersetzung zwischen beiden IRA-Flügeln, die jedoch nur kurz andauert und mit einem Waffenstillstand zwischen beiden Organisationen endet.

Am 5. August erläßt Faulkner ein Ausnahmegesetz, das die Behörden dazu ermächtigt, Verdächtige ohne Gerichtsurteil zu verhaften und zu internieren. 1.000 Menschen werden aufgrund dieses Gesetzes verhaftet und mißhandelt.

Am 3. November gibt Faulkner der Forderung der Polizei nach und erlaubt die Bewaffnung der Polizeireserve, die fast ausschließlich aus Protestanten besteht.

1972: Am 30. Januar kommt es zur Eskalation der Gewalt. Britische Fallschirmjäger eröffnen in Derry das Feuer auf Demonstranten, die gegen die Internierungen protestieren. 14 Menschen sterben, die meisten sind auf der Flucht von hinten erschossen worden („Bloody Sunday"). Drei Monate später wird der Untersuchungsbericht („Widgery Report") vorgelegt, in dem festgestellt wird, daß die Soldaten korrekt gehandelt hätten. Nach dem „Bloody Sunday" kommt es zu Demonstrationen im ganzen Land. In Dublin wird die britische Botschaft niedergebrannt.

Am 24. März erklärt der britische Premierminister Heath das Parlament und die Regierung in Nordirland für suspendiert. London übernimmt die direkte Herrschaftsgewalt und schafft ein Nordirlandministerium. William Whitelaw wird Minister für Nordirland.

Am 29. Mai schließt Whitelaw mit der „Offiziellen IRA" einen Waffenstillstand, dem sich die „Provisorische IRA" am 22. Juni anschließt, nachdem Whitelaw den IRA-Gefangenen einen quasi-politischen Status eingeräumt hat („Special Category Status"). Am 9. Juli bricht der Waffenstillstand mit der „Provisorischen IRA" bereits wieder zusammen. Am 21. Juli tötet die IRA elf Menschen durch Bombenanschläge („Bloody Friday").

Am 31. Juli stürmen 36.000 Soldaten und Polizisten die Barrikaden von „Free Derry" und „Free Belfast" („Operation Motorman"). Die Operation verläuft wider Erwarten ohne großes Blutvergießen. Aus den Kommunalwahlen am 30. Mai und den Wahlen zu einer gemischten Nordirischen Exekutive am 28. Juni gehen die katholischen Sozialdemokraten (SDLP) als zweitstärkste Fraktion nach der „Offiziellen Unionistischen Partei (OUP)" hervor.

Vom 6. bis 9. Dezember treffen sich Mitglieder der nordirischen Exekutive, sowie Vertreter der irischen und britischen Regierung in Sunningdale (England) und einigen sich auf die Errichtung eines gesamtirischen Rates auf Ministerebene.

1974: Am 4. Januar spricht der „Ulster Unionist Council" dem Vorsitzenden der nordirischen Versammlung, OUP-Chef Brian Faulkner, das Mißtrauen aus. Faulkner tritt zurück, sein Nachfolger wird Harry West.

Für die Wahlen am 28. Februar schließen sich die rechten Unionisten zum „United Ulster Unionist Council (UUUC)" zusammen und gewinnen 11 von 12 Sitzen.

Am 15. Mai ruft der rechte „Ulster Workers Council (UWC)" mit Unterstützung von Paisley, Craig und West den Generalstreik aus, um die gemischte Exekutive zu Fall zu bringen. Zwei Tage später verüben die protestantischen paramilitärischen Gruppen UVF und UDA („Ulster Defence Association") Bombenanschläge in Dublin und Monaghan, bei denen 20 Menschen getötet werden. Das Sunningdale-Abkommen scheitert am 28. Mai. Die nordirische Exekutive wird aufgelöst.

Nach einer Bombenkampagne der IRA verabschiedet das britische Parlament „Sondergesetze zur Bekämpfung des Terrorismus" („Prevention of Terrorism Act").

Am 22. Dezember geht die IRA nach Verhandlungen mit Nordirlandminister Rees einen Waffenstillstand ein, der bis Ostern

1975 hält. Im Gegenzug beendet Rees die Internierungspolitik schrittweise.

1975: Der Versuch der britischen Regierung, durch Wahlen zu einem Verfassungskonvent eine Machtbeteiligung der Katholiken zu erreichen, scheitert an der Unnachgiebigkeit der Unionisten.

1976: Der „Special Category Status" entfällt für alle, die sich nach dem 1. März eines Verbrechens schuldig machen.

Am 21. Juli ermordet die IRA den britischen Botschafter in Dublin, Christopher Ewart-Biggs. Drei Wochen später überfährt IRA-Mann Danny Lennon drei Kinder, nachdem er von einem Soldaten erschossen wurde. Die Tante der getöteten Kinder, Mairead Corrigan, und Betty Williams gründen die „Friedensbewegung (Peace People)", die in erster Linie von Frauen aller Konfessionen getragen werden soll. Die Bewegung erhält zunächst einen starken Zulauf. 1977 erhalten Corrigan und Williams den Friedensnobelpreis, doch Ende des Jahres ist die Bewegung bereits bedeutungslos.

Nach dem Mord an Ewart-Biggs wird in der Republik Irland am 1. September ein Notstandsgesetz verabschiedet, wonach Verdächtige sieben Tage ohne Gerichtsbeschluß festgehalten werden dürfen.

Im September bestätigt die britische Regierung Folterungen Gefangener zwischen August und Oktober 1971.

Kieran Nugent, der erste IRA-Gefangene, dem der „Special Category Status" nicht zuerkannt wird, weigert sich, die Gefängniskleidung zu tragen. Sein einziges Kleidungsstück ist eine Decke (daher der Begriff „Blanket Men"). Er tritt in den Schmutzstreik (d.h. er wäscht sich nicht und schmiert seine Exkremente an die Zellenwand). Seinem Beispiel folgen fast alle IRA-Gefangenen nach ihm.

1979: Airey Neave, für Nordirland verantwortlicher Abgeordneter im konservativen Schattenkabinett, fällt an dem Tage einem Attentat der INLA zum Opfer, als in London Neuwahlen angekündigt werden.

Nach den Wahlen am 3. Mai kommen die Konservativen in Großbritannien wieder an die Macht. Margaret Thatcher wird Premierministerin.

Am 27. August werden bei zwei verschiedenen IRA-Anschlägen Lord Mountbatten (der letzte Vizekönig von Indien) in der Republik Irland und 18 Soldaten bei Warrenpoint (Nordirland) getötet.

1980: Ende Oktober/Anfang November treten sieben Gefangene der IRA und INLA im Gefangenenlager „Long Kesh" bei Belfast in den Hungerstreik. Sie fordern Anerkennung als politische Gefangene. Nachdem Nordirlandminister Atkins Reformen verspricht, beenden die Gefangenen den Hungerstreik. Die versprochenen Reformen werden nicht durchgeführt.

1981: Am 1. März tritt Bobby Sands, „Commanding Officer" der Inhaftierten, in den Hungerstreik. Der Hungerstreik wird stufenweise auf andere IRA- und INLA-Gefangene ausgedehnt. Die Hungerstreikenden erhalten Unterstützung vom „Nationalen H-Block-Komitee" (benannt nach der Form der Hütten in Long Kesh), viele Prominente setzen sich für sie ein. Bei einer Nachwahl wird Bobby Sands am vierundvierzigsten Tag seines Hungerstreiks zum Unterhaus-Abgeordneten gewählt. Die britische Regierung ändert daraufhin das Wahlgesetz: Gefangene dürfen nicht mehr kandidieren. Am 5. Mai stirbt Bobby Sands. Zwei weitere Hungerstreikende werden bei den Wahlen in der Republik Irland ins Parlament gewählt. Die Thatcher-Regierung bleibt unnachgiebig. Neun weitere Gefangene sterben im Hungerstreik. Nach 216 Tagen wird der Hungerstreik beendet. Nordirlandminister Prior führt danach eine Reihe von Hafterleichterungen ein.

1982: Im April legt Prior ein Weißbuch vor, das ein nordirisches Regionalparlament mit beschränkten Befugnissen vorsieht („Rolling Devolution").

Bei einem Anschlag der IRA am 20. Juli in London sterben neun Menschen, über 50 werden verletzt. Bei den Wahlen zum

Regionalparlament („Assembly") am 21. Oktober gewinnt Sinn Féin, der politische Flügel der IRA, 5 (von 78) Sitzen. SDLP (14 Sitze) und Sinn Féin boykottieren die „Assembly". Nach der Unterzeichnung des anglo-irischen Abkommens im November 1985 wird die „Assembly" zur reinen Plattform unionistischen Protests gegen das Abkommen. Im Juni 1986 wird die „Assembly" abgeschafft.

1983: Die konstitutionellen nationalistischen Parteien Irlands rufen im April das „New Ireland Forum" ins Leben, das darüber beraten soll, wie „Frieden und Stabilität in einem neuen Irland auf demokratischem Weg erreicht werden können." Die Vorschläge des Forum werden von Sinn Féin, den Unionisten und Margaret Thatcher abgelehnt.

1984: Auf dem Parteitag der Konservativen in Brighton entgeht Thatcher bei einem IRA-Bombenanschlag nur knapp dem Tod.

1985: Sinn Féin kündigt zu den Kommunalwahlen im Mai an, die Bezirksräte nicht mehr zu boykottieren und gewinnt 59 Mandate. In Belfast wird Sinn Féin zur stärksten nationalistischen Partei.

Am 5. November unterzeichnen Thatcher und der irische Premierminister FitzGerald das erste anglo-irische Abkommen seit der Teilung der Insel im Jahr 1921. Das Abkommen räumt Dublin ein begrenztes Mitspracherecht in nordirischen Angelegenheiten ein. Dublin verpflichtet sich, bei der „Terrorismusbekämpfung" enger mit Großbritannien zu kooperieren. Das Abkommen wird von Nordirlands Protestanten mit legalen und illegalen Mitteln bekämpft.

1986: Ein Streik der Protestanten gegen das Abkommen wird von Gewalttätigkeiten begleitet. Den ganzen Sommer über kommt es bei protestantischen Demonstrationen zu Ausschreitungen und Straßenschlachten mit der Polizei. London und Dublin halten an dem Abkommen fest, obwohl konkrete Ergebnisse – außer im „Sicherheitsbereich" – ausbleiben.

1987: Bei den Wahlen in der Republik Irland am 17. Februar kommt „Fianna Fáil" an die Macht. Charles Haughey wird Premierminister. Obwohl er ein scharfer Kritiker des anglo-irischen Abkommens war, hält er nach seiner Wahl daran fest.

Machtkämpfe innerhalb der IRSP und INLA, die bereits um Weihnachten begonnen haben, kosten 12 Mitglieder der verfeindeten Fraktionen das Leben und verurteilen beide Organisationen zur Bedeutungslosigkeit.

Bei dem Versuch eines Anschlags auf ein Polizeirevier in Loughgall werden am 8. Mai acht IRA-Mitglieder vom SAS erschossen, der einen Hinterhalt gelegt hatte.

Bei einem IRA-Bombenanschlag auf eine Gedenkfeier für die Weltkriegstoten sterben am 8. November im nordirischen Enniskillen 11 Menschen.

1988: Der britische Generalstaatsanwalt gibt im Januar bekannt, daß „aus Gründen der nationalen Sicherheit" keine Anklage gegen Beamte der nordirischen Polizei erhoben wird, die 1982 an der Erschießung von sechs unbewaffneten Männern beteiligt waren. In derselben Woche wird das Urteil gegen sechs Iren („Birmingham Six") bestätigt, die für zwei Bombenanschläge in Birmingham im Jahr 1974 zu lebenslänglicher Haft verurteilt worden waren, obwohl Beweise für ihre Unschuld sprechen. Die beiden Entscheidungen der Justiz belasten die anglo-irischen Beziehungen.

Am 6. März erschießt das SAS drei unbewaffnete IRA-Mitglieder in der britischen Kronkolonie Gibraltar. Eine öffentliche Untersuchung kommt im Oktober zu dem Ergebnis, daß das SAS „richtig gehandelt" habe. Bei der Beerdigung der drei IRA-Leute im März in Belfast ermordet ein protestantischer Extremist drei Menschen. Bei einer weiteren Beerdigung in Belfast drei Tage später werden zwei britische Soldaten von der IRA erschossen.

Die IRA intensiviert ihre Bombenkampagne in Nordirland und führt Anschläge in Großbritannien und auf dem europäischen Festland durch. In der Nacht zum 20.

August tötet die IRA acht britische Soldaten bei Ballygawley. Zehn Tage später erschießt das SAS drei IRA-Mitglieder bei Drumnakilly.

Die britische Regierung reagiert auf die Intensivierung der IRA-Kampagne mit einem Abbau demokratischer Grundrechte: das Recht auf Aussageverweigerung wird abgeschafft; Radio- und Fernsehinterviews mit IRA und Sinn Féin werden verboten; eine Erweiterung der bestehenden Sondergesetze (PTA) ermächtigt die nordirische Polizei, „verdächtige Bankkonten" ohne richterlichen Beschluß zu beschlagnahmen. Die Kontoinhaber müssen den Nachweis ihrer Unschuld führen.

Am 28. Oktober werden zwei Iren und eine Irin im britischen Winchester trotz dürftiger Indizien zu 25 Jahren Gefängnis verurteilt, weil sie angeblich geplant hatten, Nordirlandminister King zu ermorden. Das Urteil verstärkt in der Republik Irland die Forderungen nach einer sofortigen Einstellung von Auslieferungen an Großbritannien und Nordirland.

Zwei Zivilisten werden am 23. November getötet, als eine IRA-Bombe vor der Polizeistation in Benburb/Grafschaft Tyrone explodiert.

24. November: Philim McNally, der Bruder eines Sinn Féin-Abgeordneten, wird in Cough/Grafschaft Tyrone von Loyalisten erschossen.

Am 13. Dezember lehnt die Republik Irland die von London geforderte Auslieferung des Pfarrers Patrick Ryan ab. Zuvor hatte bereits die belgische Regierung seine Auslieferung abgelehnt, um ihn stattdessen mit einer Militärmaschine nach Dublin zu fliegen. Die „Affäre Ryan" führt zu erheblichen diplomatischen Verstimmungen zwischen London und Dublin.

1989: Am 18. Januar explodiert eine schwere Autobombe der IRA vor dem Gericht in Derry und zerstört Teile der Innenstadt.

Ende Januar findet der Sinn Féin-Parteitag statt. Garry Adams mahnt die IRA, zivile Opfer zu vermeiden. Die IRA kündigt ihrerseits eine „selektive Strategie" an. Zwei Tage später tötet eine Bombe auf der Belfaster Falls Road den ersten britischen Soldaten im Jahr 1989.

2. Februar: Eine BBC-Sendung berichtet über ein geheimes Treffen von Vertretern der OUP, DUP, Alliance Party und SLDP im westdeutschen Duisburg.

Am 3. Februar sprengt die IRA bei Newry die Bahnlinie Belfast - Dublin. Die Bahnlinie bleibt für mehrere Tage geschlossen, da die IRA in der Umgebung des Tatorts weitere Bomben gelegt hat. Einen Monat später wird die Bahnlinie erneut gesprengt.

12. Februar: Einer der bekanntesten Anwälte Nordirlands, Pat Finucane, wird von der UDA erschossen. Zwei Tage später wird der Sinn Féin-Abgeordnete John Davey von der UVF erschossen.

Am 7. März erschießt die IRA drei Protestanten in einer Autowerkstatt in Coagh/Grafschaft Tyrone. Laut IRA war einer der Toten Mitglied der UVF, die anderen beiden wurden „versehentlich" erschossen.

Zwei hochrangige RUC-Beamte werden am 20. März bei Newry erschossen.

Im April hält die Kette loyalistischer Morde an. In diesem Jahr wurden allein bis Mitte April elf Menschen von Loyalisten ermordet, bis auf eine Ausnahme alles Zivilisten. Eine vorzeitig explodierende IRA-Bombe vor der Polizeistation in Warrenpoint/Grafschaft Down tötet eine Zivilistin und verletzt 30 weitere.

Im April wird bekannt, daß nordirische Loyalisten wiederholt Waffen aus Südafrika erhalten haben. Bei einem Waffendeal werden in Paris drei Loyalisten, ein südafrikanischer Diplomat und ein amerikanischer Waffenhändler verhaftet. Bei den Iren wird das Modell einer Luftabwehrrakete gefunden, das aus der Belfaster Waffenschmiede Shorts stammt. Offenbar war ein Tauschgeschäft geplant.

Ominöse nächtliche Explosionen in South Armagh werden von dem Gerücht begleitet, daß die IRA SAM-7-Raketen für den Einsatz gegen britische Helikopter teste.

Kleines Lexikon zum Nordirlandkonflikt

Alliance Party: Die Alliance Party wurde 1970 als unionistische Partei mit integrationistischem Anspruch gegründet, die im Gegensatz zur alten unionistischen Einheitspartei Protestanten wie Katholiken offenstehen sollte. Sie konnte indessen bislang weder relevante Einbrüche in das katholische Lager verzeichnen, noch im protestantischen Lager ernsthaft mit der → DUP und der → OUP konkurrieren.
Die Alliance Party ist heute die Partei der modernen und aufgeklärteren protestantischen Mittelklassen, die durch das offene Sektierertum der traditionellen Mittelklassen und Unterklassen des protestantischen Lagers ihre ökonomischen Interessen eher beeinträchtigt sehen, da dies dem Image Nordirlands schade und potentielle Fremdinvestoren abhalte. In politischer Hinsicht vertritt die Partei rechtsliberale Positionen und unterhält Beziehungen mit der britischen SDP von David Owen. Sie befürwortet die Bildung einer → „power-sharing"-Exekutive mit der → SDLP.

Anglo-irisches Abkommen: Das anglo-irische Abkommen wurde im November 1985 von den Regierungen Großbritanniens und der Republik Irland unterzeichnet. Es bekräftigt die britische Souveränität über Nordirland, indem es das → loyalistische Veto-Recht ausdrücklich bestätigt. Zugleich beinhaltet es eine engere Einbindung der Republik Irland in die britische Anti-IRA-Strategie. Aus britischer Sicht hat das Abkommen vor allem zu verhindern, daß das Territorium der Republik Irland auch zukünftig der → IRA als Ruhehafen bzw. als logistisches Hinterland zur Verfügung steht. So bewirkte das Abkommen ein stärkeres Engagement der südirischen Polizei und Armee entlang der Grenze, eine enge Kooperation zwischen den Sicherheitskräften beiderseits der Grenze, eine Erlaubnis für die britische Regierung, bis zu einem gewissen Maße in das Territorium und den Luftraum der Republik einzudringen (um IRA-Bewegungen zu verfolgen etc.) sowie neue Auslieferungsregelungen, die die Auslieferung geflüchteter Republikaner an die nordirische und englische Justiz erleichtern sollen. Dublin erhielt mit dem Abkommen ein institutionalisiertes Vorschlagsrecht bezüglich der Verwaltung der Provinz, was jedoch weit unter einem Mitbestimmungsrecht liegt. Zudem finden selbst die moderatesten Dubliner Vorstellungen bislang kein Gehör in London.

Britische Armee: Die britische Armee eilte 1969 den nordirischen Sicherheitskräften zu Hilfe, als diese nicht dazu in der Lage waren, der Rebellion der Minderheit Einhalt zu gebieten. Wurde die Armee zunächst von Teilen der katholischen/nationalistischen Bevölkerung als moderate/neutrale Alternative zur → RUC begrüßt, so verschlechterte sich das Verhältnis drastisch mit den Versuchen der Armee, die Minderheit einseitig zu entwaffnen, der Einführung (und einseitigen Anwendung) der → Internierung und schließlich dem „bloody sunday" (Januar 1972) von Derry, als britische Soldaten 14 unbewaffnete Bürgerrechtsdemonstranten erschossen. Gegenwärtig sind ca. 10.000 britische Soldaten in Nordirland stationiert. Dazu kommt noch der → SAS. London würde zwar gerne seine Truppen zurückziehen, das scheitert jedoch daran, daß RUC und → UDR nicht dazu in der Lage sind, alleine das militärische Patt gegen die IRA zu halten.

Democratic Unionist Party (DUP): Rechte, extrem-loyalistische Abspaltung von der alten unionistischen Einheitspartei (1971),

geführt vom bigotten Demagogen und Prediger Ian Paisley. Paisley ist das typische Beispiel für den loyalistischen Politiker als Schreibtischtäter, der die eigene „community" durch Hetzreden und das Schüren von Ängsten und Vorurteilen zu Gewalttaten – bis hin zu sektiererischen Morden – anstachelt, ohne sich selbst dabei die Hände zu beschmutzen.
Aktuell fordert die DUP, die insbesondere unter den radikal-loyalistischen Arbeitern und innerhalb der traditionellen Mittelklassen über Einfluß verfügt, die Wiedereinführung der → Internierung (allerdings ausschließlich für Katholiken/Republikaner) sowie die Todestrafe für „IRA-Terroristen". Die DUP ist stärker → devolutionistisch orientiert und diskutiert die Möglichkeit nordirischer Unabhängigkeit unter protestantischer Vorherrschaft. Führende DUP-Politiker waren im November 1986 aktiv an der Gründung einer paramilitärischen Organisation mit dem Namen → „Ulster Resistance" beteiligt, die u.a. Terroraktionen in der Republik Irland plante. Auf den legalen Status der Partei hatte dies jedoch keinerlei Auswirkungen.

Devolution: siehe „Interne Lösung"

Direct Rule (Direktherrschaft): Direct Rule wurde 1972 von der britischen Regierung eingeführt. Bis dahin verfügte Nordirland, im Gegensatz zu Schottland und Wales, über ein eigenes Parlament und eine eigene Regierung. London übernahm die direkte Verwaltung der Provinz, nachdem das unionistische → Stormont-Regime nicht länger für Stabilität garantieren konnte. Bei den Unionisten/Loyalisten stößt Direct Rule auf einen gewissen Widerspruch, da sie der relativen Autonomie der Statthalter ein Ende setzte und somit deren politische Entmündigung einleitete. Andererseits wird Direct Rule als erheblich kleineres Übel gegenüber einer Machtteilung mit den Nationalisten oder gar einer Wiedervereinigung betrachtet.
Insbesondere das Unternehmertum in Nordirland favorisiert Direct Rule, da aus seiner Sicht alle diskutierten Alternativen lediglich eine weitere Destabilisierung der Verhältnisse provozieren würden. Da sich die protestantischen Führer bislang als völlig unfähig erwiesen, gemeinsam mit der liberal-unionistischen → Alliance Party und moderaten Nationalisten eine interkonfessionelle, politische Mitte zu bilden und einen Prozeß der Systemmodernisierung und -stabilisierung einzuleiten, hat ihr Vertrauen in → DUP- und → OUP-Politiker arg gelitten.

Fianna Fáil („Soldaten des Schicksals"): Größte politische Partei in der Republik Irland, die aktuell die dortige Regierung stellt. Fianna Fáil ging aus dem IRA-Flügel hervor, der zunächst gegen die Teilung des Landes und den entsprechenden Vertrag mit England votierte. Fianna Fáil trennte sich 1926, unter der Führung Valeras, von → Sinn Féin, um sich am südirischen Parlament zu beteiligen. In der Opposition pflegt Fianna Fáil, von ihrer Mitglied- und Unterstützerschaft her die nationalistischste und republikanischste aller etablierten Parteien in der Republik, ein anti-britisches Image. In der Regierung war sie jedoch noch immer dazu bereit, mit der Regierung in London bei der Bekämpfung des radikalen Republikanismus zu kooperieren. Bei Teilen der Basis wie der Wählerschaft Fianna Fáils existieren jedoch unverändert Sympathien mit der → IRA.
Das Problem Fianna Fáils (wie aber auch der anderen etablierten südirischen Parteien) besteht in dem historischen Ballast, den die Gründungsgeschichte des südirischen Staates darstellt. Der südirische Teilstaat konnte England nur mit einem brutalen Bürgerkrieg abgerungen werden. Es war bewaffneter Kampf, wie ihn die IRA heute in Nordirland führt, dem die Politiker und Bürger der Republik Irland die nicht zu unterschätzenden Freiheiten, die ihr Dasein gegenüber dem der Katholiken/Nationalisten im Norden auszeichnet, verdanken. Mit jedem Gedenktag holt diese Geschichte die etablierte Politik in der Republik wieder ein: einerseits Huldigun-

gen an die anti-britischen Guerillaaktionen der Vergangenheit, gleichzeitig Verdammnis der IRA-Kriegsführung und Suche nach einem pfleglichen Auskommen mit der ehemaligen Kolonialmacht.

Fine Gael („Stamm der Gälen"): Fine Gael ist nach Fianna Fáil die größte politische Partei im Süden. Ein Fine-Gael-Premier, Garret FitzGerald, der in einer Koalition mit der Irish Labour Party regierte, unterzeichnete 1985 das → anglo-irische Abkommen.
Fine Gael ging aus dem Flügel der antibritischen Widerstandsbewegung hervor, der Anfang der 20er Jahre der Teilung zustimmte. Wie → Fianna Fáil ist die Partei somit historisch ein → Sinn-Féin-Ableger. Ihre Wähler sind insgesamt weniger nationalistisch gesinnt als die Fianna Fáils und Fine Gael gilt als „probritischer", wenngleich sich beide Parteien in der Regierung kaum unterscheiden. Im Gegensatz zu Fianna Fáil hat Fine Gael in ihrer Amtszeit allerdings die nordirische Minderheit stärker dazu gedrängt, die dortigen Sicherheitskräfte anzuerkennen und die Forcierung der → Devolutions-Diskussion – im Sinne einer internen Lösung – gefordert. Diese Differenzen dürften jedoch eher taktischer Natur sein. Gleiches gilt auch hinsichtlich der Frage eines irischen Einheitsstaates, der als politische Option von Fine Gael deutlich stärker relativiert wird.
Zu ihrer Amtszeit zeigte sich Fine Gael darum bemüht, die Integration der Republik Irland in das EG- und NATO-System zu vertiefen und die Republik einer bürgerlichen Modernisierung zu unterziehen, die das Land britischen und kontinentalen Standards anpassen sollte.
Als mittelfristiges Ziel visierte die Fine-Gael-Regierung zudem die Streichung der Art. 2 und 3 der südirischen Verfassung an, in denen Dublin Anspruch auf das gesamte irische Territorium erhebt, und praktiziert eine Politik der weitgehenden Preisgabe irischer Neutralität und Souveränität.

Interne Lösung: Als interne Lösung sind alle Vorschläge zu verstehen, die auf eine Befriedung des nordirischen Konfliktschauplatzes abzielen, ohne dabei den nordirischen Separatstaat bzw. die innerirische Grenze zur Diskussion zu stellen. Im Zentrum aller Vorschläge einer Internen Lösung stehen die Begriffe **Devolution** (= schrittweise Zurückdelegierung von politischen Kompetenzen an die nordirischen Kräfte, die Einrichtung eines nordirischen Parlaments und mittel- bis langfristig auch einer nordirischen Exekutive) wie **Power Sharing** (= automatische Beteiligung von Katholiken an der Machtausübung, wobei sich diese proportional zu ihrem Anteil an der nordirischen Gesamtbevölkerung gestaltet).
Die → OUP und die → DUP sind Befürworter einer Internen Lösung, wobei sie Power Sharing skeptisch bis ablehnend gegenüberstehen. Die → SDLP-Führung würde einer Internen Lösung u.U. zustimmen, muß sich jedoch aus Rücksicht auf die Stimmung innerhalb der katholischen Bevölkerung und aufgrund der Unbeweglichkeit von OUP/DUP zurückhalten.

Internierung: Die Internierung, wie sie in den nordirischen Notstandsgesetzen enthalten ist, ermöglicht die Inhaftierung von Verdächtigen auf unbestimmte Zeit und ohne Gerichtsverhandlung/richterliches Urteil. Sie wurde 1920-21, 1922-24, 1938-45, 1956-61, 1969 und 1971-75 in Nordirland angewandt. Als sie am 9.8.1971 eingeführt wurde, wurden bereits am ersten Tag 342 Verdächtige verhaftet. Unter ihnen befand sich nicht ein einziges Mitglied loyalistischer paramilitärischer Organisationen. Lediglich zwei der 342 Personen waren Protestanten, wovon der eine IRA-Sympathisant und der andere Mitglied der pro-republikanischen, sozialistischen → People's Democracy war. Erst 1973 wurden die ersten Loyalisten interniert. Insgesamt wurden im Zeitraum 1971-75 2.158 Internierungsanordnungen unterzeichnet. 12 der am 9.8.1971 Verhafteten wurden von den übrigen Internierten getrennt, um sie brutalen Folterexperimenten zu unterzie-

hen. Die Internierung provozierte seinerzeit weltweiten Protest, isolierte die britische Regierung vorübergehend in der Nordirlandfrage und ließ die → IRA als anerkannten Kombattanten erscheinen. Desweiteren führte sie zur völligen Entfremdung der katholischen/nationalistischen Minderheit gegenüber den Sicherheitskräften und London. Noch heute lasten die Erfahrungen der Jahre 1971-75 wie ein Alptraum auf den nordirischen Katholiken/Nationalisten.
Aus diesen Gründen versucht die britische Regierung, ihre Wiedereinführung zu vermeiden, indem sie die „shoot-to-kill"-Politik forciert und den strafrechtlichen Prozeß so reformiert, daß er schnelle und massenhafte Verurteilungen zuläßt (was einer Internierung mit richterlichem Urteil gleichkommt).

Irish National Liberation Army (INLA)/ Irish Republican Socialist Party (IRSP): Die INLA/IRSP ging aus der internen Auseinandersetzung über den einseitigen Waffenstillstand der Official → IRA hervor. Ihr Gründer, Seamus Costello, war bei der Spaltung der republikanischen Bewegung zunächst den „Officials" gefolgt, da auch er eine stärkere sozialistische Orientierung forderte und die Einnahme von Parlamentssitzen befürwortete. Andererseits vertrat er bezüglich des Nordens die Position, daß der sektiererische Staat, da er seinen Charakter mit Waffengewalt aufrechterhalten würde, folglich auch mit Waffengewalt zu attackieren wäre. An den „Provos" kritisierte er die Unterentwicklung des politischen und sozialistischen Elements, weshalb er auf der Gründung einer dritten Formation bestand, die die soziale Frage mit der Frage nationaler Emanzipation enger verknüpfen sowie militanten Republikanismus und politischen Sozialismus in einer Organisation miteinander verbinden sollte. Die INLA/IRSP wurde allerdings nie zu einem Kristallisationpunkt für militante „Officials" und linke „Provos". In militärischer Hinsicht stand sie immer im Schatten der ungleich größeren „Provos". Die Linksentwicklung und Politisierung der „Provos" stürzte die INLA/IRSP in eine schwere Legitimationskrise. Desweiteren wurde die Organisation, die nach dem Hungerstreik von 1981 hemmungslos ihre Tore gegenüber Eintrittswilligen geöffnet hatte, von „Supergrass" („Superpetzern") heimgesucht, deren Aussagen eine weitgehende Zerschlagung ihres Apparates zur Folge hatten. 1986 spaltete sich die Organisation in mehrere Fraktionen, was ihren Fall in die Bedeutungslosigkeit weiter beschleunigte. Zwischen den Fraktionen brachen bewaffnete Auseinandersetzungen aus, bei denen zwölf Mitglieder getötet wurden. Als Resultate blieben eine Irish People's Liberation Organisation (IPLO) und eine INLA, deren politische und militärische Bedeutung jedoch sehr gering sind.

Irish Republican Army (IRA): Die IRA spielte eine wesentliche Rolle im irischen Unabhängigkeitskrieg, der 1922 mit der Teilung des Landes endete. Doch auch danach führte die IRA militärische Aktionen gegen Großbritannien weiter, die sich mit Beginn des neueren Bürgerkrieges in Nordirland intensivierten.
1969 spaltete sich die IRA in einen „offiziellen" und einen „provisorischen" Flügel, wobei sich die „Officials" jedoch bald vom militärischen Widerstand und vom radikalen Republikanismus verabschiedeten. Wenn heute von der IRA geredet wird, so sind deshalb stets die „Provos" gemeint.
Die Zahl der IRA-Aktiven wird auf 300 bis 500 geschätzt. Diese Zahl gibt allerdings nicht die realen Rekrutierungsmöglichkeiten der Provos wieder. Die Führung der Provos geht davon aus, daß eine größere Streitmacht unter den existierenden Bedingungen Nordirlands keinen Sinn ergibt, an der militärischen Patt-Situation nichts verändern und die Organisation lediglich für Infiltrationsbemühungen öffnen würde. Andererseits hat die IRA offensichtlich keine Schwierigkeiten, selbst schwere personelle Rückschläge – infolge von Massenverhaftungen oder der Exekution von Mitgliedern – umgehend durch Neurekrutie-

AN PHOBLACHT

IRELAND'S BIGGEST SELLING POLITICAL WEEKLY

Republican News

Sraith Nua iml 11 Uimhir 4 | 26 Eanair | Thursday 26th January 1989 | (Britain 38p) Price 30p

Bloody Sunday commemoration

17TH ANNIVERSARY

MARCH & RALLY DERRY

Sun. 29th Jan

SPEAKER: Martin McGuinness

ASSEMBLE 2.30PM CREGGAN SHOPS

RALLY AT FREE DERRY CORNER

Wreath-laying ceremony 11.00am Rossville St.

'Armed struggle will not compromise political struggle'

IRA INTERVIEW

TALKING to *AP/RN*, a spokesperson for the IRA's GHQ Staff commented on one of the issues which has marred the past year – the deaths of civilians at the hands of the IRA.

Earlier in the week the IRA had confirmed that, following the controversial killing in County Donegal earlier this month of Harry Keyes, a former RUC man, the unit responsible for his death had been disbanded and disarmed.

A GHQ spokesperson told *AP/RN*:

"There is a greater realisation than ever of the need for the IRA to avoid civilian casualties.

The fatalities of the past year occurred against a background of active service units stepping up attacks on crown forces and on establishment figures which put the British administration under more pressure than at any other time since perhaps 1979.

Unfortunately, through a combination of tragic circumstances, many civilians died in operations which dented the confidence of some of our supporters.

We have tried to rectify the reasons why mistakes were made. Our main concern is the immensity of the human tragedy involved, and we realise the use which the British have made of these bad operations, and how demoralising they have been.

They have also given our critics the opportunity to raise once again the proposition that the armed struggle is contradicting and undermining the political struggle. That would never be our intention although, undoubtedly, some operations within the past year have created difficulties for everyone.

As I said, we realise that we have a responsibility to correct the problems and refine our activities so that they do not hinder but complement efforts to build a broad-based front against imperialism.

We will always be striving to place the struggle on ground which republicans can unhesitatingly, and without great difficulty, defend.

Whilst the leadership is responsible to the broad Republican Movement for the consequences and reperoussions of IRA actions, all Volunteers are subject to the leadership for their conduct of the war.

When and where necessary that leadership has been exercised, inquiries have been undertaken, their recommendations acted upon, and as a result we hope to avoid many of the mistakes of the past. Down the years we have taken praise; we can also take criticism. No one is above it.

Having said all that, it is our intention to encourage the climate for radical politics in Ireland and to assist that process.

Our actions have to be geared towards sapping the will of the British government and have to be aimed at building the confidence of the people whose fortitude and determination helps drive us forward."

Sinn Féin

84TH ARD FHEIS

27th, 28th, 29th JANUARY 1989

MANSION HOUSE, DUBLIN

AnPhoblacht/Republican News, die Zeitung von Sinn Féin, gehört zu den angesehensten politischen Zeitungen in Irland.

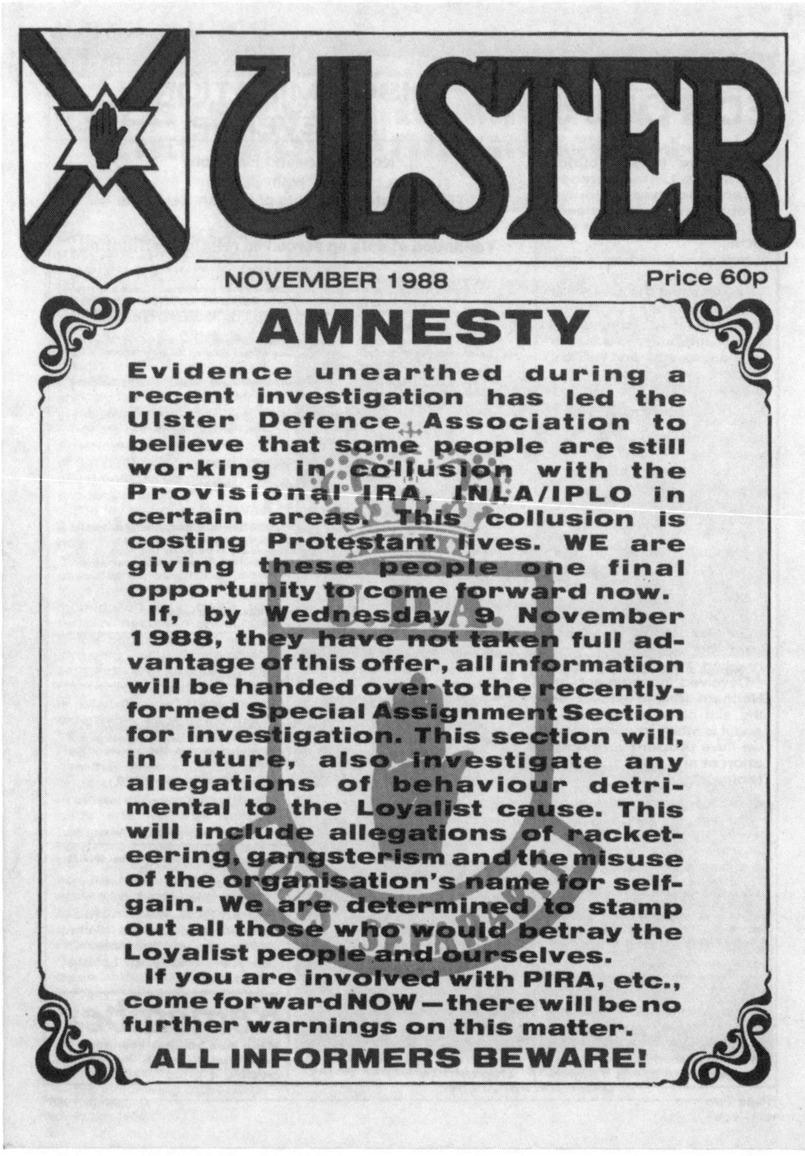

ULSTER

NOVEMBER 1988 Price 60p

AMNESTY

Evidence unearthed during a recent investigation has led the Ulster Defence Association to believe that some people are still working in collusion with the Provisional IRA, INLA/IPLO in certain areas. This collusion is costing Protestant lives. WE are giving these people one final opportunity to come forward now.

If, by Wednesday 9 November 1988, they have not taken full advantage of this offer, all information will be handed over to the recently-formed Special Assignment Section for investigation. This section will, in future, also investigate any allegations of behaviour detrimental to the Loyalist cause. This will include allegations of racketeering, gangsterism and the misuse of the organisation's name for self-gain. We are determined to stamp out all those who would betray the Loyalist people and ourselves.

If you are involved with PIRA, etc., come forward NOW — there will be no further warnings on this matter.

ALL INFORMERS BEWARE!

„ULSTER", das offizielle Organ der loyalistischen „Ulster Defence Association. Auf der Rückseite dieser Ausgabe steht als Schlagzeile: „Wake up, Britain! – Keep Ulster British!"

rungen zu kompensieren. Allein im Zeitraum Januar 1987 bis September 1988 wurden 25 IRA-Mitglieder getötet, ohne daß dies irgendwelche registrierbaren Auswirkungen auf die Intensität ihrer militärischen Kampagne zeigte.

Die IRA verfolgt einen britischen Abzug aus Nordirland und die Herstellung irischer Unabhängigkeit. Für den Fall eines britischen Rückzuges stellt sie die Einstellung ihrer militärischen Kampagne (jedenfalls sofern sie offensive Aktionen betrifft) in Aussicht. Die Auseinandersetzung um den gesellschaftspolitischen Charakter eines unabhängigen, „neuen" Irlands soll mit rein politischen Mitteln ausgetragen werden (u.a. in einem gesamtirischen Parlament, in dem die radikal-republikanische Bewegung nur einen Teil der Abgeordneten stellt).

„Provisionalism" ist heute eine in Nordirland fest etablierte politische Subkultur und innerhalb der urbanen katholischen Arbeiterklasse wie der ärmeren katholischen Landbevölkerung die dominierende Ideologie.

Die Unterstützerschar der IRA läßt sich kaum exakt beziffern. 85.000 bis 100.000 nordirische Katholiken wählen unbeirrbar, ganz gleich, ob die britische Regierung sich reformwillig gibt und die IRA unpopuläre Aktionen begangen hat, den politischen Flügel der republikanischen Guerilla, → Sinn Féin. Wenngleich also eine Mehrheit der nordirischen Katholiken die IRA nicht unmittelbar unterstützt (und oftmals gar verurteilt), so ist doch nur eine verschwindende Minderheit dazu bereit, die „Sicherheitskräfte" mit Informationen über ihre IRA-Nachbarn zu versorgen oder ihnen gar in noch direkterer Form in ihrem Kampf gegen die IRA beizustehen.

Loyalismus: So wie der → Republikanismus eine Weiterentwicklung des → Nationalismus darstellt, ist der Loyalismus eine besondere Ausprägung des → Unionismus, in diesem Falle allerdings in die extrem rechte politische Richtung. Nordirlands Loyalisten fühlen sich nicht den demokratischen Institutionen Britanniens verpflichtet, sondern lediglich der britischen Krone. Der Loyalismus hat somit auch die Funktion eines ideologischen Dammes gegenüber etwaigen liberalisierenden und demokratisierenden Einflüssen des britischen Parlaments und der britischen Regierung. Loyalisten pochen deshalb stärker als gewöhnliche Unionisten auf einen Sonderstatus Nordirlands im Vereinigten Königreich. Stärker noch als der Unionismus reflektiert der Loyalismus die Paranoia einer Siedlergemeinschaft, die einerseits die Rebellion der Enteigneten und Entrechteten, andererseits ein Verrat durch die kolonialistische Schutzmacht wittert.

Auch spielt die religiöse Identität bzw. das protestantische Überlegenheits- und Auserwähltheitsdenken bei den loyalistischen Formationen eine noch größere Rolle, als bei den gewöhnlichen Unionisten. Während die → DUP stärker loyalistisch orientiert ist, handelt es sich bei der → OUP eher um eine unionistische Partei.

Zwar ist der Loyalismus eine Siedlerideologie, andererseits ist seine Existenz ohne die monarchistischen, erz-reaktionären und militaristischen Komponenten des britischen Systems (auf die er sich bezieht und nach deren Kollaboration er trachtet) undenkbar. Seine ideologische Autonomie ist somit beschränkter, als dies vielfach angenommen wird.

Loyalistisches Veto: Das sogenannte loyalistische Veto-Recht besagt, daß eine Veränderung des völkerrechtlichen Status quo in Nordirland nur erfolgen kann, wenn die Mehrheit der Protestanten hierfür ihre Zustimmung erteilt. Die propagandistische Funktion des Veto-Rechts besteht darin, den Eindruck zu erwecken, die britische Regierung folge mit ihrem Festhalten an der Einbindung Nordirlands in das Vereinigte Königreich lediglich einem demokratischen Mehrheitswunsch. Tatsächlich existiert das Veto-Recht nur hinsichtlich der konstitutionellen Frage und auch nur deshalb, weil die Position Londons mit der der nordirischen Protestanten übereinstimmt.

Überdies ist das Veto-Recht alles andere als demokratisch, da es im Widerspruch zum Recht auf irische Selbstbestimmung steht. Selbstbestimmung würde bedeuten, daß nicht eine durch die von London betriebene innerirische Grenzziehung künstlich geschaffene protestantische/unionistische Mehrheit, sondern die gesamte Bevölkerung der irischen Insel über den völkerrechtlichen Status quo zu entscheiden hat.

Nationalismus: Der irische Nationalismus manifestiert sich in der Forderung nach einer irischen Wiedervereinigung, als Rahmen für eine irische Selbstbestimmung. Alle wesentlichen Parteien der Republik Irland sowie im Norden die → SDLP und → Sinn Féin bekennen sich – allerdings mit unterschiedlicher Vehemenz und unterschiedlichen Konsequenzen – zum irischen Nationalismus und dem Ziel der Wiedervereinigung.

Nimmt man die Ergebnisse der nordirischen und südirischen Kommunalwahlen von 1985 zur Grundlage, so existiert auf der irischen Insel eine überwältigende nationalistische/republikanische Mehrheit (abgesehen von größeren Teilen des Ostens Nordirlands). Selbst in Nordirland ergaben 8 von 26 Wahlkreisen eine nationalistische/republikanische Mehrheit (14 votierten mehrheitlich loyalistisch, ein Wahlkreis endete mit einem 50:50 Resultat, während in den verbleibenden drei Wahlkreisen immerhin 35 bis 50 % nationalisitisch/republikanisch abstimmten).

Es läßt sich zwischen einem moderaten, „konservativen", d.h. rein auf die Frage der Wiedervereinigung reduzierten Nationalismus und einer progressiven, um eine radikale soziale und antiimperialistische Vision angereicherte Nationalismus-Variante unterscheiden, wobei letztere mit dem radikalen → Republikanismus identifizierbar ist. Während die SDLP lediglich nationalistisch ist, handelt es sich bei Sinn Féin um eine republikanische Formation.

Vom metropolitanen Nationalismus unterscheidet sich der irische Nationalismus dadurch, daß er über einen anti-kolonialen Hintergrund verfügt und in der Regel mit Demokratisierungsbestrebungen korrespondiert (→ „Partition").

Northern Ireland Civil Rights Association (NICRA): Die NICRA, 1967 gegründet, war der Dachverband der nordirischen Bürgerrechtsbewegung. Das von NICRA erfaßte politische Spektrum reichte zunächst von liberalen Protestanten bis zu radikalen Republikanern. Während in der NICRA-Führung moderate Kräfte dominierten, waren in den lokalen Gruppen oftmals radikale Kräfte tonangebend. Die Verbindung zwischen Führung und Basis war äußerst lose und das Entwicklungstempo der Bewegung wurde letztlich von den lokalen Gruppen bestimmt. NICRA zerfiel in liberal-unionistische, moderat-nationalistische und republikanische Fraktionen, als der Konflikt zusehends militante Formen annahm und das Verhalten der britischen Regierung gegenüber der Bürgerrechtsbewegung die alte Kontroverse → Nationalismus versus → Unionismus erneut auf die Tagesordnung setzte.

Official Unionist Party (OUP): Die OUP ist die größte der beiden protestantischen/unionistischen Parteien. Sie unterhält zudem engere Beziehungen zu den britischen „Tories" als die → DUP Paisleys. Die OUP erscheint zwar insgesamt etwas moderater und pragmatischer als die DUP (und mehr auf Seriosität und Reputation bedacht), andererseits ist sie aus der loyalistischen Koalition gegen eine institutionalisierte Beteiligung von Katholiken an einer nordirischen Exekutive hervorgegangen („Sunningdale-Abkommen" von 1973). Sie ist desweiteren stärker integratorisch orientiert als die DUP, befürwortet also die stärkere Integration Nordirlands in das Vereinigte Königreich und den Verzicht auf einige traditionelle loyalistische Sonderrechte.

Wie die DUP lehnte sie das → anglo-irische Abkommen ab, da dieses Dublin ein unakzeptables Ausmaß an Einflußnahme auf die nordirischen Verhältnisse garantiere.

Orange Order (Orangeisten Orden): Der Orange Order wurde 1795 als exklusiv protestantischer Geheimbund gegründet. Seine ideologische Ausrichtung blieb bis in die heutigen Tage streng anti-katholisch. Der ehemalige nordirische Premier Faulkner (1971-72) bezeichnete den Orange Order als „Rückgrat Ulsters". Alle führenden → DUP- und → OUP-Politiker sind Mitglieder im Orden und bekleiden sehr häufig sogar führende Positionen. Der Orange Order fungiert als klassenübergreifende organisatorische und ideologische Klammer und als Pressuregroup hinter den Kulissen der Parteien. Er ist der organisatorische Ausdruck der protestantischen Volksgemeinschaftsideologie und wacht über die Wahrung originär protestantischer Interessen. Da die nordirische Gesellschaft und der nordirische Staat auf allen Ebenen vom Orange Order durchsetzt sind, kann der Orden als Instrument zur Bevorteilung der Protestanten und Diskriminierung der Katholiken dienen. Der „große Tag" des Orange Order ist alljährlich der 12. Juli, an dem die → Unionisten/Loyalisten den Sieg des protestantischen Wilhelm von Oranien über seinen katholischen Thronkonkurrenten James II zelebrieren (Schlacht am Boyne, 1690).

Partition (Teilung): Die Fortsetzung der inneririschen Teilung bleibt das entscheidendste Hindernis für die Resouveränisierung und Demokratisierung der irischen Insel. Die Teilung garantiert London einen Brückenkopf auf der irischen Insel, von dem aus sich auch auf die südirische Entwicklung Einfluß ausüben läßt.
Das britische Establishment hat Dublin zwar 1938 seine Häfen zurückgegeben, im zweiten Weltkrieg die irische Neutralität wie später den Rückzug des südirischen Staates aus dem Commonwealth und die Bildung einer Republik geduldet, doch endete die Kozessionsbereitschaft gegenüber den irischen Souveränitätsbestrebungen stets an der inneririschen Grenze.

Power-Sharing: siehe **Interne Lösung**

Republikanismus: Der irische Republikanismus ist eine über den → Nationalismus hinausgehende Ideologie. Alle Republikaner sind Nationalisten, aber bei weitem nicht alle Nationalisten sind auch Republikaner. Die fünf Hauptelemente des Republikanismus lauten: 1. Separatismus (d.h. Abtrennung der gesamten irischen Insel vom Vereinigten Königreich). 2. Säkularismus (d.h. Trennung von Religion und Politik). 3. Anti-Sektierertum (d.h. Ablehnung einer Politik, die entlang von konfessionellen Trennungslinien formuliert wird bzw. Aufhebung der konfessionell bestimmten Spaltung der irischen Unterklassen). 4. Nationalismus (d.h. Aufhebung der künstlichen nordirischen Separatstaates zugunsten einer irischen Wiedervereinigung). 5. Radikale Sozialpolitik.

Royal Ulster Constabulary (RUC): Nordirische Polizei, die zu über 90 % aus Protestanten besteht. Die RUC nimmt kaum die gewöhnlichen Aufgaben einer Polizei wahr, sondern versteht sich eher als loyalistische/unionistische Miliz, die sich ganz dem Kampf gegen die IRA und für den Erhalt des politischen Status quo verschreibt. Dies erklärt sich aus der Geschichte der RUC, die sich stets als Streitmacht zur Verteidigung des nordirischen „Protestant State" gegen die nationalistische Herausforderung betrachtete. Bei ihrer Konstituierung (1922) stellte die → „Ulster Volunteer Force" (UVF) einen bedeutenden Teil der Mitgliedschaft.
Die RUC-Mitgliedschaft wird oftmals „familiär vererbt", was die Fortsetzung der paramilitärischen loyalistischen Tradition fördert. Die Mitgliedschaft der RUC beträgt ca. 12.000.

Sinn Féin („Wir selbst"): Politischer Arm der → IRA. Sinn Féin ist die älteste politische Formation auf der irischen Insel. Sie wurde 1905 gegründet und bildete während des Unabhängigkeitskrieges 1919 ein eigenes irisches Parlament. Die beiden heute führenden Parteien in der Republik → Fianna Fáil und → Fine Gael spalteten

sich in den 20er Jahren von Sinn Féin ab. Lange Zeit blieb Sinn Féin danach recht bedeutungslos und führte nur noch ein stiefmütterliches Dasein neben der IRA. Nach 1970 ist die radikalrepublikanische Formation aber wieder zu einer eigenständigen politischen Kraft avanciert, die aus ihrer Unterstützung für die IRA-Kampagne jedoch keinen Hehl macht. Die Partei widmet sich heute einem breiten Spektrum politischer, sozialer, ökonomischer und kultureller Fragen. Ihr Blatt „An Phoblacht/ Republican News", das selbst von etablierten Journalisten als weitaus besser denn viele bürgerliche Journaillen qualifiziert wird, ist heute die meistverkaufte politische Wochenzeitung in Irland.
Sinn Féin ist die einzige Partei, die sowohl in Nordirland als auch in der Republik vertreten ist. Im Norden, wo die Partei bei vergangenen Wahlen bis zu 42,6 % der katholischen Wählerstimmen auf sich vereinigen konnte (Unterhauswahlen von 1983; alle Wahlen seit 1982 zusammengenommen ergeben einen Mittelwert von ca. 36 %), ist Sinn Féin allerdings ungleich stärker als im Süden, wo radikale Republikaner (inklusive viele IRA-Unterstützer) mehrheitlich der bürgerlich-nationalistischen Fianna-Fáil-Partei ihre Unterstützung geben. Präsident von Sinn Féin ist der Belfaster Gerry Adams, der mit 39 Jahren bereits zu den bedeutendsten politischen Führern in Irland zählt.

Social Democratic and Labour Party (SDLP): Die SDLP teilt sich mit Sinn Féin das katholische/nationalistische Wählerpotential in Nordirland, wobei der Anteil der moderat-nationalistischen Partei größer ausfällt (in Belfast ist allerdings Sinn Féin deutlich stärker). Die SDLP wurde 1970 mit tatkräftiger Hilfe der südirischen Regierung und Elementen aus der britischen Labour Party gegründet, um den katholischen Mittelklassen in Nordirland eine eigene organisatorische Repräsentanz zu verleihen, dem Erstarken des nationalistischen, republikanischen und sozialistischen Radikalismus etwas entgegenzusetzen wie um einen moderaten Ansprechpartner für die Dubliner und Londoner Regierungen innerhalb der katholischen/nationalistischen Bevölkerungsgruppe zu schaffen. Die SDLP war und ist primär eine Wahlpartei, die, solange → Sinn Féin nicht kandidierte (was bis 1982 der Fall war), sich als einzige legitime Vertreterin der nordirischen Katholiken/Nationalisten profilieren konnte. Seit den Wahlerfolgen Sinn Féins hat sie diesen Anspruch mit dem politischen Flügel der IRA zu teilen.

Special Air Service (SAS): Britische „Anti-Terror-Einheit", teilweise mit der bundesdeutschen GSG 9 vergleichbar. In Nordirland operiert das SAS als Todesschwadron der britischen Regierung. Das Vorgehen des SAS entspricht dem Vollzug der Todesstrafe auf der Straße und ohne vorausgegangenes richterliches Urteil („shoot to kill"). Es ist die offensichtliche Aufgabe des SAS, bekannte IRA-Mitglieder, die jedoch auf dem rechtsstaatlichen Wege nicht überführt werden können, zu exekutieren. Des weiteren zählt zu den Aufgaben des SAS, Konfusion und Einschüchterung innerhalb der katholischen/nationalistischen Bevölkerung zu bewirken. So ermordete der SAS wiederholt katholische Zivilisten, ohne sich allerdings hierzu zu bekennen.
Die bislang spektakulärste Aktion der staatlichen Terroreinheit war die Exekution von drei unbewaffneten IRA-Mitgliedern im März 1988 in der britischen Kronkolonie Gibraltar. Viele Indizien sprechen dafür, daß diese Aktion ebenso direkt vom Londoner Kabinettstisch aus angeordnet wurde, wie die Exekution von drei weiteren IRA-Mitgliedern Ende August in der nordirischen Grafschaft Tyrone. Letztere Aktion war als Vergeltung für die wenige Tage zuvor erfolgte Tötung von 8 britischen Soldaten durch die republikanischen Guerilla zu verstehen.
Der SAS operierte auch wiederholt auf dem Territorium der Republik Irland, wo er provokativ Bomben zündete und ebenfalls IRA-Mitglieder, die über die Grenze geflüchtet waren, exekutierte.

Der SAS untersteht keinerlei Kontrolle durch die britische Öffentlichkeit oder durch parlamentarische Institutionen, was es ihm ermöglicht, unmittelbar als terroristischer Arm des Kabinetts zu agieren. Seine Mitglieder bleiben anonym. 1988 wurde die SAS-Präsenz in Nordirland weiter ausgebaut.

Stormont-System: Das „Stormont-System" wurde mit der Einführung von → Direct Rule abgeschafft. Es bedeutete, daß Nordirland zwar Mitglied des Vereinigten Königreichs war, jedoch im Gegensatz zu Schottland und Wales ein eigenes Parlament und eine eigene Regierung, die über weitreichende innenpolitische Kompetenzen verfügten, hatte. Das „Stormont-System" war Instrument wie Symbol protestantischer Vorherrschaft. Die innenpolitische Autonomie Nordirlands bewahrte London davor, für das Fehlen demokratischer Verhältnisse in der Provinz zur Rechenschaft gezogen zu werden und gestattete den protestantischen Statthaltern, nach Belieben zu schalten und zu walten. Gleichzeitig besagte eine Vereinbarung des britischen Unterhauses, daß Nordirland kein Thema im britischen Parlament sein sollte, sofern es um innenpolitische Angelegenheiten ging. Die britische Regierung schaffte das „Stormont-System" ab, nachdem es nicht mehr für die Stabilität britischer Herrschaft in der Provinz garantieren konnte.

Ulster Defence Association (UDA)/Ulster Volunteer Force (UVF): Während die UDA als einzige paramilitärische Organisation in Nordirland einen legalen Status hat, ist die UVF – wie die IRA – verboten. Beide Organisationen unterhalten Todesschwadrone, die unter den Namen Ulster Freedom Fighters (UFF) bzw. Protestant Action Force (PAF) operieren. Obgleich die UFF für zahlreiche sektiererische Morde verantwortlich ist, sah die britische Regierung bislang keinen Anlaß, sie ebenfalls zu verbieten. Ein wesentlicher Grund dürfte hierfür sein, daß die UDA mit den offiziellen nordirischen Sicherheitskräften zahlreiche Verbindungen unterhält (inklusive personeller Identitäten), weshalb ihr Verbot auf eine Illegalisierung eines Teils der Sicherheitskräfte hinauslaufen würde. UFF wie PAF wurden wiederholt von der → RUC und dem → UDR mit Dossiers über republikanische Aktivisten versehen, die sie dann ermordeten. UFF und PAF sind für die besonders schmutzigen Elemente der staatlichen Sicherheitspolitik verantwortlich und Handlanger der „shoot-to-kill"-Strategie.
Bei der Mehrzahl der Opfer der loyalistischen paramilitärischen Operationen handelt es sich indessen nicht um IRA-Aktivisten, sondern um katholische Zivilisten ohne IRA-Verbindungen. Die bewußte Terrorisierung der katholischen Zivilbevölkerung dient der Einschüchterung. Auch wurden Katholiken/Protestanten wiederholt ermordet, weil sie ein Mitglied der jeweils anderen Konfessionsgruppe geheiratet hatten.
Außerdem sind die loyalistischen Paramilitärs federführend bei der Vertreibung von Katholiken aus mehrheitlich protestantischen Wohnbezirken. Allein nach dem → anglo-irischen Abkommen wurden Hunderte von katholischen Familien zur Umsiedlung in mehrheitlich katholische Gebiete genötigt.
Die UDA befand sich 1988 in einer schweren internen Krise, nachdem aufflog, daß einige ihrer Führer in allerlei kriminelle Aktivitäten – beispielsweise die Erpressung von katholischen Geschäftsleuten – verwikkelt waren, die teilweise ihrer persönlichen Bereicherung dienten. Mittlerweile hat sie ihre Mordkampagne gegen Katholiken erneut intensiviert und gilt als besser bewaffnet als jemals zuvor. Wie die UVF versucht sie, ihre Attacken stärker auf Sinn Féin-Aktivisten und -Unterstützer zu konzentrieren.

Ulster Defence Regiment (UDR): Das UDR trat 1970 an die Stelle der diskreditierten sektiererischen „B-Specials" und ist der britischen Armee untergeordnet. Als nordirische Einheit der britischen Armee ist es besser bzw. schwerer bewaffnet als seine

Vorgängerorganisation. Ursprünglich war das UDR als konfessionell gemischte Sicherheitskraft gedacht. Indessen bestand bereits im Januar 1974 die Mitgliedschaft des UDR zu 97 % aus Protestanten (viele davon ehemalige Mitglieder der „B-Specials"). Nach der Einführung der → Internierung (August 1971) und ihrer einseitigen Anwendung gegen Katholiken/Nationalisten verließen viele Katholiken das Regiment. Das UDR ist hochgradig von loyalistischen Paramilitärs infiltriert. Wiederholt wurden Katholiken auch durch Terror genötigt, das UDR zu verlassen, um seinen Charakter als loyalistische Streitmacht zu bewahren. Das UDR ist mit den loyalistischen paramilitärischen Gruppen aufs engste verquickt, UDR-Mitglieder sind gleichzeitig in der → UDA und → UVF aktiv, versorgen diese mit Waffen etc.

Ulster Resistance: Ulster Resistance wurde im November 1986 unter der Beteiligung führender → DUP-Politiker – Paisley, Robinson, Wilson – gegründet. Desweiteren waren → UDA- und → UFV-Elemente sowie die Ulster Clubs, eine militante Basisorganisation des loyalistischen Widerstandes gegen das → anglo-irische Abkommen, mit von der Partie.
Das Projekt wollte „respektable" loyalistische Politiker und loyalistische Terrorgangs vereinen. Auf der Gründungsversammlung erklärte Peter Robinson, DUP-Abgeordneter des britischen Unterhauses für East Belfast, man benötige ein Kontingent von Männern in der Provinz, die bereit seien, für Ulster zu kämpfen und zu sterben. Am gleichen Wochenende explodierten in Dublin Bomben, für die die → UFF/UDA verantwortlich zeichneten.
Als im November 1988 ein größeres Waffendepot der Ulster Resistance entdeckt wurde, beeilte sich die DUP-Führung zu erklären, man habe vor einiger Zeit die Kontakte zu der paramilitärischen Organisation gekappt.

Unionismus: Der Unionismus befürwortet die Fortsetzung der Einbindung Nordirlands in das Vereinigte Königreich und die Aufrechterhaltung der irischen Teilung.

Workers Party: Ehemals Official Sinn Féin bzw. später dann Sinn Féin – The Workers Party. Das Werben der Partei um die protestantischen Unterschichten – wobei sie eher deren aufgeklärte Mittelschicht erreichte – hatte zur Folge, daß sie schließlich im unionistischen Lager landete. Die Workers Party, mit → Sinn Féin die einzige Partei, die im Norden und im Süden existiert, bezieht einen strikt „antiterroristischen" Standpunkt, unterstützt die nordirischen Sicherheitskräfte und bezeichnet die „Provos" als faschistisch. An der repressiven Politik der Thatcher-Regierung wird nur insofern Kritik geübt, als daß sie – angeblich – das Wachstum der Provos lediglich fördere. Während die Workers Party – im allgemeinen – in sozialen Fragen eine der britischen Labour Party ähnliche Politik betreibt, ist für sie sektiererische soziale Diskriminierung kein Thema, da sie diesbezüglich bei den protestantischen Unterklassen kaum Gehör finden dürfte. Ihr militärischer Arm – die ehemalige Official IRA – existiert heute noch in der Form einer kriminellen Gang, die ab und an Banken überfällt, um die Partei mit Geld zu versorgen. Ihr opportunistischer Standpunkt gegenüber dem → Unionismus und → Loyalismus impliziert, daß die Partei das → anglo-irische Abkommen mit der Begründung ablehnt, es entfremde die protestantische Mehrheit. Die Workers Party befürwortet eine interne Lösung des Konfliktes bzw. einen → Devolutionsprozeß.

Literatur

zum Thema Nordirland

Wegen der Fülle des veröffentlichten Materials über Nordirland kann hier nur eine Auswahl vorgestellt werden. Eine ausführliche Liste enthält die Broschüre „Just Books on Ireland" (Just Books, 7 Winetavern Street, Belfast BT1 1JQ). Sämtliche deutschsprachigen Publikationen zum Thema Irland vom 16. Jahrhundert bis 1989 sind in dem von Jürgen Schneider und Ralf Sotscheck herausgegebenen Buch „Irland – Eine Bibliographie" (Darmstadt 1988) verzeichnet. Beide Publikationen enthalten auch detaillierte Angaben zu belletristischen Büchern, auf die hier verzichtet wurde. Über Neuerscheinungen auf dem irischen Buchmarkt informieren die Zeitschriften „Books Ireland" (Dublin, monatlich) und „Linenhall Review" (Belfast, vierteljährlich).

1. Geschichte und Politik

Åberg, Alf: Irland. Insel des Unfriedens. Hamburg und Düsseldorf 1972

Ackroyd, C.; Margolis, K.; Rosenhead, J.; Shallice, Tim: The Technology of Political Control. Harmondsworth 1977

Adams, Gerry: Falls Memories. Dingle 1982

ders.: The Politics of Irish Freedom. Dingle 1986

ders.: A Pathway to Peace. Cork 1989

Bell, Geoffrey: The Protestants of Ulster. London 1976

ders.: The British in Ireland. A Suitable Case for Withdrawal. London 1984

Beresford, David: Ten Men Dead. The Story of the 1981 Irish Hunger Strike. London 1987

Bishop, Patrick; Mallie, Eamonn: The Provisional IRA. London 1987

Bloch, J.; Fitzgerald, P.: British Intelligence and Covert Action. Dingle 1983

Boulton, David: The UVF 1966-73. An Anatomy of Loyalist Rebellion. Dublin 1973

Bowyer Bell, J.: The Secret Army. The IRA 1916-1979. Dublin 1979

Boyd, Andrew: Brian Faulkner and the Crisis of Ulster Unionism. Tralee 1972

ders.: The Informers. Cork, Dublin 1984

Boyle, Kevin; Hadden, Tom and Hillyard, Paddy: Ten Years on in Northern Ireland. The legal Control of Political Violence. Nottingham 1980

Buckland, Patrick: A History of Northern Ireland. Dublin 1981

Clarke, Liam: Broadening the Battlefield. The H-Blocks an the Rise of Sinn Féin. Dublin 1987

Collins, Martin (Hrsg.): Ireland after Britain. London 1985

Collins, Tom: The Irish Hungerstrike. Dublin 1986

ders.: The Centre Cannot Hold: Britain's Failure in Northern Ireland. Dublin/Belfast 1983

Coogan, Tim Pat: The IRA, Glasgow 1988 (11. erweiterte Auflage)

Coughlan, Anthony: Fooled Again? Dublin, Cork 1987

Cronin, Seán: Irish Nationalism. A History of its Roots and Ideology. Dublin 1980

Curran, Frank: Derry. Countdown to Disaster. Dublin 1986

Curtis, Liz: Ireland. The Propaganda War. The British Media and the „Battle for Hearts and Minds". London 1984

Darby, John: Northern Ireland. The Background to the Conflict, Belfast 1983

Deutsch, R.; Magowan, V.: Northern Ireland 1968-74. A Chronology of Events. 3 Bände. Belfast 1973-75

Devlin, Bernadette: The Price of my Soul. London 1969

Downey, James: Them & Us. Britain, Ireland and the Northern Question 1969-1982. Swords 1983

Downing, Taylor (Hrsg.): The Troubles. The Background to the Question of Northern Ireland. London 1980

Dunne, Derek: Out of the Maze. The story of the biggest jail escape since the war. Dublin 1988

Faligot, Roger: Britain's Military Strategy in Ireland. The Kitson Experiment. Dingle 1983

Farrell, Michael: Northern Ireland. The Orange State. London 1976

ders.: Arming the Protestants. The Formation of the Ulster Special Constabulary and the Royal Ulster Constabulary 1920-27. London 1983

ders. (Hrsg.): Twenty Years On. Dingle 1988

Faulkner, Brian: Memoirs of a Statesman. London 1978

Fisk, Robert: In Time of War. Ireland, Ulster and the Price of Neutrality 1939-45. London 1985

Flackes, W.D.: Northern Ireland. A Political Directory 1968-79. Dublin 1980

Giebel, Wieland: Das kurze Leben des Brian Stewart. Alltag im Irischen Bürgerkrieg. Berlin 1981

Hamill, Desmond: Pig in the Middle. The Army in Northern Ireland 1969-1985. London 1986

Harbinson, J.F.: The Ulster Unionist Party 1882-1973. Its Development and Organisation. Belfast 1973

Hermle, Reinhard: Konflikt und Gewalt. Texte zur Lage in Nordirland 1972-1974. München/Mainz 1976

ders.: Der Konflikt in Nordirland. München 1979

Kee, Robert: The Green Flag. 3 Bände. London 1972-73

Kelley, Kevin: The Longest War. Northern Ireland and the IRA. Dingle 1981

Lotta Continua (Hrsg.): Irland. Ein Vietnam in Europa. München 1972

MacArdle, Patsy: The Secret War. Cork/Dublin 1984.

McCann, Eamonn: War and an Irish Town. London 1974

McGuffin, John: Internment. Tralee 1973

ders.: The Guineapigs. Harmondsworth 1974

Moloney, Ed; Pollak, Andy: Paisley. Swords 1986

Mullin, Chris: Error of Judgement. The Truth about the Birmingham Bombings. London 1986

Murphy, John A.: Ireland in the Twentieth Century. Dublin 1975 (The Gill History of Ireland 11)

Nelson, Sarah: Ulster's Uncertain Defenders. Loyalists and the Northern Ireland Conflict. Belfast 1984

New Ireland Forum: The Economic Consequences of the Division of Ireland since 1920. Dublin 1983

Orel, Harold (Hrsg.): Irish History and Culture. Aspects of a People's Heritage. Dublin 1979

Patterson, Henry; Bew, Paul: The British State and the Ulster Crisis. London 1985

Rapp, Michael: Nordirland am Scheideweg. Britische Direktherrschaft, anglo-irische Dimension und internationale Verflechtung. München 1987

Rose, Richard: Governing without Consensus. An Irish Perspective. London 1971

Rowthorn, Bob; Wayne, Naomi: Northern Ireland. The Political Economy of Conflict, Cambridge 1988

Sands, Bobby: One Day in my Life. Cork/ Dublin 1982

ders.: Skylark sing your lonely song. Cork/ Dublin 1982

Schröder, Dieter: Irland. Gottes geteiltes Land. München 1972

Schulze-Marmeling, D.: Die gescheiterte Modernisierung. Britische Nordirlandpolitik in den 70er und 80er Jahren. Münster 1986

ders.: Republikanismus und Sozialismus in Nordirland. Frankfurt/M. 1986

ders.: Die irische Krise. „Dritte Welt" in Europa. Wien 1988

Scorer, Catherine; Hewitt, Patricia: The Prevention of Terrorism Act. The Case for Repeal. London 1981

Shoot to kill: Report of the International Lawyer's Inquiry into the Lethal Use of Firearms by the Security Forces in Northern Ireland. Cork, Dublin 1985

Stadler, Klaus: Nordirland. Analyse eines Bürgerkrieges. München 1979

Stalker, John: Stalker. London 1988

The Sunday Times Insight Team: Ulster. Harmondsworth 1972

Taylor, Peter: Beating the Terrorists? Interrogation in Omagh, Gough and Castlereagh. Harmondsworth 1980

ders.: Stalker. The Search for the Truth. London 1987

Warner, Philip: The SAS. The Official History. London 1983

West, Nigel: M.I.S. 1945-72. A Matter of Trust. London 1983

Widera, Markus: Der Nordirland-Konflikt – Ursachen und Lösungsansätze. Karlsruhe 1988 (Diplomarbeit)

Wilson, Des: An End to Silence. Cork, Dublin 1985

2. Soziale Fragen

Community Action in Northern Ireland (Hrsg.): Community Work in a Divided Society. Belfast 1984

Evason, Eileen: Ends that won't meet. Belfast 1985

dies.: On the Edge. Belfast 1985

Morgan, Austen; Purdie, Bob (Hrsg.): Ireland: Divided Nation, Divided Class. Belfast 1980

OBAIR – The Campaign for Employment in West Belfast: Unemployment in West Belfast, Belfast 1988

Stitt, Sean; McWilliams, M. (Hrsg.): A Life of Poverty. Belfast o.J.

Teague, Paul (Hrsg.): Beyond the Rhetoric. London 1987

Wiener, Ron: The Rape and Plunder of the Shankill. Belfast 1978

3. Frauen

Beckett, Mary: A Belfast Woman. Dublin

D'Arcy, Margaretta: Tell Them Everything. London 1981

Evason, Eileen: Hidden Violence. A Study of Battered Women in Northern Ireland. Belfast 1982

Fairweather, Eileen; McDonough, Roisin and McFadyean, Melanie: Only Our Rivers Run Free. Northern Ireland: The Women's War. London 1984

Hooley, Ruth (Hrsg.): The Female Line. Northern Irish Women Writers. Belfast 1985

Levine, June: Sisters. The Personal Story of an Irish Feminist. Dublin 1982

McCafferty, Nell: Peggy Deery. A Derry Family at War. Dublin 1988

dies.: Goodnight Sisters... Dublin 1987

Ward, Margaret: Unmanageable Revolutionaries. Women and Irish Nationalism. London 1983

Women in Media (Hrsg.): Picking up the Pieces. Belfast o.J.

4. Belfast (Stadtgeschichte u. Bildbände)

Bardon, Jonathan: Belfast. An Illustrated History. Dundonald 1982

Beckett, J.C. (Hrsg.): Belfast. The Making of the City. Belfast 1983

Hamilton, Paul: Up the Shankill. Dundonald 1979

Johnston, Robert; Kirk, Bill: Images of Belfast. Dundonald (Jahr 1987)

McLoughlin, Adrian: The City of Belfast. Dublin 1982

Proctor, E.K.; Molloy, Joseph: Belfast Scenery in Thirty Views, 1832. Belfast 1983

Walker, Brian; O'Broin, Art; McMahon, Seán: Faces of the Past. Belfast 1975

Walker, Brian; Dixon, Hugh: No Mean City. Belfast 1880-1914 in the Photographs of Robert French. Belfast 1983

5. Reiseführer

Die meisten deutschsprachigen Reiseführer widmen Nordirland nur wenige Seiten oder sparen es ganz und gar aus. Hier sei auf einige rühmliche Ausnahmen hingewiesen.

Irisches Verkehrsamt (Hrsg.): Die Nationaldenkmäler Irlands. Fellbach 1967

Irland. Reiseführer. München 1980 (Der große Polyglott)

Irlandkomitee Westberlin (Hrsg.): Irland Reisebuch. Berlin 1980

Irland. Republik Irland. Nordirland. Baedekers Allianz-Taschenbücher. Ostfildern-Kemnat 1986

Kuballa, Wolfgang: „Richtig reisen". Irland. Köln 1984

Moebius, Michael: Irland selbst entdecken. Zürich 1983

Oeser, Hans-Christian (Hrsg.): Irland. Ein politisches Reisebuch. Hamburg 1987

Potting, Christoph; Weweler, Annette: Anders reisen: Irland. Reinbek 1984

Viedebannt, Klaus (Hrsg.): Irland. Poeten & Pubs. Reines Land & weiter Himmel. Ein Reiseratgeber. München 1986

6. Verschiedenes

Belfrage, Sally: The Crack. A Belfast Year. London 1988

Cormac: Cormac Strikes Back. Resistance Cartoons from the North of Ireland. London 1982

Fitzgerald, Patrick; Cormac: The Comic Book of MI5. Dingle 1987

Hammond, David (Hrsg.): Songs of Belfast. Dublin 1978

Killen, John: John Bull's Famous Circus. Ulster History through the Postcard 1905-1985. Dublin 1985

Milroy, James: Regional Accents of English: Belfast. Dundonald 1981

O'Neill, Rosaleen; Nonnenmacher, Peter (Hrsg.): Geschichten aus der Geschichte Nordirlands. Darmstadt/Neuwied 1987

Pepper, John: Ulster-English Dictionary. Belfast 1981

ders.: Ulster Phrasebook. Belfast 1982

ders.: Illustrated Encyclopedia of Ulster Knowledge. Belfast 1983

Toibin, Colm: Walking around the border. London 1987